.n Schweppe

N OHNE WENDE

Christian Schweppe

ZEITEN OHNE WENDE

Anatomie eines Scheiterns

Ein Report

C.H.BECK

© Verlag C.H.Beck oHG, München 2024
Alle urheberrechtlichen Nutzungsrechte bleiben vorbehalten.
Der Verlag behält sich auch das Recht vor, Vervielfältigungen dieses
Werks zum Zwecke des Text and Data Mining vorzunehmen.
www.chbeck.de
Umschlaggestaltung: geviert.com, Christian Otto
Umschlagabbildung: Verteidigungsminister Boris Pistorius und
Bundeskanzler Olaf Scholz beim Besuch der Firma Rheinmetall am 12.2.2024,
© picture alliance/dpa, Philipp Schulze
Satz: C.H.Beck.Media.Solutions, Nördlingen
Druck und Bindung: Pustet, Regensburg
Printed in Germany
ISBN 978 3 406 82177 6

verantwortungsbewusst produziert
www.chbeck.de/nachhaltig

«Wir erleben eine Zeitenwende.»

Bundeskanzler Olaf Scholz im Deutschen Bundestag
Sonntag, 27. Februar 2022

Für Ben, Mika und Noa.
Ich hoffe, sie dürfen in Frieden großwerden, noch größer.

INHALT

Phase III. – Alles verloren?

VORWORT

Wehrlos – Warum?

Ich erinnere mich gut an den Sonntag, an dem der Krieg zu uns kam. Am Morgen ging ich durch die kalten Straßen von Berlin und sah in den Fenstern die vielen Fahnen in den Farben der Ukraine: gelb, blau, kleine Zeichen der Solidarität. Und Zeichen gegen Putin, jenen russischen Herrscher, der drei Tage zuvor Kyjiw angegriffen hatte – keine drei Flugstunden entfernt. Mittags erreichte ich das Brandenburger Tor, wo bereits kein Durchkommen mehr war. Zehntausende waren da, wahrscheinlich mehr, um gegen die Ungerechtigkeit dieses Angriffskrieges zu protestieren. Ich, der Reporter, fotografierte die Menge und beobachtete alles. Später lief ich hinüber zum Reichstag, drinnen war es völlig still, fast so, als wäre all das nur ein schlimmer Traum gewesen. Doch es war real. Als die Ukraine im Morgengrauen des 24. Februar 2022 von Russland überfallen wurde, hatte sich Europa für immer verändert. Auch Deutschland. Dieses Buch erzählt die Geschichte dahinter.

Es ist die Geschichte von der *Zeitenwende.*

Denn die hatte Bundeskanzler Olaf Scholz an diesem klirrend-kalten Sonntag ausgerufen, in einer historischen Rede. Die «Zeitenwende» ist ein Bruch in unserer Geschichte, wie der Mauerfall 1989 oder der Terror vom 11. September 2001. Deutschland dachte, es sei nur noch von Freunden umgeben – ein Irrtum. Der Kanzler rief einen neuen Sicherheitskurs aus: Aufrüstung, Verteidigungsfähigkeit. Als Beobachter fragte man sich: Kann das gelingen?

Mit der Rede jedenfalls begann eine Zeit, wie es sie in unserem Land noch nicht gegeben hat. Ausgerechnet der einst linke SPD-Mann Scholz wurde zum Kriegskanzler, etwas, das er bis heute nicht sein will. Scholz sieht sich, wenn schon, als Friedenskanzler, das wird diese Geschichte schnell zeigen. Und auch, warum das ein Problem ist.

In diesem Buch geht es darum, wie die inzwischen weltweit zitierte *Zeitenwende* ganz konkret aussieht, welche Menschen sie gestalten und was für Zwängen diese unterliegen. Eine *Zeitenwende* geschieht nicht einfach so, Menschen müssen sie anpacken. Dieses Buch erzählt von ihnen: Ein General muckt auf, eine Verteidigungspolitikerin wird berühmt, ein Haushaltsreferent im Bundestag verzweifelt. Ich wollte also kein Buch über Panzer schreiben, auch keine politikwissenschaftliche Analyse, sondern eine Langzeitreportage. Die Geschichten der Menschen, die ich dafür lang begleitet habe, sind freilich nur ein Ausschnitt. Und doch machen sie die *Zeitenwende* verständlicher, das jedenfalls war mein Ziel. Dieses Buch soll helfen, diese neue Zeit einzuordnen und gleichzeitig einen Beitrag leisten zur politischen Diskussion: Was heißt das jetzt genau, Zeitenwende und Sondervermögen? Ist das eine nur das andere? Und was können 100 Milliarden Euro wirklich bewegen?

Als Reporter berichte ich seit Jahren über die Verteidigungspolitik: Ich war mit der Bundeswehr in Mali, Niger, Kosovo und Afghanistan. Ich schlief im Militärcamp, heftete mich Extremisten bei der Bundeswehr an die Fersen und erlebte aus unmittelbarer Nähe, wie es ist, wenn Soldaten abdrücken. Als an jenem Sonntag, dem 27. Februar, die Demonstranten langsam nach Hause gingen und ich im leeren Plenarsaal des Bundestags stand, wo vormittags noch der Kanzler geredet hatte, versuchte ich, in aller Stille zu verstehen, wie sehr sich die Welt gerade verändert hatte. Auch ich konnte damals nicht wissen, was vor uns liegen würde. Doch ich beschloss, es genauestens zu verfolgen.

Die Zeit danach verstand ich schreibend: Ich zog mich aus dem Tagesgeschäft zurück und wollte stattdessen beobachten, was nun werden würde aus der versprochenen Wende. Seit Langem war die Bundeswehr ignoriert und vernachlässigt worden. Jetzt soll sie plötzlich unser aller Sicherheit garantieren. Wie es dazu kam, erzählt diese Geschichte. Sie legt offen, warum bei der *Zeitenwende* vieles so lange dauert und wie groß die Mängel wirklich sind. Ich besuchte Generale und einfache Soldaten, ging ins Kanzleramt und das Verteidigungsministerium, fuhr auf alte Flugplätze und schaute mich in getarnten

Munitionsdepots um. Schließlich führte mich meine Spurensuche nach Litauen und Schweden, ehe ich schließlich, ganz zum Schluss, in die Ukraine reiste. Ins Kriegsgebiet.

Dieses Buch ist ausdrücklich nicht bloß für Militärexperten geschrieben. Die *Zeitenwende* geht uns alle an – Europas neue Unsicherheit wird nach Putins Angriff nicht einfach wieder weggehen. In all den Monaten habe ich ein verunsichertes, gestresstes Land erlebt, eine große Überforderung und, viel zu oft, deutsche Planlosigkeit.

Klar ist: Der Ernstfall, er ist da, drastischer noch als im *Kalten Krieg*. Sollte die Ukraine Russlands Invasion nicht überstehen und Deutschland nicht rasch selbst verteidigungsfähig werden, droht – abermals – ein böses Erwachen. Noch können wir uns vorbereiten.

Berlin, im Sommer 2024

PROLOG

24. Februar 2022, Donnerstagnacht.

Eilmeldungen der Deutschen Presse-Agentur

+++ 4.11 Uhr +++

Kremlchef Putin genehmigt Militäreinsatz in Ostukraine

+++ 4.35 Uhr +++

Biden: Russland hat vorsätzlich Krieg begonnen

+++ 5.04 Uhr +++

Deutschland: Russland wird beispiellosen Preis bezahlen

+++ 5.12 Uhr +++

Ukrainischer Außenminister: Putin startet große Invasion

Phase I. – Alles beginnt

1.

KALTSTART

Der Kanzler und eine historische Rede

Sonntag, 27. Januar 2022
Großer Plenarsaal, Deutscher Bundestag

Von seinem Platz auf der Regierungsbank bis zum Rednerpult im Plenarsaal des Bundestags sind es für den Bundeskanzler genau sieben Schritte. An jenem Morgen, es ist der 27. Februar 2022, geht Olaf Scholz diese Schritte mit Bedacht. Es ist der 81. Tag seiner Kanzlerschaft und schon jetzt ist klar, dass Scholz ein Kriegskanzler werden wird. Auch er selbst, der erfahrene SPD-Politiker, wird das wohl gewusst haben, als er aufsteht, um seine Ansprache an das Land und das Parlament zu halten. Es ist seine erste große Rede, seit bloß zweieinhalb Flugstunden von Berlin entfernt der Krieg ausbrach. Jetzt bestimmt die Lage in der Ukraine auch über den Fortlauf der deutschen Geschichte mit. Was mag Olaf Scholz in diesem Augenblick gedacht haben? War er nervös? Noch unter Schock?

Bloß drei Tage zuvor, am Donnerstag, hatten die Kämpfe in der Ukraine begonnen, nun, am Sonntag, kommt das deutsche Parlament zu einer Sondersitzung in Berlin zusammen, der Kanzler hat eine Regierungserklärung angekündigt. Eine Fernsehansprache war nicht genug gewesen. Was Scholz nun sagen wird, läutet ein neues Kapitel in der Historie der Bundesrepublik ein. Es ist eine ernsthafte Sicherheitskrise, eine, wie es sie im Land noch nicht gegeben hat.

Im Februar 2022 ist Deutschland in einer neuen Weltlage aufgewacht, die nichts anderes bedeutet als den schlimmsten Krieg auf dem Kontinent seit dem Zweiten Weltkrieg. Das ist die Ausgangslage, als Olaf Scholz an diesem Sonntag aufsteht, nach vorn tritt und sich an die Deutschen wendet. Alles schaut auf ihn: Was wird der Kanzler in dieser entscheidenden Stunde sagen? Welchen Ton wird Scholz vorgeben und wie verhält sich seine Regierung gegenüber dem Aggressor Russland? Selbst bestens vernetzte Politikerinnen und Politiker haben an diesem Sonntag wenig Ahnung, was Scholz verkünden will. Die meisten gehen arglos in die Sitzung, nur einer hat etwas aufgeschnappt und schickt auf Nachfrage kurz vor Beginn eine kryptische SMS: Da kommt was – etwas Großes. Es gehe um die Bundeswehr, Scholz wolle aufrüsten. Mehr wisse er noch nicht, schreibt er noch, niemand wisse etwas.

Am geheimen Redemanuskript haben sie im Kanzleramt bis zuletzt gefeilt und den Auftritt im Bundestag sorgsam choreographiert. Scholz trägt unter der Reichstagskuppel einen staatsmännisch-schlichten Anzug und eine dezente rote Krawatte, die Redeseiten sind in seine schwarze Kanzlermappe mit dem Bundesadler vorne drauf gelegt worden. Am Pult angekommen klappt Scholz sie jetzt auf, betrachtet den Text noch einmal, nur für einen Moment, und beginnt. Das Wasserglas, das ihm hingestellt wurde, wird er nicht brauchen. Vor Scholz werden zwei Stenographen jedes der 2602 Wörter der Rede mitschreiben und schon nach den ersten Sätzen ist klar: Das Land ist gerade ein anderes geworden.

Scholz sagt: «Der 24. Februar 2022 markiert eine Zeitenwende in der Geschichte unseres Kontinents.» Scholz nennt Russland ein «Unterdrückungsregime», ein Wort, das zuvor kein deutscher Kanzler oder eine Kanzlerin so direkt in den Mund genommen hat. Russland ist spätestens jetzt kein Freund der Bundesrepublik mehr, so viel ist jetzt schon sicher. Zu Putins Angriff sagt Scholz: «Das ist menschenverachtend, das ist völkerrechtswidrig, das ist durch Nichts und Niemanden zu rechtfertigen.»

Die Worte gehen über in einen langanhaltenden Applaus der Parlamentarier im Saal, oben auf der Besuchertribüne tippt der ukrainische Botschafter aufgeregte Zeilen in sein Handy. Was der deutsche Kanzler nun sagt, ein Mann, der sich sonst oft in Floskeln verliert und der kein großer Redner ist, wischt in fünf Minuten Redezeit Gewissheiten aus dreißig Jahren Bundespolitik hinfort. Das ist das Tempo der ersten Tage dieser beginnenden *Zeitenwende*: ein Epochenbruch im Wimpernschlag.

Scholz fährt fort: «Die himmelschreiende Ungerechtigkeit, der Schmerz der Ukrainerinnen und Ukrainer, sie gehen uns allen sehr nahe.» Er ahne, was an den Küchentischen im Land in diesen Tagen abends besprochen werde. «Viele von uns haben noch die Erzählungen unserer Eltern oder Großeltern im Ohr – Krieg. Und für die Jüngeren ist es kaum fassbar – Krieg in Europa.»

Draußen vor dem Reichstag sind die Menschen in diesen Minuten längst auf den Beinen, seit Stunden marschieren sie, am Ende werden es Hunderttausende sein, die sich zu einer der größten Demonstrationen in der jüngeren deutschen Geschichte formieren. Menschen, die direkt vor dem Parlamentsgebäude entlangziehen und an den Säulen des Brandenburger Tors vorbei, diesem Symbol der Freiheit, mitten im einst geteilten und heute friedlichen Berlin. Sie alle, Männer, Frauen und Kinder, laufen mitten hindurch, sie tragen viele selbstbemalte Schilder und Transparente: Putin, der Kriegsverbrecher, das ist die Botschaft an diesem kalten Vormittag.

Und für viele fühlt es sich noch immer an wie ein schlimmer Traum: Hatte Wladimir Putin, der früher noch als russischer Freund im selben Bundestagsplenum hatte reden dürfen, in dem ihn der Bundeskanzler nun zum Despoten erklärt, wirklich die Ukraine überfallen? Den nach Russland flächenmäßig zweitgrößten Staat Europas? Er hatte. Und damit war das Leben der mehr als 41 Millionen Menschen dort ein anderes: Viele flüchteten in den Westen, viele kamen am Berliner Hauptbahnhof an, mit einem der rettenden Züge aus Polen; nur die Männer durften nicht weg, die Millionen Söhne, Väter, Freunde – sie müssen um ihre Heimat kämpfen. Sie alle sind jetzt Verteidiger ihres Landes, unter Waffen werden sie sich wehren, was es auch koste. So viel ist klar.

Die Wahrheit ist aber auch: Der Krieg war schon lange Realität vieler Menschen in der Ukraine gewesen. Im Osten des Landes nämlich, an der russischen Grenze – nur hatte das in Europa bislang kaum jemanden interessiert. Dort aber, im Donbass zum Beispiel, hatte Russland seit 2014 gekämpft. Zudem hatte es im selben Jahr die Halbinsel Krim annektiert, jenes Gebiet, das wegen seiner Häfen schon immer strategisch wichtig gewesen war für die Großherrscher im Osten. Die Krim? In Deutschland kannten viele vor 2014 ihre geopolitische Bedeutung eher nicht.

Rückblickend dürfte Putin 2014 viel gelernt haben – denn obwohl seine Spezialeinheiten diesen Landesteil der Ukraine einfach entrissen hatten, schritten die Staaten der westlichen Militärallianz, der NATO, nicht ein. Es gab westliche Sanktionen, das ja, aber nichts, was einem Wladimir Putin ernsthaft den Schlaf rauben würde. Das Leben in Europa ging weiter. Und der Krieg verschwand wieder aus den meisten Schlagzeilen. Die Bundesregierung trieb unter Kanzlerin Angela Merkel derweil einen höchst umstrittenen Pipelinedeal mit Russland voran, der russisches Gas günstig direkt nach Deutschland bringen sollte – und der die seit 1991 unabhängige Ukraine, die immer gegen Nord Stream 2 protestiert hatte, weiter vom Energiemarkt und Handel abgeschnitten hätte.

Die Nord Stream 2-Pipeline, die am Ende nie in Betrieb gehen wird, weil der große Krieg dazwischenkommt, gehört zur Vorgeschichte der Rede, die Olaf Scholz schließlich an jenem Sonntag hält.

Genauso wie jene Wochen kurz vor der Invasion, in denen Russland bereits etwa 150000 Soldaten an den Grenzen der Ukraine zusammengezogen hatte – angeblich zu Übungszwecken. Der Westen fürchtete bereits damals eine Invasion Putins, doch der bestritt und forderte Sicherheitsgarantien, weniger NATO-Truppen in Osteuropa und grundsätzlich den Stopp der NATO-Osterweiterung. Putin warf dem Bündnis schon lange vor, sich immer weiter in Richtung Russland auszudehnen, er forderte sogar, die NATO, die er stets als Gegenspieler seiner Macht begriff, wieder auf ihre Grenzen von 1997 zurückzusetzen. Das jedoch war weder für die NATO noch die amerikanische Schutzmacht verhandelbar.

Am 21. Februar 2022, drei Tage vor der Invasion, erkennt Russland die Unabhängigkeit der unter russischem Einfluss stehenden Gebiete um Donezk und Luhansk an: Sie sollen fortan «Volksrepubliken» heißen. Kurz danach, sich auf eine angebliche Bedrohung dieser Gebiete durch die Ukraine berufend, wird Putin den Einmarsch befehlen.

Er beginnt am Morgen des 24. Februar und findet gleichzeitig von Süden, Osten und Norden statt, völkerrechtswidrig. Alle Diplomatie ist dahin, das Kriegsrecht tritt in Kraft. Westliche Nachrichtendienste verfolgen es genau. Das hier ist keine Übung, hier werden plötzlich Bomben in Flugzeuge verladen, geheime Erkennungszeichen an Panzer geschrieben und sogar Blutreserven für später vielleicht verwundete russische Soldaten aufgefüllt, ehe die Kriegsmission beginnt.

Es ist jener Morgen, an dem auch die Ticker der deutschen Nachrichtenagenturen nicht stillstehen. Um kurz vor 6 Uhr erklärt der ukrainische Präsident Wolodymyr Selenskyj seinerseits den Kriegszustand; Putin hat zuvor eine Fernsehansprache gehalten, in der er davon sprach, die Ukraine «denazifizieren» zu müssen, wie er es wörtlich nennt. Seinen Angriffskrieg bezeichnet Putin als «Spezialoperation».

Die Welt steht danach für einen kurzen Moment still, drei Tage später spricht der Bundeskanzler im Bundestag. Dort wiederholt er die so geschichtsverändernden Sätze seiner Rede noch einmal: «Wir erleben eine Zeitenwende. Und das bedeutet: Die Welt danach ist nicht mehr dieselbe wie die Welt davor.»

Dann wird Olaf Scholz konkreter: Zeitenwende, was heißt das für Deutschland? Was bedeutet Putins Angriff für das deutsche Militär und die Landesgrenzen der Bundesrepublik? Scholz macht klar: Man muss letztere künftig wieder besser verteidigen können, die Ära des langen Friedens ist vorbei. Ein neues Sondervermögen von 100 Milliarden Euro – nicht Millionen, Milliarden – soll die Bundeswehr gegen die neue Bedrohung ausstatten. Denn niemand kann mehr garantieren, dass Putin nicht noch mehr will als die Ukraine.

Die Fraktionschefin der Grünen, Britta Haßelmann, rutscht auf ihrem Stuhl im Plenarsaal nervös hin und her, noch während der laufenden Rede geht es im Fraktions-Chat hoch her. Plötzlich gehören die Grünen einer Koalition an, die Rüstungspolitik macht. Alle haben Fragen an die Spitze: Was wusste sie von den 100 Milliarden? «Robert wusste es, die Fraktion nicht», sagt später eine Grüne. Intern wird sofort diskutiert, wofür man das Geld denn wirklich brauche und ob das nötig sei. Sara Nanni, 37, sitzt mit im Plenarsaal, sie ist die neue sicherheitspolitische Sprecherin der Grünen, Nanni weiß sofort, dass auf sie nun Fragen einprasseln werden. Auch sie will Antworten von der Spitze, doch vorerst bleibt offen, wie die Rede des Kanzlers ihre Partei verändern wird. Abends gehen einige junge Grüne auf eine Anti-Putin-Demo und bestellen in Nannis Wohnung Pizza.

Auch aus der Kanzlerpartei sind vormittags viele im Saal dabei, Siemtje Möller zum Beispiel, die für die SPD an der norddeutschen Küste gewählt wurde und einige Wochen zuvor zur Staatssekretärin im Verteidigungsministerium aufgestiegen ist. Sie hat die Woche über im Ministerium geschlafen und Tagebuch geführt. «Mein Büroleiter hat mich in der Nacht vom Kriegsbeginn geweckt. Ich war hellwach. Und im Ministerium war alles ganz ruhig», erinnert sie sich später. Stunde um Stunde habe sie im größten abhörsicheren Raum gesessen, den es im Verteidigungsministerium gibt.

Auch Wolfgang Schmidt, der engste Berater des Kanzlers und Kanzleramtschef, sitzt im Saal, er hat sich die Rede, die sie das Wochenende über unter höchstem Druck zusammen erarbeitet haben, ausgedruckt und liest Seite für Seite mit. Schmidt verfolgt alle Reaktionen, CDU und CSU applaudieren für das Versprechen von Olaf Scholz, einen völlig neuen Sicherheitskurs einzuschlagen.

Friedrich Merz, der Fraktionschef im Bundestag, ist aufgesprungen und klatscht, als der Kanzler, eigentlich politischer Gegner, von einer neuen Realität spricht. Rolf Mützenich, der SPD-Fraktionschef, hingegen klatscht auffallend verhalten. Die SPD-Verteidigungsministerin Christine Lambrecht hat ihr Handy im roten Ledercase mitgebracht und auf die Regierungsbank gelegt, Notizen macht sie sich keine. Die Wehrbeauftragte, Eva Högl, und auch Außenministerin Annalena Baerbock schreiben fast alles selbst mit. Denn es ist ernst.

Das Verteidigungsbündnis der NATO ist in diesem Augenblick in höchstem Alarmzustand, sie hat Codes mit drei Buchstaben vorbereitet, die im Ernstfall aktiviert werden, so dass vorgeplante Truppenbataillone vorrücken könnten. Die Staaten des Baltikums fürchten bereits, als Nächste attackiert zu werden. Doch nicht nur Litauen, Estland und Lettland sind besorgt, auch Deutschland selbst. Scholz geht daher noch weiter: Er verkündet, dass das Land künftig zwei Prozent seiner Wirtschaftsleistung für Verteidigung ausgeben wird – und zwar dauerhaft. Das ist schon seit Jahren ein Versprechen gegenüber der NATO, wurde bislang aber höflich ignoriert im Bundeskanzleramt. Viel zu lange. Während der Rede des Kanzlers übt eine Gruppe von Soldaten der deutschen Heeresflieger auf einem Schießplatz in der Röhn. Als sie von der Rede hören, wird das Schießen unterbrochen.

Es ist der Beginn einer großen Umwälzung, die auf die Bundeswehr nun zukommt – der zuvor eingeweihte FDP-Politiker, der vor der Rede seine kurze SMS schickte, hatte also richtig gelesen, da kam etwas Großes. Die Versprechen des Bundeskanzlers, sie sind in der Tat riesig. Und die Debatte der Abgeordneten im Bundestag dauert anschließend länger als drei Stunden. Sie ist nur der Auftakt einer politischen Entwicklung, die das Land in den folgenden zwei Jahren von Grund auf umkrempeln wird.

Hier im Reichstag, am Tag der *Zeitenwende*-Rede von Olaf Scholz, nimmt all das seinen Anfang. Hier beginnt die neue Zeit.

Zeitenwende, Tag eins.

* * *

Seit dem 24. Februar 2022 ist nichts mehr, wie es war. Europa hat sich verändert, auch Deutschland. Mit dem Tag des großen Wendeversprechens in der Sicherheitspolitik startet diese Reportagereise, eine Spurensuche, quer durch eine verunsicherte Republik. Mit der Rede beginnt eine Zäsur, kündigt der Kanzler an: Kriegs-Unterstützung der Ukraine, Sanktionen gegen Russland, stärkere Abschreckung über die NATO, eine angemessene Ausstattung der Bundeswehr und eine Energiepolitik, die von Russland endlich unabhängig wird. Es wurde an diesem Sonntag viel versprochen – aber wie gelingt so eine *Zeitenwende?* Mit dem Begriff, dem zentralen Motiv in der Scholz-Rede, ist vieles verknüpft, was Deutschland verändern wird: Olaf Scholz meint vor allem die Unterstützung der Ukraine, die Verhinderung eines Übergreifens von Putins Krieg, die Verbesserung der eigenen Landesverteidigung und einen grundsätzlichen Bruch in der deutschen Außenpolitik. Das alles. Doch: Was erleben die Menschen, die sie konkret umsetzen sollen? Zwei beispiellose Jahre lang, Monat um Monat, konnte ich ihnen dabei über die Schulter schauen. Am Ende steht die ganze Geschichte hinter der *Zeitenwende*, in all ihren Höhen und Tiefen. Einfache Soldaten und ranghohe Generale erzählen aus ihrem Alltag, genauso die Verteidigungspolitiker, Manager von Rüstungsfirmen und verschwiegene Waffenlobbyisten, die plötzlich fette Geschäfte wittern. Zusammen erzählen sie das Große im Kleinen. Sie beschreiben die Realität hinter dem Versprechen des Kanzlers und machen die Menschen sichtbar, auf deren Schreibtischen die *Zeitenwende* landet.

So etwas wie die *Zeitenwende* hat die Republik seit Jahrzehnten nicht erlebt – die größte Kurskorrektur seit den Fünfzigerjahren. Eben noch war Deutschland auf Frieden ausgerichtet, Waffen hießen «Wirkmittel». Jetzt werden überfällige Schritte angegangen, solche, die eben noch undenkbar waren. Das Land muss sich von alten Überzeugungen verabschieden. Denn es gibt jetzt eine neue Realität, den Krieg.

Wehrhaftigkeit, dieses Wort macht wieder die Runde. Es beginnt eine Zeit, die Deutschland so prägen wird wie zuvor nur die Wiederbewaffnung. Auf der Ostsee kreuzen Marineverbände, deutsche Kräfte müssen im Ernstfall eines Krieges schneller verlegbar sein und schießen ihre Waffen ein.

Die Bundeswehr braucht Flugzeuge, die fliegen können, und Schiffe, die in See stechen. Doch bei der Truppe liegt alles im Argen, sie ist nicht kriegstauglich. Das zu ändern wird eine nationale Kraftanstrengung, der Modernisierungsstau ist gewaltig – und gleichzeitig Gefahr im Verzug. Allein 305 000 Schutzwesten müssen her, 250 000 Einsatzrucksäcke, 150 000 Kampfbekleidungssätze und 122 000 Gefechtshelme. Und doch geht fast nichts schnell. Erst die große Ankündigung des Kanzlers – und dann?

Bei Kriegsausbruch liegt ein Stück ungeschriebener Geschichte vor allen, die in diesem Buch auftauchen und noch wissen sie nicht, was das alles bedeuten wird – wie groß die Probleme werden. Denn diese Geschichte wird schnell zu einer werden, die ein Land ohne Führung zeigt, immer wieder. Schein und Sein, Anspruch und Wirklichkeit, darum geht es.

Keiner ahnt, dass bald gar Atomkraftwerke unter Feuer stehen, in der Ukraine, und dass Raketen niedergehen werden auf Polen – NATO-Gebiet. In Berlin weiß mit dem Ende der gefeierten Rede von Olaf Scholz kein Mensch, wie schnell die Debatten um die deutsche *Zeitenwende* eskalieren werden. Noch ist da bloß dieses Versprechen. Noch.

Die Bundeswehr? Ein Land erinnert sich

Der Schock darüber, dass Europa im Krieg aufgewacht ist, bleibt bei vielen in den ersten Tagen unverändert groß. Schock und Wut, das ist die Stimmungslage auch in Berlin. Es dauert, bis die Menschen verstehen, wie sehr sich gerade sämtliche Gewissheiten verschoben haben. Die Bilder aus der Ukraine, die nach Kriegsbeginn über die Bildschirme flackern, brennen sich ein: Überwachungsvideos der ukrainischen Grenzübergänge, vor denen plötzlich bewaffnete Russen mit ihren Militärfahrzeugen auftauchen und dann über die Grenze hinwegrollen. Geschosse, die in den Städten ganze Wohnblöcke dem Erdboden gleichmachen, Bomben auf Zivilisten, Hubschrauber, die den Flughafen Hostomel bei Kyjiw einnehmen. All das.

In Deutschland hat der Bundesnachrichtendienst (BND) schon in den Monaten zuvor eine extrem zugespitzte Lage diagnostiziert und sich so intensiv wie selten mit anderen Nachrichtendiensten in aller Welt ausgetauscht. Als der Krieg dann losgeht, ist BND-Chef Bruno Kahl dennoch ausgerechnet auf Dienstreise in Kyjiw – und muss morgens in aller Eile mit dem Auto aus der Stadt gebracht und zurück nach Berlin in die Zentrale gefahren werden. Zwar hat der BND intern schon nach 2013 eine Militarisierung Russlands erkannt, den großen Krieg für möglich gehalten oder gar prognostiziert hat der Dienst allerdings nicht.

Auch im Bundesinnenministerium (BMI) herrscht nach Kriegsbeginn Alarmstimmung, hier sorgt man sich vor allem davor, dass deutsche Extremisten in den Krieg ziehen könnten, an der Seite russischer oder ukrainischer Gesinnungsbrüder. Gleichzeitig gehen Sicherheitsexperten davon aus, dass eine erhöhte Gefahr wegen Cyberangriffen auf die kritische Infrastruktur auch in Deutschland herrscht, Innenministerium und Bundeskanzleramt fahren ihre Schutzvorkehrungen hoch.

Vor allem aber erinnern sich die Deutschen nach Putins Überfall an ihre Bundeswehr: Kaum ein anderes Thema beschäftigt Politik, Medien und Gesellschaft in diesen Tagen so sehr. Immerhin käme es bei einem Angriff auf die deutschen Grenzen – oder das NATO-Bündnis insgesamt – auf die Verteidigungsfähigkeit der Soldatinnen und Soldaten der Bundesrepublik an. Doch über die ist im Land lange nicht mehr geredet worden, und wenn, dann ging es meist um Pannen oder Probleme, wie verschwundene Waffen oder Rechtsextremismus. Positive Schlagzeilen, dafür stand die Bundeswehr in jüngeren Jahren nun wahrlich nicht. Der Kernauftrag der Bundeswehr, die Landesverteidigung, stand schon lange nicht mehr im Fokus. Nun ändert sich alles über Nacht.

Bald schon wird der ARD-Deutschlandtrend schwarz auf weiß zeigen, dass 63 Prozent der Deutschen sich sorgen, dass das Land in den Ukrainekrieg hineingezogen wird. Alle schauen jetzt auf die eigene Truppe – die Bundeswehr im Kaltstart.

Was genau machen sie bei der Truppe noch gleich?

Im Februar 2022, während Olaf Scholz seine Rede im Bundestag hält, tragen viele Abgeordnete und Regierungsmitglieder noch ihre Corona-Schutzmasken. Die Pandemie ist damals noch nicht vorüber, man kommt von einer Zeitenwende in die nächste: erst das Virus, dann der Krieg.

Aus der Covid-Krise ist vielen im Land die Bundeswehr zumindest noch präsent: Wie die Soldatinnen und Soldaten Amtshilfe geleistet hatten und Altenheimen, Suppenküchen und Teststationen aushalfen, als zivile Stellen das nicht mehr konnten. Das war ein anderes Bild der Männer und Frauen in Uniform und das erste seit Jahren, das sich positiv im öffentlichen Bewusstsein einprägte. Freundliches Desinteresse, auf diese Formel haben manche all das gebracht: Viel Aufmerksamkeit hat die Truppe von den Deutschen in jüngster Zeit nicht gerade erhalten. Nach Kriegsbeginn nehmen viele zum ersten Mal wieder wahr, was der Kernauftrag des Militärs ist. Und das ist nun mal, im Zweifel, der Krieg. Ein Wort, das in Deutschland lange nicht mehr gebraucht worden ist.

Zumindest die Uniform wird wieder etwas sichtbarer in der Gesellschaft, seit an jedem Freitag der Woche mehr und mehr Soldatinnen und Soldaten uniformtragend in Züge steigen, weil es inzwischen kostenlos ist. Doch wie ist die Lage außerhalb des Wochenendverkehrs? Was wissen die Deutschen wirklich über ihre Bundeswehr und schätzen sie den Dienst im Militär? Es sind Fragen wie diese, die sich viele wieder stellen, seit der Krieg näher auch an ihr Zuhause herangerückt ist. Krieg, Landesverteidigung – das ist etwas völlig anderes als der Hilfsdienst im Altenheim. Militaristisch, ein Akt der Vergangenheit. Eigentlich. Dabei steht doch schon im deutschen Grundgesetz, in Artikel 87 a, nichts anderes als: «Der Bund stellt Streitkräfte zur Verteidigung auf.»

Dass das Verhältnis der Deutschen zu ihrer Armee – nicht nur historisch und aus guten Gründen – schwierig ist, wissen in Berlin wenige so gut wie die Verteidigungspolitikerin Marie-Agnes Strack-Zimmermann. Sie gehört zu den Menschen, die sich für dieses Buch mehr als zwei Jahre lang begleiten lassen, Strack-Zimmermann wird direkt nach Kriegsbeginn schnell zum vielleicht bekanntesten Gesicht der *Zeitenwende* außerhalb des Scholz-Kabinetts. Sie ist um Standpunkte nicht verlegen, Strack-Zimmermann spricht Klartext, zum Beispiel, wenn auf Twitter debattiert wird, ob ein Zapfenstreich vor dem Reichstagsgebäude stattfinden sollte, wie im Herbst 2021, und der Satiriker Jan Böhmermann in Anspielung auf die deutsche NS-Vergangenheit twittert: «Fackelmärsche vorm Reichstag – let's agree to disagree.» Strack-Zimmermann sieht das anders, sie, die FDP-Frau, die im Reichstag arbeitet, findet, dass die deutschen Soldatinnen und Soldaten genau dorthin gehörten: Ins Herz der Demokratie, vor das Parlament, von dem sie auch in Einsätze geschickt werden. Sie wundert sich über solche Debatten und verteidigt den Gedenkakt sofort. «Wir haben schon ein seltsames Verhältnis zu unserer Truppe», sagt sie bei einem Fernsehauftritt und fordert, die Belange einer verteidigungsfähigen Armee stärker öffentlich zu diskutieren – schon damals, vor dem Krieg.

Wer Marie-Agnes Strack-Zimmermann treffen will, fährt am besten selbst in den Bundestag, wo die Abgeordnete ihr Büro hat. An ihrem Fachgebiet, der deutschen Verteidigungspolitik, gibt es seit Kriegsbeginn ein völlig neues Interesse. Wer jetzt, im Februar 2022, im Verteidigungsausschuss sitzt, wo die wirklich wichtigen Entscheidungen zur Zukunft der Bundeswehr getroffen werden, also *Zeitenwende* gemacht wird, der wird in diesen Wochen immer bekannter. Genauso wie die Truppe selbst. Jetzt, da alles auf die Verteidigungspolitik blickt, werden aus Fachpolitikern plötzlich landesweit wiedererkannte Persönlichkeiten. Strack-Zimmermann zählt dabei anfangs noch zu denen im Parlament, die nicht in der ersten Reihe stehen, aber die wichtige Facharbeit des Bundestags in seinen Ausschüssen erledigen. Verlässlich, gewissenhaft, mit Elan und Ausdauer. Jetzt hilft ihr das, plötzlich wird Marie-Agnes Strack-Zimmermann fast so präsent sein wie der Kanzler.

Dass sie so bekannt wird, passiert ihr spät in einer beachtlichen Karriere: Bei Kriegsbeginn ist sie 63 Jahre alt, doch wenige haben solch eine Energie im Verteidigungsausschuss. Sie lädt Gäste ein, trifft ausländische Delegationen, leitet die Sitzungen von morgens um 7 Uhr bis manchmal spät in die Nacht. Strack-Zimmermann kannte dessen Arbeit schon im Detail, als sich fast kein Reporter und der Rest der Öffentlichkeit ebenso wenig dafür interessierte. Sie macht die Arbeit mit der Bundeswehr schon seit 2017, doch jetzt erst kennt ihr Gesicht und die markanten weißen Haare das ganze Land.

Geboren wurde sie im Westen, das hat sie geprägt, sagt Strack-Zimmermann, die Zeit in Düsseldorf. Ihre Großmutter lebte in Westberlin, der Osten blieb ihr fern, auch ideologisch. Das Thema ihrer Doktorarbeit: US-Präsident Ronald Reagan. Die DDR hat sie nie besucht, dass Russland in ihrer Lebenszeit einen solchen Krieg beginnen würde, hätte sie nicht für möglich gehalten. «Auch ich nicht», sagt Strack-Zimmermann nachdenklich.

Alle im Land wurden von diesem Krieg überrascht, jetzt muss daraus die *Zeitenwende* entstehen. Und viel Zeit bleibt nicht. Die Ausgangslage ist klar, zumindest für Strack-Zimmermann, andere im Bundestag haben noch Probleme damit, sich von Russland klar abzugrenzen, oder lehnen das gar bewusst ab, wie die – inzwischen mehr als – rechtspopulistische AfD. Über Putin spricht die FDP-Abgeordnete so klar wie über wenige. Strack-Zimmermann gibt eindeutige Sätze zu Protokoll, in ihrer Welt ist Putin schlicht ein «Massenmörder», da gebe es keine zwei Meinungen. Mit solchen Aussagen positioniert sich Strack-Zimmermann früh in dieser neuen Zeit, in Reden, im Fernsehen und auf Social-Media. Wer dazu etwas wissen will, vor allem im politischen Berlin, der ruft am besten «Stracki» an. So wird sie in Berlin genannt, wo Marie-Agnes Strack-Zimmermann sechs Mitarbeitende hat.

Ihre Einsatzzentrale ist das geräumige Arbeitszimmer mit Blick auf den Reichstag, das sie unlängst bezogen hat, ihr Bundestagsbüro, direkt neben dem Ausschusssaal in der zweiten Etage. Morgens muss Strack-Zimmermann jeden Tag vorbei an einer schwarzen Gedenktafel für Deutschlands tote Soldatinnen und Soldaten, danach drückt sie eine schwere Sicherheitstür auf, um an ihren Arbeitsplatz zu gelangen. Wer nicht angemeldet ist, kommt nicht hinein. Wer einen falschen Knopf drückt, löst Alarm aus. Was zeigt: Das hier ist einer der heikleren Orte im Parlament, Fachpolitik heißt im Verteidigungsausschuss, dass es schnell um Leben und Tod geht. Denn von hier aus wird vorbereitet, wenn der gesamte Bundestag mit seinem Votum die Bundeswehr losschickt auf Missionen und Einsätze. Die Bundeswehr ist schließlich eine Parlamentsarmee, über deren Tätigkeit gewählte Abgeordnete entscheiden, nicht ein kleiner Kreis eingeschworener Generale. Das ist eine Lehre der deutschen Geschichte.

Zu ihrer Gegenwart meint Strack-Zimmermann: «Wir brauchen eine starke und kompakte Armee, wir müssen wehrfähig sein, und die Soldatinnen und Soldaten haben auch das Recht, gehört zu werden und präsent zu sein, damit jeder weiß, dass das nicht etwas Seltsames ist.» Und deswegen sollten Gedenkmärsche und andere wichtige Anlässe auch vor dem Parlamentsgebäude stattfinden, wo die Abgeordneten sitzen, die der Bundeswehr als demokratisch getragene Armee Vorgaben machen. Das wiederholt sie gerne noch einmal.

Ehe Strack-Zimmermann in die große Politik gegangen war, war sie Erste Bürgermeisterin in Düsseldorf, und noch früher arbeitete sie im

Tessloff-Verlag. Das war ihre Leidenschaft, noch heute kann sie alle «Was ist Was»-Sachbuchbände auswendig und weiß, welches Thema in welcher Ausgabe besprochen wurde. «Krieg» kam in keiner Ausgabe als Titel vor, dafür müsste Strack-Zimmermann schon eher in ihrem alten Brockhaus blättern, der hier, im Abgeordnetenbüro, gleich mehrere Regale an der Wand einnimmt. «Krieg», steht im Brockhaus, «ist eine bewaffnete Auseinandersetzung». Den wahren Horror in der Ukraine beschreibt das nicht im Ansatz.

Im Büro stehen schwarze Ledermöbel, auf denen schon viele Generale saßen und Anliegen vortrugen. Auf dem kleinen Tisch davor liegt Lakritz, auf dem großen Schreibtisch vor Strack-Zimmermann steht ein Kampfjet-Modell, der deutsche Eurofighter, und Strack-Zimmermanns Stiftmappe trägt die klassische Multi-Tarn-Musterung der Bundeswehr, die von der grünen Uniform. Hinter ihr, im Regal neben dem Brockhaus, steht ein weiteres Militärmodell, das von einer grauen Transportmaschine der Luftwaffe, und daneben drei kleine Flaggen von Deutschland, der EU und der NATO – die westliche Sicherheitsarchitektur, in welche die deutsche Verteidigungspolitik eingebettet ist. In den ersten Kriegswochen sagt Strack-Zimmermann: «Die Gewissheiten, die wir die vergangenen Jahrzehnte immer hatten, sind mit diesem Krieg vorbei.»

Fragt sich: Was heißt das nun für die Bundeswehr? Das kann die Politikerin schnell beantworten, dafür braucht sie kein Buch, kein Lexikon und auch keine kleinen Modellbauten, denn da kennt sie sich bei Kriegsbeginn längst so gut aus wie kaum jemand im Land.

Doch ausgerechnet sie fehlt am Tag des Zeitenwendebeginns im Bundestag: Die große Rede des Kanzlers verfolgt Strack-Zimmermann nicht im Plenarsaal, sondern vom Sofa aus – sie liegt krank zuhause an jenem Sonntag. Am Fernseher schaut sie sich alles an, nicht ahnend, dass die kommenden Tage, Wochen und Monate ihr Leben auf den Kopf stellen werden. Sie hat nicht vergessen, was sie in jenen Momenten dachte, sagt sie, in denen Olaf Scholz seine *Zeitenwende* ankündigte: «Ich war begeistert von der Deutlichkeit. Viele Gesichter wurden auf dem Fernseher eingeblendet – freudige, überraschte, entsetzte.» Ein Sondervermögen von 100 Milliarden, mit dem jetzt die

Bundeswehr aufgerüstet werden soll? Da war auch sie überrascht, gibt sie zu.

Dabei ist es nicht die erste *Zeitenwende* der deutschen Armee. Die Geschichte der heutigen Bundeswehr, das ist wichtig, begann nach dem Zweiten Weltkrieg. 1955 wurde Deutschland von den Alliierten wiederbewaffnet, danach wurde eine Truppe aufgebaut, die lange durch den Kalten Krieg geprägt war, den letzten großen Konflikt des Westens mit dem Osten. 1998, nach ersten Auslandseinsätzen in den Jahren zuvor, folgte ihr erster echter Kampfauftrag im Ausland, im zerfallenden Jugoslawien, wo deutsche Soldatinnen und Soldaten im Einsatz rund um den eskalierenden Konflikt zwischen Serben und Albanern militärische Unterstützung leisteten. Es war ein Novum für die Bundeswehr, dieser Krieg im Kosovo: Deutschland beteiligte sich im Einsatz der NATO gegen Serbien, was hoch umstritten war im Land. Im neuen Jahrtausend angekommen, ging es zunächst ins ferne Afghanistan, zwanzig Jahre am Hindukusch folgten, wo die Deutschen nach dem 11. September von 2001 mit der NATO den islamistischen Terrorismus zerstören und eine Demokratie nach westlichem Vorbild aufbauen wollten. Die Aufrüstung im Jahr 2022 – es ist nicht die erste Zäsur der Armee. Aber sicher ihre größte.

Auch die Abgeordnete Strack-Zimmermann sagt: Jetzt gilt es, jetzt muss das deutsche Desinteresse ein Ende finden. «Wir müssen wieder wehrhaft werden», diesen Satz wiederholt sie in den ersten Kriegstagen bei fast jeder Gelegenheit. Landes- und Bündnisverteidigung ist nun etwas, das nicht länger nur im Brockhaus steht. Es geht um die Verteidigungsfähigkeit des gesamten NATO-Gebiets, der westlichen Welt, nicht mehr nur in der Theorie, sondern im realen Ernstfall. Dass Russland seinen Krieg in der Ukraine ausweiten könnte, vielleicht sogar auf die NATO, ist eine ernsthafte Sorge. Sich darauf vorzubereiten, vorbereitet zu sein, wird im Februar 2022 über Nacht zur dringendsten Herausforderung.

Alles wird in den kommenden Monaten durcheinandergewirbelt. Abschreckung, Kriegswirtschaft – alte, ausrangierte Worte werden wieder aktuell. Es sind dunkle Zeiten, die hereinbrechen über das Land. Und es gibt unendlich viel zu tun.

Wie unser Militär marode wurde

Februar 2022
Deutsches Heer, Straußberg in Brandenburg

Am Morgen des 24. Februar beginnt Deutschlands oberster Heeresgeneral seinen Tag mit Wut im Bauch. Gerade hat er vom russischen Einmarsch gelesen, das Szenario, welches sie seit Wochen hatten aufziehen sehen, aber mit aller Diplomatie und Vernunft nicht hatten verhindern können. Jetzt erlebt der Kontinent eine völlig eskalierende Militäraktion. Und da kennt sich Alfons Mais aus, er ist ein Mann des Militärs und steht für ein ganzes Leben in Uniform. Mais ist bei Kriegsbeginn 59 Jahre alt und führt die deutschen Landstreitkräfte, das *Kommando Heer*. Und wie die Verteidigungspolitik in Berlin, steht nun auch dieses plötzlich im Mittelpunkt. Käme der Krieg wirklich nach Deutschland, und damit in die NATO, dann kämpfte das Heer an vorderster Front. Vor allem die Infanterie, also Soldatinnen und Soldaten, die mit dem Gewehr in der Hand in den Kampf ziehen, im Wald oder städtischen Gebiet. Oder die Artillerie, jener Teil der Kampftruppe, der schwerste Waffen einsetzt, wie Panzer oder Haubitzen.

Über all das hat General Mais die Kontrolle, ein Rheinländer mit kurzen dunklen Haaren, dessen freundlicher Blick keine unnötige soldatische Härte ausstrahlt. Viele in der Truppe schätzen das, über Mais kommen in der Hierarchie nur noch wenige, etwa der Generalinspekteur, Deutschlands oberster Soldat, und natürlich der Minister oder die Ministerin an der Spitze des Verteidigungsressorts.

Im Heer hat Alfons Mais mehr als vierzig Jahre gedient, er weiß also, was einen guten Soldaten ausmacht, und er gilt als guter Truppenführer, einer, den die Kameradschaft antreibt, Verbundenheit und Tradition, und einer, der weiß, dass Generale vor allem nach innen wirken, nicht nach außen. Letzteres ist Sache des Ministeriums, Politik. Männer wie Mais wissen aber auch, dass es kein Zufall ist, dass bei der Bundeswehr jetzt so viel zu tun ist, sondern der Sparkurs über lange Jahre politisch gewollt war, allen Warnungen zum Trotz.

Als am Morgen des 24. Februar klar wird, dass sich die Welt gerade gedreht hat, setzt sich Mais an seinen Computer und tut etwas, das höchst unüblich für einen General ist – er meldet sich öffentlich zu Wort. Er teilt seine Gefühlslage zum Kriegsbeginn in der Ukraine mit, im Internet, auf der Plattform LinkedIn. Dort macht er sich Luft und postet:

«Du wachst morgens auf und stellst fest: Es herrscht Krieg in Europa. Ich hätte in meinem 41. Dienstjahr im Frieden nicht geglaubt, noch einen Krieg erleben zu müssen. Und die Bundeswehr, das Heer, das ich führen darf, steht mehr oder weniger blank da.»

Die Sätze werden im ganzen Land diskutiert, Mais ist plötzlich eine öffentliche Figur. Darf ein General das? Einfach so seine Meinung sagen und aus der Ordnung heraustreten?

Mais will an jenem Morgen schlicht offenlegen, dass die deutsche Truppe alles ist, nur nicht verteidigungsfähig. Der Heereschef schreibt: «Wir brauchen mehr Ausrüstung, Geld und Wertschätzung!» Auch Mais ist eingeweiht, ehe der Bundeskanzler drei Tage nach dem Post seine Regierungserklärung hält. «Ich hatte eine SMS bekommen, in der ein Hinweis stand, dass es sich lohnen könnte, die Rede anzuhören. Also habe ich zuhause mit meiner Frau zugeschaut.»

Auch Alfons Mais ist danach elektrisiert, Aufbruch, endlich, in sichere Zeiten, auch wenn der Anlass ernster nicht sein könnte. Für Generale wie Mais ist der Krieg nichts Fremdes, sie müssen sich auf ihn einstellen, das ist der Job. Seit jenem Tag und den Ankündigungen von Olaf Scholz geht es nun um die Einlösung des Sicherheitsversprechens. Seit jenem Tag tickt die Zeitenwendeuhr.

Kommt das versprochene Geld wirklich bei den Soldatinnen und Soldaten an? Mais wird dranbleiben und genau hinschauen. Er hofft, dass er nicht wieder Alarm schlagen muss und die Dramatik der Zeit jetzt endlich ins Bewusstsein durchgedrungen ist. Denn ein General muss sich eigentlich zurückhalten, ein Zwiespalt, den Mais selbst reflektiert, er fragt sich seither, wie emotional ein Truppenführer überhaupt sein sollte. Mais ist am Anfang der *Zeitenwende* ein General, der aufmuckt. Er steht für die Hoffnung, aber auch das Verzweifeln in der Bundeswehr. Er vereint die Widersprüchlichkeit und das Anstrengende der *Zeitenwende* in seiner Person. Mais will durch das System brechen, muss aber gleichzeitig in der Linie bleiben. Im Grunde eine unmögliche Mission. Der General steht am Ende auch für die Hoffnung auf ein besseres Militär. Schafft er es oder verzweifelt er? Ist die Bundeswehr reformierbar?

Im Verteidigungsministerium waren in der Tat nicht alle angetan vom öffentlichen Schritt des Heereschefs und seinem Post. Dennoch: Mais kann nicht anders in dieser schlimmen Stunde, er muss Alarm schlagen, lange hat alles brach gelegen. Zu lange, findet Mais, ist seine Bundeswehr marode gemacht worden. Und deswegen muss er aufrütteln, egal, was andere denken. Und wenn ihm das Gerede über seinen Text, das ihn im ersten Zeitenwendejahr auf jede Veranstaltung und bei jedem Termin folgen wird, tatsächlich einmal zu viel wird, versucht er es mit entwaffnendem Humor. «Es war früh, ich hatte meine Tabletten noch nicht genommen.»

Ansonsten ist es eher so, wie die FDP-Abgeordnete Marie-Agnes Strack-Zimmermann sagt – ein düsterer Jahresbeginn. Und es wird noch schlimmer werden. Die Verteidigungspolitikerin und der General, sie kennen sich, sie schätzen sich. Manches bei aller Ernsthaftigkeit leicht zu nehmen, verbindet sie. Sie kommt aus dem Rheinland, er, der General, aus Koblenz, es sind keine Welten, die zwischen ihnen stehen. Der Job in der Verteidigungspolitik ist nun, die Bundeswehr auszustatten und kriegsbereit zu machen. Kaltstart eben.

Und deshalb sitzt General Mais in den kommenden Wochen oft auf Strack-Zimmermanns schwarzer Ledercouch im Bundestag und berichtet von den tristen Realitäten seiner Truppe. Zum Beispiel zu der Frage, welche Waffen überhaupt funktionieren – und an welchen es mangelt.

Bloß: Der General kann nicht einfach *Zeitenwende* einkaufen. Nicht nur, weil es Kriegsgerät kaum bei Amazon gibt, sondern weil die Bundeswehr eine Parlamentsarmee ist und ihre Gelder aus dem Bundeshaushalt kommen. Der Bundestag entscheidet über ihre Bewaffnung, nicht die Generalität selbst. Auch nicht Mais. Dies ist in Deutschland seit 1956 sogar in Artikel 87 b des Grundgesetzes verankert und trägt der deutschen Geschichte Rechnung. Das Militär soll nämlich keine eigenständige Wehrverwaltung haben und wird stattdessen zivil verwaltet. Dahinter steht das sogenannte Trennungsgebot, nach dem es neben den Streitkräften eine zivile Bundesverwaltung geben muss. Nie wieder soll sich das Militär verselbstständigen wie in der Zeit des Nationalsozialismus, nie wieder soll es sich heimlich selbst aufrüsten.

Die Gelder der heutigen Bundeswehr kommen allesamt aus dem Bundestag in Berlin. General Mais kann dort nur Werbung machen für seine Sache, er kann Runden drehen im Parlament und für die Bundeswehr lobbyieren. Er kann den Abgeordneten erklären, wo die Not besonders groß ist und was man wirklich braucht bei der Truppe. Und was nicht.

Welche Waffen die Bundeswehr bereits hat und wie viele davon einsatzfähig sind – das zählt zu den größten Staatsgeheimnissen der Republik. Sollten solche Zahlen im Detail bekannt werden, so die Argumentation der Regierung, könnten Feinde herauslesen, was die Bundeswehr alles leisten kann. Und wo sie am verwundbarsten zu treffen wäre. Daher bleiben die Papiere unter Verschluss, sie liegen in Tresoren und nur sicherheitsüberprüftes Militärpersonal sowie die Abgeordneten im Bundestag dürfen Einsicht nehmen. Selbst Notizen zu diesen Geheimakten müssen nach Lektüre vernichtet werden – nichts soll nach draußen dringen.

Und doch tut es das manchmal. Denn es ist auch das Recht der deutschen Öffentlichkeit, zumindest einige Hintergründe zur Ausstattung ihrer Bundeswehr zu kennen, um einschätzen zu können, ob der Staat im Verteidigungsfall seine Fürsorgepflicht erfüllen kann. Weil das so ist, recherchiert zum einen die Presse zu den Militärdokumenten der Regierung und zum anderen veröffentlicht die Regierung selbst gelegentlich zusammengefasste Stände, die eine Ahnung geben von der Lage bei der Truppe, aber Gegnern nicht zu viel verraten. Es ist ein schmaler Grat. Und natürlich auch ein politisches Spiel: Denn keine Bundesregierung kann ein Interesse daran haben, dass publik wird, wie blank die Bundeswehr tatsächlich schon seit Jahren ist.

Interessant sind da zum Beispiel die Zahlen vom 13. Januar 2022; der großflächige Krieg Russlands in der Ukraine und die deutsche *Zeitenwende* liegen noch wenige Wochen in der Zukunft. Das Verteidigungsministerium veröffentlicht damals die so genannte «Einsatzbereitschaft der Hauptwaffensysteme», einen Monat und elf Tage vor Kriegsbeginn. Die Formulierungen des Ministeriums klingen erst einmal gut: Die Quote der Einsatzfähigkeit «steige» auf 77 Prozent, heißt es vielversprechend.

Doch die Rohdaten hinter diesen Quoten, die wahre Einsatzfähigkeit der Teilstreitkräfte – also Heer, Marine, Cyber und Luftwaffe – werden grundsätzlich zur Verschlusssache erklärt, auch Anfang 2022, und sollen nicht weiter bekannt werden. Das gilt vor allem für die sensibelsten dieser Papiere: die Anhänge, Zahlenkolonnen zu jedem einzelnen Waffensystem, vom Panzer bis zur Fregatte. Wie viele gibt es? Wie viele funktionieren?

Es sind diese Tabellen, die oben auf jeder Seite einen dicken roten Stempel bekommen: «GEHEIM – amtlich geheimgehalten».

Noch brisanter sind nur die Planungsakten, die verraten, wie viel Geld die Bundesregierung künftig einplant, um militärische Mittel zu beschaffen – und welche Waffen das sein sollen. Vor allem diese Listen sind ein Staatsgeheimnis, das auch die Presse nicht einsehen kann – im Grunde nie. Nur einmal fiel in den vergangenen Jahren Licht auf solche Papiere: vor einem deutschen Strafgericht. Das hatte 2019 den Fall zweier Rüstungsmanager verhandelt, die widerrechtlich Kopien hochoffizieller Geheimnisse erhalten hatten und sie für eigene Motive nutzen wollten, für ihre Firmen nämlich.

Wer als Rüstungsmanager im Voraus weiß, wie viel die Regierung für welche künftigen Rüstungsprojekte veranschlagt, kann bei der Ausschreibung ein passgenaues Angebot abgeben, die Konkurrenz unterbieten, aber noch den maximalen Gewinn rausholen. Um solche Kopien von Verschlusssachen ging es vor dem Oberlandesgericht Düsseldorf, es verurteilte die Männer zu Freiheitsstrafen. Würde ein Staat wie Russland diese Papiere in den Händen halten, wäre die Sicherheit der Bundesrepublik gefährdet, hieß es im Urteil.

Zur Wahrheit gehört: Wenn die Einsatzbereitschaftspapiere in Gänze publik würden, ob mit oder ohne schützenswerte Anhänge und Geheimteile, wäre das vor allem eines – peinlich für die Bundeswehr. Und peinlich für das Ministerium. Zu marode ist die Ausstattung. Zu schlecht die Einsatzbereitschaft, seit Jahren. Wie es wirklich um sie steht? Die Antwort: Schlechter als das Ministerium mit seiner Wortwahl der «gestiegenen» Quote den Anschein erweckt. Schaut man genauer hin, liest man zurückhaltendere Sätze: So habe sich die Quote genau genommen eher «verstetigt». Ein halbes Jahr zuvor hatte sie noch bei 76 Prozent gelegen, 77 Prozent, das soll jetzt also ein Erfolg sein. Im Dezember 2020 lag die Quote nach Angaben des Ministeriums bei 74 Prozent gegenüber knapp 71 Prozent im Juni 2020. Der Bundeswehrverband hingegen sah die deutsche Einsatzbereitschaft schon 2020 bei maximal fünfzig Prozent. Schaut man für das Folgejahr nun noch genauer hin, gibt es endgültig Grund für Skepsis. Wenn es vom Verteidigungsministerium zum Beispiel heißt: «Die materielle Modernisierung der Streitkräfte bleibt trotz der in der 19. Legislaturperiode erreichten Erfolge und der durch den deutschen Bundestag gebilligten Beschaffungsvorhaben unverändert eine große Herausforderung.»

Herausforderung? Das, muss man wissen, ist für die Bundeswehr eine besonders beliebte Vokabel, hinter der sich eigentlich ein ganz anderes Wort versteckt: «Herausforderungen» sind nichts anderes als Probleme. Und davon führt der Bericht so einige auf. Allen voran die deutschen Hubschrauber, von denen im Januar 2022 nur vierzig Prozent einsatzbereit sind. Das Ministerium berichtet von einem «zu niedrigen, unbefriedigenden Niveau» und verweist, etwas hilflos, darauf, dass viele Modelle eben «komplex» seien, wie der NH90, ein mittelschwerer militärischer Transporthubschrauber oder der Kampfhubschrauber Tiger. Das stimmt zwar, Wartung und Inspektion sind aufwendig. Dennoch: Schuld an der miesen Quote ist vor allem das hohe Alter des übrigen Bestandes. So hat jener Hubschrauber, der die besonders schweren Lasten transportieren kann, CH-53, seinen ersten

Flug für die Bundeswehr 1972 gemacht. Überrascht es da, dass dieser alte Vogel die niedrigste Einsatzbereitschaft bei der Luftwaffe hat? Wegen seiner Altersschwäche ist er störanfällig und es fehlen Ersatzteile. Immer wieder kommt es zu außerplanmäßigen Landungen.

Auch der große Airbus-Transportflieger A400M ist, vor allem anfangs, bei weitem nicht so gut wie von der Herstellerfirma angepriesen: Nur bis zu zehn der etwa dreißig Maschinen waren laut Verteidigungsministerium Anfang 2022 «einsatzbereit». Insgesamt hatte man nach eigenen Angaben 71 Hauptwaffensysteme auf ihre Einsatzfähigkeit hin geprüft, bei elf Systemen lag die Einsatzfähigkeit unter fünfzig Prozent. In einem Kriegsfall wäre demnach nur jede zweite Waffe fähig, das Land mit genau diesem System auch zu schützen. Die *Süddeutsche Zeitung* weist derweil auf Probleme vor allem bei der Marine hin: «Dort wird offen infrage gestellt, ob künftig noch genügend Schiffe für alle Einsätze bereitgestellt werden können», schreibt man.

Das alles kann lesen, wer im Januar 2022 eine deutsche Tageszeitung aufschlägt, Alarm geschlagen hat allerdings kaum jemand. Wer sich auskennt, weiß, dass die Probleme eher größer als kleiner werden dürften: Denn während der Pandemie hat die Bundeswehr weniger geübt als normalerweise. Das hat Material geschont und die Einsatzfähigkeitsquote hochgedrückt. In Wahrheit, unter Volllast, hätte sie viel schlechter ausgesehen. Im Bundestag zweifelt vor allem die Opposition die tatsächliche Aussagekraft der Zahlen an: Je mehr einzelne Einsatzstände zu einer Gesamtquote zusammengesetzt würden, desto mehr sinke auch die wahre Aussagekraft. Und es stimmt: Wie viele Transport-LKW der Truppe tatsächlich fahren, ist nicht so relevant wie der Einsatzgrad deutscher Kriegsschiffe in der Ostsee.

Wer wissen will, wie es um die Bundeswehr zu Kriegsbeginn 2022 steht, der muss ins Jahr 2014 zurückreisen. Die Zahlen für dieses Schlüsseljahr sind besonders wichtig: Denn bereits 2014 überfällt Russland einen Teil der Ukraine zum ersten Mal und annektiert widerrechtlich die strategisch wichtige Krim. Danach beginnen einzelne Staaten aufzurüsten – Deutschland zählt nicht dazu. Die Bundesrepublik träumte weiter ihren geruhsamen Friedenstraum.

Stattdessen erscheinen im September 2014 wieder einmal peinliche

Presseberichte. Diesmal einsatzuntauglich: der Marine-Hubschrauber Sea Lynx Mk88A – nicht eine einzige von 22 Maschinen ist damals für den Auslandseinsatz freigegeben. Man hatte Risse im Heck gefunden. Im Bundestag werden die Abgeordneten nervös und verlangen Antworten, hochrangige Militärs werden herbeizitiert. Ein CSU-Verteidigungspolitiker meldet sich noch während der laufenden Bundestagssitzung beim bekannten Bundeswehr-Berichterstatter Thomas Wiegold, dessen Blog Augengeradeaus Pflichtlektüre vieler Soldatinnen und Soldaten ist. Florian Hahn gibt aufgeregt durch: «Es herrscht kreative Mangelverwaltung. Mit Ach und Krach kann die notwendige Verfügungsbereitschaft hergestellt werden. Langfristig fahren wir so gegen die Wand. Neue Systeme laufen nicht zu. Alte Systeme müssen aufwendig am Leben gehalten werden. Ersatzteile werden aus bestehenden Geräten ausgebaut.»

Die betroffenen Hubschrauber machen damals immerhin die Hälfte der Marine-Flotte aus. Die andere Hälfte wird vom Sea King gestellt – auch dieser Hubschrauber fällt schon damals mit Technikproblemen auf. Die damalige Verteidigungsministerin, Ursula von der Leyen (CDU), heute Präsidentin der EU-Kommission in Brüssel, versucht in diesen Wochen des Jahres 2014 Schadensbegrenzung in der *Bild*-Zeitung. Dort sagt sie, es stehe nicht so schlecht um die Bundeswehr, bei den Marinefliegern aber sei man einfach «in einer Umbruchsphase».

Der deutsche Umbruch, er wird sich jahrelang hinziehen. Da tauchen deutsche Kriegsschiffe auf, für die es kaum Lenkflugkörper gibt – rechnerisch manchmal bloß fünf Schuss pro Schiff. Wegen solcher Zahlen hatte die CDU-Ministerin von der Leyen schon einmal versucht, der Bundeswehr eine *Zeitenwende* zu verordnen, nur nannte sie das «Trendwende». Gleich mehrere davon versprach sie vollmundig, als sie von 2012 bis 2019 das Amt der deutschen Oberbefehlshaberin innehatte. Von der Leyen beließ es nicht bei Trendwenden, 2020 gab es auch eine «Initiative Einsatzbereitschaft»: Die sollte bewirken, dass deutsche Hubschrauber künftig vielleicht sogar fliegen könnten. So entstand ein Paket von 25 Maßnahmen, die die Bundeswehr handlungsfähiger machen sollten. Auch an ihnen lässt sich ablesen, wo es noch 2021 am meisten knirschte.

Auf der Liste: die Optimierung der Bundeswehr-Datenpflege in einer einheitlichen IT-Unterstützungsstruktur (SASPF), die Digitalisierung der gesamten Luftwaffe, die Verbesserung der Verfügbarkeit einfacher Ersatzteile für die Marine, einsatzbereitere Straßentankwagen, mehr modulare Sanitätseinrichtungen, verlässlichere Transportpanzer oder auch die professionellere Instandsetzung simpler Handfeuerwaffen. So geht die Liste weiter und weiter, irgendwann redet die Bundeswehr selbst bloß noch wolkig von «administrativen Hemmnissen», die beseitigt werden müssten. Noch im Vorkriegsjahr 2021 sagen manche über die deutsche Truppe, dass sie im Grunde ein einziges administratives Hemmnis sei.

Die negativen Schlaglichter auf erste Zahlen und Fakten aus den Jahren 2014 und 2015 sind das eine – im Kriegsjahr 2022 bestehen die Mängel aber immer noch. Ursula von der Leyen ist nach Brüssel weitergezogen, die Probleme blieben. Es sind die mickrigen 77 Prozent Einsatzbereitschaft, weder sie noch ihre CDU-Amtsnachfolgerin Annegret Kramp-Karrenbauer haben sie in den Griff bekommen. In der Konsequenz heißt das schlicht: Der verfügbare Bestand aller Hauptwaffensysteme der Bundeswehr ist immer noch weit davon entfernt, voll einsatzfähig zu sein.

Das gilt auch für den eigentlich als hochmodern angepriesenen Schützenpanzer Puma, obwohl er schon neun Jahre bei der Bundeswehr ist. Im Januar 2022 setzt Berlin nun alles darauf, dass zumindest dieser Problemfall der Vergangenheit angehört. Doch das wird ihnen noch auf die Füße fallen – keine zwölf Monate später.

* * *

März 2022
Regierungsviertel, Berlin

Um mehr über das nicht leicht zu durchschauende Verhältnis von Schein und Sein bei der Bundeswehr zu erfahren, kann man in der Hauptstadt ein Büro aufsuchen, in dem viele Informationen zusammenlaufen. Wer hier arbeitet, weiß Bescheid. Denn hier, in der Neustädtischen Kirchstraße, Hausnummer 15, oben im großen Eckbüro, sitzt der oder die Wehrbeauftragte des Bundestags. Bei Kriegsausbruch ist es eine SPD-Politikerin: Neben dem Eingang verrät ein Schild mit goldenem Bundesadler, dass man richtig ist, hinter der Tür wartet die Wache. «Zu Frau Högl? Nach oben, bitte.» Eva Högl, die Juristin und SPD-Politikerin, sie hat sich vor allem als Innenpolitikerin einen Namen gemacht, jetzt empfängt sie als Wehrbeauftragte. Sie bittet ihre Gäste oft an einen großen runden Tisch im Besprechungszimmer, sie redet dort offen und schnörkellos über die Probleme der Bundeswehr, Zeit drumherum zu reden bleibt auch nicht. Auch Eva Högl wird zu einem wichtigen Gesicht der *Zeitenwende*, ihr Amt macht es aus ihr. Denn als Wehrbeauftragte ist sie die Garantin der Grundrechte der Soldatinnen und Soldaten, eine Stimme der Uniformierten, die ihnen zuhört, wenn andere weghören, die Anliegen notiert und weiterträgt, Botschafterin und Anwältin zugleich. Vor allem weist Högl auf Missstände hin.

Wie den fünfzig Jahre alten CH-53-Hubschrauber, dessen fragwürdig alten Zustand alle kennen, ihn aber auch 2022 noch immer nicht ersetzt haben und auch keine Entscheidung über das dringend notwendige Nachfolgemodell im Bundestag treffen. 4000 solcher Vorgänge im Jahr können es schonmal werden in Högls Büro, am Ende des ersten Kriegsjahres allein werden siebzig Truppenbesuche stehen.

Auch Högl reist der *Zeitenwende* hinterher und gewährt Einblick. Am Ende dieses Jahres wird sie sagen: «Es war ganz schön viel.» Jetzt gerade, zu Beginn der frühen Kriegstage, ist sie in Berlin allen voran eine jener Abgeordneten, die noch immer geschockt sind. In der Nacht, in der Putin seinen Angriff befiehlt, hat sie ihren Mann geweckt, erzählt Högl oben im Eckbüro. «Er hat es wirklich getan», habe sie gesagt. Viele in der Hauptstadt vergleichen den Kriegsbeginn mit einer Zäsur wie den Terroranschlägen vom 11. September in den USA. Und sie? «Auch mir sind diese Gedanken gekommen. Das war ein einschneidendes Ereignis und auch damals, 2001, haben viele über die Furcht vor einem Dritten Weltkrieg gesprochen. Ich möchte von so etwas nicht sprechen, aber dieser fürchterliche Angriffskrieg von Putin ist eine Zäsur.»

In ihren Jahresbericht, den ersten nach Putins Krieg, wird Högl später schreiben: «Er ist die größte Bedrohung für die europäische Friedensarchitektur und unsere eigene Sicherheit seit Ende des Kalten Krieges. Um ihrer Aufgabe der Landes- und Bündnisverteidigung gerecht zu werden, braucht die Bundeswehr jede Soldatin und jeden Soldaten.»

Högl stockt an dieser Stelle kurz: Sie hätte nie erwartet, dass es wieder Krieg in Europa geben kann. Es beschäftigt sie, auch als deutsche Wehrbeauftragte, das kann man spüren. Es mag an Putins brutalem Vorgehen in der Ukraine liegen, wo weiter täglich Raketen in Wohngebiete fliegen und russische Panzer und Granaten auch Frauen und Kinder töten. Es mag aber auch daran liegen, dass Högl die Wahrheit über die Lage der Bundeswehr so gut kennt wie kaum jemand.

Eva Högl kennt die ganze Wahrheit, auch hinter den unter Verschluss liegenden Zahlen, Tabellen und Einsatzquoten. Ihr Job ist es, diese Quoten nach oben zu treiben. Und den Soldatinnen und Soldaten auf politischem Wege zu einer besseren Ausstattung für einen Kriegsfall zu verhelfen. Bis zum Kriegsbeginn ist es oft eine Mission auf verlorenem Posten. Noch in der Woche, in der Bundeskanzler Scholz das neue Sondervermögen ankündigt, fehlen deutschen Soldatinnen und Soldaten selbst einfache Unterhemden. Es wird so kalt in den Quartieren der Truppe, dass Wasserflaschen nachts am Boden festfrieren. Wie das sein kann? Eine gute Frage, findet auch Högl. Sie sagt: «Es sind Investitionen in Freiheit und unsere Sicherheit: Die Bundeswehr muss eine moderne und schlagkräftige Armee werden. Das muss sie nämlich sein. Wir sehen es ja jetzt.»

Tatsächlich laufen auch an diesem Tag solche Bilder im Fernsehen: Panzerschlachten, Vernichtung, Sprengbomben auf Kyjiw. Der Krisenstab im sicheren Berlin kommt kaum hinterher. Und die Bundeswehr?

Högl: «Es müssen alle bestmöglich ausgestattet werden.» Alle, das wären etwas mehr als 183 000 Männer und Frauen in Uniform zu diesem Zeitpunkt. Von ihnen hat nicht einmal jeder und jede eine eigene schusssichere Weste. Das ist das praktische Problem, es bleiben noch andere.

Was denkt die Wehrbeauftragte zum Beispiel über die Deutschen und ihre Truppe, ist das immer noch ein kompliziertes Verhältnis? Högl versucht es positiv: «Unsere Soldatinnen und Soldaten leisten viel und darauf können wir stolz sein. Sie verdienen nicht nur unser Interesse, sondern auch unsere Wertschätzung.» Högl erinnert daran, wie aus der Öffentlichkeit zuletzt wieder mehr Wertschätzung kam, wenn in Krisen ausgeholfen wurde, etwa in der Pandemie: Zwischenzeitlich waren bis zu 25 000 Soldatinnen und Soldaten in Bereitschaft gewesen. Immer war die Bundeswehr da, auch bei Hochwasser, sagt Högl. «Diese Wertschätzung braucht die Truppe aber auch für ihren Kernauftrag.» Und der heißt im Zweifel: Krieg.

«Es ist wichtig, dass sich jetzt, da es wirklich um unsere Landes- und Bündnisverteidigung geht, alle mit der Bundeswehr beschäftigen und wir wirklich ganz klar haben, wofür wir sie brauchen», sagt Eva Högl am Schluss dieses ersten Besuchs bei ihr. «Nichts ist schlimmer als ein Desinteresse.»

Auftritt: Christine Lambrecht

SPD-Parteizentrale
Willy-Brandt-Haus, Berlin

Drei Monate zuvor und einige Kilometer vom Bundestag und seiner Wehrbeauftragten entfernt, tritt Olaf Scholz nach der gewonnenen Bundestagswahl am 6. Dezember 2021 zu seinem bis dahin wichtigsten Termin an. Er kommt ins Willy-Brandt-Haus der SPD und hat interessante Sprechzettel dabei, die der Öffentlichkeit seine neuen Bundesminister und Bundesministerinnen verraten werden.

Das Thema, das nach der gewonnenen Bundestagswahl damals in aller Munde ist, ist nicht die Bundeswehr, sondern das Gesundheitssystem. Es ist der Tag, an dem Scholz ankündigt, einen gewissen Karl Lauterbach berufen zu wollen, und an dem die Coronapandemie noch immer das öffentliche Leben in Deutschland bestimmt.

Die Lage der Bundeswehr blieb weitgehend unbeachtet, bis zu diesem Tag. Jahrelang war man nicht einsatzfähig und versuchte, das unter der Decke zu halten. Gleichzeitig wurden wichtige Planungspapiere in der Schublade gelassen, Bedarfe, die man kannte, wurden nicht gedeckt. So war das Militär marode geworden.

Dabei sinken Instabilität und Gefährdung in der Welt, auch in Europa, nicht, sie nehmen zu, nicht nur, aber insbesondere in Osteuropa, wo Russland versucht, die Ergebnisse einer anderen «Zeitenwende», nämlich der von 1989/91, zu revidieren. In dieser Situation übernimmt ein neuer Minister oder eine Ministerin im Bendlerblock, wo das Verteidigungsministerium zu finden ist. Und ganz Berlin fragt sich: Wer wird es?

Olaf Scholz, der Mann mit den Antworten, tritt schließlich auf die Bühne, seine Verkündung wird live ins ganze Land übertragen. Sieben neue Ministerinnen und Minister benennt seine SPD heute, vier Frauen und drei Männer. Scholz liest die Namen von Sprechkarten ab, er werde sie dem Bundespräsidenten zur Ernennung vorschlagen, für die Regierung, die er jetzt bilden will. «Dass die Frauen die Hälfte der Macht haben», darauf sei er stolz, sagt Scholz. «Aus meiner Sicht ist das auch Zeit.»

Wer vorgeschlagen wird, darf auf die Bühne neben Scholz kommen und in ein paar kurzen Worten sagen, was er oder sie im neuen Amt vorhat. Und für die Bundeswehr ist schon die erste Personalie entscheidend: Denn Scholz kündigt an, dass er die allererste Innenministerin in der deutschen Geschichte benennen will und dass dies die Hessin Nancy Faeser sein soll. Faeser bedankt sich und kündigt an, die Bundespolizei zu stärken und vor allem etwas gegen Rechtsextremismus tun zu wollen. Sie ist eine überraschende Kandidatin, war aber über Scholz-Intimus Wolfgang Schmidt, der bald das Kanzleramt leiten wird, auf die Liste gekommen. Eigentlich waren viele davon ausgegangen, dass eine gewisse Christine Lambrecht das Innenressort leiten werde, sie hatte zuletzt Ambitionen angemeldet und ist ausgebildete Juristin, eine wichtige Qualifikation in der Innenpolitik. Jetzt macht es Faeser. Dann tritt Hubertus Heil vor, der Arbeitsminister bleiben kann. Heil darf auf der Bühne kurz von einer «Fortschrittsregierung» sprechen, auf die er sich sichtlich freut. Dann erst kommt

Lambrecht – aber in völlig anderer Funktion als von den meisten vorhergesagt.

Scholz hat bislang von stabilen Renten und einem neuen Mindestlohn gesprochen, das seien Herzensprojekte, die auch schon Teil des Wahlkampfs waren – die Bundeswehr kam in ihm eher nicht vor. Jetzt aber gilt es, Scholz setzt an: «Sicherheit wird in dieser Regierung in den Händen von starken Frauen liegen. Deshalb will ich als Bundesministerin der Verteidigung Christine Lambrecht vorschlagen.» Da ist sie also, Lambrecht, sie soll der Bundeswehr vorstehen in den kommenden vier Jahren. Als deutsche Oberbefehlshaberin. Sie sei eine erfahrene Politikerin und Ministerin und könne sogar zwei Ressorts gleichzeitig leiten, behauptet Scholz. Im letzten Kabinett von Angela Merkel war Lambrecht, die damals 56 Jahre alt ist, seit Juni 2019 Bundesministerin für Justiz und Verbraucherschutz gewesen und hatte seit Mai 2021 in Personalunion auch das Bundesministerium für Familie, Senioren, Frauen und Jugend geführt. Davor war sie Staatssekretärin im Bundesfinanzministerium unter Olaf Scholz gewesen. Jetzt arbeiten sie wieder zusammen. Scholz sagt: «Das ist ein großes Ressort, das eine wichtige Verantwortung für unser Land und für unsere Sicherheit hat. Die Frauen und Männer in der Bundeswehr haben auch verdient, dass jemand vorne ansteht im Ministerium, der sich für sie einsetzt, der ein Herz für sie hat und dafür sorgt, dass sie gut ausgestattet werden. Aber die es auch kann. Und das ist bei Christine Lambrecht exakt der Fall.»

So tritt auch Lambrecht nach vorn, bedankt sich und verliert ihre ersten Worte als designierte Bundeswehrchefin. Ihr bislang wohl größter Berührungspunkt mit den Sicherheitskräften im Land dürfte ihre Mitgliedschaft im Verein Bürger und Polizei e. V. gewesen sein, zuhause in Hessen. Dennoch klingt Christine Lambrecht erst einmal tatkräftig, sie spricht schnell und konzentriert. «Es ist eine Herausforderung», und wer sie kenne, der wisse, dass sie so was möge. Und Scholz kenne sie ja gut. «Die Soldatinnen und Soldaten der Bundeswehr haben es verdient, dass wir ihnen mit Anerkennung und Respekt begegnen.» Lambrecht kündigt an, dass sie einiges verändern will bei der Truppe, zum Beispiel die Auslandseinsätze hinterfragen. «Taten» brauche es, sagt Lambrecht, nicht Worte. Sie weckt mit ihrem wachen Auftritt große Erwartungen.

Schon zwei Tage später, am 8. Dezember, wird Christine Lambrecht an einem Mittwochmittag vom Bundespräsidenten zur Ministerin ernannt und im Bundestag vereidigt. Danach soll sie im Ministerium empfangen werden. Im Bendlerblock googelt man fix ihren Namen, Christine Lambrecht, geboren am 19. Juni 1965 in Mannheim; evangelisch-lutherisch; ledig; ein Kind. Seit 1998 ist sie Mitglied im Bundestag. Ihr neues Ministerium hat Mappen zum Einlesen in Militärthemen vorbereitet und Excel-Listen, erste Termine bei der Truppe, sollte Lambrecht gleich loslegen wollen. Nachmittags hängen graue Wolken über dem Ministerium, im Besucherzelt gibt es warmen Tee, gleich beginnt im Innenhof die Zeremonie zur Begrüßung. Eine neue Ministerin übernimmt, die alte, Annegret Kramp-Karrenbauer, hat schon gepackt und nimmt gar nicht mehr an der Übergabe mit militärischen Ehren teil.

Draußen kommt Wind auf, die Soldaten tragen ihre dunkelgrauen Wintermäntel, grüne Baretts und weiße Handschuhe. Zum Amtsantritt spielt das Stabsmusikkorps die Nationalhymne, Lambrecht darf zum ersten Mal die Ehrenformation des Wachbataillons abschreiten. Als der Fahrer ihren schwarzen Audi auf den Hof fährt, öffnet der Generalinspekteur Lambrecht die Tür und grüßt sie salutierend.

Christine Lambrecht ist jetzt die deutsche Oberbefehlshaberin, in Friedenszeiten führt sie das Militär, sie ist die Chefin. Und das bedeutet bei der Bundeswehr eine Verantwortung für 183 000 Soldatinnen und Soldaten und allein 3000 Menschen im Ministerium selbst, dazu Tausende zivile Mitarbeitende im ganzen Land. Alle schauen auf die Neue, sie haben riesige Tribünen aufgestellt, auch die Ehrengäste tragen Wintermäntel. So geht sie los, die Ära-Lambrecht – scheißkalt.

Ihre erste Amtshandlung ist die Ernennung der Staatssekretäre, Siemtje Möller und Thomas Hitschler, zwei junge SPD-Abgeordnete, die sich mit Militär und Sicherheitspolitik auskennen. Lambrechts Sohn ist auch dabei an diesem Tag, im Sakko und mit schwarzer Maske – er wird bald schon eine gewisse Rolle spielen.

Frisch im Amt, nach dem Ende des Zeremoniells, sagt Christine

Lambrecht ein paar erste Sätze in die Kameras: «Es ist eine große Verantwortung für mich, dass die Befehls- und Kommandogewalt über
die Streitkräfte jetzt bei mir liegt – eine Verantwortung für über
260 000 Menschen der Bundeswehr.» Als neue Ministerin wolle sie
erfahren, «was die Soldatinnen und Soldaten bewegt», immerhin ris-
kierten sie ihr Leben für ihr Land. «Dafür sind mir Gespräche und Besuche in der Truppe auch schon in den nächsten Tagen besonders
wichtig.»

Lambrecht gibt einen ersten Tagesbefehl heraus, sie übernehme
«mit Demut und großem Verantwortungsbewusstsein», heißt es darin. Die neue Ministerin strahlt das Signal aus, dass es ihr wichtig sei
zu wissen, was in den Soldatinnen und Soldaten vorgeht und welche
Erfahrungen sie gemacht haben. Lambrecht sagt, sie wolle sich für sie
alle engagieren und für ihre Belange einstehen. Hehre Worte.

Was wenige mitbekommen: Am Vortag gab es einen schweren Unfall auf einem Truppenübungsplatz, ein Panzer fuhr in ein ziviles Fahrzeug mit Soldaten. Zwei Bundeswehrangehörige sind tot, darunter
der Sohn eines Generals im Ministerium, hier, wo sich eigentlich alle
auf den Ehrentag der neuen Ministerin einstimmten. Christine Lambrecht spricht den Unfall offen an: «Wir haben zwei Menschenleben zu
beklagen», sie denke an die Angehörigen. Ihre neue Verantwortung
habe sie auch durch diesen Vorfall direkt gespürt. Die Worte, die Lambrecht dann wählt, klingen im Rückblick sonderbar eitel. Damals sagt
sie: «Diese schmerzliche Erfahrung zu Amtsbeginn nehme ich aber als
Auftrag an, mich mit Fürsorge und mit Hingabe um die Menschen zu
kümmern, die mir anvertraut sind in der Bundeswehr.» So geht der
erste Tag im Amt zu Ende.

Mit Christine Lambrechts Berufung, knapp drei Monate vor Beginn des Ukrainekrieges, hat Olaf Scholz jemandem die Bundeswehr-
Führung anvertraut, die er lange kennt und der er einiges zutraut. Vor
allem aber hat Scholz jemanden gesucht, der den Laden am Laufen
hält – geräuschlos und ohne Pannen. Denn die Wahrheit ist: Der
Kanzler achtet nicht sonderlich auf die Bundeswehr, im Wahlpro-
gramm der SPD wird die Truppe 2021 genau fünfmal erwähnt. Die
Bewaffnung deutscher Drohnen will man nicht so wirklich, Christine

Lambrecht selbst ist lange dagegen gewesen. Im Wahlkampf wurden TV-Debatten ausgestrahlt, in denen es nicht ein einziges Mal um Landesverteidigung ging.

Als Scholz Christine Lambrecht beruft, lobt er sie mit besonders warmen Worten: Sie werde «eine ganz, ganz bedeutende Verteidigungsministerin der Bundesrepublik Deutschland sein.» Da war sich Olaf Scholz sicher.

Behalten Sie das im Hinterkopf.

2.

MANGELWIRTSCHAFT

Kein Geld für Krieg

Regierungsviertel, Berlin

In der Hauptstadt laufen Alarmmaßnahmen an, das gehört zum Protokoll im Hintergrund. Die NATO-Allianz, der Deutschland angehört, fordert ihre Mitglieder auf zu reagieren. «Das bedeutet, dass die Bevölkerung in den nächsten Tagen mehr militärische Bewegungen wahrnehmen kann», heißt es aus dem Verteidigungsministerium. Es sind neue Töne. Es werden wieder mehr Militärfahrzeuge rollen. *Zeitenwende*, dieses Wort steht tatsächlich schon im Duden. Gemeint ist «das Ende einer Epoche oder Ära und der Beginn einer neuen Zeit». Was die Deutschen und ihre Armee anbelangt, so beginnt dafür nun paradoxerweise erst einmal eine Reise in die Vergangenheit. Denn eine neue Zeitrechnung beginnt erst so richtig, wenn alte Mängel endlich verstanden und abgestellt sind. Bei der Bundeswehr hat man vieles schlicht zu lange ignoriert bis zum Kriegsausbruch im Februar 2022.

Dass die Einsatzfähigkeit so weit unten ist und Politikerinnen wie Eva Högl oder Generale wie Alfons Mais so laut und verzweifelt warnen, nun bitte schnell eine echte Wende einzuleiten, ist kein Zufall. Bei der Bundeswehr waren sie nicht einfach blöd, sie hätten ihr Material über die Jahre nicht freiwillig verkommen lassen.

Nein, dass die Bundeswehr keine elitäre, weltweit führende Streitmacht ist, war nicht allein historisch bedingt, sondern politisch gewollt. Ihr maroder Zustand hatte sich noch vor der Amtszeit von Ursula von der Leyen und ihren Trendwenden materialisiert. Die schlechte Ausstattung der Truppe 2022 wuchs über Jahre, die Hemmnisse der nun nötig gewordenen, neuen Sicherheitspolitik werden nicht leicht zu beseitigen sein, darüber täuscht der erste *Zeitenwende*-Elan nach der Rede des Kanzlers etwas hinweg. Was aber sind die tieferliegenden Gründe der Rückständigkeit? Solche Fragen kann man gut mit jemandem besprechen, der lange Teil des Apparates gewesen ist und sich auskennt. Auch er wird im Frühjahr 2022 eine öffentliche Figur: Erhard Bühler, 66, General a. D. Bühler ist ein markiger Bayer, wurde in Aichach geboren und wuchs in Regensburg auf, er diente viele Jahre im deutschen Heer, später war er Abteilungsleiter im Verteidigungsministerium und bis 2020 deutscher NATO-Commander in den Niederlanden. 1976 hatte seine Zeit bei der Truppe begonnen, Bühler hat vieles mitgemacht in dieser Zeit, zum Beispiel als Adjutant der SPD-Verteidigungsminister Rudolf Scharping und Peter Struck, vor dem großen Sparen.

Anfang 2022, kurz nach Kriegsbeginn, beschließt der MDR, dass man so jemanden nun braucht, denn das Informationsbedürfnis ist enorm in der Hörerschaft. Man startet einen *Zeitenwende*-Podcast und Bühler ist der richtige Experte dafür. Schnell wird «Was tun, Herr General?» mehr als 180 Folgen zählen und Millionen Aufrufe. Man könnte sagen, dass Bühler ungefähr das ist, was Virologe Christian Drosten für viele in der Pandemie war: Ein (meist) besonnener Krisen-Erklärer, der Aufklärung in den Nebel der Information bringt, der sich zu Beginn jeder neuen Krise über ein Land legt, mit dem Ukrainekrieg ist das nicht anders. Bühler wird zu Deutschlands Panzer-Drosten. Er sagt: «Die Leute brauchen Wissen in diesen Zeiten, denn Wissen ist Beruhigung.»

Der General mag heute im Ruhestand sein, aber er hat viele Jahre im Ministerium gedient und diese Erfahrungen immer noch parat: Mit ihm an der Seite wird die Reise zurück in die Bundeswehr-Vergangenheit gleich verständlicher. Erster Stopp: das Jahr 2011. Manche mögen es vergessen haben, aber in diesem Jahr ist die Allgemeine Wehrpflicht bei der Bundeswehr ausgesetzt worden. Damals Verteidigungsminister: Karl-Theodor zu Guttenberg.

Als der im Herbst 2009 ins Amt kommt, spielt klassische Landes- und Bündnisverteidigung keine Rolle mehr im Land. Nach dem Zerfall der Sowjetunion scheint von Staaten wie Russland keine Gefahr mehr auszugehen, der Kalte Krieg hat ein Ende gefunden, und dieser Zeitpunkt wird später die Wegmarke sein, an der für die Truppe Neues im Ausland beginnt, die ersten Kampfeinsätze nämlich, auch in Afghanistan. Die Bundeswehr wird nun als Einsatzarmee verstanden, die im Ausland dient.

Zuhause, im Inland, wartet auf die Bundeswehr damals nur eines – ein harter Sparkurs. Denn es ist auch die Zeit der großen Finanzkrise, nach 2008 muss Berlin das Geld beisammenhalten. Damals hat CSU-Shootingstar zu Guttenberg eine Idee, mit der er sich profilieren kann: Er will beim Sparen stramm vorangehen – und bietet prompt an, in den nächsten Jahren gleich mal 8,3 Milliarden Euro aus seinem Verteidigungshaushalt lockerzumachen. Es ist ein Sparen über der Not, aber es kommt gut an bei der Kanzlerin Angela Merkel.

Heute danach gefragt, schreibt zu Guttenberg freundlich: Man werde sicher wahrgenommen haben, dass er sich mit der Kommentierung aktueller Themen sehr zurückhalte. So wolle er es auch weiter handhaben. Es bleibt der Blick ins Archiv: Damals meint der junge Minister, die nötige Einsparvorgabe sei vielleicht eine «einmalige Chance».

Was sie bei der Bundeswehr ab diesem Zeitpunkt alles auslöst, das ist exakt der Grund, aus dem die *Zeitenwende* von Olaf Scholz nun so schwer zu stemmen ist. Vereinfacht kann man es so ausdrücken: Die Bundeswehr tritt nach der Scholz-Rede im Februar 2022 zu einem Rennen an, bei dem andere Staaten einen großen Vorsprung haben. Sie haben die eigene Wehrfähigkeit nie so vernachlässigt wie Deutschland, einige haben sie sogar bewusst wieder verstärkt, lange vor 2022. Auch Russland ist so ein Staat. Unter aller Augen geschieht in Deutschland nach 2011 aber Folgendes. Erstens: Es wird eklatant im Verteidigungshaushalt gekürzt. Zweitens: Selbst Ersatzteile werden einfach nicht mehr nachbestellt. Drittens: Ganze Truppengattungen löst man auf, wie die Heeresflugabwehr.

Der heutigen Schwäche der Bundeswehr liegt also ein massives Strukturproblem zugrunde, und die Erklärung dieses Rückstands ist keinesfalls ein großes Rätsel. Es hatte nur bis Februar 2022 kaum noch jemanden interessiert. Der Blick auf die Zahlen verdeutlicht es:

Vom Kampfpanzer Leopard gibt es 2022 noch 300 Stück – 1989 waren es 5000. Der Schützenpanzer Marder zählt 2022 700 Stück. 1989: 2200. Deutsche U-Boote bei Kriegsausbruch 2022: ganze sechs. 1989 waren es wenigstens 24. Die Kriegsschiffe, wie Fregatten, lassen sich 2022 bei zwölf Stück zählen, selbst das waren im Jahr 1989 schon mal 14 Stück. Aufschlussreich ist auch die Zahl deutscher Kampfflugzeuge: Sie liegt im Zeitenwendejahr bei 230 Stück – 1989 zählten sich noch mehr als 600 von ihnen. Und so geht das weiter und weiter, diese Zahlen stammen von «Military Balance» und große deutsche Magazine, wie der *Spiegel* in Hamburg, erinnern nun daran. Auch die Medien hatten lange nicht über die Bundeswehr geschrieben, Titelgeschichten galten höchstens neuen Pannen. Chefredaktionen behaupteten, von der Bundeswehr wolle doch wirklich kein Mensch mehr lesen.

Beraten und entschieden wird der deutsche Wehretat im Bundestag, wo zunächst Verteidigungspolitikerinnen wie Marie-Agnes Strack-Zimmermann zuständig sind und die letztliche Bewilligung dann ein weiteres Gremium erteilt, der Haushaltsausschuss. Ohne seine Zustimmung und die des Bundestages erhält die Regierung keinen Cent aus der Staatskasse, auch nicht für Verteidigung. Das Blank-Dastehen, das General Mais so öffentlich angeprangert hatte, hier nimmt es seinen Ursprung, in Saal 2400 des Paul-Löbe-Hauses, ein Bundestagsgebäude, in dem viel Facharbeit erledigt wird.

Was hatte Kanzler Scholz noch gleich gesagt? «Wir müssen deutlich mehr in die Sicherheit unseres Landes investieren, um auf diese Weise unsere Freiheit und unsere Demokratie zu schützen.» Das Ziel sei «eine leistungsfähige, hochmoderne, fortschrittliche Bundeswehr, die uns zuverlässig schützt». Um das zu schaffen, muss viel aufgeholt werden. Das neue Sondervermögen, das der Kanzler im Februar angekündigt hat, kann nur eine Anschubfinanzierung sein. Es löst die *Zeitenwende* nicht einmal ansatzweise. Der Bedarf ist riesig.

Warum? Weil in all den Jahren nach 2017 der Verteidigungsetat im Grunde gedeckelt wurde: Mehr als 1,5 Prozent der deutschen Wirtschaftsleistung sollten nicht für Verteidigung ausgegeben werden, das war die interne Order unter Verteidigungsministerin Ursula von der Leyen, sagt einer, der dabei war. Öffentlich kritisierte auch SPD-Außenminister Sigmar Gabriel das Zwei-Prozent-Ziel der NATO.

2014, im Jahr der Krim-Annexion, erreichte der Verteidigungshaushalt mit 32,4 Milliarden Euro einen Tiefststand, ehe er danach ganz langsam gesteigert wurde. Doch lag er weiter unter den NATO-Vorgaben von 2014. Damals war auf einem Gipfeltreffen in Wales beschlossen worden, dass die Mitgliedsstaaten zwei Prozent ihres Bruttoinlandsprodukts in Verteidigung fließen lassen. Dennoch blieb es in Deutschland bei Unterfinanzierung und Investitionsstau. Es gab Zeiten in der bundesrepublikanischen Geschichte, da lagen die Verteidigungsausgaben deutlich über zwanzig Prozent des Gesamthaushaltes, in den 1960ern und 1970ern. Später schrumpfte dies auf knapp über zehn Prozent mit Blick auf die Gesamtausgaben. Auch in absoluten Zahlen gingen die Verteidigungsausgaben seit der Wiedervereinigung zunächst zurück. Insgesamt lässt sich klar ablesen, dass Verteidigung seit Mitte der 1960er Jahre gegenüber anderen Staatsaufgaben durchweg an politischer Bedeutung verloren hat.

Heute ist es so: Der Einzelplan 14, so heißt der Verteidigungsetat im Bundestag offiziell, müsste eigentlich stetig wachsen. Wer neue komplexe Waffensysteme einkauft, muss auch die dann höheren Betriebskosten bezahlen können. Die hoch anmutenden Milliardensummen im Einzelplan können dabei täuschen – denn genauso hoch sind auch die fixen Kosten. Allein einstellige Milliardenbeträge gehen für Mieten und Pensionszahlungen bei der Bundeswehr drauf. Für die tatsächliche Verteidigungsfähigkeit bleibt deshalb viel weniger Geld übrig, als es auf den ersten Blick scheinen mag. Auch das wird eine Herausforderung der *Zeitenwende*.

Die Probleme der Bundeswehr, sie sind insgesamt alt, neu ist nur die Dringlichkeit, mit der sie gelöst werden müssen. Besonders das Heer wurde sprichwörtlich in Einzelteile zerlegt, da hat General Mais nicht Unrecht. Man könnte sogar so weit gehen zu sagen: Es wurde kannibalisiert. Jahrelang musste man sich anhören, dass das Heer gar nicht mehr gefragt sei in einem Krieg der Zukunft – der fände digital statt.

In der Cyber-Sphäre. Jetzt, in der Ukraine, ist nahezu das Gegenteil zu beobachten: ein Landkrieg alten Typs, in dem es um die totale Zerstörung geht.

Die deutschen Landstreitkräfte umfassen zu diesem Zeitpunkt etwa 65 000 Frauen und Männer, sie brauchen endlich Waffen und Ausrüstung. Anfang 2022 gibt es jedoch keine organischen Großverbände mehr, alles wurde immer weiter zentralisiert. Das ging nicht erst mit den CDU-Oberbefehlshabenden los, sondern begann schon mit SPD-Minister Rudolf Scharping. Auch er strahlte aus, Landesverteidigung brauche man eher nicht mehr. Zentralisierung, das bedeutet bei der Bundeswehr einfach gesagt, dass die einzelnen Kasernen immer weniger entscheiden können und weniger Verantwortung erhalten. Stattdessen wird diese in einer zentralen Amtsstube gebündelt – was Einsparungen verspricht.

Im Februar 2022, erlebt die Bundeswehr ein Zurück in die Zukunft: Das Heer soll wieder modern ausgestattet werden und kollektive Verteidigung können. Der Rückstand ist riesig, allein in den Kampfverbänden. Für eine moderne Bundeswehr bräuchte Olaf Scholz nämlich genau dort mehr schwere Geschütze, Artillerie. Deutschland allerdings hat bei Kriegsausbruch in der Ukraine weniger Artillerierohre als deutlich kleinere Länder, heißt es in Berlin. Und etwas Modernes wie die Drohnenabwehr fehlt gleich ganz.

* * *

Dass schnell mehr Geld benötigt wird für die Bundeswehr, darin sind sich die meisten einig. Doch wie genau soll das von Scholz versprochene Sondervermögen funktionieren? Auch das wird langsam klarer. Finanziert werden soll es mit Hilfe neuer und einmaliger Kredite, außerhalb der geltenden Schuldenbremse, die eingehalten werden soll. Abgesichert werden soll das Ganze durch eine Grundgesetzänderung: Dafür wird die regierende Ampel-Koalition aus SPD, Grünen und FDP die Unterstützung der größten Oppositionsfraktion im Bundestag benötigen, CDU und CSU. Denn diese Absicherung, sie erfordert eine Zwei-Drittel-Mehrheit im Parlament.

Später muss sie genauso durch den Bundesrat. Das ist der politische Weg. Und schnell sagen die Unionsparteien ihre Unterstützung zu. Auch, wenn unter ihrer Führung die Bundeswehr 16 Jahre lang nicht adäquat ausgerüstet wurde – jetzt soll alles anders werden. Nicht alle jedoch finden den Kurs gut, viele Grüne fordern, dass es eine solche Geldspritze dann auch für die Entwicklungshilfe geben müsste, die SPD ringt im Bundestag ebenfalls mit sich. Auch dort gibt es Skeptiker wie Fraktionschef Rolf Mützenich oder Ralf Stegner, beide eher gegen Aufrüstung. Jetzt aber hat Olaf Scholz den Takt vorgegeben – und der wird auch durchgezogen. Hofft er.

Dabei helfen soll die Verteidigungsministerin. Christine Lambrecht macht hinter verschlossenen Türen klar, dass dieses Sondervermögen zu einhundert Prozent in die Bundeswehr fließen werde, nicht in zivile Hilfsprojekte. Lambrecht blockt den Widerstand der Grünen, es ist ihre erste kleine Prüfung im Amt. Sie gewinnt.

Geboren worden war die *Zeitenwende* unter großem Druck. Kurz vor der historischen Rede des Kanzlers hatten die Niederlande Deutschland um Erlaubnis gebeten, Waffen und Munition deutscher Herstellung in die Ukraine schicken zu dürfen – schon das ist in Berlin bislang höchst heikel gewesen. Die Bundesregierung stimmt nun aber zu und kann danach nicht länger gegen eigene Waffenhilfe für die Ukraine argumentieren: Vor der Verkündung des Sondervermögens entscheidet Scholz, die Ausfuhr von 1000 deutschen Panzerabwehrwaffen und 500 Stinger-Raketen auf den Weg zu bringen – auch das ist eine *Zeitenwende*. Noch nie hat Deutschland so aktiv Waffen an eine Kriegspartei geliefert.

Am Samstagabend vor der historischen Scholz-Rede hatte das Parteipräsidium seiner SPD getagt, Scholz lässt durchblicken, dass er noch etwas ankündigen könnte am Sonntag. Am Ende standen das Sondervermögen und eine deutsche Kehrtwende, wie es sie selten gegeben hat. Eingeweiht war nur der kleinste Kreis, etwa Finanzminister Christian Lindner.

Im Bundestag sagte Olaf Scholz sonntagmorgens seine entscheidenden Sätze: «Das Ziel ist eine leistungsfähige, hochmoderne, fortschrittliche Bundeswehr, die uns zuverlässig schützt.» Es gehe «um Flugzeuge, die fliegen, Schiffe, die in See stechen, und Soldatinnen und Soldaten, die für ihre Einsätze optimal ausgerüstet sind». Frisches Geld allein hilft der Bundeswehr allerdings kaum. Viel zu groß sind die Abgründe im System.

Das Beschaffungsmonster

Rheinstraße, Koblenz, Rheinland-Pfalz

Was mit dem Geld bei der Bundeswehr genau passiert, das ist so eine Sache. Schon in den Jahren vor dem Sondervermögen war das so. Wo wenig Geld vorhanden ist, sollte wenigstens ordentlich gewirtschaftet werden. Das wäre vernünftig, denkt man, immerhin geht es um viele Steuermilliarden. Wie diese aber über die Jahre immer wieder verschwendet wurden und wie groß die selbstgemachten Probleme sind, das zeigt sich im Beschaffungswesen: ein dysfunktionaler Kosmos, in den – trotz des Sparens – relativ gesehen noch immer beträchtliche Summen aus der Staatskasse hineingeschüttet werden, wo aber trotzdem oft nichts Sinnvolles herauskommt. Wenn deutsche Rüstungsprojekte endlich abgeschlossen sind, dann meist viel zu spät und viel zu teuer:

Der Panzer Puma – 1,6 Milliarden Euro zu teuer, 57 Monate zu spät. Airbus A400M – 1,5 Milliarden Euro zu teuer, 148 Monate zu spät. Hubschrauber Tiger – 1,0 Milliarden Euro zu teuer, 80 Monate zu spät. Und der Eurofighter – 6,8 Milliarden Euro zu teuer, 154 Monate zu spät.

Schon Ende 2018, lange vor der *Zeitenwende*, meldet die Deutsche Presse-Agentur: «Die 19 wichtigsten Rüstungsprojekte der Bundeswehr werden durchschnittlich mehr als fünf Jahre später fertig und zusammen 13,4 Milliarden Euro teurer als ursprünglich geplant.» Die Gelder dafür kommen aus Berlin, die Zentrale des zuständigen Bundesamts für Ausrüstung, Informationstechnik und Nutzung der Bundeswehr, kurz und knackig «BAAINBw», liegt jedoch in Koblenz. Weit weg von der Hauptstadt, und dennoch sind die Amtsstuben dort ein wichtiger Ort dieser *Zeitenwende*. Vielleicht der wichtigste. Denn von hier aus werden die Streitkräfte ausgestattet, wenn die Gelder vom Bundestag freigegeben worden sind. Von der Aufklärungsdrohne bis zur Zeltplane beschaffe man alles, heißt es in Koblenz stolz. In einer Broschüre bewirbt sich das Amt als «eine wichtige Stütze für die Bundeswehr und die Sicherheit unseres Landes». Man sei eine der größten technischen Behörden in ganz Europa. Tatsächlich ist das BAAINBw eine Superbehörde. Ihre Aufgabe ist die bedarfsgerechte Ausstattung der Bundeswehr «mit leistungsfähiger und sicherer Wehrtechnik». Dafür kauft man nicht nur ein, sondern entwickelt und erprobt auch vieles selbst. Am Ende ist das Amt für alles zuständig, Waffen, IT, Panzer und Flugzeuge, Schiffe und Bekleidung. Auch die fehlenden Unterhemden.

Im Vorjahr der *Zeitenwende* hat man 2021 mehr als 11 000 Verträge abgeschlossen und 1 500 laufende Projekte an 116 Standorten in Deutschland unterhalten. Mehr als vier Milliarden Euro kann die Superbehörde in einem Jahr schon mal bewegen – nur muss das nicht unbedingt immer etwas Gutes bedeuten. Denn der Blick hinter die Zahlen und die Werbebilder zeigt weniger stolze Realitäten. In Wahrheit geht es in der deutschen Beschaffung selten problemfrei zu. Das beginnt bei der Personalstärke: Das BAAINBw hält sich für führend in Europa, vor 2022 sind allerdings mehr als 300 Dienstposten unbesetzt. Wenige wollen wirklich hierher. Und das bestehende Personal ist in vielen Referaten mit den Jahren immer mehr in eine Art eigene Realität geflüchtet. Soldatinnen und Soldaten draußen im Feld haben für sie längst einen Namen: Schreibtischtäter, die, wie der *Spiegel* süffisant beobachtete, häufig nichts anderes tun als «die Truppe mit einem engmaschigen Netz absurder Vorschriften zu drangsalieren».

Wollen sie bei der Marine ein neues Boot für den Dienst auf der Ostsee, dann werden Gewicht, Motorleistung und Sitzverteilung nach Freigabe des Projekts nicht an der Küste entschieden, sondern 700 Kilometer entfernt, in Koblenz. Am Schreibtisch. Warum? Weil auch hier die Reform von 2011 zugeschlagen hat und zu einer Zentralisierung führte. Für den Laien ist das nicht unbedingt verständlich: Wieso soll die Marine bei der Beschaffung neuer LKW beteiligt werden? Sie wird sie kaum fahren, sie braucht Schiffe. Wieso dürfen alle Teilstreitkräfte bei der Nachfolge des G36-Sturmgewehrs mitreden, obwohl es vor allem das Heer nutzen wird? Genau so läuft es aber, ein zentrales Beschaffungsamt regelt das, alle sechs Organisationsbereiche der Bundeswehr sind damit beteiligt. Das dauert.

Am Schreibtisch hat auch ein Wort seinen Ursprung, das viele in der Truppe besonders fürchten: die Goldrandlösung. Besonders dafür ist das BAAINBw berüchtigt. Als Jahre vor der *Zeitenwende* im *Spiegel* ein Porträt über die Monsterbehörde erschien, ging es immer wieder um diesen Begriff. Im Kern meint er, dass für das deutsche Militär immer wieder unnötig komplizierte Lösungen gefunden werden sollen, die im realen Kriegsbetrieb gar keine oder eine untergeordnete Rolle spielen. Dennoch will Koblenz stets die beste, teuerste, komplizierteste und rechtssicherste Variante, eben die «Goldrandlösung». Weil man diese Kritik kennt, hatte sich das Amt 2019 geöffnet und dem *Spiegel* eine Woche lang Zugang gewährt, in der Hoffnung, endlich auch mal gute Presse zu bekommen. Das Kalkül ging nicht auf, denn unter der Überschrift «Am Goldrand» hieß es schließlich im Hamburger Nachrichtenmagazin: «Kampfhubschrauber, die nicht fliegen und U-Boote, die nicht tauchen – Arbeiten beim Rüstungsamt wirklich nur Versager?» Der Text legt den Finger in die unbestreitbar existierende Wunde. Das BAAINBw sei zum Symbol für die Misere bei der Bundeswehr geworden. Angeblich haben sich manche in Koblenz bis heute nicht von dem Artikel erholt. Zumal der *Spiegel* nachlegt: «Ihre Kernkompetenz ist den Streitkräften über die Jahre hinweg bei ihrer vollständigen Bürokratisierung abhandengekommen: der Kampf. In der Verwaltung ist der Kampf keine relevante Kategorie, außer in der Auseinandersetzung mit dem benachbarten Referat.» Die Verwaltung denke in absurden Prozessen «und nicht in Ergebnissen», heißt es.

Vor-Ort-Besuche für dieses Buch werden über den Zeitraum von zwei Jahren viele bei der Bundeswehr möglich machen – nur das Beschaffungsamt hat keine Lust, sich noch einmal hinter die Kulissen schauen zu lassen. Vielleich ist man auch nur zu beschäftigt: Denn nach 2011 sind die Aufgaben immer mehr geworden, auch der Materialerhalt kam hinzu. Das führte dazu, dass die Truppe an ihren eigenen Panzern nicht selbst schrauben darf, weil das eben Koblenz macht – und aus Spargründen oft gar keine Wartungslizenzen vom Hersteller miteingekauft wurden. Dann muss die Rüstungsindustrie auf den Kasernenhof kommen und die Waffen warten, das kostet Zeit und Geld. Am Ende geraten Instandhaltungs- und Wartungsleistungen ins Stocken, und die Waffen sind nicht einsatzfähig – kein Problem, solange man sich von Freunden umzingelt wähnt. Doch wer würde solche Verfahren wählen, wenn man die Geräte tatsächlich benötigt?

Dass die Beschaffung bei der *Zeitenwende* ein Problem werden dürfte, sieht auch die Wehrbeauftragte. Eva Högl sagt: «Es geht nicht nur um mehr Geld, sondern auch um neue Strukturen. Die Beschaffung muss schneller gehen und flexibler werden. Die Dinge müssen zügig besorgt werden können, und deswegen braucht es eine Anstrengung, die Bürokratie dahinter zu überarbeiten, die lähmt.»

Bürokratie, auch dafür steht Koblenz. Högls Vorgänger, der SPD-Politiker Hans-Peter Bartels, hat das bereits in seinen Jahresberichten als Wehrbeauftragter kritisiert – schon 2019. Damals nannte er die Bundeswehr und ihr Beschaffungsamt «ein Bürokratiemonster». Und auch Högl fordert jetzt: «Mehr Direktvergaben, mehr am Markt verfügbares Material kaufen. Nicht alles muss die Goldrandlösung sein, nicht alles muss erst für Deutschland entwickelt werden.»

Noch immer verliert man sich aber beim Rüstungseinkauf in deutschen Sonderwegen und verstrickt sich in einer Vielzahl sperriger bis absurder Normen. Nur in wenigen Fällen dürfen Bundeswehr-Aufträge direkt an Firmen vergeben werden. Die Beamten in Koblenz sind an das Haushalts- und Vergaberecht gebunden, daher wird alles europaweit ausgeschrieben, um formal Prinzipien wie Wirtschaftlichkeit und Wettbewerb zu genügen. Nur: So eine EU-Ausschreibung allein dauert meist neun Monate. Wertvolle Zeit, zudem kauft die Bundeswehr bislang vieles nicht am Markt, sondern will es eigens entwickeln oder wenigstens eine deutsche Variante.

Über Kritik beschweren darf man sich kaum: Da bekommt die Bundeswehr zum Beispiel 2020 endlich frisches Geld, um zwei alte Tanker zu ersetzen, die viele Häfen altersbedingt schon gar nicht mehr ansteuern dürfen. Und was passiert? Die zwei Schiffe kosten am Ende fast eine Milliarde Euro und sind dennoch schlechter ausgestattet als geplant, weil es sonst noch teurer geworden wäre. Allerdings würde das Geld anderswo für zwei Tanker und ein U-Boot reichen. Da fragt man sich schon: Haben die Beamten das Prinzip Tanker neu erfunden? Oder warum wird schon etwas so Simples derartig teuer?

Genauso die Flottendienstboote: Am Ende wird das Koblenzer System für drei Boote Kosten von bis zu 3,26 Milliarden Euro produzieren. Das ist unfassbar hoch – fast so teuer wie die gesamte neue Raketenabwehr, die Deutschland irgendwann im Laufe der *Zeitenwende* schließlich bestellen wird. Beide Schiffsprojekte machen Negativschlagzeilen.

Teilweise braucht es in Koblenz ein halbes Jahr, bis über eine einzige Vorlage entschieden wird. 2017 haben sich schon einmal Beamte zu einer Expertengruppe zusammengesetzt und versucht, das Beschaffungsamt so zu reformieren wie beispielsweise die Agentur für Arbeit. Es ist ihnen nicht gelungen. Zu groß waren die Auswüchse. Es herrscht eine fast absurde Kreativität: Man erfindet manchmal einfach Wörter, wenn die Dinge mal wieder länger dauern. Dann werden betagte Waffensysteme schon mal eingeteilt in «Sättigungs- und Degenerationsphasen». Zu alt, zu schlapp, zu schlecht – das könnte man auch sagen, klingt aber nicht so gut. Man wertet es in Koblenz als Erfolg, wenn bei der Luftwaffe 2021 ein Hubschrauber endlich ersetzt wird, der seinen Erstflug – es ist kein Witz – 1956 gemacht hat. Mitte der Fünfziger, dieses Modell flog also schon im Vietnamkrieg der Amerikaner (1955–1975).

Einmal stand das Amt in Koblenz kurz davor, von externen Beratern umgekrempelt zu werden. Als der Einsatz dieser Firmen unter Ursula von der Leyen und ihrer Rüstungsstaatssekretärin Katrin Suder, zuvor bei der Unternehmensberatung McKinsey, völlig ausuferte, wurde das schnell wieder abgesagt. Es folgten ein politischer Untersuchungsausschuss und verbranntes Steuergeld.

Schon diese erste kurze Bestandsaufnahme zeigt, wie groß die Probleme sind. Und Beschaffung ist bloß das eine – Planung das andere. Beides läuft bei der Bundeswehr (natürlich) nicht gemeinsam, sondern getrennt. Und so gibt es noch das Planungsamt der Bundeswehr, das wiederrum findet sich wieder in Berlin. Beide Ämter reden nicht unbedingt miteinander, was gelegentlich kuriose Blüten treibt.

Selbst die Anschaffung simpler Arbeitscontainer für die deutschen Pionierkräfte ist bei der Bundeswehr mehr als zehn Jahre geplant worden, letztlich hat das Projekt die Planungsebene nie verlassen. Dabei ergibt sich zusätzlich die Schwierigkeit, dass die einzelnen Teilstreitkräfte wiederrum eigene Planungsämter haben. Neben der zentralen Stelle in Berlin gibt es also auch noch ein Heeresplanungsamt, das in Köln sitzt. Um es mit den Worten eines früheren Staatssekretärs zu sagen: «Am Ende kommen Wahnsinnsausschreibungen heraus.» Und sinnlose Warterei. Nachdem Bootsbesatzungen auf fehlende Kälteschutzanzüge und Helme hingewiesen hatten, musste das Marinekommando ihnen im Sommer 2020 leider mitteilen: Vier Jahre Bearbeitung – so lang würde es im besten Fall dauern.

Jetzt, 2022, müssen plötzlich komplizierte Dinge wie neue Kampfjets her. Und die Truppe kann – Stand März – nur darauf hoffen, dass das besser läuft als mit der warmen Kleidung. Oder bei der Sache mit den Fahrrädern, auch die erinnern viele leidlich. Der einfache Weg wäre es, wenn solche kleinen Anschaffungen von den Kasernen selbst getätigt werden könnten. Weil die Bundeswehr aber die Bundeswehr ist, beschloss man, auch dies so weit wie möglich zentralisiert aufzusetzen, damit es überall in der Truppe die gleiche Art Fahrrad gäbe. Man schrieb eine detaillierte Auftragsausschreibung, irgendwo im Planungs- oder Beschaffungsamt, und dabei wuchs die Idee, dass die Räder unbedingt «Handgriffe mit erhabenen Noppen» haben sollten. Und natürlich «Vollgummireifen». Für solch ein Modell startete bald darauf eine bundeswehrweite Bedarfsprüfung, die Ressourcen nur so verschluckte. Am Ende bewarb sich nicht eine Fahrradfirma um den Auftrag, weil die komplizierte Ausschreibung nicht realistisch umsetzbar war.

Solche Zustände – für eine *Zeitenwende* sind sie fatal. Zu einem Gespräch bereit war das Beschaffungsamt über mehr als zwei Jahre lang nicht, stattdessen erschuf man in der Außendarstellung den Werbehashtag #Beschaffungläuft. In Wahrheit wird das Amt schon damals immer wieder ein Problem, die deutsche Beschaffung läuft eben nicht schnell oder unkompliziert. Es kann vorkommen, dass Beamte etwas «einsatzbedingte Sonderbeschaffung» nennen, was nach Eile klingt, dann aber doch fünf Jahre lang geplant wird. So machen selbst vermeintlich kleine Dinge große Schlagzeilen, etwa ein Schlauchboot. Schon das wird in einigen Wochen ausreichen, um den Kanzler und seine *Zeitenwende* aus dem Takt zu bringen. Und seine Verteidigungsministerin ebenfalls.

* * *

9. März 2022
Deutsche Regierungsmaschine, französischer Luftraum

Christine Lambrecht macht die Beschaffung in ihren ersten Monaten im Amt gleich zum Thema. Sie geht es offensiv an: Schon bei ihrer Vorstellung hat sie auf der SPD-Bühne gesagt, sie wolle alles modernisieren und auch so den Beruf Bundeswehr wieder attraktiver machen. Denn es stimmt: Wer will schon die *Zeitenwende* mitgestalten, wenn nicht geflogen werden kann, weil der Militärhubschrauber zu alt ist? Auch Lambrecht kennt den Fall der alten CH-53. Und sie weiß, dass ein neues Beschaffungswesen vom Kanzler im Koalitionsvertrag auf Seite 148 explizit versprochen wird. Lambrecht muss also liefern, das haben ihre ersten Tage und Wochen im neuen Amt bestätigt.

Anfang März fliegt sie gegen die Rüstungsschwierigkeiten an. Die Ministerin bricht zu einem ihrer ersten Auslandstermine auf und besucht die militärischen Partner in Frankreich. Früher in der Woche war sie schon im Bundestag und hatte in einer Sondersitzung des Verteidigungsausschusses skizziert, wie ihre Pläne aussehen. So lernen sich auch Marie-Agnes Strack-Zimmermann und die neue Oberbefehlshaberin näher kennen. Die FDP-Abgeordnete ist an Bord der Regierungsmaschine, die jetzt von Berlin in die Normandie aufbricht. Während des Fluges versammelt Lambrecht die mitreisende Presse um sich in der Kabine, um etwas mehr zu erzählen. Lambrecht weiß inzwischen, dass selbst die kleinen Anschaffungen ein Problem sind, deswegen will sie, dass alles unterhalb von 5000 Euro künftig ohne Ausschreibung beschafft werden darf. Der Kanzler hat die kolossale *Zeitenwende* ausgerufen, für die neue Verteidigungsministerin heißt es jetzt erstmal, an den kleinen Stellschrauben zu drehen. Ein höherer Schwellenwert und wenige tausend Euro – das ist bereits ein Erfolg auf dieser deutschen Mission. Am Ende soll das Kasernen ermöglichen, immerhin die Bohrmaschinen wieder selbst kaufen zu können. Bislang muss alles, was mehr als 1000 Euro kostet, den komplizierten Weg über das Amt in Koblenz nehmen und darf nicht etwa im Baumarkt gekauft werden. Fast ist es ein bisschen absurd: Christine Lambrecht steht angesichts des Krieges an Bord der deutschen Regierungsmaschine – und sie muss ernsthaft über Bohrmaschinen und Baumärkte referieren. Doch so sieht sie eben gerade aus, die *Zeitenwende*.

Später, im französischen Évreux, wird Christine Lambrecht sich von ihrer Amtskollegin Florence Parly etwas dazu berichten lassen, wie die Franzosen das alles machen. Die setzen teilweise das komplizierte und langwierige Vergaberecht einfach außer Kraft, erzählt Lambrecht später interessiert, wann immer ein Einkauf aus Gründen militärischer Sicherheit kurzfristig getätigt werden muss. Vielleicht ein Weg für Berlin.

Die Landung auf dem Militärflugplatz in Frankreich ist ohne Probleme gelungen und die deutsche Ministerin schon die Gangway hinuntergestiegen, um die Ehrenformation abzuschreiten, da beginnt der Besuch auch offiziell. Er ist wichtig für die bilaterale Partnerschaft in der Militärluftfahrt zwischen Deutschland und Frankreich. Parly und Lambrecht stellen heute eine gemeinsame Lufttransportstaffel in den Dienst, bis zu zehn Flugzeuge sollen es irgendwann sein, die Franzosen und Deutsche in aller Welt bergen und versorgen. In einem großen Militärhangar können sich die Delegationen beider Staaten nun ein erstes Flugzeug anschauen. Auch das ein Schritt hin zu mehr Einsatzfähigkeit, heißt es.

Für Lambrecht ist der Trip eine Gelegenheit, auch auf dem auswärtigen Parket ministrabel zu wirken. Der Kanzler hat ihre immense Erfahrung immer wieder betont, jetzt soll seine Ministerin das einlösen. Der Druck ist beträchtlich, schon jetzt. Lambrecht kritisiert Polen für einen Vorschlag, westliche Kampfjets in die Ukraine zu schicken. Deutschland prüfe Waffenlieferungen, doch bislang drückt die Ministerin auf die Bremse. Sie ist mit den Themen im Inland schon gut beschäftigt, Lambrecht kritisiert das Beschaffungssystem der Bundeswehr offen. «Da ist vieles im Argen», sagt sie.

An diesem Tag wird dann die erste neue Transportmaschine vom Typ C-130 J vorgestellt, Spitzname: Hercules. Dunkelgrau ist der Rumpf, an der Seite prangt die Nummer 55 01. Natürlich ist auch die französische Luftwaffe vor Ort und führt Besucher durch das Flugzeug, die Armée de l'air & de l'espace. Christine Lambrecht bemüht sich, die deutsche Freundschaft zu Frankreich zu betonen, dabei ist man sich in Militärfragen selten einig. Rüstungsstaatssekretär Benedikt Zimmer weiß das, auch er ist heute dabei, dazu weitere Mitarbeitende aus Berlin. Dann ist Lambrechts Ansprache dran. Die Ministerin sagt: «Gerade in diesen finsteren Zeiten müssen wir auf die deutsch-französische Freundschaft setzen.» Ganz hinten lauscht Lambrechts neuer Pressesprecher, der frühere ARD-Journalist Christian Thiels, die Arme hinter dem Rücken verschränkt. Lambrechts erste Termine, auch vor den mitgereisten deutschen Kameras, gelingen unfallfrei. Hinter den Kulissen betont Christine Lambrecht, wie schwierig die Fragen deutscher Waffen für die Ukraine blieben, etwa die mögliche Lieferung von Kampfflugzeugen. «Es ist ein schmaler Grat, selbst zur Kriegspartei zu werden.» Die Ministerin gibt sich besorgt, wirkt aber trittsicher und dem Ernst der Lage angemessen, noch.

Zu Forderungen von Politikern in der *Bild*-Zeitung, diese oder jene Waffe nun endlich anzuschaffen, sagt Lambrecht auf dem Rückflug selbstbewusst: «Viele fordern aktuell Vieles.»

Der Besuch in Frankreich hat sie bestärkt: Künftig will man auch in Berlin lange Ausschreibungen mit dem Verweis auf Dringlichkeit und nationale Sicherheit umgehen. Denn wenn Putin nun Krieg führe, dann müsse Deutschland «in voller Stärke» antworten, sagt Lambrecht. «Wir werden bald noch mehr Verantwortung übernehmen.» Es sind starke Worte, an denen sich die Ministerin messen lassen muss. «Finstere Zeiten», sind es, sagt sie selbst. Cherson und Charkiw stehen unter schwerem Beschuss, es gibt Gefechte überall, bei einer Evakuierung aus Irpin nahe Kyjiw werden zwei Kinder erschossen.

Der ganze Irrsinn

Wer sich in diesen ersten Monaten hinter den Kulissen der deutschen Verteidigungspolitik umschaut, versteht immer mehr, dass es bei der *Zeitenwende* um die Re-Fokussierung auf alte Gewissheiten geht – gleichzeitig aber kaum Zeit da ist. Die nötigen Reformen sind wie eine OP am offenen Herzen, doch der Patient Bundeswehr läuft gerade einen Sprint.

Eine ungute Mischung: 16 Jahre lang hat man nicht nennenswert in Verteidigung investiert und ein System laufen lassen, dass die wenigen Milliarden verbrennt, die einfließen. Beides zusammen führte auch zu einem gesellschaftlichen Bedeutungsverlust der Truppe. Irgendwann war sie bloß noch die Lachnummer aus der *Heute-Show*. Auch das zu ändern, gehört zu Christine Lambrechts Aufgaben. Das *Sondervermögen* gehört sinnvoll verteilt und die Beschaffung modernisiert. Rasch nähert sie sich im Frühjahr 2022 der politisch und medial wichtigen Marke der ersten 100 Tage im Amt. Mit Kriegsbeginn ist Lambrechts Job zum wohl schwierigsten im Kabinett geworden. Sie weiß: Zum ersten Mal seit zwei Jahrzehnten ist nun politischer Wille und gleichzeitig Geld da – wenn alles dennoch scheitert, wird es ihr Scheitern als Ministerin sein.

Gleichzeitig sind auch die Auswüchse, die sich dokumentieren lassen, haarsträubend. Über Monate teilen Insider für dieses Buch ihre Realitäten bei der Bundeswehr vor der *Zeitenwende*. So wächst ein Ranking der Absurditäten, in das sich auch Lambrechts Leute immer tiefer einarbeiten müssen. Hier eine Auswahl:

Bedingt bekleidet. Ordentlich aufgestellte Streitkräfte, das würde bedeuten, dass jeder und jede in Deutschland auch eigene Ausrüstung gestellt bekäme. Davon ist die Bundeswehr seit Jahren weit entfernt. Vollausstattung – es gibt sie nicht. Es fehlt alles: vom Helm bis zur Unterwäsche. «Train as you fight», das ist ein militärischer Grundsatz, der im Ernstfall sicherstellt, dass Soldatinnen und Soldaten sich ganz auf ihre Ausrüstung verlassen können und im Kampf nicht abgelenkt werden. Das Prinzip leuchtet ein, bei der Bundeswehr aber müssen alle ihr persönliches Material quer durch die Truppenteile tauschen. Denn nur die wirklich wichtigen Verbände oder diejenigen, die gerade besondere Übungen durchführen oder im Auslandseinsatz sind, werden einigermaßen vollausgestattet. Beim Rest regiert das große Tauschen. Wie auf einer Resterampe. Auf schwer entflammbare Fliegerjacken wartet man bei der Bundeswehr meist länger als ein Jahr. Und das bisherige Rucksackmodell stammt aus den 1980er Jahren.

Ohne Schutzweste. Kleinere Menschen haben bei der Bundeswehr ein besonderes Problem – sie erhalten kaum passende Schutzwesten, die etwa auf der Schießbahn gebraucht werden. Überall im Land ist das ein Mangel, von Merzig und Laage bis nach Koblenz-Pfaffendorf – dort ist ein geregelter Schießausbildungsbetrieb manchmal gar nicht mehr möglich: weil simple Westen fehlen, vor allem in Größe XS, die das Beschaffungsamt partout nicht nachbestellen will. Bürokratie über Sicherheit, so läuft das in der Praxis. Die Westen, die es gibt, sind ebenfalls problematisch: Teilweise sitzen sie so schlecht, dass die Soldatinnen und Soldaten mit der Pistole nicht vernünftig zielen und schießen können – denn die Schnittmaße ihrer Westen erlauben es kaum, die Arme vor die Brust zu nehmen. Und ordentlich abzudrücken.

Sockenhölle. Westen sind das eine, Stiefel das andere. Einmal bekommt ein Soldat in Mali, wo die Bundeswehr gegen Terrorismus stationiert ist, wegen seiner großen Füße keine Tropenstiefel – und muss wochenlang in dicken Winterkampfstiefeln bei 50 Grad durch die Wüste stapfen. In deutschen Panzerbataillonen schauen sie schon lange neidisch selbst auf kleine Armeen, wie die niederländische. Dort kann man dienstliche Bekleidung wahlweise in die Kaserne oder an die Privatadresse schicken lassen. Die Deutschen hingegen müssen jedes Paar Socken bei einer Servicestation der Bekleidungskammer abholen, mitzuführen, versteht sich, ist der Bekleidungs- und Ausrüstungsnachweis. In Papierform.

Nachtblind. Fehlende Nachtsichtgeräte: «Da geht es schon los», klagt ein frustrierter Kommandeur. Er bestätigt: «Die Bundeswehr ist im Grunde nachtblind. Nur ist Krieg eben auch nachts.» Binokulare Nachtsichtmittel gibt es jedoch zu wenige. «Theoretisch dürfen wir ohne sie nachts nicht mit Panzern fahren», berichtet der Soldat. Also mit Restlicht, das ginge wohl noch, nur wäre man im Ernstfall damit dann leicht aufklärbar für jeden Feind. Suboptimal.

Sprunguntauglich. Deutsche Fallschirmjäger haben weiter zu wenig Sprunghelme. Ersatz für das veraltete Fallschirmsprungsystem T-10 fehlt. Das klingt technisch, bedeutet aber schlicht: Fallschirmjäger können kaum bis gar nicht lenken, wenn ihre Fallgeschwindigkeit hoch ist oder sich im Landeanflug plötzlich der Wind ändert. 2021 und 2022 meldete man rund 65 Sprungunfälle mit Fallschirmen – jeder Unfall ist einer zu viel.

Übungsnot. Auch im Ausbildungszentrum im niedersächsischen Munster hakt es, dort gab es Jahre, in denen durchschnittlich nur 13 einsatzbereite Kampfpanzer vom Typ Leopard 2 für die Ausbildung zur Verfügung standen. Soll: 35 Stück.

Teure Senioren. Allein Versorgungsbezüge und Pensionen kosten die Bundeswehr jedes Jahr mehr als drei Milliarden Euro – nur für die tatsächlichen Soldatinnen und Soldaten. Die zehntausenden Zivilmitarbeitenden sind da noch nicht eingerechnet, es fließt also eine große Summe jedes Jahr aus dem Verteidigungsetat ab, ohne dass davon auch nur ein neuer Panzer gekauft werden könnte. Das zeigt, dass der tatsächlich verfügbare Anteil für neue Rüstungseinkaufe in Wahrheit noch viel kleiner ist, als die Zahlen vermuten ließen. Durch den steigenden Altersschnitt wird die Truppe immer teurer, ohne dass dafür ein aktiver Soldat hinzukäme oder neue Ausrüstung bezahlt werden könnte. Weniger Personal – aber steigende Kosten.

Hier kann man einmal absetzen, innehalten. Was zeigen die Beispiele? Sie zeigen: Man hat die Bundeswehr nach 2011 nicht nur verkleinert, sondern auch auf Funktionalitäten hin ausgerichtet, auf die es im Ernstfall nie ankommen würde. Man schiebt selbst einfach lösbare Mängel seit Jahrzehnten vor sich her, das Ranking der gesammelten Dysfunktionalität zeigt es. So startet die *Zeitenwende* nicht bei null – sondern eher bei minus zehn. Selbst ordentliche Lunchpakete sind für die Truppe ein Problem, im Februar 2022 ist sie eine einzige Mangelwirtschaft in Uniform. Damit das nicht gleich auffällt, hat man auch hier ein schöner klingendes Wort gefunden: Material «fehlt» bei der Bundeswehr nicht, es wird «priorisiert». Und der Blick auf die wirklich großen deutschen Rüstungsprojekte, er fällt noch trister aus. Nicht nur, dass sie zu teuer sind und zu spät kommen. Auch die Details und Umstände ihrer Abwicklung lesen sich erschreckend:

In der Luft: A400M und Tiger. Ein Transportflugzeug für das deutsche Militär, das seit 2008 fliegen sollte, aber erst 2015 von Airbus mit dem ersten Exemplar ausgeliefert wurde. Die Maschinen können anfangs viel weniger leisten als erwartet. Bei einem Testflug stürzt dann eine Maschine in Sevilla ab, daraufhin stoppt Deutschland zeitweise seine Tests. Probleme warten überall: Risse am Rumpf, Öldämpfe im Cockpit, lockere Schrauben an den Propellern. Fehler auch am Triebwerk und in der Software, selbst an der Laderampe. Die erste Maschine, die bei der Luftwaffe in Wunstorf ankam, tat dies sechs Jahre zu spät – und vierzig Prozent teurer als geplant. Der A400M vermiest sogar der Herstellerfirma die Bilanz und kostet Airbus im Jahr 2016 nach Berichten mehr als eine Milliarde Euro. Die Deutschen brauchten den Flieger aber dringend, denn die Transall, das Vorgängermodell, machte ihren Erstflug 1963. Damals ist ein gewisser Franz Josef Strauß gerade erst ein Jahr aus dem Amt des Verteidigungsministers ausgeschieden, so lange ist das her.

Als dann irgendwann endlich die ersten dreißig Maschinen geliefert sind, schaffen es im Durchschnitt nur etwa zehn bis zwölf davon, einsatzbereit zur Verfügung zu stehen. Die Piloten müssen in Simulatoren das Fliegen lernen; bis sie ihren ersten Flug in einem echten A400M trainieren können, dauert es manchmal länger als ein Jahr.

Und ein Problem bleibt bis heute: Die meisten der teuren Flugzeuge sind vor der *Zeitenwende* nicht gepanzert, die geschützte Variante, die über ein Abwehrsystem gegen Boden-Luft-Raketen vorgehen kann, wurde anfangs nicht geliefert. Nur im Cockpit einiger Maschinen hat man einen Schutz improvisiert – einen Sitz baute man aus und installierte zwei Schutzplatten gegen Beschuss. Bei Auslandsreisen führt das zu irritierenden Situationen: Etwa im Herbst 2019, als die damalige Verteidigungsministerin Annegret Kramp-Karrenbauer (CDU) nach Mali flog und als Einzige neben den Piloten im Cockpit saß – weil das eben besser geschützt ist. Die übrige Delegation, ein halbes Dutzend Abgeordneter, dazu Presse und Soldatinnen und Soldaten, saßen im Rumpf der Maschine und hofften, dass sie bei Start und Landung im von Islamisten umkämpften Gao nicht beschossen werden würden.

Ein Problemfall auch der NH90-Transporthubschrauber, er wird schon seit Jahren an die Bundeswehr ausgeliefert, läuft dort aber immer noch unter den Systemen, die in der «Einführungs- und Wachstumsphase» seien, wo es oft zu Störungen kommt. Man setzt dennoch auf ihn, auch weil es für den Tiger-Kampfhubschrauber keine Weiterentwicklung mehr geben soll. Jeder einzelne Tiger hat in Entwicklung und Beschaffung zusammen mehr gekostet als ein Eurofighter-Kampfjet. Nur ist der Tiger eben ein Hubschrauber. Mehr als fünfzig Stück hat die Bundeswehr – gleichzeitig können manchmal gerade neun von ihnen fliegen. Einmal falsche Bolzen eingebaut – zack, müssen alle am Boden bleiben.

Im Wasser: Millionengrab Segelschulschiff. Selbst vermeintlich einfache Reparaturen geraten bei der Bundeswehr 2018 zum Fiasko. Die generalüberholte Gorch Fock, das alte deutsche Nationalsymbol, wird die Steuerzahlenden nicht 9,6 Millionen Euro kosten, sondern am Ende 135 Millionen Euro. Eine Preisexplosion, die zur Politaffäre wird und die grundsätzliche Probleme auch bei der Instandhaltung der Marine offenbart: Denn die Schiffe liegen oft viel länger in der Werft als vorgesehen. Das betrifft schon einfache Versorgungsboote. Auch dort sind 2019 enorme Kostenanstiege zu beklagen, auch sie sind seit 1993 und 1994 im Dienst – und ihre Instandsetzung ist regelmäßig teurer geworden als geplant. Die Mehrkosten allein seit Mitte 2013 beliefen sich auf rund 128 Millionen Euro. Intern im Ministerium vermerkt man bloß noch, das sei «regelmäßig um ein Vielfaches» teurer.

Probleme auch bei den Kriegsschiffen: Sie führen Operationen durch, die besonders hohe Ansprüche an Material und Besatzung stellen, manchmal seien weniger als dreißig Prozent der Schiffe «uneingeschränkt einsatzfähig», heißt es in einem internen Bericht des Verteidigungsministeriums. «Der operationelle Aktionsrahmen der Marine ist aufgrund der materiellen Verfügbarkeit der Einheiten stark eingeschränkt.» Das klingt ungut, sollte ein Konflikt ausbrechen. Besonders stark sind viele der deutschen Schiffe ohnehin nicht: etwa die F-125 Fregatten, vier Stück, die ein Ausdruck jener Zeit sind, in der die Bundeswehr eher internationale Krisenhilfe leisten sollte. Die Fregatten sind nicht schwer bewaffnet und wurden für den Anti-Piraterie-Einsatz erdacht – und nicht direkt für einen Verteidigungsfall in der Ostsee. Korvetten würden da schon eher nutzen, sind aber auch bloß zu einem Drittel einsatzbereit, die anderen zwei Drittel sind für Ausbildungen gebunden oder in der Werft, wie üblich bei der Marine. Beruhigend ist das nicht. Genauso wenig wie die regelmäßigen Technikprobleme der sechs deutschen U-Boote, bei denen beispielsweise die Batterie des Antriebs schnell kaputt ging. Die Realität der Marine ist, dass fast jedes neue Projekt den Bundesrechnungshof auf den Plan ruft und wegen der langen Werftliegezeiten ganze Besatzungen immer wieder sprichwörtlich auf dem Trockenen sitzen. Während Russland seit 2014 enorm in eigene Unterseeboote investierte.

Am Boden: Probleme eigentlich überall. Es beginnt im Heer bei fehlenden Truppenküchen und der Tatsache, dass selbst kleinste Verbesserungen im Truppenalltag Jahre dauern. Sobald eine Betonplatte gegossen werden muss, ist die Bundeswehr quasi lahmgelegt. Ein ordentliches Mittagessen für deutsche Spezialkräfte soll dann plötzlich mehr als eine Million Euro kosten und fünf Jahre Planung benötigen. Selbst einer aus der Leitung des Ministeriums sagt: «Da machen wir uns ja lächerlich.» Bei den Gebirgsjägern fahren sie immer noch einen Unimog aus den 1980er-Jahren und auch die Wolf-Geländewagen sind jetzt dreißig Jahre alt. Trotzdem haben sie den ganzen Rost jetzt nochmal überlackiert, drei weitere Jahre sollen sie laufen.

Es fehlt zu Beginn der *Zeitenwende* insgesamt weiter alles, moderne Kampfmittelbeseitigungsroboter, moderne IT, simple Microsoft-Office-Lizenzen, dazu gepanzerte Fahrzeuge für den alten Bundeswehr-Fuhrpark. Die Pistole P8 ist auf dem technischen Stand der 1990er-Jahre und entspricht nicht mehr aktuellen Anforderungen. Auch das Standardgewehr G36 ist alt, seit 2019 soll eigentlich der Nachfolger eingeführt sein. Das G36 hat bei bestimmten verschärften Einsatzbedingungen eine «Ersttrefferwahrscheinlichkeit» von sieben Prozent, an diese Posse werden sich einige erinnern.

All das vermiest freilich auch die Stimmung in der Truppe, denn sie soll das Land verteidigen, bekommt dafür aber nicht die erforderlichen Mittel. Die Zustände kennen die Wehrbeauftragten gut, schon Eva Högls Vorgänger im Amt, der SPD-Verteidigungsexperte Hans-Peter Bartels. Auch er schrieb lange warnende Berichte. Was ist das für ein Gefühl, wenn man schreibt und niemand liest? Bartels sagt am Telefon: «Es ist frustrierend, weniger für mich persönlich als für diejenigen bei der Bundeswehr, die heute darunter leiden. Meine Berichte haben darauf hingewiesen, der Verteidigungsausschuss hat etliche Prüfungen gemacht. Und am Ende stand, dass Ursula von der Leyen damals als Ministerin ihre Trendwenden angekündigt hat – der Trend aber nie gewendet wurde.» Hans-Peter Bartels schrieb schon 2019 in seinen Jahresbericht den frustrierten Satz: «Ein Sofortprogramm wäre gut.» Drei Jahre lang wird danach nichts passieren, dann ist das Sofortprogramm plötzlich da, nur heißt es jetzt «Zeitenwende».

Deutschland kommt aus einem sicherheitspolitischen Vergessen sondergleichen, es dürfte in dieser Form einmalig sein. Und es gibt noch keine Strukturen für all die neuen Aufgaben, die das Land nun über Nacht in der Sicherheitspolitik angehen muss. Nach der Kanzlerrede herrscht Aufbruchsstimmung, aber in vielen Bereichen passiert nach dem 27. Februar erstmal wenig. Denn im Grunde muss jetzt alles gleichzeitig gemacht werden. Das sind die ersten Gründe, warum diese *Zeitenwende* schwierig wird, von Beginn an. Mit den Monaten werden immer mehr Gründe hinzukommen, kleine und große. Dennoch: Zu Beginn ist ein Momentum da.

3.

ABSCHRECKUNG

Heiße Tage an der kalten Ostflanke

März und April 2022
NATO-Hauptquartier, Brüssel

In Deutschland geht es nach Kriegsbeginn drunter und drüber, im Militär, aber auch in der Politik. Gerhard Schröder macht Schlagzeilen, der deutsche Ex-Kanzler, der jetzt wegen seiner persönlichen Nähe zu Putin und den russischen Staatskonzernen Gazprom und Rosneft die Ehrenmitgliedschaft bei Borussia Dortmund und im Deutschen Fußball-Bund verliert – und dann der *New York Times* in einem Interview ganz selbstverständlich sagt: «Ich mache jetzt nicht einen auf mea culpa, das ist nicht mein Ding.»

In Berlin beruft der Generalinspekteur und Verteidigungsministerin Christine Lambrecht im Hintergrund die Medien ein. Lambrecht spricht davon, dass neue NATO-Kampfgruppen in Osteuropa hermüssten. Noch gebe es keine Hinweise auf einen direkten Angriff auf die Allianz, versucht sie zu beruhigen. Eines aber wird klarer: Das deutsche Ministerium hat mit einem Großangriff auf die gesamte Ukraine nicht gerechnet. Vielleicht mit einer Attacke auf die Ostukraine, aber eine Invasion in der Fläche? «Russland hat alle Rationalitäten über Bord geworfen», heißt es. Und jetzt gerade sieht es tatsächlich so aus: Weder die deutsche Truppenführung noch internationale Verbündete wissen, wie weit Putin nach Westen, in Richtung Moldau oder Polen vorstoßen will.

Das große Rad der neuen Kriegspolitik, es wird maßgeblich ein Stück weiter westlich gedreht, in Brüssel nämlich, in der NATO-Zentrale. Das riesige Areal liegt in der Nähe des Flughafens, wo am Gepäckband bereits ein riesiges Werbeposter aufgehängt wurde. Der dunkle Neubaukomplex einige Minuten entfernt erinnert an ein Raumschiff. Hier, hinter den Glasfassaden, arbeiten Tausende für das Militärbündnis, im Erdgeschoss gibt es eine überdimensionale Empfangshalle und einen Shop für NATO-Werbeartikel. Die Sicherheitsauflagen für Besucher sind hoch: Wer Wasser mitbringt, muss vor den Augen des Wachpersonals einen Schluck trinken, um zu beweisen, dass es in Wahrheit keine gefährliche Flüssigkeit für einen Angriff ist.

Nach Kriegsbeginn finden sich genau hier die damals 30 Mitgliedsstaaten zusammen, das Ausmaß des russischen Angriffs reicht bis hierher, es geht um rücksichtslose Geopolitik – Putin betreibt sie wie im 19. Jahrhundert. Als Großherrscher, der fremde Staaten überrennt. Global gedacht bedeutet das nichts anderes als: Die bisherige europäische Friedensordnung hat ein Ende gefunden.

Putin, das registrieren die Sicherheitsexperten der NATO, will offenbar nicht weniger als die alte, totalitäre Sowjetunion zurück – die Ausweitung seines Herrschaftsbereichs in Richtung Westen eingeschlossen. Der Kalte Krieg ist zurück.

Dass der imperiale Wahn Russlands nicht in der Ukraine endet, fürchtet auch die Allianz, ein Zusammenschluss von Staaten, die sich im Ernstfall kollektiv verteidigen wollen. Die NATO ist kein Angriffsbündnis: Ihr Vertrag besagt, dass ein bewaffneter Angriff gegen einen oder mehrere Mitgliedsstaaten als Angriff gegen alle betrachtet wird; Artikel 5 sieht vor, dass die Mitglieder sich in einem solchen Fall verpflichten, dem angegriffenen Mitgliedsstaat beizustehen. Würde etwa Polen überfallen, müsste auch Deutschland helfen, Angreifer zurückzudrängen. Frieden muss im Zweifel verteidigt werden, das ist das Rational hinter der NATO. Und Sicherheit gelingt im Kollektiv besser, das Bündnis verspricht seinen Mitgliedern besseren Schutz.

Die Ukraine ist bei Kriegsbeginn zwar Partner, aber kein Mitglied. Daher sendet die NATO auch keine Truppen in den Krieg und ist keine Kriegspartei. Was in der Ukraine geschieht, bedroht aber dennoch gleich mehrere NATO-Mitgliedstaaten, gerade im Baltikum: Besonders gefährdet erscheint hier Litauen, ein Land mit direkter Grenze zu Belarus, dem engsten Verbündeten Russlands. «Wir haben unsere Präsenz dort ausgebaut und werden das weiter tun», sagt Generalsekretär Jens Stoltenberg kurz nach Putins Angriff in Brüssel. Stoltenbergs Reaktion war so klar wie jene des Bundeskanzlers in Berlin: «Das ist ein brutaler Akt des Krieges. Unsere Gedanken sind bei den mutigen Menschen in der Ukraine. Der Frieden auf unserem Kontinent ist zerstört. Wir haben nun Krieg in Europa, in einem Ausmaß, von dem wir dachten, es gäbe es nur noch in Geschichtsbüchern.»

In den Jahren zuvor war sich die Allianz nicht immer einig, manche stellten ihren Sinn und ihre Verfasstheit offen in Frage, allen voran der französische Präsident Emmanuel Macron, der in einem Interview Ende 2019 die NATO sogar als «hirntot» bezeichnete. Macron, hieß es später, wollte damit Ärger über mangelnde Koordination zwischen den Mitgliedern ausdrücken und eine stärkere europäische Verteidigungsautonomie erreichen. Jetzt, mit dem Krieg in der Ukraine, direkt an der NATO-Außengrenze, ist der Moment der Wahrheit für das Bündnis gekommen. Man kommt zu Dringlichkeitssitzungen zusammen und aktiviert Verteidigungspläne. Vom niederländischen Brunssum aus, also nördlich von Aachen, analysiert die NATO, wo in diesen heiklen Wochen sich nun welche gepanzerten Einheiten Russlands bewegen. Gefechtsstände im britischen Northwood (Maritime Command) und in Ramstein (Air Command) liefern Einschätzungen an das Hauptquartier. Es ist ein machtpolitisches Dilemma: Einerseits ist die Ukraine nicht Teil der Allianz, andererseits muss verhindert werden, dass der Konflikt auf NATO-Territorium übergreift. Putin macht in den ersten Kriegsmonaten immer wieder klar, dass er die NATO als Gegner versteht. Ihre Antwort: profundere Abschreckung. «Abschreckung», das ist ein militärischer Begriff und meint die Fähigkeit, potenzielle Angreifer von der Durchführung feindlicher Handlungen abzuhalten. Das Konzept beruht auf der Annahme, dass die Aussicht auf eine effektive Verteidigung dazu führen kann, dass Aggressoren von feindlichen Handlungen lieber gleich absehen.

Ähnlich wie im Fall der Bundeswehr beschäftigen sich viele Bürger und Journalisten in Deutschland nun auch erstmals in ihrem Leben mit der NATO-Allianz und ihren Fähigkeiten. Besonders mit den Krisennotfallkräften, die von der NATO im Kriegsfall schnell eingesetzt werden könnten. Das erste Aufgebot besteht aus der sogenannten

NATO Response Force (NRF), einer multinationalen Eingreiftruppe. Mit ihr will die Allianz jederzeit auf sicherheitspolitische Entwicklungen reagieren können und bündelt dafür bei Kriegsbeginn in der Ukraine etwa 40 000 Soldatinnen und Soldaten – Land-, Luft-, See- und Spezialeinsatzkräfte. Bald schon wird die NATO beschließen, die Zahl drastisch auf 300 000 zu erhöhen. Und zweitens gibt es innerhalb der NRF noch etwas, das als «NATO-Speerspitze» bezeichnet wird – sie ist noch schneller einsatzbereit, noch besser ausgestattet und trainiert. Wer in der so genannten VJTF eingeteilt ist, wird im Bündnisfall auf Seiten der westlichen Staaten als Erstes auf russische Soldaten treffen und das Feuer erwidern. Allein diese Very High Readiness Joint Task Force besteht 2022 aus etwa 20 000 Kräften verschiedener Bündnisnationen. 5000 davon sind für den Einsatz an Land vorgesehen, eine Brigade. Sie hält 25 000 Ersatzteile vor, 25 000 Quadratmeter Lagerfläche, 90 000 Liter Treibstoff und 600 Tonnen Munition. Das alles sind längst keine harmlosen Planspiele mehr.

Die Speerspitze wurde 2014 nach der Annexion der Krim aufgestellt und hat die kürzeste Alarmierungszeit aller NATO-Kräfte. Die Anforderung: innerhalb von 48 bis 72 Stunden bereit sein, an den Einsatzort zu verlegen. Etwa an die NATO-Ostflanke im Baltikum. Dort gelten klare Einsatzzusagen, die auch Deutschland der NATO gemacht hat, denn Bündnissolidarität ist vertraglich geregelt. Das Problem: Deutschland, wie auch andere Länder, kann die Zusagen bislang gar nicht einhalten. Eigentlich hat Berlin der NATO ein klares Fernziel versprochen: drei kampfbereite Divisionen des deutschen Heeres, zwei Mal etwa 20 000 Soldatinnen und Soldaten, dazu eine leichtere dritte Division, zwei Luftwaffenverbände und 15 Kriegsschiffe. Alles das ist bei Kriegsbeginn im Februar 2022 in weiter Ferne. Schon 2025 muss aber die erste Division stehen, daran führt kein Weg vorbei.

Alles in Deutschland redet in diesen Tagen davon, dass die Bundeswehr «kaltstartfähig» sein müsse – in Wahrheit braucht sie mehrere Jahre Vorlauf für einen Krieg. So schlecht steht es. Eine Brigade, mehr ist nicht drin im Februar 2022: Dieser deutsche Anteil in der NATO-

Speerspitze ist der einzige Truppenteil der Bundeswehr, der vollausgestattet ist, wo jeder Soldat und jede Soldatin Weste, Helm und Waffe besitzt.

Die wahre militärische Macht in der NATO findet sich besonders in den USA. Für die gemeinsame Abschreckung im Bündnis verlässt sich die NATO nicht nur auf die Truppen all ihrer Mitglieder, sondern auch auf ihr Geld: Es sind jene zwei Prozent der nationalen Wirtschaftsleistung, die auch der deutsche Kanzler im Februar fix versprochen hat. Eine Ausgabe, die seit Jahren umstritten ist und bei Kriegsbeginn von Deutschland klar verfehlt wird. Anfang 2022 liegt man bloß bei knapp unter 1,5 Prozent. Zum Vergleich: Frankreich notiert bei etwa 1,9 Prozent, Großbritannien bei 2,1 Prozent. Die USA steuern diesen NATO-eigenen Berechnungen und Schätzungen zufolge bei Kriegsbeginn 2022 etwa 3,5 Prozent bei. Deutschland tut also nicht nichts – könnte aber mehr finanzieren. Bislang fehlte in Berlin dafür der politische Wille. Bis 2025, wurde 2014 festgelegt, soll eigentlich jeder NATO-Staat auf die zwei Prozent kommen. Im Frühjahr 2022 steht die Allianz nun so entschlossen zusammen wie lange nicht. Sollte es Putins Kalkül gewesen sein, einen Keil zwischen die Staaten zu treiben – das zumindest ist ihm nicht gelungen.

Siebenhundert Kilometer bis Kyjiw

Deutsches Stationierungsgebiet,
Rukla, Litauen

Nach Kriegsbeginn koordiniert die NATO eilig ihren Sicherheitsgürtel im Baltikum und bringt neue Luftverteidigungsposten in Stellung. Länder wie Estland, Lettland und Litauen, ehemalige Sowjet-Republiken, haben Angst, dass sie das nächste Ziel der russischen Expansion sind. Sie finden sich zwischen den großen alten Machtblöcken, Ost und West. Hier draußen, an der Ostflanke, lässt die Allianz jetzt verstärkt ihre Flugzeuge patrouillieren, über Polen und Rumänien etwa. Auch die deutsche Luftwaffe ist beteiligt, sie verlegt drei zusätzliche

Kampfflugzeuge vom Taktischen Luftwaffengeschwader 74 aus Neuburg an der Donau zum Schutz der NATO-Südostflanke. Auch das bedeutet eine Zeitenwende: Deutsche Jets am Militärflughafen Mihail Kogălniceanu bei Constanta, am Schwarzen Meer in Rumänien, bloß wenige Flugminuten von der Ukraine entfernt.

Bei der Bundeswehr fahren sie nach Kriegsbeginn Schichtbetrieb, am Anschlag. Es ist das neue Normal. Für deutsche Soldatinnen und Soldaten heißen diese Tage: Bereitschaften werden weiter verkürzt, es geht teilweise so schnell gen Osten, dass vorher kaum noch geübt werden kann. Aus ganz Deutschland werden Kräfte zusammengezogen. Ihr Ziel: Litauen.

Im Frühjahr 2022 riecht die Luft dort noch immer ein wenig nach Holzkohle und Feuer, es sind die Heizungen, die gegen den letzten Rest des Winters anlaufen. Die ersten warmen Strahlen der Sonne fallen auf die Hauptstadt Vilnius, doch viele hier in der Stadt nehmen das in diesem Jahr nicht sonderlich wahr. Sie sind in Sorge, man kann es spüren. Der Krieg in der Ukraine, er betrifft auch Litauen: Zum einen, weil der russische Partner Belarus nur vierzig Minuten mit dem Auto entfernt ist. Zum anderen, weil Litauen selbst schon die Erfahrung machen musste, dass sowjetische Panzer einrollen: Im Januar 1991, vor dem Ende der Sowjetunion, als deren oberste Führung versuchte, die Souveränität der Litauer zu unterdrücken. Denn die wollten ein eigener Staat sein, nachdem die Sowjetunion das Baltikum ab 1940 und erneut nach dem Ende des Zweiten Weltkriegs besetzt hatte. Nun aber stellte man sich den sowjetischen Panzern entgegen, Zivilisten sicherten strategisch wichtige Gebäude – der sowjetische Plan scheiterte. Der Untergang des Sowjetreichs, er ging auch von Litauen aus. Heute ist das Land unabhängig und in EU und NATO. Dennoch: Wer nach Kriegsbeginn in der nahen Ukraine durch das Land reist, bemerkt schnell, dass sie hier ein ganz anderes Verständnis von Bedrohung haben.

Die Menschen sind wachsam – und überall im Alltag finden sich die Spuren des Krieges, auch hier. Die Nationalfarben der Ukraine sind oft zu sehen, viele haben die Flagge an ihre Häuser gehängt. Während in Deutschland noch immer der richtige Umgang mit dem Krieg gesucht und um Formulierungen gerungen wird, sind sie hier viel klarer und weniger diplomatisch: «Putin, auf dich wartet das Kriegsverbrechertribunal» – das steht in Vilnius auf einem Riesenbanner an einem der Hochhäuser.

Derweil brechen in der Ukraine Wochen an, in denen Putin die Hafenstadt Mariupol am Asowschen Meer in Schutt und Asche bombt, sogar eine Entbindungsklinik. Der ukrainische Präsident Wolodymyr Selenskyj wirft Russland daraufhin Völkermord vor. All das ist nicht weit weg von Litauen, dem noch sicheren NATO-Gebiet.

Für die Bundeswehr ist Litauen extrem wichtig: Denn hier ist Deutschland Kernnation eines NATO-Gefechtsverbands. Die Kampfgruppe wurde für die Operation Enhanced Forward Presence aufgestellt («verstärkte Vorwärtspräsenz»). Drei weitere gibt es schon, im ersten Kriegsjahr werden bald noch weitere folgen. Mit etwa 1000 deutschen Soldatinnen und Soldaten stellt die Bundeswehr den größten Anteil an der Battlegroup in Litauen. Man ist hier also längst ganz nah dran am Krieg. Spätestens ein Stück hinter Kaunas, im Herzen Litauens, wird das klar. Denn hier liegt der kleine Ort Rukla, wo schon länger immer mehr dunkelgrüne Militärfahrzeuge auf den Straßen zu beobachten sind. Sie biegen oft hinter den großen Bäumen an einer der Hauptstraßen ab und passieren die Schranke: Hier beginnt die militärische Sperrzone – NATO-Territorium. Etwa 700 Kilometer bis nach Kyjiw.

Wer etwas Zeit mitbringt, trifft den jungen Kasernenchef, einen Deutschen. Daniel Andrä, drahtige Statur, ordentlich kurzer Bart, auf den Schultern prangen seine Abzeichen, die deutsche Flagge und das Symbol der NATO am rechten Arm. Der Kommandeur trägt ein dunkelgrünes Barett, Weste, Handschuhe, grüne Uniform, dazu die braunen Stiefel, manchmal läuft er mit dunkler Farbe im Gesicht durch den Hof, Gesichtstarnung, ehe es zu einer Militärübung geht. Vor seiner Brust an der Weste sind Taschen für die Munition seines Sturmgewehrs befestigt. Inzwischen beginnen für ihn viele Tage hier draußen in dieser Montur.

Andrä ist in Zittau aufgewachsen, in Ostsachsen, bei fast dreißig Prozent Arbeitslosigkeit und oft schwierigen Verhältnissen in der Region. Er bewirbt sich damals bei der Bundeswehr, in der Hoffnung auf Struktur und Sicherheit. «Und die haben mich auch sofort genommen als Offiziersanwärter. Ich habe nur eine Bewerbung geschrieben, so bin ich am 1. Juli 1997 eingezogen worden.» In Osterode am Harz nämlich, das war sein Dienstort. Seine erste Erinnerung an die Bundeswehr? Der Zug, erzählt Andrä, der sie damals alle in die Kaserne brachte, einen bunt gewürfelten Haufen aus der gesamten Republik, wie er die Kameraden von damals beschreibt. Sie trafen sich zum ersten Kennenlernen in der Kompanie, Ost und West, beide Seiten Deutschlands kamen dabei zusammen. «Damals war ich in Stube 216, eine Raucherstube. Woran ich mich gut erinnere, ist der erste Abend, als noch um ein Uhr morgens geraucht wurde.» Daniel Andrä hält kurz inne. «Spannend, gute Zeit, ist lange her.» Dort fing alles an.

Bei Kriegsbeginn in der Ukraine, Jahrzehnte später, ist das Rauchen bei der Bundeswehr längst verboten und Andrä ein disziplinierter Oberstleutnant, dem mit seinen heute 43 Jahren die Führung eines internationalen Gefechtsverbands in Litauen obliegt. «Vor zwei Jahren hätte ich nicht hier gesessen und über Krieg geredet. Jetzt weiß keiner, wie sich die Welt weiterentwickelt», sagt Andrä beim Truppenbesuch in seiner Kaserne, «in solchen Zeiten reflektiert man mehr, was es heißt, Soldat zu sein. Das muss jetzt jeden und jede bei der Bundeswehr wachrütteln.» Diese Tage prägen ihn genauso wie sein Einsatz 2009 in Afghanistan, sagt Andrä.

Er empfängt im Kommandeurszimmer, das noch immer ein wenig improvisiert wirkt, gelegen an einem der schlichten hellgrauen Flure im Containerbau, der von den Deutschen genutzt wird. Als nach Kriegsbeginn eilig zusätzliche Soldaten aus der Heimat eintrafen, mussten die anfangs noch in Zelten schlafen. In Litauen ist man Gast. Jetzt geht es voran, man sortiert sich. Andräs Gefechtshelm und seine Weste ruhen gerade auf einem hölzernen Gestell in der Ecke, jederzeit bereit, angezogen zu werden. Eine Karte an der Wand zeigt einige Radarstellungen, der Rest ist geheim. Die Auslandsmission in Litauen besteht bereits seit 2016, doch bislang hatten das nur wenige zur Kenntnis genommen. Daniel Andrä erklärt also: Was sie hier tun, sei Teil des NATO-Bollwerks im Osten, eine Beistandsinitiative des Westens für das kleine Litauen. Wo sie jetzt dienen, liegt eine der vordersten NATO-Verteidigungslinien, sollte ein großer Krieg ausbrechen. Längst rollen in Litauen deshalb deutsche Panzer zu Übungszwecken. Militärisches Training, Präsenz zeigen, das ist der Auftrag, auch schon zu normalen Zeiten. Nur ist nichts in diesen neuen Zeiten mehr normal.

Zwei Monate zuvor, zuhause in der Kaserne, waren Andrä und seine Männer und Frauen noch von einem einigermaßen planbaren Einsatz ausgegangen. Dass sie nach Litauen gehen sollten, stand lange fest – die Umstände sind so nie geplant gewesen. Ein Jahr vor Kriegsbeginn herrscht in Andräs Panzergrenadierbataillon 411 Vorbereitungstreiben: Sie besuchen Schießübungsplätze, simulieren Gefechte, sprechen mit den niederländischen Partnern. Im Kriegsfall obläge es der NATO-Kampftruppe, Gebiete gegen Feinde zu verteidigen und Angriffe zu verzögern. «Mit Truppe und mit Panzern im Feld», sagt Andrä damals am Telefon. «Unser Auftrag ist ein klares Signal der Bündnissolidarität.» Und dann sitzen die Soldatinnen und Soldaten auch schon, im Dezember 2021, auf gepackten Koffern und verlegen in sechs Wellen gestaffelt nach Litauen. Ihre Panzer nehmen sie mit aus Mecklenburg-Vorpommern: Sie werden vom Truppenübungsplatz Jägerbrück auf eine Bahn gehievt und rollen los. Jeder im Bataillon darf 100 Kilo Gepäck mitnehmen, zwei Kisten. Andrä erinnert sich gut an die ersten Tage, alles sah nach Routine aus, auch wenn man längst beobachtete, wie Russland Truppen zusammenzog. In Litauen führten die Deutschen und ihr Kommandeur ihre ersten Übungen durch. Die Presse berichtet damals nur wenig, und wenn, dann blickt sie nach Afghanistan oder Mali, auf die großen Auslandseinsätze – nicht nach Litauen.

Daniel Andrä trat in Rukla am 28. Januar 2022 an. Keine vier Wochen vor Kriegsbeginn. Jetzt muss auch er plötzlich gewährleisten, wofür die NATO da ist: Abschreckung und Verteidigung. Wenn der Ernstfall käme, gäbe Andrä als Kommandeur in Litauen bei dieser NATO-Battlegroup den Takt vor. Sie wären es, die von Litauen aus einen russischen Angriff zerschlagen oder verlangsamen müssten, das üben sie hier jetzt. «Ich habe jetzt ein ganz neues Verständnis davon, was die Menschen hier bewegt», sagt er. Nämlich die Angst vor dem, was man als Militär als Vernichtungskrieg bezeichnet. Eines sei klar, sagt der Kommandeur: «Diese Battlegroup ist vorbereitet, gut ausgebildet und ausgerüstet, das zu tun, was zu tun ist, nämlich an der Seite der Litauer im Zweifel – wenn notwendig – dieses Land zu verteidigen.» So üben sie über das gesamte Frühjahr hinweg das Panzerschießen und verkürzen ihre Bereitschaftszeit von dreißig auf fünf Tage. «Wir sind aus gutem Grund hier», sagt einer der NATO-Kollegen von Daniel Andrä. «Man kann die Anspannung hier spüren.»

Als der Krieg in der Ukraine beginnt, muss Deutschland erstmal rasch einen zusätzlichen Container mit warmer Winterunterwäsche nach Litauen schicken – denn auch dort regiert bislang oft der Mangel. Noch nach Kriegsbeginn stellt die Wehrbeauftragte Eva Högl fest, dass den deutschen Soldatinnen und Soldaten dort elementare Dinge wie Unterwäsche und Kälte- und Nässeschutz fehlen; einige dieser Modelle der Unterziehkleidung bei der Truppe sind noch aus den 1990er Jahren. Viele Soldatinnen und Soldaten kaufen sich ihre Kleidung längst privat: Erlaubt ist das eigentlich nicht, Haftungsgründe – aber es nützt ja nichts. Selbst Daniel Andrä, dem all das hier anvertraut wurde und der in den ersten Tagen dem Bundespräsidenten als Kommandeur die Hand schütteln wird, verfügt über keinen guten Kälteschutz oder eine passende Ausrüstung. Eine Jacke hat er sich selbst gekauft, seine besonders gute schutzsichere Weste auch.

Mangel auch im Großen: Andrä hat lediglich den Brückenlegepanzer Biber bekommen – der allerdings von einer großen Panzerhaubitze oder einem modernen Leopard-2 A6-Panzer nicht befahren werden kann. Der neuere Brückenlegepanzer Leguan kommt erst im April nach Rukla, drei Monate nach Dienstantritt. Damals verfügbare Fahrer: genau zwei. Ein Mann und eine Frau. So beginnt für sie hier draußen in Rukla die versprochene *Zeitenwende*.

Die Panzerhaubitzen der einzelnen NATO-Länder kommunizieren nicht miteinander und nicht einmal dasselbe Benzin können die Partner-Armeen benutzen – weil Militärfahrzeuge in unterschiedlichen NATO-Staaten bislang auch völlig unterschiedlichen Abgasnormen unterliegen. Aus Umweltschutzgründen. Und eine deutsche Gewehrpatrone passt trotz gleicher NATO-Kaliber nicht einfach in ein niederländisches Gewehr – obwohl beide Länder Seite an Seite Teil der Battlegroup sind. Die Wehrbeauftragte Eva Högl reist im Kriegsfrühling mehrmals selbst nach Litauen zu Andrä und bespricht diese Dinge. Es entwickelt sich ein bleibender Kontakt. Högl bestätigt: «Man hat dort leider nicht alles, was man für den Auftrag braucht. Wir leben aber in einem der reichsten Länder der Welt und unsere Soldatinnen und Soldaten müssen exzellent ausgestattet sein, auch in Litauen.»

Und die Realität? Kleidung ist das eine – militärische Führungsfähigkeit das andere. Gut wäre zum Beispiel, wenn die Deutschen als wichtigster Truppensteller in Litauen im März 2022 verlässlich funken könnten. Vor allem in einer *Battlegroup* aus sechs Nationen: Denn gerade im internationalen Kontakt ist es unabdingbar, dass ein deutscher Zugführer oder Kompaniechef bei der NATO mit einem niederländischen Kollegen komplikationslos reden kann und die Gefechtsstände Daten miteinander austauschen können, zum Beispiel Aufklärungsergebnisse. In Wahrheit kann die Bundeswehr das kaum.

Bei Funkgeräten wartet schon der nächste Missstand: Die NATO ist zwar eine Allianz, aber jeder Staat benutzt andere Modelle. Und besonders die deutschen sind ein Problem. Denn die sind alt und analog – eine Sicherheitsgefahr. Auch Eva Högl meint: Die Führungsfähigkeit «im Verbund mit unseren multinationalen Partnern ist, vor allem aufgrund des Fehlens einer modernen und interoperablen Funkgeräteausstattung, nur mit Einschränkungen gewährleistet». Einschränkungen – im Militär kosten sie im Zweifel Leben.

«Karte und Kompass», sagt ein niederländischer Soldat, das brauche es beim alten Technikstand der Deutschen öfter als man denke.

Was deutsche Soldatinnen und Soldaten zum Thema Funken erzählen, ist erschreckend. Selbst der deutsche Teil in der NATO-Speerspitze muss teilweise private Mobiltelefone benutzen, um verbündeten NATO-Kräften Daten schicken zu können oder sich auszutauschen – sicher ist das natürlich nicht, doch auch das einfache Feldtelefon muss oft herhalten. Dafür haben sie sogar schon einen ironischen Spitznamen bei der Truppe: «Ackerschnacker» – den Partnern wird er immer mehr ein Begriff. Der Truppe ist das peinlich. Um zu verstehen, was solche elementaren Mängel im Dienstbetrieb der Bundeswehr wirklich bedeuten, kann man es vielleicht einmal so betrachten: Kein Kommandeur in der ganzen Truppe würde ein deutsches Kriegsschiff jemals völlig ungeschützt und ohne Munition in See stechen lassen – die acht deutschen Heeresbrigaden allerdings sollen vorrücken, ohne miteinander funken zu können. Im Kriegsfall wäre das Fahrlässigkeit von oberster Stelle.

Und gravierende Probleme entstehen daraus bereits jetzt in Litauen. Denn 2022 kommt es dort bei Bundeswehr-Übungen zu heiklen Funkausfällen: Die deutschen Funkgeräte sind mehrheitlich nicht verschlüsselt, so dass der Funkkreis gestört werden kann – was kurz nach Kriegsbeginn ausgerechnet bei einer großen Zertifizierungsübung der Deutschen vorgekommen ist: «Der Russe kam rein», berichtet einer, der dabei war. Erst nach einem Frequenz- und Kreislaufwechsel ging es weiter, russisch klingende Stimmen verschwanden allmählich, knapp eine halbe Stunde stand alles still. Ein zweiter Teilnehmer bestätigt den heiklen Zwischenfall. «Wir wissen, dass die deutschen Geräte nicht sicher sind. Ich erinnere mich, dass bei der Übung Iron Wolfe etwas passiert ist.»

Die Niederländer funken verschlüsselt, ist die Realität, die Deutschen können das nicht. So verabredet man sich bislang, eher persönlich zu sprechen, oder macht Codewörter aus. Im Krieg wäre das kaum durchzuhalten.

Eines der wichtigsten Vorhaben in der deutschen *Zeitenwende* wird nach der Rede des Kanzlers in Berlin also nicht ohne Grund werden, die Funkfähigkeiten zu verbessern. Die alten Modelle aus den 1980er-Jahren, die man immer noch nutzt und sogar nachbaut, sollen weg, ein sicherer Digitalfunk her. Ob das gelingt – abwarten.

Rund um den Kriegsbeginn schicken viele Länder kurzfristig Nachschub nach Rukla. Die Norweger entsenden einen zusätzlichen Grenadierzug, die Niederländer schicken weitere Abwehrkräfte. Der deutsche Generalinspekteur hatte noch achtzig LKWs nach Litauen kommandiert, mit wichtigen Ersatzteilen. Auch neue Panzerabwehrminen und Lenkflugkörper schickte man. Mehr als hundert deutsche Fahrzeuge, darunter sechs große Panzerhaubitzen, sind bereits angekommen, mehr scheint kurzfristig nicht möglich. Die Bundeswehr ist planerisch so langsam, dass selbst Routinemissionen wie in Litauen Jahre Vorlauf haben. Auch das jetzige Kontingent plante zwei Jahre im Voraus. Die plötzlich in Berlin geforderte «Kaltstartfähigkeit» – sie existiert nicht einmal im Ansatz.

Nach Kriegsbeginn prüften alle deutschen Truppenteile zuhause fieberhaft, wo man noch etwas abgeben könnte. War Verstärkung dann unterwegs, versuchte man es geheim zu halten. Im Frühjahr 2022 rollten leichte Luftverteidigungssysteme vom Typ Ozelot an – die 1996 in der Bundeswehr erstgetestet wurden und längst veraltet sind. Berichten möge man darüber bitte erst, hieß es vom Ministerium in panischen Anrufen, wenn das Material auch angekommen sei, das gefährde sonst das Personal bei der laufenden Verlegung. Klingt berechtigt, nur: Ausgerechnet Deutschlands damals oberster Soldat, Generalinspekteur Eberhard Zorn, verplapperte sich bei einem halböffentlichen Termin mit der Rüstungsindustrie und verkündete stolz die geplante Lieferung. Die Truppe bringt sich also selbst noch in Gefahr. Immerhin: Nach Kriegsausbruch beginnt das Personalamt der Bundeswehr – eine weitere Zentralbehörde, diesmal mit Sitz in Köln –, seine E-Mails zu verschlüsseln. Das Bundesamt für den Militärischen Abschirmdienst (BAMAD) fährt die Einsatzabschirmung hoch – überall lauern russische Spione.

* * *

Wald bei Rukla,
NATO-Truppenübungsplatz

Die Fahrt raus auf den Truppenübungsplatz, irgendwo in der Nähe gelegen, inmitten der großen Wälder, könnte holpriger nicht sein. Der Fahrer kämpft mit dem kleinen Bundeswehr-Bulli, Schnee liegt zum Glück keiner mehr an diesem Tag. Dann wäre ein Durchkommen ohne Ketten an den Reifen wohl kaum mehr möglich, heute aber ist es nur eine Frage der Kraft: Denn der Fahrer muss ständig am Lenkrad drehen, der weiche und sandige Waldboden macht es ihm nicht leicht.

Tatsächlich sieht der Boden aus, als seien zuvor Riesen dort entlang gezogen. Doch es waren nur die Panzer der NATO-Truppen hier draußen, ihre stählernen Ketten pflügten tiefe Furchen in die Erde; wer hier einen Bulli fährt, muss gut geübt sein. Doch das lernt man hier früh, denn Anfänger würden den Transporter verlässlich in den Achsenbruch steuern. Aus der Ferne donnert und kracht es jetzt, ein kurzer Blick zurück vom Fahrersitz. «Sind heute die Mörser dran?», fragt dann der junge Soldat, der auf dem Beifahrersitz Platz genommen hat in dem kleinen deutschen Militärtransporter, der sie alle gerade dorthin bringt, wo scharf geschossen wird, zu den Übungen der Battlegroup.

Die Fahrt endet schließlich auf einer Lichtung, das Donnern wird lauter, die dünnen Birken ringsherum haben sie abgeholzt – mehr Platz für Kriegsgerät. Scharfer Militärdraht liegt aus und sofort entdeckt man drüben die schweren dunkelgrünen Bundeswehrfahrzeuge, abgestellt in einer geraden Reihe, einsatzbereit für das Militärtraining, das auch heute auf dem Plan steht. Der Spähpanzer Fennek steht hier, und auch der Transportpanzer Fuchs. Um das zu proben, was sich «Ernstfall» nennt: den Angriff russischer Panzer. Mehr Einsatzbereitschaft, das heißt hier ganz konkret: Es rollen mehr Panzerketten, es wird mehr trainiert, auch im scharfen Schuss, Soldaten schießen ihre Waffen ein und üben, die große Panzerhaubitze zu verladen.

Heute findet eine besondere Großübung statt: ABC-Dekontamination. Schnell zeigt sich die Ernsthaftigkeit, die dabei herrscht – es geht ums Unschädlichmachen chemischer oder gar atomarer Kampfstoffe. Man kann den deutschen Soldaten dabei nun einige Stunden zuschauen und ein wenig ins Gespräch kommen, wenn der Motorenlärm und der beißende litauische Wind es erlauben. Der pfeift hier ganz schön, aber sie brauchten eben den Platz, eine weite Fläche, um die Panzer unterzubringen.

Die Soldaten tragen dicke Mützen oder Kappen, manche haben ihr Gesicht ganz vermummt, gegen die Kälte und zum Identitätsschutz, einige tragen Sonnenbrillen. Die Aufgabe für heute lautet: Den Angriff mit einem Gefahrenstoff zu simulieren und das Kriegsgerät der NATO-Partner so dekontaminieren, also sauber zu machen, dass es gleich wieder genutzt werden kann. Eine wichtige Hilfe dafür kommt gerade angerollt, es ist eines der Monster, die im Sand ihre Spuren hinterlassen haben, und dieses Monster hat 450 PS, vier Achsen, einen eigenen Kran und Hochdruckreiniger an Bord. Bei der Bundeswehr heißt das Spezialfahrzeug: Truppenentgiftungsplatz 90. Gerade erklärt der deutsche Kompaniechef, eingepackt in seine dicke Bundeswehrjacke und ein rotes Barett auf dem Kopf, was zu tun ist und dass gefährliche Stoffe im Krieg unbedingt unschädlich zu machen sind, denn auch so tötet der Feind, etwa durch biologische Kampfstoffe, oder Schlimmeres. Der Kompaniechef schaut seinen Männern genau auf die Finger, einige arbeiten mit den kraftvollen Wasserdüsen und spritzen unter Hochdruck den grünen Bundeswehrstahl ab. Andere nutzen Sonden, um die Umgebung zu prüfen. Zusammen schauen sie ein bisschen aus wie in einem Science Fiction-Film, doch echt ist das alles schon an diesem Tag. Gefährliche Kampfstoffe zu neutralisieren, darin ist die Bundeswehr gut, dafür schätzen sie ihre Partner. Bei der Übung heute tragen die Soldaten auch beige Ganzkörperanzüge, schwarze Gummihandschuhe und Stiefel, Atemmasken, was nun endgültig außerirdisch wirkt, hier unten unter der harmlos strahlenden Sonne. Akribisch bereiten sie sich Runde um Runde unter einem der letzten Grüppchen von Birken vor und trainieren nochmal die gesamte Prozedur: Wie ein Kampfstoff im Kriegsfall zu beseitigen wäre, ohne dass es sie selbst vergiftet. Das G36 geschultert, durchgeladen und los, die Suchsonde in der Hand und den Blick auf mögliche Gefahren gerichtet.

Das ist also die Lage: Europa erlebt fremde Zeiten und der Krieg ist tatsächlich zurück. Und darüber reden sie hier natürlich alle. Einer sagt: «Das wollte keiner, es ist aber so gekommen. Die Soldaten, die nun hier sind, haben ein Mindset mitgebracht, dass immer etwas passieren könnte. Und dann – dann ist es passiert.» Es ist ernster geworden, erzählt er. Da sei keine Angst, aber man beschäftige sich eben mit dem Krieg. Und es brauche dafür dann auch Ausgleich, in der Kameradschaft, beim Abschalten oder beim Sport. «Alle hier wissen: Was man lernt in der Ausbildung vor Ort, das muss in einem Ernstfall dann auch zur Anwendung kommen.» Heißt: Was auf dem Übungsplatz trainiert wird, bis hin zum Drill, ist nicht mehr nur Theorie, sondern realer geworden in diesem Frühjahr. Wenn er davon berichtet, steht der junge deutsche Soldat in seiner Bundeswehrjacke neben einem der Panzer, die schweren Ketten sind verdreckt mit litauischer Erde. Der Panzer ist mit Tarnnetzen und Zweigen aus dem Wald verhangen, zur Tarnung. Dieses Kriegsgerät steht nicht länger im Depot, es wird plötzlich bewegt. Und das alles unter Beobachtung: Denn die deutschen Sicherheitsbehörden wissen genau, dass es einen klaren Ausspähauftrag der Russen gegen die Bundeswehr in Litauen gibt.

Mittags hocken die Kameraden dann kurz im Gras, sie legen die schweren Rucksäcke ab, in denen sie Klebeband haben, Ausrüstungsgegenstände und etwas zu essen. Das passt, denn jetzt ist Verpflegungspause. Zuvor war auch Kommandeur Daniel Andrä vorbeigekommen, um sich ein Bild zu machen, mit strengem Blick und in dicken Militärstiefeln unterwegs, er hat seine Truppe genau unter Beobachtung: Auch die Soldaten, es sind fast nur Männer, spüren, dass die Bedrohung greifbar ist an der Ostflanke. Angst, sagen auch sie, sei da allerdings nicht – der Ernstfall ist ihr Beruf. Und ihr Auftrag zur Abschreckung habe sich ja nicht verändert, noch immer sei die NATO schließlich ein Defensivbündnis. Und es stimmt: Ein Angriff auf Litauen wäre ein Angriff auf die gesamte NATO. Ist die litauische Hauptstadt Vilnius nicht mehr sicher, wird es Berlin wohl auch nicht mehr sein. Das ist die neue Realität. Die Familien zuhause rufen gerade noch etwas häufiger an im fernen Rukla, denn sie machen sich Sorgen. Was sich hier draußen verändert hat, ist die angespanntere Stimmung, die Soldaten denken dann doch ein bisschen häufiger daran, dass sie es wären, die im Kriegsfall mit der Waffe ganz vorn stünden. Und Russland ist nicht weit entfernt, auch die russische Exklave Kaliningrad nicht, die man mit dem Auto erreichen kann. «Wenn es losgeht, dann geht es los», sagt Daniel Andrä ernst und keinesfalls leichtfertig. Denn auch er hat eine Tochter, die zuhause auf ihn wartet.

Die Suche nach der Raketenabwehr

Flugabwehrraketengruppe 26,
Husum, Nordfriesland

1200 Kilometer oder zwölf Marschtage von der NATO-Ostflanke entfernt liegt der kleine deutsche Küstenort Husum, regnerisches Schleswig-Holstein. Elf Grad sind es, heute an diesem grauen *Zeitenwende*-Tag, an dem schon einige Zeit nach dem Besuch in Litauen verstrichen ist. Im Ort kann man sich in Ruhe umschauen: Irgendwo hier soll sie zu finden sein, die deutsche Raketenabwehr. Oder besser: das, was noch von ihr übrig ist. Eine letzte kleine Gruppe.

Die NATO setzt, neben Verteidigungsanlagen in Osteuropa und der Türkei, bei der Luftverteidigung des Bündnisses vor allem auf vier US-Zerstörer, die von Spanien aus im Meer vor Europas Küsten kreuzen und mit modernsten Flugkörpern vom Typ SM-3 ausgestattet sind, die im Zweifel feindliche Raketen auf Berlin oder Warschau aus der Luft holen sollen, die aber eigentlich Richtung Süden ausgerichtet sind, falls der Iran etwas abfeuert, etwa auf Süddeutschland. Für Russland ist dieser Schutz nicht ausgelegt gewesen. Hat die Bundeswehr auch noch etwas für die Landesverteidigung auf Lager? Für den deutschen Luftraum? Um diese Frage zu klären, empfiehlt sich ein Abstecher hierher, nach Norddeutschland. Schnell erfährt man, dass die Bundeswehr bei der Raketenabwehr ebenfalls blank sei, gefährlich blank, genauer gesagt. Man würde es dennoch gerne etwas genauer wissen.

Husum ist bei Touristen beliebt, wegen der «Krabbentage» zum Beispiel oder dem Schriftsteller Theodor Storm, der hier am Wattenmeer geboren wurde. In der kleinen Kreisstadt mit ihren etwa 25 000 Einwohnern geht es an normalen Tagen viel ums Segeln und den Strand. Bereits am Ortseingang kommen einem heute aber auch grüne Militärfahrzeuge entgegen, ein Jeep, dann ein Truck. Wer herumfragt, ob die merkliche Präsenz der Bundeswehr denn normal sei, der hört: «Ja, die fahren wieder. Wir kennen das schon.» Vier Stützpunkte gebe es in der Nähe, die Fliegerhorstkaserne etwa.

Und, etwas weiter außerhalb, den alten Flugplatz Schwesing. Und genau dort führt sie am Ende hin, die Spur zu unserer Raketenabwehr – und endet an einem gut bewachten Tor. Jede Bewegung ab hier muss der Pforte gemeldet werden, der Pass gehört vorgezeigt, hinein geht es nur in soldatischer Begleitung. Also fährt ein junger Hauptmann mit und erklärt, was genau sie hier hinter dem Zaun so machen. Es geht vorbei an einigen camouflagierten LKWs und alten Kampfjet-Hangars, auf deren runden Flachdächern Gras wächst. Warnlichter leuchten in der Ferne orange auf, je näher man der Landebahn kommt, desto besser kann man sie sehen. Denn es ist sensitives Gebiet, das man hier betritt, Tarnnetze hängen aus, «Sperrzone» steht auf den Schildern.

An drei grünen Militärtrucks warten die Kameraden des Offiziers schon und wollen zeigen, was Deutschland gegen Angriffe aus der Luft im Ernstfall schützen kann. Es ist in der Tat nicht viel. Geblieben nach dem, man ahnt es schon, Sparkurs sind einige wenige Patriot-Luftverteidigungssysteme. Zwölf Stück gibt es bei Kriegsbeginn in der Ukraine noch in Deutschland, ein zusätzliches System ist für die Ausbildung abgestellt. Zum Vergleich: Anfang der 1990er-Jahre waren es 36 Waffensysteme gewesen.

Wer sich in Husum umsieht an diesen Tag, der bekommt nochmal ein neues Verständnis von der deutschen Wehrlosigkeit. Das liegt nicht an den Soldatinnen und Soldaten, sondern daran, wie ihr Dienstherr, die Bundeswehr, sie ausgestattet hat in den vergangenen Jahren. Trotzdem sind sie so engagiert und ernsthaft bei der Sache wie die Kameraden in Litauen. Während dort an Panzern geübt wird, sind es hier gleich mehrere riesige Fahrzeuge, die zu so einem Patriot-System dazugehören. Sie nennen es das Dreigestirn, das im Ernstfall besonders wichtig ist und vor der anwesenden Presse eben aufgefahren wird. Gerade arbeiten drei junge Soldaten am Feuerleitstand, so etwas wie der Einsatzzentrale von Patriot, es ist ein olivgrüner Militärtruck mit einer Art Container darauf. Zutritt haben nur wenige. «Es ist hoch komplex», sagt der erfahrenste der drei Soldaten. Es gehe um Radarstrahlung, aber auch um Militärgeheimnisse in der kleinen Einsatzzentrale. Mit dieser Einschränkung ist aber auch diese Soldatengruppe bereit, ein wenig Einblick in ihren neuen *Zeitenwende*-Alltag zu gewähren.

Michael könne man ihn nennen, sagt der eine, den Nachnamen bitte nicht, aus Sicherheitsgründen. Michael ist Leutnant und Feuerleitoffizier, er hat die spezielle Ausbildung der Bundeswehr durchlaufen, um feindliche Raketen taktisch abzuwehren. Fünf Jahre dauerte das, seit 2020 ist er fest bei der Bundeswehr. «Und stolz auf diesen Beruf», sagt er. Dass sich das Land erst langsam wieder an die Bundeswehr erinnert, verwundert hier alle etwas. «Wir waren nie weg», findet Michael und demonstriert, wie genau das jetzt funktioniert mit den Raketen. Was würde passieren, wenn Putin etwas in Richtung Deutschland abschießt? Was braucht es dagegen? Zuerst einmal: Strom, im Kriegsfall von benzingetriebenen Generatoren, heute nutzen sie einen Zugang des Flugplatzes, das ist umweltschonender. Im Feld bräuchte Patriot zwei mächtige Generatoren. «Die meiste Energie geht beim scharfen Schuss verloren.»

Zwei verschiedene Lenkflugkörper verfeuern sie, der eine soll direkt treffen, der andere hat einen Näherungszünder und explodiert schon vor dem Ziel, um großflächig Splitter zu verteilen. Gelagert sind diese teuren Geschosse – ein Schuss kostet teils mehrere Millionen – in riesigen Kanistern, die übereinander gestapelt auf die mobile Abschussrampe kommen, immer mehrere Kanister übereinander. Wie eine Abschussbatterie. Einer der beiden Flugkörper, der PAC-2, wiegt fast eine Tonne, ist mehr als fünf Meter lang und fliegt dennoch schneller als der Schall. Er soll Flugzeuge und feindliche Marschflugkörper abschießen. Der Feuerleitstand, die kleine Operationszentrale, ist quasi Kopf und Herz gleichzeitig, wichtiger ist nur das große Radar. Denn ohne ist man blind. Eines davon und maximal acht Feuereinheiten hat so ein System: Patriot kann, je nach Art des Lenkflugkörpers, bis zu fünf Ziele gleichzeitig bekämpfen und mehr als sechzig Kilometer weit schießen. Die Wartung ist besonders schwierig, erklärt ein anderer Feldwebel, der mit dabei ist auf dem Flugplatz. Calvin, wie er genannt werden möchte, erklärt nun, dass man so einem Raketenabwehrsystem nicht einfach ein Softwareupdate aufspielen könne, es ist schließlich kein iPhone. Neuerungen für ein Patriot-System kommen auf verschlüsselten Festplatten aus den USA eingeflogen, wo die Waffe für die Bundeswehr produziert wird.

Seit dem Krieg in der Ukraine heißt es: üben, üben, üben. Bis es langweilig wird, bis jeder Handgriff sitzt. Das erwartet der Aufseher. Michael sagt zum Training seiner Leute: «Jeder soll hier alles können.» Achtzig bis neunzig Soldaten kommen um ihn herum in so einer Patriot-Staffel schon mal zusammen. Michael sagt: «Seit dem Krieg in der Ukraine bin ich immer erreichbar.» Die Wachsamkeit in Husum ist also genauso gestiegen wie an der Ostflanke. Auch hier bekam man den drohenden Kriegsbeginn frühzeitig mit: Schon drei Wochen zuvor bereiteten sie sich vor, bekamen einige verschlüsselte Codes zugeschickt, Warnungen und erste Befehle.

Ihre Erfahrung mit der berüchtigten deutschen Bürokratie haben die Raketenabwehrexperten von Husum über die Zeit aber auch gemacht. Munition und Kanister dürfen bei Patriot zum Beispiel nur getrennt transportiert werden. Bräche der Krieg aus, würden aus zwei unterschiedlichen Standorten zwei Kolonnen aufbrechen, die Munition müsste am Einsatzort erstmal zusammengeführt werden und erst dann eingebaut. Ein Feuerleitstand hat außerdem vier starke Stützen, die ausgefahren werden, sobald die Kampfposition erreicht ist, ähnlich wie bei einem Feuerwehrkran. Ungefähr so groß und lang ist das Leitfahrzeug auch, ein Militärtruck – was gelegentlich Probleme macht. Denn die maximal erlaubte Fahrzeughöhe in Deutschland beträgt: vier Meter. Die Höhe so eines Patriot-Leitstands? 3,98 Meter. «Je nachdem, wie der Luftdruck ist», scherzt Michael. Skurriles auch beim Radar: Es ist beim Transport 2,55 Meter breit, damit handelt es sich nach deutschem Recht um ein «Fahrzeug mit Überbreite». Einmal war eine Version der Stützen minimal breiter als zuvor – plötzlich hatte das Fahrzeug keine Zulassung mehr. Der genauere Blick auf das grüne Militärfahrzeug zeigt tatsächlich: Da kleben hinten rote Warntafeln dran. Auch im Krieg soll schließlich die deutsche Verkehrsordnung gelten.

Und Testschüsse dürfen sie auf deutschem Boden natürlich nicht machen – zu gefährlich. Deshalb plant ein Teil der Husumer Truppe jedes Jahr viele Monate lang eine zweiwöchige Reise nach Kreta, wo deutsche Soldatinnen und Soldaten ihr Patriot-System auch einsetzen dürfen. Sie üben dort taktisches Feuer und schießen aufs offene Meer, ehe sie wochenlang ihr gesamtes Material wieder nach Deutschland fahren.

Die Soldaten lassen sich von solcher Skurrilität nicht beeindrucken. Über die Wochen führe jede Übung auf dem Flugplatz bei Husum zu mehr Vertrauen in ihr System, erzählen sie. Zum Schluss für heute richten sie noch einmal das Radar neu aus. In seiner Peilung sollte man lieber nicht stehen, wenn es eingeschaltet wird – dann ist die Strahlung besonders hoch. Fährt so ein Patriot-Truck dann los, zurück in seinen Unterstand, eine alte Halle aus Beton, stößt er ordentlich dunklen Rauch und Qualm aus. Komplett veraltet ist die Technik nicht, sollte aber dennoch bald modernisiert werden. Dass die Zahl der Waffensysteme so geschrumpft ist – manche waren aus den USA nur geleast –, kritisieren Soldaten in der Kaserne, allerdings nur hinter vorgehaltener Hand. Als Privatperson dürfen sie diese Meinung haben, nicht aber während des Dienstes in Uniform.

Tatsächlich zeigen Bundeswehrpapiere auch, wie alt die Radare an der Westgrenze Deutschlands waren: Noch bei Beginn der *Zeitenwende* sind Geräte eingesetzt, die seit 1986 im Dienst sind. Interne Prognose: «zunehmendes Ausfallrisiko bis 2026». Und das, obwohl die Weltlage im Jahr 2022 so aussieht: Die atomare Bedrohung, sie ist plötzlich nicht mehr ausgeschlossen. Generalinspekteur Eberhard Zorn spricht in Berlin offen von «einer Zäsur» nach dem Zweiten Weltkrieg, die Verteidigung des Bundesgebiets sei nicht mehr nur etwas, das in Kanzler-Reden thematisiert werde, sondern das man auch konkret vorbereite, wie hier, etwas versteckt am Wattenmeer. Viele im Land mögen denken, es gebe einen unsichtbaren Raketenabwehrschirm, der uns im Ernstfall gegen russische Raketen beschützen würde – doch so etwas existiert nicht. Fremde Raketen können fast beliebig in den deutschen Luftraum eintreten und schwere Schäden anrichten: Denn die zwölf Patriot-Systeme sind dazu da, Kraftwerke oder strategisch wichtige Gebäude zu schützen, wie das Regierungsviertel oder ein Munitionsdepot. Ein großflächiger Abwehrschirm sind sie nicht, eine solche Fähigkeit hat die Bundeswehr überhaupt nicht: Deutschland hat die so genannte Bodengebundene Luftverteidigung eingespart, ausgesondert oder gar nicht erst angeschafft, jahrelang. So klafft nun etwas, im Kriegsjahr 2022, das sie im Berliner Ministerium Fähigkeitslücke nennen. Russland aber besitzt nuklearfähige Kurz- und Mittelstreckenraketen.

Die deutsche Nahbereichs-Flugabwehr haben sie schon längst abgeschafft, Gepard-Flugabwehrpanzer und Roland, ein raketenbasiertes Schutzsystem, werden längst nicht mehr genutzt. Vertrauliche deutsche Militärunterlagen zeigen, dass geschützte Abfangschichten in der Luft, die Drohnen oder Raketen aufhalten könnten, kaum mehr existieren. Zuletzt war höchstens noch von der «schrittweisen Modernisierung» die Rede, Priorität hatte das nicht. Was eine moderne Abwehrfähigkeit kosten würde, hat man unter Verteidigungsministerin Annegret Kramp-Karrenbauer immerhin auf dem Papier strategisch errechnet. Es sind sechs bis rund achtzehn Milliarden Euro.

Als Erstes müsste ein Abwehrsystem für den so genannten Nah- und Nächstbereich gekauft werden, denn dieses würde deutsche Soldatinnen und Soldaten verteidigen, sollten sie im Ernstfall in Richtung Front verlegen. Das System fängt also keine großen ballistischen Raketen ab, sondern Gefahren aus der Nähe. Mindestens 1,3 Milliarden Euro, berechnete das Verteidigungsministerium noch ein Jahr vor Kriegsbeginn in der Ukraine, würde das kosten. Der Bedarf ist seit Jahren bekannt – nur Geld gab es keines. Dabei vermerkte das Ministerium in vertraulichen Planungspapieren: «Hier besteht eine akute Fähigkeitslücke. Die Erstbefähigung ist zwingend erforderlich und schnellstmöglich anzugehen. Dieses Vorhaben ist von höchster Priorität.»

Dennoch geschah nichts, frühestens 2025 wird ein leichtes Abwehrsystem zur Verfügung stehen, sollte es nun doch eilig bestellt werden in der *Zeitenwende*. 2025 – also vier Jahre, nachdem das Ministerium die Lücke erkannt hatte. Vorerst bleibt deutschen Generalen somit nur das Prinzip Hoffnung. Schickt Russland eine moderne Hyperschallrakete Richtung Berlin, wäre da kaum etwas, das sie aufhalten würde. Mit Glück die US-Navy oder die NATO-Geschütze in Osteuropa, wo es auch Frühwarnradare gibt, die aber vor allem gegen feindliche Flugzeuge vorgehen würden. Einhundert Prozent verlässlich ist dieser Schutz nicht. Und zwölf deutsche Patriot-Staffeln können zusammen wahrscheinlich nicht einmal die Hauptstadt von oben schützen. Abfangen kann das System Kurzstreckenraketen, mit Glück Mittelstreckenraketen. Keine Interkontinentalraketen. Ein erfahrener Radarführer bestätigt: «Der Einsatz von Patriot im Inland war konzeptionell gar nicht mehr vorgesehen. Bei einer Übung 2019 stellten wir fest, dass die deutsche Raketenabwehr für das Inland kaum einen Schutz bietet. Wir sind da bedingt beschützt – noch für Jahre.»

Was noch auffällt: Das Radar verfügt über keinen Rundumblick, es muss ständig neu ausgerichtet werden. Und von den hochmodernen PAC-3-Lenkflugkörpern hat Olaf Scholz' Armee im Frühjahr 2022 wohl weniger als 100 Stück, heißt es in gut informierten Militärkreisen. Diese modernsten Flugkörper dürfen nur in den USA hergestellt werden, reglementiert der US-Hersteller.

Schon die schnellstmögliche und einfachste Reaktivierung alter Schutzschirmfähigkeiten für die Truppe würde internen Planungspapieren zufolge rund eine Milliarde Euro kosten. Dazu käme noch die Modernisierung der bestehenden Patriots, sie sollen bis 2030 nämlich in Betrieb bleiben. Die Kosten allein dafür: weitere 600 Millionen Euro, mindestens. Zur modernen Drohnenabwehr hat die Bundeswehr 2022 keine Pläne in der Schublade. All das stimmt einen nach Kriegsbeginn noch etwas nachdenklicher.

Offene Flanken wie bei der deutschen Raketenabwehr zeigen, dass die *Zeitenwende* ein weit größeres Unterfangen werden dürfte, als viele zunächst gedacht haben. Und die Zeit drängt. Kurz nach Kriegsbeginn, als der Kanzler in Berlin seine Rede hielt, versetzte Wladimir Putin seine Atomstreitkräfte in Alarmbereitschaft und drohte alle Waffentypen einzusetzen, die Russland aufbieten könne, sollte der Westen in der Ukraine eingreifen. In Deutschland dagegen müssen viele erst noch lernen, dass es «Luftverteidigung» heißt oder «Flugabwehr» – nicht allerdings *Luftabwehr*. Luft muss nämlich nicht abgewehrt werden, sondern feindlicher Beschuss. Bei der Truppe achten sie auf solche Details, dennoch sprechen und schreiben Medien und Politik fast ausnahmslos von «Luftabwehr».

Olaf Scholz wird später im Jahr nach China reisen, damit Peking Putin wenigstens vom Einsatz taktischer Atomwaffen abhält. Glaubt man dem Kanzleramt und internationalen Medienberichten, ist zumindest das schnell und unbürokratisch gelungen. Zuhause bleiben die Möglichkeiten zur Luftverteidigung begrenzt. Das gesamte erste Kriegsjahr gibt es bloß eine sehr punktuelle Raumsicherung über deutschem Himmel: Nur so genannte Hochwertziele werden geschützt, etwa das Regierungsviertel.

Und auch die «European Sky Shield Initiative», die Kanzler Scholz bald mit europäischen Partnern aufsetzt und umsetzen will, wird trotz des etwas irreführenden Namens vorerst kein unüberwindbarer Flächenschutz über Europa gegen russische Raketen sein. Sie ist ein Baustein bei der Raketenabwehr – mehr nicht.

Phase II. – Alles eskaliert

4.

GEHEIMNISSE

Die wahnwitzige Geschichte der 5000 Helme

Paul-Löbe-Haus,
Deutscher Bundestag, Berlin

Es ist der 26. Januar 2022, ein geschäftiger Mittwochmittag in Berlin, an dem sich Christine Lambrecht entscheidet, kurzerhand vor die Kameras zu treten. Gerade kommt sie aus dem Verteidigungsausschuss im Bundestag, erst zum dritten Mal als Verteidigungsministerin hatte sie die Parlamentarier besucht, diejenigen, die die Arbeit der Regierung und damit auch ihres Ministeriums kontrollieren. Die Reise führt noch einmal zurück in die Vorzeitenwende, der Bundeskanzler wird erst in einem Monat seine Rede halten, die deutsche Raketenabwehr steht noch nicht im Fokus, und die Lage in der Ukraine ist für viele eine Krise, jedoch kein großer Krieg. Doch schon jetzt schauen sie in Berlin auf die Grenzen des Landes, wo Wladimir Putin immer mehr Militär aufmarschieren lässt. Auch darüber hat die Ministerin im Ausschuss, nicht-öffentlich, bis eben gesprochen. Nun soll noch ein kurzes Pressestatement folgen, Routineprogramm der Spitzenpolitik – eigentlich. Denn Christine Lambrecht macht jetzt ihren ersten großen Fehler.

Gerade packen die Abgeordneten hinter ihr noch ihre Sachen zusammen, was Alltag ausstrahlt, obwohl es längst heikle Zeiten sind. Denn bereits vor Kriegsbeginn geht es auch in Berlin um die Frage, welche Waffen Deutschland der bedrohten Ukraine zur Unterstützung schicken könnte. Es gibt historisch gesehen gute Gründe, weshalb die Bundesrepublik bislang auf direktem Wege keine Waffen in Kriegsgebiete schicken will. Auch Lambrecht ist gegen Waffenlieferungen, genau wie Olaf Scholz. Und genau das führt im Bundestag an diesem

Mittag nun zu einem eigentümlichen Auftritt der deutschen Oberbefehlshaberin.

Sie kündigt an, Helme in die Ukraine zu senden, zum Schutz ukrainischer Soldatinnen und Soldaten. Christine Lambrecht ist dabei vor
den Kameras bemüht, entschlossen zu wirken. Aber Helme? Sicher,
das zeugt von gutem Willen – aber in einem Ernstfall, in einem Krieg,
würden sie wohl kaum einen Unterschied machen. Lambrechts Ankündigung verbreitet sich rasend schnell – doch das Echo ist verhee-
rend: «Blamage» (*Focus*), «Eiertanz» (*Spiegel*), «Lachnummer» (*Mor-
genpost*). Die *FAZ* empfiehlt ironisch «die Entsendung der Gorch
Fock ins Schwarze Meer» – also ein Segelschulschiff. Ein Twitter-User
meint: «Als nächstes kommen dann wohl 5000 Kopfkissen.» Davor
habe Putin sicher Angst. Und *Bild* bindet ab: «Die ganze Welt lacht
über uns.»

Natürlich ist das alles überspitzt: Nicht an einer Eskalationsspirale
zu drehen, kühlen Kopf zu bewahren, das ist ein nachvollziehbarer,
klarer Gedanke. Und wenn Lambrecht dezidiert an diesem Januartag
davon spricht, den Konflikt «friedlich beilegen» zu wollen, dann ist
auch das ein politischer Standpunkt. Sie ist eine Partei-Linke in der
SPD, das ist ihre Position, und einige stimmen zu. Etwa, wenn Lambrecht sagt, man müsse zunächst die vorhandenen Gesprächsformate
nutzen, «um friedlich zu einer Lösung» zu kommen. Diese Helme
seien keine Waffen, «aber das hilft» und gebe «Unterstützung».

Nur sehen das auf der anderen Seite längst nicht alle so. Der politische Streit um mögliche Waffenlieferungen ist in Wahrheit damals jedoch gar nicht das Hauptproblem – da gibt es zwei Seiten, beide haben Argumente. Und die Lage im Januar 2022 ist bereits jetzt völlig
neu für das Land, die deutsche Regierung noch kaum im Amt. Zum
wirklichen Problem wird Lambrechts Selbstbewusstsein, ihre forsche
Herangehensweise, ihr Ego, das sich an diesem Mittag zeigt. Denn
Christine Lambrecht ist nicht falsch zitiert worden, niemand hat sie
zu einer Aussage gedrängt oder ihr unfair Worte im Mund herumge-
dreht. Sie selbst hat das Lieferversprechen der Helme auf diese Weise
angekündigt: So stolz, als hätte die Bundesrepublik gerade die Lösung
des Konflikts in Kisten verpackt und losgeschickt.

Es ist ein Auftritt ohne Not, zeigt sich, wenn man sich danach im Ministerium umhört, vertraulich natürlich. In weniger als einer Stunde Zeit musste hektisch die Sprachregelung zur Helmlieferung aufgesetzt werden, ehe die Ministerin mittags vor die Kamera trat. Und das, obwohl ihr eigenes Haus nicht frühzeitig im Bilde war. Die Aktion wurde trotzdem durchgedrückt, wohl weil sich die Ministerin profilieren wollte. In knapp drei Stunden wurde der Plan im Ministerium eilig niedergeschrieben. Drei Stunden – und Christine Lambrechts Amt wird schwer beschädigt sein.

Dass das unnötig war, zeigt sich auch, wenn man in voller Länge nachliest, was die Ministerin damals öffentlich sagte. Eigentlich hatte sie die Dimension der Vorgänge in der Ukraine ja erkannt: Lambrecht spricht von «roten Linien», von Gütern, die nicht verhandelbar seien, wie «die Einhaltung von Völkerrecht», die Integrität von Staaten, «Bündnissouveränität». Doch Lambrechts Schlüsse daraus sind nicht für jeden nachvollziehbar: Es gebe «viel Spielraum» für Unterstützung der Ukraine, sagt sie. «Wir als Deutschland werden uns ganz intensiv beteiligen, werden uns einbringen, weil wir ganz nah an der Seite von der Ukraine stehen, das machen wir immer wieder deutlich, bei all unserem Engagement.» Und dann kommt sie schließlich auf sich selbst und ihre Helme zu sprechen – genau da kippt das Routine-Statement. Als Lambrecht ansetzt und sagt: «Mich hat ganz aktuell ein Schreiben der Ukraine aus der Botschaft erreicht, doch bitte zu unterstützen in Bezug auf Ausstattung, da geht es um Helme. Wir haben das sofort geprüft und wir werden 5000 Helme an die Ukraine liefern, auch als ganz deutliches Signal: Wir stehen an eurer Seite.»

Sie habe etwas erreicht, *sie* habe schnell gehandelt. Auch das ist Lambrechts Botschaft. Die Kritik daran und die Frage, ob das alles angemessen ist, lässt sich nicht mehr einfangen. Zumal «sofort» in Wahrheit bedeutet: Das zugehörige Bittschreiben der Ukrainer nach deutschem Material war bereits sieben Tage alt. Lambrecht spricht unbeirrt von einem «ganz deutlichen Signal» – die Reaktionen werden bissig. Auch sie schafft es nun in die Heute-Show, als «Lord Helmchen». ZDF-Moderator Oliver Welke scherzt: Klar, damit zeige Deutschland selbstverständlich, dass man an der Seite der Ukraine stehe. «Also, weiter hinten, an eurer Seite.» In einem drohenden Krieg keine Mittel zur Selbstverteidigung zu schicken, sondern bloß ein bisschen Schutzmaterial – neben Helmen auch ein Feldlazarett –, sei in etwa so, als würde die Polizei beobachten, wie jemand verprügelt wird, jedoch nicht eingreifen, dem Opfer aber immerhin Verbandszeug überlassen. Am Ende berichtet sogar die *New York Times* darüber, die Ernsthaftigkeit hinter der Posse durchschauend: Denn in einem großen Artikel warnt die US-Zeitung, dass das deutsche Zögern im Drama um die Ukraine längst internationale Verbündete irritiere. «Wo steht Deutschland?» – keine unberechtigte Frage.

Allen anderen voran fragt sich das natürlich auch die Ukraine, jetzt, an der Schwelle des Krieges. Vitali Klitschko, der Bürgermeister von Kyjiw, wird in einer britischen Nachrichtensendung auf die deutschen Helme angesprochen. Der Moderator fragt: «Bekommen Sie genug Hilfe von den Deutschen?» Klitschko atmet einmal tief ein. Dann sagt er frei heraus: «Das ist ein Witz.» Danke, aber das reiche nicht. «5000 Helme?», fragt der Moderator noch einmal verwundert. «Ja, Helme.» Auch Klitschko sagt es: «Die Deutschen müssen sich jetzt entscheiden, auf welcher Seite sie stehen.» Und genau diese Frage kommt im Bundestag bald ebenfalls auf. Die Details zu den deutschen Helmen wollen die Abgeordneten schon gerne wissen: Wann würden die denn geliefert? Und weshalb nicht mehr? Das Verteidigungsministerium wird ihnen keine Antwort geben. Das sei, man müsse es leider verstehen, Staatsgeheimnis.

Die Waffenliste im Tresor

Marie-Elisabeth-Lüders-Haus
Bundestag, andere Spree-Seite

Es ist eine heikle Angelegenheit, diese Sache mit den deutschen Staatsgeheimnissen. Natürlich gibt es sie, die Mappen und Ordner oder Verschlusssachen im Kanzleramt, die den Stempel VS GEHEIM tragen. «Amtlich geheimgehalten», steht dabei, was bedeutet, dass jeder nachweisbare Geheimnisverrat bestraft wird, bis hin zum Gefängnis. Was geheim bleiben soll, würde bei einer Veröffentlichung nämlich die Staatssicherheit oder diplomatische Beziehungen der Bundesrepublik beeinträchtigen, so der dahinterstehende Gedanke. Und in der Tat: Nicht alles Regierungshandeln gehört an die Öffentlichkeit. Viele Dinge freilich aber schon, denn gleichzeitig hat auch der Bundeskanzler seine Politik zu erklären und politische Entscheidungsfindungsprozesse des Kabinetts nachvollziehbar zu machen. Nicht nur gegenüber den Wählenden im Land, sondern auch für künftige Generationen sowie die Historikerinnen und Historiker. Auch im Kriegsfall.

Wenn Olaf Scholz und Christine Lambrecht etwa öffentlich behaupten, Deutschland liefere so viel Material an die Ukraine wie kaum ein anderes Land, dann sollte das überprüfbar sein. Zu wissen, ob deutsche Regierungsmitglieder die Wahrheit sagen, ist ein Anrecht jedes Bundesbürgers und jeder Bürgerin. Es geht also gar nicht anders, als im Fall der geheimen Kriegslieferungen für Kyjiw dranzubleiben – und selbst nachzusehen, ob stimmt, was in Berlin behauptet wird. Denn aus der Ukraine kommt damals weiterhin Kritik: Dort ist man nicht zufrieden mit den zögerlichen Waffenlieferungen aus Deutschland und hinterfragt spätestens seit der Posse um die Helme, ob Berlin wirklich ein echter Verbündeter ist.

Vielleicht fängt man also gleich bei ihnen, den Helmen, an mit der Wahrheitssuche. Wer mehr über die eigene Regierung erfahren will, der kann in Deutschland einen Antrag auf Einsicht stellen: Geregelt ist dieses Recht im Informationsfreiheitsgesetz (IFG), nicht nur die Presse darf es nutzen. Das IFG wurde 2006 auf Bundesebene eingeführt und regelt den Zugriff auf staatliche Dokumente und Akten neu. Seitdem müssen Behörden auf Antrag viele Informationen herausgeben, zum Beispiel Protokolle interner Beratungen oder E-Mails.

Mit dem IFG müsste man nach dem Willen des Gesetzgebers also auch im Fall der Helme weiterkommen und kann einen Antrag stellen. Die gesetzlich geregelte Frist zur Antwort: maximal ein Monat – nur kümmert das im Verteidigungsministerium nicht unbedingt immer jemanden. Am Ende nimmt sich die Rechtsabteilung dort ganze sechs Monate Bearbeitungszeit, nur, um dann mitzuteilen, dass man trotz des Gesetzes nichts herausrücke zu den Hintergründen um die Helme. Das teilen sie per Einschreiben mit, man könne da leider nichts machen, denn auch die Helme beträfen den Geheimschutz. Die Informationssperre sei «sachgerecht, wenn die Kenntnisnahme der Verschlusssache durch Unbefugte für die Interessen der Bundesrepublik Deutschland oder eines ihrer Länder nachteilig sein kann».

Nachteilig für Berlin? Die Lieferung einfacher Helme? Das ist schon etwas eigenartig, man könnte das Schreiben so lesen, dass das Ministerium wohl einfach nicht so gut aussehen würde, wenn publik werden sollte, wie das Versprechen jener 5000 Helme wirklich zustande gekommen war, ehe Christine Lambrecht es so vollmundig öffentlich machte. War alles eine PR-Aktion, die nach hinten losging? Das Ministerium jedenfalls wiegelt ab: «Die Bundesregierung hat ein erhebliches Interesse, die Beziehungen zur Ukraine aber auch zu seinen Bündnispartnern durch Freigabe entsprechend vertraulicher Informationen nicht zu belasten, sondern nachhaltig zu schützen. Ein Informationszugang zu den erbetenen Informationen würde daher dem Schutz der internationalen Beziehungen zuwiderlaufen.» Die 5000 Helme könnten am Ende also sogar internationale Beziehungen des Kanzlers sprengen. Nicht einmal einfache Sprechzettel der Verteidigungsministerin will man herausgeben. Vorerst lässt sich bloß eines herausfinden: Bei den Helmen handelt es sich um solche, die aus Kevlar sind und von der Bundeswehr seit den 1990er Jahren genutzt werden, man kann ihnen das typische Flecktarnmuster überziehen. Mehr Informationen wird es erst in ein paar Wochen geben – als unerwartet mehrere Insider auf den Plan treten.

Die Geheimniskrämerei, das Abblocken, offensichtliche Ausreden – all das nimmt in Lambrechts Ministerium in diesen Wochen zu. Es beginnt im Frühjahr, verstärkt sich im Sommer und wird endgültig überhandnehmen im Herbst. Die Praxis betrifft den dritten großen Bereich, in dem sich die deutsche *Zeitenwende* konkret ausdrückt: neben, erstens, der Landesverteidigung und, zweitens, der übergeordneten Bündnisverteidigung, nämlich die strittige Frage deutscher Waffenlieferungen.

Nach Kriegsbeginn geht die Bundeswehr systematisch die eigenen

Waffenbestände durch. Auch die alten Depots werden durchsucht: Was kann man der Ukraine abgeben? Was unterstützt ihr Recht auf Selbstverteidigung nach Putins Überfall? Irgendwann geht ein Gerücht durch das politische Berlin: Es soll eine geheime Lieferliste geben. Darauf soll stehen, was der Kanzler in Richtung Ukraine schicken will. Doch sämtliche Details bleiben nebulös, im März 2022 ist es auch hier, als würde man einem Phantom hinterherjagen. Gerüchte aufzuschreiben ziemt sich nicht. Nur: Wie kommt man ran an das, was auf der im Tresor versteckten Geheimliste steht?

Der Antwort kommt man in der Nacht auf die Spur, wenn die Büros in der Hauptstadt geschlossen sind, man aber Mitarbeitende von Behörden und Ministerien vertraulich treffen kann. Das Handy bleibt lieber zuhause für solche Treffen, man wählt einen diskreten Treffpunkt außerhalb des Regierungsviertels, also nicht in Berlin-Mitte. Nicht in Szene-Restaurants oder dem Café Einstein, in das man nur geht, wenn man – ganz andersherum – *gesehen* werden will. Nein, für die wirklich heiklen Termine braucht es keine Zuschauenden. Daher trifft man Informanten überall, in einer verrauchten Billard-Bar, einer stillen Kaffeestube oder man kommuniziert über Briefkästen ohne Adresse oder Namen. So beginnen im März und April Wochen der Puzzlearbeit, abends, nachts, außerhalb jedes Protokolls, um vielleicht endlich Antworten zu finden. Und es gelingt. Denn es gibt auch Menschen in Berlin, die die Staatsverantwortung und das Recht der 84 Millionen Deutschen auf Aufklärung über das Handeln ihrer Regierung höher gewichten als pauschal behauptete Gefahren von zu viel Transparenz. Solange es um Waffen geht, die bereits geliefert wurden und heil in der Ukraine angekommen sind, solange keine Lieferrouten enttarnt werden, sind einige wenige Insider am Ende bereit, zu erzählen, was der Kanzler und seine Verteidigungsministerin da treiben.

Es beginnt mit der ersten verlässlichen Bestätigung: Ja, die Liste existiert, das Gerücht stimmt und es wird eine ungewöhnlich große Geheimhaltung betrieben. Die Liste wird spätestens am 18. März per Kurier in abhörsichere und streng abgeschirmte Räume des Bundestags gebracht. Auch sie trägt den heiklen Stempel: VS GEHEIM, ist also sicherheitseingestuft mit dem zweithöchsten Klassifizierungsgrad in Deutschland. Das bedeutet: Es wird nicht einfach Fotos von der Liste geben, die irgendwann auf Twitter kursieren. Es dürfen nämlich keine Kopien gemacht werden, jede Ausfertigung der Liste trägt eine so genannte Tagebuchnummer; damit kann genau verfolgt werden, wer die Liste eingesehen hat – und welche Version. Manchmal gibt es sogar unsichtbare Hinweise in solchen Geheimpapieren, etwa ein auffälliger Buchstabe mitten im Text, der bei einer unzulässigen Veröffentlichung Geheimnisverräter sofort enttarnen soll.

Wer mehr über die Ukraine-Waffenliste erfahren will, muss also zuallererst akzeptieren, dass es dazu wenig schriftlich gibt. Neben den Eingeweihten im Kanzleramt und im Verteidigungsministerium dürfen im Parlament nur einige Abgeordnete persönlich lesen. Sie müssen dafür in einen Aufzug steigen und einen Bereich im Bundestag aufsuchen, den nur wenige kennen. Er liegt auf der anderen Spree-Seite, in einem der oberen Stockwerke des Marie-Elisabeth-Lüders-Hauses. Der Ort, der dort zu finden ist, wird gut bewacht. Unbefugte landen vor einer schweren grauen Glastür, die einen Knauf und undurchsichtige Scheiben hat.

Man kommt nicht einfach hinein. Die Abgeordneten jedoch schon, wenn sie sich am kameragesicherten Eingang ausweisen und eintragen und dann in die Geheimschutzstelle eintreten. Genau hier lagern viele der deutschen Staatsgeheimnisse. Und nun auch die gesuchte Waffenliste. Taschen dürfen Abgeordnete nicht mit in den Lesesaal nehmen und selbstverständlich auch kein Telefon. Ein kleiner Zettel ist erlaubt, mehr nicht, selbst eigene Notizen müssen am Ende in der Geheimschutzstelle zurückbleiben – oder sofort wieder vernichtet werden. Kaum etwas dringt daher für gewöhnlich durch diese Tür nach draußen, und nur wenige Recherchen in diesem ersten *Zeitenwende*-Jahr sind so mühsam wie die zu den Details der Waffenlieferungen. Man folgt den kleinsten Hinweisen und muss geduldig Puzzlesteine finden, die sich am Ende zur Lieferliste zusammensetzen.

Was steht also wirklich drauf? Und hilft Deutschland so engagiert wie Kanzler und Ministerin behaupten? Das ist weiter die Frage. Die erste gesicherte Erkenntnis lautet: Der Zugang ist noch reglementierter als üblich. Das ist ein Problem, denn viele der 736 gewählten Volksvertreter im Bundestag werden aktuell von ihren Wählerinnen und Wählern im Wahlkreis gefragt, was die Politik in Berlin denn tue für die Menschen in der Ukraine. Im Moment müssen viele der Abgeordneten trotz Mandat und Sicherheitsfreigabe sagen: Wir wissen es nicht. Denn die Lieferliste darf in diesem Fall nur von einigen wenigen Abgeordneten eingesehen werden, nicht von allen. Nur diejenigen, die mit Außen- oder Verteidigungspolitik zu tun haben, sollen mehr erfahren dürfen. Und auch sicherheitsüberprüfte Mitarbeitende der Abgeordneten dürfen nicht in die Geheimschutzstelle – das ist neu.

Bei der Diskussion darüber, ob das angemessen ist, geht Verteidigungsministerin Christine Lambrecht nun offensiv nach vorn, in den Angriff. Wie während ihres TV-Auftritts bei der Talkshow Anne Will. Am 20. März nimmt sie dort in einem der Sessel Platz und verteidigt ihre rigide Geheimhaltungspolitik. Lambrecht ist wegen der Fragen dazu genervt. Sie sagt: «Wir liefern Waffen und wir leisten unseren Beitrag.» Anne Will fragt nach: «Tun Sie das wirklich?» Das für die Regierung Hilfreiche bei ihrer Informationssperre ist, dass niemand außer ihr überprüfen kann, ob Lambrecht und Scholz auch wirklich Wort halten und eine Vielzahl an Waffen verschicken. Zweifel sind angebracht, immerhin hatten sie bei Kriegsbeginn versprochen, 2700 Strela-Raketen abzugeben. Die waren dann aber so alt, dass nur 500 Stück tatsächlich versendet werden konnten – sie kamen noch aus einem DDR-Bestand. «Strela» ist übrigens ein russisches Wort: Es steht für «Pfeil». Irgendjemand hatte die Raketen bei der Bundeswehr wiedergefunden, in einem Altbestand außerhalb der aktuellen Bücher. Erst am Tag nach der Zeitenwenderede, einem Montag, war das im Kanzleramt gemeldet worden.

Jetzt in der ARD-Sendung macht Ministerin Lambrecht aber einen anderen Punkt: Sie wirft der Presse vor, sie wolle bloß Liefermethoden verraten, ein pauschaler und viel zu vereinfachter Vorwurf, der nicht zutrifft. Lambrecht bringt ihn trotzdem vor. «Da wurden Wege bekannt gegeben und da wurden alle diejenigen, die diese Waffenlieferungen durchgeführt haben, einer Lebensgefahr ausgesetzt.» Wer im

Ministerium später nachfragt, auf wen oder was die Ministerin diese Kritik bezieht, erhält keine Antwort. Dieser deutsche Kurs verursacht im Grunde einen handfesten Verfassungskonflikt, mitten im Krieg. Denn: Wie viel Information braucht ein Parlament, um die Regierung auch wirklich kontrollieren zu können? Was darf man einsehen? Hinter der großen *Zeitenwende* verbergen sich also die großen Fragen aller Politik, Verfassungsfragen, ein Ringen um die Demokratie als solche. Es sind kritische Rechtsfragen und Christine Lambrecht entzieht sich ihnen in diesen Wochen – ausgerechnet sie, die Juristin.

Die Abgeordneten im Parlament, etwa Sara Nanni von den Grünen oder Henning Otte von der CDU, fordern ihre Einsicht in die Listen ja nicht, um Wege der Lieferungen auszuplaudern, sondern schlicht um nachvollziehen zu können, wie die Entscheidungen im Kanzleramt und Verteidigungsministerium fallen und was das für Deutschland bedeutet. Nicht nur zu wenige Lieferungen könnten ein Problem sein, auch zu viele Kriegswaffen für die Ukraine. Denn noch immer droht Putin der NATO, und damit Deutschland, während Berlin verhindern will, unbedarft durch Waffenlieferungen selbst zur Kriegspartei zu werden – oder von Putin als solche identifiziert zu werden.

Auch bei Anne Will spricht Christine Lambrecht sie nicht an, die problematische Tatsache, dass die Mehrheit des Bundestags durch ihre Nachrichtensperre umgangen wird. Die wenigen Abgeordneten, die Einsicht haben, dürfen darüber nämlich nicht reden, auch ihre Kolleginnen und Kollegen also nicht ins Bild setzen – dafür würden sie bestraft werden. So wächst der Ärger im Parlament, zumal andere Länder, wie die USA oder Großbritannien, Informationen zu Waffenlieferungen an die Ukraine zugänglich machen.

Es dauert bis Anfang April, nun meldet er sich, der Insider. Jemand, der mehr weiß – und es sind gleich mehrere Personen. Endlich setzt sich das Puzzle zusammen. Eines aber gilt auch hier: keine Namen, keine Geschlechter, keine Umstände zum Kontakt mit diesen Insidern, jedes Detail könnte sie verraten. Am Ende dürfen ihre Aussagen als gesichert gelten, es sind mehrere voneinander unabhängige Quellen, die das Bild vervollständigen. *Eine* Quelle ist keine Quelle, dieser Grundsatz gilt dabei, denn die Brisanz des Themas ist hoch, und es kann viel schiefgehen im Umgang mit der Waffenliste: Zahlen, die jemand falsch erinnert, Waffentypen, die durcheinandergeraten. Man kann auch deshalb nicht einfach veröffentlichen, was eine Quelle allein sagt. Man muss es prüfen, einmal, mehrmals. Die ersten Zahlen lassen sich jedoch verifizieren, sie belegen die Lieferung von Raketen, Bunkerfäusten und Panzerabwehrminen. Am Ende der Recherche steht dieses Bild zur Waffenliste:

- Jeden Donnerstag um 10 Uhr wird die geheime Liste aktualisiert. Zentral dabei ist das Lagezentrum Ukraine im Verteidigungsministerium, ein Expertenteam, das die militärischen und humanitären Entwicklungen im Kriegsgebiet beobachtet.
- Titel des geheimen Dokuments: «Sensitives militärisches Material».
- Entgegen allen öffentlichen Versprechen gibt es Anfang April 2022 kaum neue Waffenlieferungen an die Ukraine. Die Exportliste enthält nur etwa zwanzig Positionen, aufgeführt auf zwei mickrigen Papierseiten.

Das entscheidende Gespräch zur Überprüfung dieser Tatsachen findet im Reichstag statt, irgendwo in einer diskreten Nische an der dicken Reichstagsmauer, wo niemand hinsieht und niemand mithört. Warum reden die Informanten über die Geheimnisse? Weil Politik transparent sein sollte, wo immer es geht, das ist auch der Anspruch hier im Bundestag, dem Hohen Haus mit der gläsernen Kuppel. Die Gespräche folgen diesem Ideal und setzen voraus, dass mit den Insiderinformationen vertraulich umgegangen wird – und trotzdem müssen sie konspirativ erfolgen, spätabends.

Die Verteidigungsministerin behauptet öffentlich indes weiter unbeirrt: «Wir liefern und wir liefern konsequent.» Die Wahrheit ist, dass die deutsche Lieferliste seit Wochen nicht mehr wächst und kaum schwere Waffen darauf zu finden sind – sondern Profanes, wie AdBlue, die flüssige Harnstofflösung, die zur Reduzierung der Stickoxidemissionen bei Fahrzeugen eingespritzt wird. Das mag ukrainischen LKW helfen, doch die Probleme im Land sind andere – man steht unter Vollbeschuss. Denn Putins Vernichtungskrieg geht unaufhörlich weiter: UNICEF berichtet damals, dass seit Ausbruch des Krieges mehr als eine Million Kinder die Ukraine verlassen haben. Die russische Armee hat inzwischen mehr als 280 Schulen beschossen. Orte wie Butscha erlangen traurige Berühmtheit: Die Russen haben dort Zivilisten massakriert und hingerichtet, manche mit den Händen auf den Rücken gebunden. Sie erschossen einen alten Mann auf seinem Fahrrad, eine Frau in ihrem Garten und eine Familie auf der Flucht in ihrem Auto. Die Jablonska-Straße in dem kleinen Orte nahe der ukrainischen Hauptstadt wird im März 2022 zum Ort des Grauens. Dennoch hält sich Berlin weiter zurück in der Waffenfrage.

Bestätigen lassen sich von deutscher Seite Anfang April 2022 lediglich 500 Boden-Luft-Raketen (Stinger), die wenigen hundert Flugabwehr-Waffen vom Typ Strela sowie wenige tausend Panzerabwehrwaffen mit Hohlladungsmunition. Dazu 50 Bunkerfäuste, 1000 Panzerabwehrminen, 100 MG3 und Munition. Auch Lambrechts Feldlazarett steht auf der Liste, dazu weiteres Sanitätsmaterial. Später folgen Einmannverpackungen, also einfache Soldatennahrung und weitere Griffstücke für die Panzerfaust 3. Nur eben kaum neue oder gar moderne Waffen zur Verteidigung.

Aktiv wird man in Berlin vorerst bloß in anderer Sache: Nämlich gegen Medien, die zur Ukraine-Lieferliste berichten. Sogar strafrechtliche Ermittlungen bei der Staatsanwaltschaft Berlin laufen an, freigegeben vom Bundestagspräsidium. All die Vorsicht war also richtig gewesen, nur konspirativ kann manchmal über die wirklich heiklen Themen dieser deutschen *Zeitenwende* gesprochen werden.

Helikoptermutter

Verteidigungsministerium, Berlin

Hinter den Kulissen des politischen Betriebs wird die Stimmung gereizter in diesen Wochen. Es ist der Ärger um den Umgang mit den Waffenlisten und die Tatsache, dass Kanzler und Verteidigungsministerin nicht so viel geliefert haben wie versprochen. Dann meldet sich eine neue Quelle, auch dieser Anruf kommt überraschend. Denn diesmal kommt er aus dem *Zeitenwende*-Ministerium selbst. Jemand will reden und das könnte spannend werden – jetzt wird sich tatsächlich aufklären, wie das war mit Christine Lambrecht und ihren Helmen für die Ukraine und wie die Lage im Bendlerblock grundsätzlich so ist. Es liegt Rebellion in der Luft.

Auch dieses Treffen findet nicht im Regierungsviertel statt. Es dauert einige Stunden und am Ende steht einiges an Interna aus Lambrechts Ministerium im Notizblock. Es wird Mai und man liest Beunruhigendes. Zunächst die Sache mit den Helmen – sie war eine größere PR-Geschichte als bekannt. Nutzen sollte sie offenbar vor allem der Ministerin. Dass die Ukrainer nach Material gefragt hatten, es stimmt. Sie verlangten keine Stückzahlen, auch nicht von möglichen Helmen. Es ist also nicht so, dass 100 000 Helme gefordert wurden, aber nur 5000 aufzutreiben waren. Dennoch steht dahinter ein Plan, der erst am frühen Morgen der Verkündung eilig ausbaldowert wurde, vorbei am üblichen Protokoll und unter höchstem Druck. Die Sprechvorlage der Ministerin sollte in nur einer Stunde fertig sein, Lambrechts Pressechefs wollen es so. Die zuständigen Fachexperten bleiben außen vor, beschreibt es jemand, der dabei war. Selbst Rüstungsstaatssekretär Benedikt Zimmer sei aus allen Wolken gefallen, als er davon erfuhr, erzählt die Quelle. Der Helm-Plan von Lambrecht und ihren Beratern sei nicht im Ministerium abgestimmt gewesen, es habe keinen geordneten Prozess gegeben – sondern eine Vorlage für die Ministerin, der sie überhastet zustimmen wollte oder sollte und die in nicht einmal einer Stunde eilig aufgesetzt worden war. «Und dann fingen alle an, irgendwo diese Helme zu suchen», erzählt die Quelle weiter, «natürlich gab es warnende Stimmen, dass 5000 Stück eine sehr geringe Anzahl ist.» Lambrechts Team überging explizit interne Warnungen.

Der Druck zur Geheimhaltung komme im Übrigen vor allem aus dem Kanzleramt, auch wenn die Ministerin ihn verteidige. Ihr Ministerium frustriert das, weil es oft so wirkt, als wollte die Bundeswehr nicht helfen. Am Ende werden es bei den deutschen Helmen 28 000 Stück, die in die Ukraine gehen – immerhin. Doch die ersten

5000 Stück gehen erst deutlich nach der Verkündung ihrer Lieferung wirklich auf Reisen. Nach wochenlanger Verzögerung werden etwa fünfzig Paletten von einer deutschen Speditionsfirma in Richtung Polen gefahren, irgendwo an der ukrainischen Grenze erfolgt am Ende die Übergabe – an einem Ort, der tatsächlich geheim bleiben sollte. Diesmal aus berechtigten Gründen.

Wenn stimmt, was die Quelle erzählt, haben Lambrecht und ihre Presseberater ihr eigenes Ding durchgezogen, was sich bei der verspäteten Übergabe dann ein zweites Mal rächte. Die Quelle sagt dazu abschließend in ernstem Ton: «Ich kenne keinen, der sich nicht darüber lustig macht bei der Bundeswehr.» Es sind deutliche Worte, sie zeigen, dass die Causa nicht nur Thema in Satiresendungen ist, sondern auch das Ministerium zunehmend spaltet. Die anfängliche Aufbruchsstimmung der neuen Regierung ist dahin und der Weg durch den Mai wird alles im Bendlerblock verändern. Die Ministerin wird zur Belastung, da ist sie kein halbes Jahr im Amt. Christine Lambrecht wird scheitern, das ist kein Geheimnis. Dass sie ihr Ministerium aber so früh schon verloren hat, das ist neu. Die Quelle sagt: «Ich kenne Soldaten, die haben ihr Kündigungsschreiben schon fertig. Sie müssen es nur noch abschicken, wenn das so weitergeht mit dieser Ministerin.»

Christine Lambrecht wiederum wird ihre persönliche Helm-Mission noch Monate später verteidigen und dazu neue Interviews geben, etwa der *Frankfurter Allgemeinen Zeitung*. Lambrecht scheint nicht so souverän, wie man es von ihr ob der langen Regierungserfahrung erwartet hätte. Die Helm-Aktion wäre nicht derart nach hinten losgegangen, wäre Lambrecht etwas weniger selbsteuphorisch gewesen. Doch die Helme waren bloß der Anfang.

Eigentlich müsste Christine Lambrecht in diesen ersten Amtsmonaten ihre ganze Erfahrung, ihr gesamtes politisches Können ausspielen und zeigen, wie trittsicher sie auch international ist. Immerhin schauen gerade alle auf sie und ihre Bundeswehr. Und sie ist eben die Inhaberin der Befehls- und Kommandogewalt oder *IBUK*, wie die Position bei der Bundeswehr liebevoll abgekürzt wird. Lambrecht ist damit eine der mächtigsten Personen im Land, sie befehligt in Friedenszeiten die Armee, das regelt sogar das deutsche Grundgesetz. Ihr Verhalten sollte diese Verantwortung ausdrücken. Doch auch dazu erzählt die Quelle an diesem Nachmittag so einiges.

Die Ministerin verkünde zum Beispiel Drohnenlieferungen an die Ukraine, die im Hause überhaupt nicht abgestimmt seien. Lambrecht lese sich nicht ein, sie nenne die deutsche Marine «Bundesmarine», obwohl der Name schon seit den 1990er-Jahren abgeschafft ist, sie entscheide nichts selbst, ließe vieles durch das Kanzleramt übernehmen – das Ministerium habe seine Macht verloren. Nicht mal ihre E-Mails lese Christine Lambrecht noch regelmäßig selbst, auch das sei nun Aufgabe der Mitarbeiter. Wer mit Lambrecht Kontakt pflegt, berichtet, dass das oft auf Whatsapp und Lambrechts Handy geschehe, dort antworte sie schnell, ebenso auf SMS – beide Kommunikationswege allerdings sind aus Bundeswehrsicht eine Sicherheitsgefahr. Lambrecht vermischt zudem SPD-Wahlwerbung mit ihren Auftritten als Ministerin – was bei der Truppe traditionell schlecht ankommt. Sie will nicht herhalten müssen als Wahlkulisse, die der SPD und ihrer Ministerin mehr Stimmen einbringen könnte, diesmal bei der Landtagswahl in Schleswig-Holstein. Neulich hätten selbst engste Mitarbeiter der Ministerin den Generalinspekteur nicht erkannt, Deutschlands ranghöchsten Soldaten und Christine Lambrechts wichtigsten General. Lambrecht aber beschwere sich bloß andauernd über die Presse – nicht sie selbst sei schuld, sondern Reporterinnen und Reporter. Vor allem *Spiegel* und *Bild*. Diese Sicht wird noch eine wichtige Rolle spielen in der weiteren Amtszeit Lambrechts. Tatsächlich liefert sie immer wieder Anlässe, die zu Zweifeln an ihrem Arbeitsethos und politischen Feingefühl führen. Dass sie vor der Bundestagswahl eigentlich angekündigt hatte, gar nicht mehr in die Politik zu wollen, sondern endlich wieder als Rechtsanwältin zu arbeiten, macht es nicht besser.

Es wirkt, als habe Lambrecht keine Lust auf ihre neue Aufgabe im Kabinett, wo sie viele ja ohnehin eher als Innenministerin sahen. Sie selbst hatte ja noch groß angekündigt zu ihrem neuen Posten: «Wenn's einfach wäre, würden es andere machen.» Der Streit mit der Presse wird ob solcher Aussagen bald zum ständigen Begleiter. Ende März trat Lambrecht ihren Flug in die USA bereits ohne Begleitung der Medien an, was unüblich ist. Prompt gab es einen Bericht zum sonderbar dünnen Reiseprogramm. Lambrecht war in Washington und New York, Termine musste sie sich aus dem Englischen ins Deutsche übersetzen lassen – ihre Vorgängerin sprach Englisch und Französisch.

Eine ihr nahestehende Person verteidigt derweil die Ministerin und sagt über Christine Lambrecht in diesen Tagen: «Sie leidet, aber sie wird gestärkt daraus hervorgehen. Sie lässt sich nicht unterkriegen und ist vielbeschäftigt.» Doch die Probleme sind intern schon sichtbar: Ein Staatssekretär gerät mit Lambrechts Sprecher in einen lautstarken Streit, der Führungsstil der Ministerin werde nicht ernst genommen. «Was ist das für Führung? Alle lachen darüber.»

Kaum Führung, keine Planung, alle machten irgendwas und irgendwie und morgen sei schon wieder alles anders – so seien die Sitten gerade, ausgerechnet im ansonsten straff organisierten Verteidigungsministerium. «Die Leute vom Protokoll haben keine Lust mehr, weil Besuche und Termine kurzfristig angesetzt oder abgesagt werden. Manche Soldaten haben Versetzungsanträge auf ihrem Desktop vorgespeichert.» Und schlimmer noch: In einigen Bereichen herrsche Resignation durch diesen Stil, es gebe keine Initiativen mehr. Viele Ämter im nachgeordneten Bereich des riesigen Ministeriums – insgesamt 260 000 Menschen – habe die Ministerin noch gar nicht besucht. Man fühle sich dort allein gelassen und nicht wahrgenommen, obwohl Christine Lambrecht für sie alle die Personalverantwortung trägt. Die Ersten fingen demnach schon an, die Amtszeit der neuen Chefin auszusitzen: Es herrsche Dienst nach Vorschrift und Frust – *Zeitenwende* sieht anders aus. Selbst neue Ausrüstung und Kleidung für die Soldatinnen und Soldaten im Wert von 2,4 Milliarden Euro gehen unter in dieser Stimmungslage.

Lambrecht selbst tut einiges dafür: Sie besucht in aller Öffentlichkeit ein Nagelstudio – am Tag nach Putins Einmarsch in der Ukraine. Das ist zwar ihr Recht und sagt nichts über ihre Qualifikation aus, dennoch ist es politisch instinktlos und schafft der Truppe unnötige Schlagzeilen. Wer das in dieser Weltlage so macht, muss einen kritischen Bericht im *Tagesspiegel* aushalten. Noch verheerender ist Lambrechts Auftritt im westafrikanischen Mali: Die Bundeswehr ist damals noch für eine UN-Mission im Sahel stationiert, wo islamistische Terroristen lauern, aber auch giftige Tiere im Wüstensand. Die strikte Dienstanweisung für alle deutschen Soldatinnen und Soldaten lautet daher: feste und geschlossene Schuhe, am besten Stiefel. Und bei der Truppe ist es vom Prinzip her so: Regeln gelten für alle gleich. Wenn die Ministerin nun aber angereist kommt und in offenen, hochhackigen Schuhen durch die Wüste im Krisengebiet stöckelt, dann ist das ein Problem. Es geht nicht – wie oft unterstellt – um die platte Frage, was eine Frau im Amt anziehen dürfe. Selbstverständlich alles, was sie möchte. Nur: Lambrechts Vorgängerinnen von der Leyen und Kramp-Karrenbauer hatten es ja auch für sinnvoll gehalten, in Mali sichere Schuhe anzuziehen. Durch falsches Schuhwerk können dort auch andere in Gefahr kommen, zum Beispiel im Fall eines Angriffs, wenn gerannt werden muss. Das ist in Mali nicht unmöglich, nicht ohne Grund startet die deutsche Militärmaschine im schnellstmöglichen Winkel, um möglichem Beschuss vom Boden auszuweichen. Und gerade nach der Ankunft ist es üblich, dass ein Minister oder eine Ministerin im Laufschritt vom Flugplatz ins gesicherte Militärcamp geführt wird. Wenn eine Zeitung die Schuhe Lambrechts nun abermals aufgreift, ist das in diesem Fall berechtigt. Der Vorfall ist erneut politisch unklug, kurzsichtig und vermeidbar. Zurück zuhause folgt wenig später dann der Super-GAU.

***

Hubschrauber der Flugbereitschaft,
Norddeutschland

Es ist der 13. April 2022. In Christine Lambrechts Kalender stehen Termine in Norddeutschland, Dienstnormalität. In Berlin nimmt sie zuerst noch an der regulären Kabinettsitzung im Bundeskanzleramt teil. Um 12 Uhr ist die beendet. Danach soll ein Truppenbesuch stattfinden, viele hat Lambrecht noch nicht absolviert. Jetzt soll es zum Bataillon für Elektronische Kampfführung gehen.
Offiziell geplanter Zeitrahmen: 14 bis 16.30 Uhr.

Nur ist der Ort in Nordfriesland und Lambrecht noch in Berlin. So etwas kommt oft vor für Oberbefehlshabende, manchmal muss er oder sie wegen der Termindichte einen der Staatshubschrauber nutzen, was nicht unüblich ist, vor allem wenn es von Berlin mit dem Dienstwagen ansonsten ewig dauern würde, bis man die Nordseeküste erreicht. Bis hierhin verläuft der Vormittag normal, dann begeben sich die Ministerin und ihre Begleiter an Bord des Hubschraubers.

Nur kurze Zeit später landet die Maschine vom Typ AS532 Cougar dann in Ladelund, zwei Kilometer vom Truppenstützpunkt entfernt, den man besuchen will, alles ist genehmigt und gebilligt worden. Ankunft: 14:10 Uhr, Lambrecht ist also leicht verspätet. Dass etwas keinesfalls Routine ist, fällt in diesem Moment nur wenigen auf, nur denen, die dabei sind. Schlagzeilen machen wird dieser Flug erst später, wenn sich alles herumgesprochen hat. Denn einer sitzt im Regierungshubschrauber, der da eigentlich nicht unbedingt hingehört: Lambrechts erwachsener Sohn, Alexander. Er fliegt mit an diesem Mittag, nimmt am Termin der Ministerin danach zwar nicht selbst teil, provoziert aber dennoch einen Skandal. Denn die Mitnahme von Angehörigen in Regierungsmaschinen ist politisch heikel: Der Eindruck, der schnell entsteht, ist Begünstigung oder gar Vetternwirtschaft. Dass Lambrecht den Mitflug des Sohnes selbst bezahlt, wie das Ministerium beteuert, und die Kosten bei weniger als 300 Euro lägen, ändert da wenig. Schnell berichtet der *Business Insider* und stellt die Frage, ob Christine Lambrecht nun endgültig ihr Amt beschädige, indem sie in diesem Fall ihr Privatleben mit dem Dienst vermische. Wieso soll schließlich ein Familienmitglied im steuerbezahlten Staats-Hubschrauber reisen? Das ist eine berechtigte Frage, zumal Lambrecht und ihr Sohn am darauffolgenden Tag von Bramstedtlund in den Osterurlaub aufbrachen. Lambrechts Kritiker meinen, dass der Bundeswehrstandort viel zu klein für einen Ministerinnenbesuch sei, seine Nähe zur Urlaubsinsel Sylt – 35 Kilometer entfernt – aber auffalle. Genau wie Alexander Lambrechts etwas prahlerisches Foto, das er auf Instagram postete: Es zeigt ihn lässig auf dem Helikoptersitz, Kommentar dazu «Happy Easter». Es ist ein Bild, zu dem Lambrecht später sogar einen Rechtsstreit führen wird, weil sie nicht sagen will, wer es aufgenommen hat; den Prozess verliert sie und muss am Ende einräumen, dass sie selbst es war.

Wie missbräuchlich der Flug war, bleibt offen. Lambrecht schweigt bis heute dazu. Die Posse zeigt: Der unglückliche Hubschrauber-Flug ist unnötig, bereits er ist im Grunde der eine Fehltritt zu viel. Am 10. Mai ist der Flug noch immer nicht bezahlt von der Ministerin, die Kostenabrechnung «wird noch erstellt», muss ein zunehmend überforderter Sprecher im Ministerium einräumen. Der Vorfall macht Lambrechts Glaubwürdigkeit als ernsthafte Oberbefehlshaberin zunichte, in der Presse ist sie ab jetzt die «Helikopter-Mutter». Die *Zeitenwende* gerät in den Hintergrund.

Lambrecht selbst entscheidet sich für die Verteidigungstaktik, dass auch eine Ministerin ein Privatleben haben dürfe und sie eben eine gute Mutter sei, den Sohn sehe sie nur selten, daher der gemeinsame Flug. Das mag stimmen, nur geht auch das am Problem vorbei: Es geht in der deutschen *Zeitenwende* nicht um eine Christine Lambrecht, es geht um den Krieg und die Bedrohung, die er darstellt, für die Ukraine, für Europa, für die Bundesrepublik. Es ist schlicht nicht die Zeit für solche Eskapaden, finden viele in der Öffentlichkeit.

Und Lambrecht hat mit demselben Sohn schon häufiger Artikel abdrucken lassen, da bestand sie nicht auf Privatsphäre. Gemeinsam besuchten sie zum Beispiel die Berlinale und posierten für öffentliche Fotos auf dem roten Teppich. Genauso beim Bundespresseball im Berliner Luxushotel Adlon. 2020 machte sie sogar eine Homestory mit dem Klatschblatt *Bunte* – was prompt von *Bild* aufgegriffen wurde («Justizministerin Lambrecht offen für neue Liebe»). Das zeigt: Wenn es Christine Lambrecht politisch nutzt oder opportun erscheint, ist sie bereit, etwas einzusetzen – sogar den eigenen Sohn. Wenn ihr das dann schadet, besteht sie plötzlich auf ihr Privatleben. Problematisch ist noch ein anderer Aspekt an dieser Argumentation, etwas, das Lambrecht offenbar unterschätzt hat. Denn auch die Soldatinnen und Soldaten hätten gerne mehr Privatleben. Besonders diejenigen, die gerade im Ausland stationiert sind, würden ihre Töchter und Söhne ebenfalls gern häufiger sehen. Sie haben aber Dienst, sie können nicht einfach mal jemanden einfliegen lassen. Das Verhalten ihrer Oberbefehlshaberin frustriert daher viele in der Truppe, dieser Aspekt geht in der öffentlichen Debatte unter. «Wenn sie mehr Privatleben will, dann hätte sie ihre Ankündigung, sich aus der Politik zurückzuziehen, auch umsetzen sollen. Sie hätte ja aufhören können», sagt eine Soldatin. Schlimmer macht es auch die Tatsache, dass Lambrecht mit ihrer Einarbeitung auch im Frühjahr noch hinterherhinkt. Im Bendlerblock heißt es unter der Hand, man habe so viel vorbereitet, doch die Ministerin habe sich in vieles noch nicht eingelesen. Monate nach Amtsantritt. Auch darum verliert die Ministerin an Respekt bei ihren eigenen Leuten. Es liegt nicht daran, dass sie eine Frau ist. Generale sind nicht automatisch gute Minister, und immerhin hatte Lambrecht zwei Vorgängerinnen. Die hatten sich jedoch eilig eingearbeitet, insbesondere Annegret Kramp-Karrenbauer, als sie 2019 kurzfristig übernahm, weil Ursula von der Leyen, ihre CDU-Kollegin, als neue EU-Kommissionspräsidentin nach Brüssel ging.

Christine Lambrecht beschädigt mit ihrem Verhalten nur zwei Monate nach der *Zeitenwende*-Rede die Glaubwürdigkeit dieser neuen Politik. Das schadet nicht nur ihr und ihrem Amt, sondern auch *Zeitenwende*-Kanzler Olaf Scholz. Dessen Kabinett verabschiedet sich unter diesen Eindrücken für einige Tage in die Osterpause. Das Verteidigungsministerium will auf Nachfrage zu Christine Lambrechts Urlaub keine Angaben machen, versichert aber, sie werde sich gewiss «stets über den aktuellen Fortgang der Ereignisse informieren» und – falls erforderlich – auch im Ministerium anwesend sein. Überzeugend klingt das nach der Hubschrauberaffäre eher nicht.

5.

GOLDRAUSCH

Lobbyistenalarm

Greenpeace-Büro
Marienstraße 19, Berlin

Alexander Lurz ist ein Mann, der sich auskennt mit den dunklen Seiten deutscher Rüstungsgeschäfte. Er verfolgt fragwürdige Deals schon seit Jahren und weiß die kleinsten Details. Man trifft ihn in Berlin-Mitte, wo alle großen Waffenkonzerne ihre Repräsentanzen unterhalten und auch Lurz' Arbeitgeber ansässig ist: Greenpeace. Lurz, 47, mittellange braune Haare, sagt über seine Arbeit: «Meine Job-Bezeichnung ist Abrüstungsexperte.» Nur wenige in Deutschland beschäftigen sich in dieser Regelmäßigkeit mit Fragen von Krieg, Tod und Waffen. Waffenexportpolitik, das ist genau sein Thema. Lurz ist dagegen.

Ein Mann für Oberflächliches ist er nicht, seine Doktorarbeit schrieb er über die deutsch-iranischen Beziehungen in den 1970er-Jahren, auch dabei befasste er sich mit Rüstungsexporten. Lurz sagt über die deutschen Firmen: «Ihre Geschäftspraxis ist frei von größeren Skrupeln.» Es werde ein Geschäft gemacht, wo immer es sich böte. Vor allem am Beispiel des deutschen Branchenführers Rheinmetall sehe man das, meint Lurz, der größten deutschen Waffenfirma mit Sitz im Inland. «Trotz der brutalen saudischen Luftkriegsführung im Jemen, bei der zivile Opfer keine erkennbare Rolle für Riad spielten, lieferte der Düsseldorfer Konzern über eine Tochterfirma in Italien genau die Bomben an Saudi-Arabien, die es für diese Art der Kriegsführung brauchte», erklärt Lurz.

Es sind derartige Verstrickungen, bei denen Rheinmetall auf Nachfragen beschwichtigt und abwiegelt, die aber dennoch zum schlechten Ruf der Branche in der Vergangenheit geführt haben. Man arbeite mit

Diktatoren, kritisiert Greenpeace. Und auch Lurz sagt: «Schon die aktuelle Kundenliste mit Staaten wie eben Saudi-Arabien, aber auch Ägypten, zeigt, dass die versuchte Selbstinszenierung der Rüstungsindustrie als Garant von Frieden und Freiheit hohl und zynisch ist und nur dem Imageaufbau dient.» Was Alexander Lurz im ersten halben Jahr der *Zeitenwende* beobachtet, ängstigt ihn. Und es empört ihn, das sogar noch mehr. Nach der Zeitenwenderede hat sich inzwischen eine kleine Gegnerschaft zur deutschen Aufrüstung organisiert. Greenpeace spricht davon, dass ein «Wettrüsten» angelaufen sei. Im Bundestag ist die Linksfraktion politisch gegen den von Olaf Scholz vorgegebenen Kurs. Der Linke-Abgeordnete Ali Al-Dailami meint etwa: «Hier geht es nicht mehr nur um die gute Ausrüstung der Bundeswehr. Es wird weiter an der Eskalationsspirale gedreht.»

Die Rheinmetall AG sieht das freilich anders, sie verweist darauf, dass es in der Rüstungsbeschaffung eben um viele gewichtige Interessen gehe: die Ausrüstung der Bundeswehr mit technologisch hochwertigen Rüstungsgütern, der Erhalt einer nationalen Rüstungskapazität, bündnispolitische Interessen und die Schaffung von Arbeitsplätzen. Seit mehr als 125 Jahren baut der Konzern Granaten und Geschosse, was früh Kritiker auf den Plan rief. Otfried Nassauer, der bis zu seinem Tod bekannte und geschätzte Abrüstungsexperte, schrieb: «Die beiden Weltkriege waren für Rheinmetall erfolgreichste Zeiten. Munition zu produzieren war und ist im doppelten Sinn ein todsicheres Geschäft. Dieser Tradition ist der Rheinmetall-Konzern bis heute treu geblieben.»

Am Ende des Frühjahrs 2022 ist das Sondervermögen tatsächlich heftig umkämpft und umstritten in Berlin. Noch sind die 100 Milliarden Euro nicht im Grundgesetz hinterlegt, trotzdem gibt es längst Begehrlichkeiten: Denn für die Rüstungsfirmen geht es darum, jetzt schnell die eigenen Produkte auf die neue deutsche Einkaufsliste zu bekommen. Wenn Landes- und Bündnisverteidigung gelingen soll, muss die Bundeswehr dort beginnen, wo die Lücken am größten sind. Sie muss kaufen, was am Markt verfügbar ist und schnell auf dem Kasernenhof steht. Im ersten Halbjahr geht es jeder Waffenfirma jedoch vornehmlich um sich selbst, alle wollen ein Stück vom Milliardenkuchen. Nicht nur Rheinmetall, auch Airbus. Die Firma sponsert nach Ausrufung der Zeitenwende einen teuren Abend in der Bayerischen Landesvertretung in Berlin, zu dem viele Politiker eingeladen sind und an dessen Ende allem Anschein nach diskret Gastgeschenke verteilt werden. Die Firma mit der deutschen Helikopter-Sparte in Donauwörth nutzte den Abend effektiv, um ihre Produkte zu bewerben. Nicht allen geht es bei Veranstaltungen wie diesen in der *Zeitenwende* also um die gute Sache oder die Ukraine. Im Vordergrund steht für viele der eigene Börsenwert oder das eigene Konto.

Jahrzehntelang war die Industrie in der Schmuddelecke, nachzulesen in Standardwerken wie dem Schwarzbuch Waffenhandel («Wie Deutschland am Krieg verdient»). Eine kritische Chronik über Rüstungsexporte, geschrieben vom Sprecher der Kampagne Aktion Aufschrei – Stoppt den Waffenhandel!, Jürgen Grässlin. Grässlin, 66, ist einer der führenden Fachmänner auf diesem Gebiet, er hat schon hunderte Lesungen im ganzen Land gehalten, besonders oft zu einem Phänomen, das er «Netzwerke des Todes» nennt, die Verflechtungen der Waffenproduzenten. Für seine Arbeit als kritischer Beobachter hat Grässlin Auszeichnungen für Zivilcourage erhalten, etwa den Aachener Friedenspreis. Grässlins Leben macht das nicht leichter – die Waffenfirmen können ihn nicht leiden. Er aber bleibt aufrecht und sieht genau wie Alexander Lurz und Greenpeace kritisch, was gerade in Deutschland passiert. Es erinnere ihn an Jahre der Aufrüstung in den 1980er Jahren, als er sich gerade der Friedensbewegung anschloss und Deutschland über die Stationierung von Mittelstreckenraketen stritt. Grässlin sagt am Telefon: «Damals wie heute erleben wir eine Hochrüstungszeit.» Er sorge sich vor einem langen Stellungskampf wie im Ersten Weltkrieg, diesen Vergleich scheut er nicht. «Und Krieg ist immer gut fürs Geschäft.»

Grässlin meint die Waffenindustrie, Firmen wie Rheinmetall, die gerade behaupten, dass ein Kampfpanzer eine «Defensivwaffe» sei, also irgendwie nicht so schlimm. Was meint der Rüstungsgegner dazu? «Es ist immer die Frage, wie ich es verkaufe. Und das ist natürlich Quatsch – als Nächstes sind Atomwaffen dann auch defensiv.» Die Waffenfirmen versuchten ihre Jets und Panzer als «Verteidigungsmaschinen» zu vertreiben, Imagepolitur und Doppelmoral sieht Kritiker Jürgen Grässlin darin. Die Gefahr der Aufrüstung sei heute größer als im Kalten Krieg, findet er. Und es stimmt: West und Ost modernisieren gerade die Atomwaffen, mehr Schlagkraft, mehr Genauigkeit. Grässlin fürchtet den Atomkrieg. Und auch der Bundeskanzler hat dieses Wort nach dem Überfall auf die Ukraine schon ausgesprochen. Die Zeiten sind so ernst, wie es klingt.

Jürgen Grässlins Initiative stört vor allem, dass die großen deutschen Rüstungsfirmen nicht nur die gebotene Ukrainehilfe umsetzen – sondern auch mit Geschäften weitermachen, die um einiges heikler sind. Geschäfte mit Diktatoren und Verächtern der Menschenrechte, Deals in der moralischen Kohlegrube. Wer Rheinmetall zum Verteidiger der Demokratie hochjubelt, der sollte sich an die Geschäfte mit Saudi-Arabien erinnern, die einfach weiterliefen, nachdem der Journalist Jamal Khashoggi in der saudischen Botschaft in der Türkei betäubt und zerstückelt wurde. Trotz weniger Aufträgen von der Bundeswehr ging es den deutschen Waffenfirmen in Wahrheit nie richtig schlecht – sie machten ihr Geld im Ausland: 13,479 Milliarden Euro betrug der Gesamtwert der von der Bundesregierung im Kriegsvorjahr 2021 genehmigten deutschen Rüstungsexporte. Mehr als je zuvor.

Die deutsche Rüstungsbranche jedenfalls erhält – trotz ihres oftmaligen Jammerns – schon vor der *Zeitenwende* noch immer Milliardenbeträge. Bei der Bundeswehr mag kaum Kampfwert angekommen sein, aber die Firmen erhielten weiter Geld, auch durch genehmigte Auslandsgeschäfte. Rüstungskritiker betonen, dass seit Ausrufung der *Zeitenwende* der Aktienkurs der Waffenfirmen sprunghaft anstieg. Rheinmetall und Hensoldt konnten in der Tat zu Börsenlieblingen aufsteigen und bringen sich selbst als Sicherheitsgaranten ins Spiel. Dass der Rüstungsexport am Ende auch den Handel mit Problemstaaten fördert – also nicht nur mit NATO-Partnern wie der Ukraine –, darüber wird in Deutschland kaum gesprochen. Es geht unter.

Tatsächlich ist die Ausgangslage der deutschen Industrie nach Kriegsbeginn trotz der Verstrickungen in Deals mit Diktatoren oder Salafisten nun eine andere: Waffen sind jetzt nicht mehr nur schlecht oder gefährlich – sie retten Leben. Zumindest in der Ukraine. Sie werden nicht als Tötungswerkzeuge verkauft, sondern als Friedenshelfer. Was seit dem Ende der deutschen Teilung von vielen abgelehnt wurde, Aufrüstung und Militarisierung, wird nun zur neuen, immer breiter akzeptierten Realität. Was die Wahrnehmung der deutschen Rüstungsfirmen in diesen Monaten anbelangt, verändert sich das Land in einem außergewöhnlichen Tempo. Für die Firmen macht es das an entscheidender Stelle leichter: Sie kommen einfacher zu mehr Umsatz, die Scholz-Politik hat die deutschen Geldschränke geöffnet. In der *Zeitenwende* gibt es nun zwei Wege, um ordentlich Kasse zu machen. Der erste Weg führt direkt über die Ukraine, wo der Bedarf über Nacht enorm ist, was große Rüstungsplayer lockt, aber auch windige Geschäftemacher. Seit Kriegsbeginn steht das Telefon der ukrainischen Botschaft in Berlin kaum mehr still. «Ständig rufen Leute an», erzählt ein Mitarbeiter. Leute, die ein Geschäft machen wollen mit ihrem Krieg, fügt er hinzu. Eine bayerische Firma will Spezialfahrzeuge an die Ukraine verticken, die eigentlich an Flughäfen genutzt werden, von denen sie sich jetzt aber spontan einen Kriegsgewinn verspricht. Nur einen Haken gibt es, schreibt man offen: «Da wir jedoch kein Militärgut ins Ausland verkaufen dürfen, würden wir diese Fahrzeuge anders deklarieren.»

Der zweite Weg führt über die deutsche Regierung und ihre Haushaltstöpfe. Allein in den ersten drei Märzwochen melden sich 164 Firmen im Verteidigungsministerium und bieten Produkte an, von der ACS Armoured Car Systems GmbH bis zur Zippermast GmbH. Der Airbus-Chef wird in einem Interview gefragt, ob wegen des Sondervermögens denn nun Champagner-Laune herrsche im Konzern. Seine offene Antwort: «41 von den 100 Milliarden gehen an die Dimension Luft, was für Airbus eine gute Nachricht ist.» Im Bundeskanzleramt wächst derweil die Einkaufliste, sie wird länger und länger und trägt einen Namen, der die Brisanz beinahe kaschiert. Wirtschaftsplan. Folgendes soll mit Beginn der *Zeitenwende* eingekauft werden:

– Moderne Kampfjets – 15 Milliarden Euro
– Ein neuer Schwerer Transporthubschrauber statt der alten CH-53 – bis zu fünf Milliarden Euro

- Digitale Funkgeräte und Gefechtsstände – drei Milliarden Euro
- Modernisierte Patriot-Systeme zur Boden-Luft-Verteidigung – 1,1 Milliarden Euro

Auch im Beschaffungsamt in Koblenz, der Monsterbehörde, gibt es Listen, drei bis vier Seiten, später werden Prioritäten in Berlin festgelegt. Und auch Marine, Heer und Luftwaffe streiten, wer welchen Teil abbekommt. Viele weitere Vorhaben werden diskutiert: Ein zweites Los für den Schützenpanzer Puma. Die Marine denkt in Richtung neuer Fregatten und Korvetten, Kriegsschiffe für Ost- und Nordsee. Die Lürssen Werft lauert im Frühsommer 2022 außerdem auf neue deutsche Mehrzweckkampfboote. Wegen der komplizierten Beschaffungsstruktur und der Notwendigkeit der Parlamentsbefassung in Berlin wird all das wohl Jahre dauern. Die Wahrheit ist: Diese Projekte waren bereits seit Jahren geplant, aber bislang hatte stets das nötige Geld im Bundeshaushalt gefehlt.

Jetzt soll es endlich fließen und dafür biedern sich viele der Firmen im Bundestag an – wo über die Vergabe bald entschieden werden muss. Rheinmetall schickte Abgeordneten da früher schon mal teuren Wein. Und Diehl zu Weihnachten gern ein paar Lebkuchen.

«Wir gestalten Diskurs»

Ein Büro in der Dorotheenstraße
Berlin-Mitte

Wie läuft der Verteilungskampf unter den Firmen aber genau ab? Wo trifft man sie denn nun, die verschwiegenen Männer und Frauen, die jetzt mit aller Macht ihre Waffen verkaufen wollen? Im ersten Frühjahr der *Zeitenwende* trifft eine aufschlussreiche E-Mail ein, die exemplarisch zeigt, wie die Firmen gerade Einfluss auf die neue Sicherheitspolitik nehmen wollen. Der Managing Partner einer Agentur in Berlin fragt darin, ob man nicht Interesse habe an einem ganz aktuellen Gesprächstermin. Unverbindlich, für mehr Hintergrundwissen, versteht sich. Er könne den Kontakt zu einer spannenden Firma herstellen, die mit der *Zeitenwende* zu tun habe.

Der Absender des Angebots, die Agentur, trägt bloß ein Kürzel als Namen: «SKM» – noch nie gehört. Ein Blick in die Firmenunterlagen und auf die Website verrät etwas mehr. Dort heißt es: «Unternehmen kommunizieren in einem von radikalem Wandel geprägten Diskurs. Vor diesem Hintergrund beraten wir mit der Zielsetzung, für unsere Mandanten eine wertschöpfende Kommunikation an der Schnittstelle von unternehmerischer Zielsetzung und gesellschaftlicher Wahrnehmung zu gestalten.» Mandanten? Wertschöpfende Kommunikation? Hier will also offenbar jemand Geld verdienen: Geld verdienen mit strategischer Kommunikation.

Genau dabei scheint SKM behilflich zu sein, diskret im Hintergrund. Man firmiert als «Beratungsunternehmen» und der Berater, der die einladende E-Mail geschickt hat, schreibt auf der Firmenwebseite nur wenig mehr über seine persönliche Mission: Er treffe tagtäglich Menschen, die sich schwer täten, ihre Themen für Medien, Öffentlichkeit oder Mitarbeiter auf den Punkt zu bringen. «Bei der Entwicklung von klaren, fokussierten Botschaften leisten wir Hilfestellung», schreibt er. Man biete «professionellen PR-Support». Das ist also, was hinter der E-Mail und dem «Hintergrundgespräch» in Wahrheit steckt: Botschaften eines Kunden, die bei der Presse hinterlegt werden sollen. Noch mehr Skepsis kommt auf, wenn man sich den Lebenslauf des Beraters ansieht – er selbst hat früher die Medienarbeit des deutschen Rüstungsriesen Rheinmetall geleitet. Zu Beginn der *Zeitenwende* bedient er Interessen solcher Waffenfirmen auf eigene Faust. Zum Beispiel die von MBDA, das Kürzel dieser Firma bringt der Berater nun ins Spiel, ein MBDA-Vertreter, das wäre der Gesprächspartner für den angebotenen Termin.

MBDA, muss man wissen, ist ein Raketenbauer in Bayern. Über den Umweg einer diskreten Agentur werden also Medien mit solchen Rüstungsfirmen zusammengebracht, auch das ist *Zeitenwende*. SKM bewirbt sich mit dem Slogan: «Wir gestalten Diskurs.» Mal laut, mal leise, «aber immer mit Einfluss auf die Meinungsbildung». Das, freilich, findet eher hinter blickdichten Mauern statt, hinter schweren Türen, die nur ausgewählte Menschen durchschreiten dürfen, ob in der Geheimschutzstelle des Bundestags, im Kanzleramt oder eben hier, in der Dorotheenstraße 37 und dem Lobbyistenbüro. Vielleicht lässt sich von den Botschaften der Rüstungsfirma ja etwas hineinschmuggeln in den Notizblock des Reporters. Etwas, das Gewinn einbringen könnte, zum Beispiel neue Regierungsaufträge.

Das Spiel ist leicht zu durchschauen, dennoch kann man den Termin einmal zusagen – um herauszufinden, was die Firma wirklich vorhat. Es geht nach Berlin-Mitte, wo die Agentur in direkter Nähe zum Bundestag und den Ministerien zu finden ist. Am Vormittag steigt man also die Treppe hinauf und ist erstaunt, wer alles Räume in diesem Haus hat: die konservative Hanns-Seidel-Stiftung, verwoben mit der CSU, die Beraterfirma Accenture, die bereits einen Beraterskandal bei der Bundeswehr ausgelöst hat. Und eben SKM. In deren Büros oben geht es betont höflich zu, die Räume sind einladend, große Fenster, den Mantel bekommt man abgenommen. Dann folgt zur Begrüßung ein angenehmer, aber fester Handschlag, zwei Männer warten schon im großen Konferenzraum. Und mit ihnen also das wertvolle «Hintergrundwissen». Um was es wirklich geht, zeigt sich im Gespräch dann schnell: MBDA versucht in der *Zeitenwende* nun ein letztes Mal, ein über Jahre gescheitertes Raketenabwehrsystem in die politische Debatte einzubringen – offenbar, um es vielleicht doch noch verkauft zu bekommen. Das passiert häufiger, so einige Rüstungsgeschäfte sollen nach der Kanzlerrede im Februar mit Hilfe der Medien lanciert und vorbereitet werden. Wenn zum Beispiel ein bayerischer Abgeordneter einen Iron Dome für Berlin fordert, also einen Raketenabwehrschirm, wie es ihn in der israelischen Stadt Tel Aviv gibt. Technisch ergibt so ein System für Deutschland wenig Sinn – gebraucht wird eher ein Schutz gegen Langstreckenraketen, nicht gegen kleinere Geschosse, wie sie der Iron Dome («Eisenkuppel») in Israel abwehrt. Druckt *Bild am Sonntag* die Idee aber einfach ab und die Forderung des Abgeordneten, dann wird sie dennoch politisch debattiert im Regierungsviertel, völlig egal, ob ein realer Bedarf besteht. So funktioniert Berlin-Mitte in diesen Wochen und immer wieder spielen auch Journalisten das Spiel mit.

SKM und MBDA interessiert das freilich alles weniger, ihnen geht es um das Auftragsbuch. Das zeigt das Gespräch nun sehr schnell, endlich kommt man zum eigentlichen Anliegen, dem Waffensystem TLVS. Das ist eine MBDA-Entwicklung und wurde nie gekauft von der Bundeswehr, zu teuer. Jetzt will man es nochmal versuchen, vielleicht hilft ja das neue Sondervermögen dabei, ihr Taktisches Luftverteidigungssystem, wie es heißt, doch noch an den Mann zu bringen. Bislang war es ein Millionengrab.

Und der MBDA-Mann, der mit dem festen Handschlag, macht seinen Zug: Man wolle einmal die Industriesicht auf das Projekt schildern und aufzeigen, warum es durchaus nützlich sein könne, auch wenn das Verteidigungsministerium bislang nicht zum Kauf zu bewegen war. Unter Annegret Kramp-Karrenbauer (CDU) habe es ja leider eine «Nicht-Entscheidung» in der Sache gegeben, sagt der Vertreter. Stimmt das? Eigentlich nicht. Denn in vertraulichen Unterlagen des Ministeriums, die in der Amtszeit Kramp-Karrenbauers aufgesetzt wurden, heißt es ganz klar: «TLVS steht aktuell planerisch nicht im Fokus.» Es sei auch viel zu teuer, das Projekt daher «nachrangig».

Doch vielleicht weiß der unbedarfte Reporter das ja nicht, könnten die Berater denken. Vielleicht weiß der ja nicht, dass das TLVS-Waffensystem wohl erst ab 2031 einsetzbar gewesen wäre und mindestens 13 Milliarden Euro gekostet hätte, davon jedenfalls ging Ministerin Kramp-Karrenbauer intern aus. 13 Milliarden – das wäre mehr als ein Zehntel des gesamten *Sondervermögens*. Für ein einziges Projekt.

Jetzt, im Konferenzraum, geht es unbeirrt darum, die Vorzüge von TLVS hervorzuheben und die Seriosität der Firma MBDA. Die ist vor allem auf Luft-Luft-Raketen spezialisiert und ein Hidden Champion, erfolgreich in der ganzen Welt, mit Firmensitz im kleinen Schrobenhausen, Franken. Vielleicht auch daher das Selbstbewusstsein, das Millionengrab TLVS, das bisher nichts leistete außer Gelder zu verbrennen, umzudeuten in ein mögliches Leuchtturmprojekt der *Zeitenwende*.

Nach etwa einer Stunde Gespräch setzt der Firmenvertreter zum entscheidenden Part an: Vielleicht, ja vielleicht könne man ja wenigstens Teile des Waffensystems benutzen, überlegt er laut. Unausgesprochen bleibt: Eine Erwähnung des Gedankens in einem Presseartikel könnte helfen. So direkt sagt das natürlich keiner der beiden Männer, auch nicht der SKM-Berater, der den Termin aufgesetzt hat für MBDA.

Berater sind immer wieder Grenzgänger im politischen Berlin, das eigentlich transparenter werden soll beim Umgang mit Wirtschaft und Industrie. Pünktlich zum Kriegsbeginn in der Ukraine war ein neues Lobbyregister aufgesetzt worden: Darin muss sich eintragen und Interessen offenlegen, wer politisch an Regierung oder Parlament herantritt, um Einfluss auf Entscheidungen zu nehmen. Auch der SKM-Berater aus der Dorotheenstraße ist darin zu finden. Sein früherer Arbeitgeber ebenso, der Rüstungsriese Rheinmetall. Dort strotzt man gerade nur so vor neuer Kraft. Zwar plante man auch mit Russland dicke Geschäfte und hätte einmal beinahe ein ganzes Gefechtsübungszentrum exportiert, ehe der Deal von der Bundesregierung gestoppt wurde – weil Putin 2014 die Krim annektierte. Dennoch wird auch diese Firma über Nacht als Garant von Freiheit und Frieden verstanden. Als Retter der Ukraine. Die *Zeitenwende*, sie ist auch eine widersprüchliche Zeit.

Rheinmetall selbst beteuert, seit Kriegsbeginn keine Umsätze mehr mit Verkäufen an Russland erzielt zu haben. Das versichert zumindest die Pressestelle. Der Konzernsprecher schickt in den Wochen nach Auslobung des Sondervermögens auch nach 20 Uhr noch SMS mit neuesten Neuigkeiten aus der Firma, «vielleicht ja interessant», schreibt er dann. Zum Beispiel, wenn man eine Firma im Ausland übernommen hat und Kapazitäten ausbaut.

Auch die bekannte Spargelfahrt der SPD, die jedes Jahr im Sommer Parteimitglieder über den Berliner Wannsee schippert, ist von Rheinmetall mitfinanziert. Das erfährt allerdings nur, wer ein Ticket ergattern konnte und irgendwo auf dem gecharterten Kahn die Sponsorenwand ausfindig macht. Öffentlich ist auch diese Veranstaltung nicht, sie zeugt aber von der besonderen Nähe zwischen Politik und Rüstungsindustrie. Bekannt ist, dass im Frühsommer 2022 auch Kanzler Olaf Scholz an Bord war.

Und schließlich nutzt Rheinmetall auch die *Bild am Sonntag* für eigene Zwecke, dort lanciert die Firma gerne Forderungen, Kritik oder

Versprechen des Konzernbosses Armin Papperger. Er ist einer der mächtigsten Rüstungsmanager und ganz sicher der einflussreichste Rüstungsmann in Deutschland. Papperger, 61, hat Kunst in seinem Büro stehen und einen Fahrer, der ihn in einer Benz-Limousine herumfährt. Er trifft Staats- und Regierungschefs, um ihnen Waffen zu verkaufen, und natürlich viele Verteidigungsminister, etwa den ungarischen. Als der deutsche Kanzler sein 100-Milliarden-Boom-Paket verkündete, dauerte es nicht lang und Pappergers Konzern hatte eine Liste nach Berlin geschickt, die beschrieb, was man alles liefern könne – Material im Wert von 42 Milliarden Euro. Fast die Hälfte des Sondervermögens hätte Papperger also gerne für sich gehabt, was den Mann, der Rheinmetall bereits seit mehr als dreißig Jahren leitet, gut beschreibt.

Auf Nachfrage lässt Papperger ausrichten, man habe sich schon lange auf den Modernisierungsbedarf der Bundeswehr vorbereitet. Zur Bundesregierung sagt er: «Wir stehen in engem Austausch. Was früher zehn Jahre gebraucht hätte, wird heute in ein paar Monaten durchgeboxt.» Wie eng das alles ist, das wird sich erst ganz am Ende dieses Buchs zeigen, im Regierungsviertel.

Er will Berlin nicht nur seine Panzer verkaufen, sondern mischt sogar beim neuen Schweren Transporthubschrauber mit, den die Bundeswehr braucht. Papperger schreibt persönliche Briefe an Abgeordnete und versucht damit zu erzwingen, dass ein bestimmtes Modell ausgewählt wird – eines, an dem Rheinmetall beteiligt ist («jetzt ist nicht die Zeit für Kompromisslösungen»). Er stehe für ein persönliches Gespräch bereit. Wie das Bundeskanzleramt auf einen Antrag nach dem Informationsfreiheitsgesetz für die Recherchen zu diesem Buch offenlegen musste, durfte Armin Papperger allein in den ersten sechs Kriegsmonaten drei exklusive Gespräche mit Vertretern des Kanzlers führen, am 1. Juli sogar mit dem Kanzler und seinem Kanzleramtschef persönlich.

Auch Armin Papperger wird man im Verlauf der *Zeitenwende* noch über den Weg laufen. Dass sein Waffenkonzern gut vernetzt ist, dafür haben sie gesorgt. Im Aufsichtsrat saß als Vorsitzender länger sogar ein echter früherer Verteidigungsminister, Franz Josef Jung. Allein für

2020 und 2021 bezahlte ihm Rheinmetall dafür nach eigenen Angaben eine Vergütung von 199 500 Euro. Jung: So ein Name dürfte die Firma auch im Allgemeinen aufgewertet haben. Und noch einen weiteren problematischen Berater in Berlin hat man angeheuert – einen, der sich nach seinem Ausscheiden aus der Bundesregierung ebenfalls bei Rheinmetall auf die Gehaltsliste schreiben ließ. Dirk Niebel, Bundesminister a. D., war nämlich mal Kabinettsmitglied, in etwas friedvollerer Mission, nämlich als Bundesminister für wirtschaftliche Zusammenarbeit und Entwicklung, von 2009 bis 2013. Heute mischt auch Niebel mit in der *Zeitenwende*, auch er steht im Lobbyregister, was allerdings noch wenig darüber aussagt, was genau er wirklich macht hinter den Kulissen. Niebel selbst ließ Anfragen dazu unbeantwortet. In jedem Fall kriegt er noch immer viel mit in Berlin, man sieht ihn über die Flure des Bundestags huschen oder auf politischen Sommerfesten Visitenkarten verteilen. Ins Parlament kann er mit einem Hausausweis als ehemaliger Abgeordneter noch immer kommen, wann und wie er will, auch, wenn er längst nicht mehr den Interessen des Volkes dient, sondern denen einer privaten Waffenfirma. Also Partikularinteressen, die auf Profit ausgerichtet sind.

Im Bundestag ist für ihn auch Familie zu finden: Denn Niebels Sohn arbeitet im FDP-Abgeordnetenbüro von Florian Toncar. Das ist heikel, denn ausgerechnet über Toncars Schreibtisch gehen alle neuen Rüstungsgeschäfte der Bundesregierung, die einen Wert von 25 Millionen Euro überschreiten und demnach zuvor vom Bundestag freigegeben werden müssen. Toncar ist als Staatssekretär im Bundesfinanzministerium der entscheidende Mann, der viele Vorlagen dafür an den Haushaltsausschuss weiterleitet. Wer in seinem Büro arbeitet, verfügt über die sensibelsten Einblicke, die man in die deutsche Rüstungspolitik – und damit in die *Zeitenwende* – überhaupt haben kann. Auch, wenn er sich in der Vergangenheit um Social-Media-Kanäle des Abgeordneten kümmerte, könnte Leon Niebel zumindest etwas Interessantes im Büro aufschnappen. Und ausgerechnet sein Vater vertritt nun einen der größten Waffenkonzerne, die von den 100 frischen Milliarden begünstigt werden wollen. Ein weiterer Ministersohn, der in dieser Geschichte von der deutschen Zeitenwende auftaucht.

Wie aktiv Senior-Niebel die *Zeitenwende* verfolgt, kann man derweil seinem Facebook-Profil entnehmen. Geboren 1963, liest man, «Person des Öffentlichen Lebens». Niebel war mal Fallschirmjäger bei der Luftlandebrigade 25, aber das ist eine Ewigkeit her. «Politikberater», so nennt er sich heute. Seit 2015 übt er diese Profession aus, mit Büro am Brandenburger Tor. Wer seiner Spur ins Rheinmetall-Hauptstadtbüro folgt, den führt die Suche mitten ins Zentrum der Macht, das Kanzleramt ist bloß Minuten entfernt.

Auf Facebook gibt Dirk Niebel mehr preis zum Thema, wie es für ihn nach dem Ausstieg aus dem Politikbetrieb weiterging. Er hat einen Jagdschein gemacht und fährt einen Bulli namens «Horst». Das Gefährt ist so groß, dass es nicht in die Tiefgarage passt – was nicht verwundert, denn eigentlich sieht Horst mehr wie ein Militärfahrzeug aus. Niebel positioniert sich auch politisch, etwa wenn er schreibt: «Ich habe Truppen-, Politik-, Regierungs- und Industrieerfahrung im Defence-Bereich. Und ich sage ganz klar: Das Sondervermögen Verteidigung, die Zusage zur (Über-) Erfüllung des 2 %-NATO-Ziels und die Erhöhung der EU-Zusagen zur Bewaffnung der Ukraine sind absolut richtig und notwendig.»

Bald darauf weist auch er, nicht ganz uneigennützig, darauf hin, dass mehr getan werden müsse vonseiten der aktuellen Regierung, um Russland abzuschrecken. «Zur Frage von Waffenlieferungen an die Ukraine» meint er: «Im Krieg und in der Not ist der Mittelweg der Tod! Wer will, das [sic] die Ukraine gewinnt und Putin verliert, muss jetzt liefern, was die Ukraine braucht. Auch in deutschem Interesse.»

Und auch über Christine Lambrechts Helme hat Dirk Niebel gelacht. Als sie Ende Februar 2022 endlich auf dem Weg in die Ukraine sind, schreibt Niebel ironisch auf Facebook: «Es ist vollbracht, Hallelujah [sic], alles wird gut!»

Waffendinner im Bundestag

Abgeordnetenrestaurant
Reichstagsgebäude, Berlin

Auf dem Weg die Treppe hinab, nach dem «Hintergrundgespräch» mit den bayerischen Raketenbauern, bleibt kurz Zeit, um sich zu sortieren – da fällt auf, dass oben schon der nächste Besucher durch die Tür geführt wird. Den Goldrausch der Rüstungsfirmen kann man an vielen Orten im Land beobachten, überall herrscht eine neue Geschäftigkeit. Denn die Firmen besitzen oder bauen, was alle Welt nun braucht: Panzer, Panzerhaubitzen, Sturmgewehre, Handwaffen und Munition. Jemand aus dem Verteidigungsministerium bestätigt am Telefon: «Wir haben große Begehrlichkeiten wegen der 100 Milliarden.» Der Industrie gehe es nur um hohe Preise, so sehr, dass es frech werde. Wie sehr sich alles verschiebt im Land, kann man schließlich bei einer anderen Gelegenheit im Bundestag beobachten. Sie zeigt: Nicht immer wird sauber gespielt im Rüstungsgoldrausch. Und manchmal wird es sogar richtig schmutzig. Denn neben deutlich mehr Aufträgen wollen die Waffenfirmen mit den Monaten idealerweise weniger Mitspracherecht von Abgeordneten, also schnelleres Geld und weniger Bedenkenträger, die man erst noch von der Qualität der Waffen überzeugen muss. Der Büroleiter von Marie-Agnes Strack-Zimmermann, die den Verteidigungsausschuss leitet, bestätigt es: Auch hier rufen die Rüstungsfirmen gerade ständig an und wollen Termine. Schließlich fällt ein Name, den man auf den Fluren zuletzt oft aufschnappen konnte: Lockheed Martin.

Diese Firma ist gerade besonders «aktiv», bestätigen einige im Parlament. Lockheed, das ist eine amerikanische Firma, die Flugzeuge baut, ganz zufällig aber auch der größte Rüstungskonzern der Welt ist. Die Firmenzentrale ist in Bethesda, Maryland, zu finden, doch auch in Europa verdient man gutes Geld. Besonders nach Deutschland bestehen beste Verbindungen – gewinnbringende nämlich. Seit mehr als fünfzig Jahren, so wirbt die Firma, sei man ein «strategischer

Partner der Bundeswehr» und unterstütze «deutsche Sicherheitsanforderungen» nur zu gerne. Lockheed macht das freilich nicht aus Selbstlosigkeit. 2022, wie in beiden Vorjahren auch, wird der Konzern nach weltweitem Umsatz gemessen den Rüstungsmarkt anführen. Krieg als Geschäftsmodell.

Und so hat man natürlich auch sofort Interesse, als der deutsche Kanzler seine *Zeitenwende* und sein 100 Milliarden-Paket ankündigt. Jetzt weiß die Industrie nämlich, wie viel der mögliche Geschäftspartner Bundesrepublik zur Verfügung hat – und dass es dringend ist. Eine bessere Ausgangsposition hat man selten bei großen Deals.

Und für die Bundeswehr gibt es jetzt die Gelegenheit, ein altes Problem aus der Welt zu schaffen. Ein Problem in der Luft – beziehungsweise am Boden. Denn dort müssen die Kampfjets der deutschen Luftwaffe inzwischen immer öfter und länger bleiben, auch sie sind zu alt. Da sind zum einen die Eurofighter: Solide Mehrzweckkampfflugzeuge, von denen die Luftwaffe 138 Stück besitzt, jedes von ihnen elf Tonnen schwer, mit 15 000 PS und einer Spannweite von etwa elf Metern. Höchstgeschwindigkeit: Mach 2,35 – schneller als der Schall also. Der Jet leistet Abschüsse auf zwölf Kilometer Entfernung und verbraucht 75 Kilogramm Benzin in nur einer Minute. Sein Wert liegt darin, schnell und wendig zu sein, wodurch sich taktische Lufthoheit erreichen lässt, er kann aber auch als Abfangjäger genutzt werden, der steil aufsteigt, um feindliche Flugzeuge aus dem eigenen Luftraum zu verdrängen. Mehr als 700 Meter Startbahn braucht der Eurofighter nicht. Er ist bei der Bundeswehr aber inzwischen seit 2004 im Einsatz – zwanzig Jahre später sind die Maschinen wartungsanfällig geworden. 2016 gab es Technikprobleme, die dazu führten, dass die Luftwaffe ihrem Jet ein Tempolimit verordnen musste und nicht mehr mit maximaler Belastung und besonders engen Kurven geflogen werden durfte. Zu unsicher.

Tatsächlich muss auch die Verteidigungsministerin schnell feststellen, dass die Luftwaffe des schneidigen General Gerhartz immer wieder Probleme hat. Der Korrespondent der *Süddeutschen Zeitung* erinnert: «Das Heer zum Beispiel ist nicht mehr in der Lage, aus dem Stand heraus einen Kampfverband zu verlegen, das muss gründlich geplant werden. Die Marine leidet unter ewig langen Werftliegezeiten ihrer ohnehin nur noch wenigen Schiffe. Die Luftwaffe? Vor fünf Jahren war nicht einmal die Hälfte der etwa 140 Eurofighter einsatzbereit.» Im Sommer 2022 besucht Christine Lambrecht dann das Taktische Luftwaffengeschwader 74 in Neuburg an der Donau, das den Eurofighter fliegt. Diesmal macht Lambrechts Anreise zum Diensttermin keine Schlagzeilen, wohl aber das, was sie dort angekommen vorfindet. Eigentlich wollte man der Ministerin wagemutige Luftmanöver vorführen, muss das aber prompt absagen – Probleme mit den Schleudersitzen. Jeder fünfte Jet ist im Sommer 2022 nicht einsatzbereit, weil fehlerhaftes Material geliefert wurde. Mitten in der *Zeitenwende* ruht sogar plötzlich der Ausbildungsbetrieb.

Das ist problematisch, denn der andere Jet, den die Bundeswehr fliegt, ist noch älter: der Tornado. Er wurde tatsächlich in den 1970er-Jahren entwickelt, wie der *Spiegel* schon 2017 einordnete: «Als die Luftwaffe die ersten Tornados bekommt, ist Helmut Kohl gerade Kanzler geworden, der *Stern* veröffentlicht die vermeintlichen Hitler-Tagebücher, und Ulf Merbold fliegt als erster Deutscher mit einem Space Shuttle ins All.» Doch erst 2030 sollen die letzten Modelle außer Dienst gestellt werden. Je älter Flugzeuge werden, desto teurer wird grundsätzlich ihr Betrieb. Längst hat der Bundesrechnungshof kritisiert, dass der Weiterbetrieb des Tornados ein Kostenskandal sei. Schon deshalb muss in der *Zeitenwende* das Problem gelöst werden.

Auch das Ministerium erkennt in internen Papieren den Mangel an, das Flugzeug sei «überaltert und muss ersetzt werden». Etwa neunzig Stück hat die Bundeswehr, meist sind aber bloß zwanzig flugbereit. Die Berichte über Technikprobleme sind lang, mal geht es um die Hydraulikanlage, die kaum noch auf dem Markt zu finden ist, mal um die alten Radmuttern für das Fahrwerk, die längst nicht mehr hergestellt und einzeln angefertigt werden müssen, falls mal eine fehlt. Der Tornado ist so alt, dass man ihn auch der Ukraine nicht guten Gewissens überlassen kann – kein Mensch weiß, ob die alten Flugzeuge unter Kriegsbedingungen überhaupt noch sicher zu betreiben sind.

Und noch ein ganz anderes Problem stellen die alten Jets dar, ein besonders heikles. Denn sie sollen in Deutschland eigentlich die so genannte Nukleare Teilhabe leisten: Das bedeutet nichts anderes, als dass die letzten flugbereiten Tornados im Ernstfall dafür zuständig wären, auch Atombomben der Amerikaner abzuwerfen. Sie sind mit dem deutschen Jet kompatibel, und bis heute lagern auf dem Fliegerhorst Büchel in Rheinland-Pfalz die amerikanischen Superbomben; eigene Atomwaffen hat Deutschland keine.

Während der Atom-Jet ein Museumsstück ist und der Eurofighter altert, muss in Berlin dringend eine Entscheidung über die Nachfolge getroffen werden. Und da kommt die amerikanische Firma Lockheed nun ins Spiel. Denn sie hat etwas entwickelt, das die Probleme der Deutschen lösen könnte: die F-35 Lightning II. – für viele das modernste Kampfflugzeug der Welt. Für den Jet macht der US-Konzern mächtig Werbung. «Sie leitet eine neue Ära ein», heißt es über die Maschine, ein wahrlich «intelligentes» Flugzeug. Für den Hersteller ist die Sache mit der F-35 klar: «Die richtige Wahl für Deutschland.» Immerhin rede man hier über die Fünfte Generation der Kampfflugzeuge, eine Generation moderner als der Eurofighter also. In den Worten von Lockheed: ein Unterschied «wie zwischen einem Wählscheibentelefon und einem Smartphone». Man hört beim Schwärmen gar nicht mehr auf: Das Radar, tausendmal besser als alles bislang Gekannte. Die Tarnkappentechnik, einmalig. Wucht und Feuerkraft natürlich. Wer ihn nicht kaufe, so die subtile Botschaft, der riskiere eben, einen Krieg zu verlieren. Denn die F-35 schieße als Erster. «Und der Erste, der schießt, ist in der Regel auch der, der gewinnt.» Ab 2030 könnte der neue US-Jet die Nukleare Teilhabe Deutschlands ganz allein leisten, wenn denn schnell bestellt wird und alles ohne Komplikationen verläuft, ganz anders also als bei bisher fast allen großen Rüstungsprojekten.

Mitte März 2022 tritt Christine Lambrecht vor eine Kamera, einige TV-Sender unterbrechen ihr Programm. Lambrecht will die F-35 kaufen, da hat sie sich jetzt festgelegt. Sie sagt, es sei wichtig gewesen, das so zu entscheiden. Man sehe «ein einzigartiges Potential». Auch neue Eurofighter werde es geben, für den elektronischen Luftkampf. Die Kosten spricht Lambrecht an diesem Tag nicht an – das wird später noch ein Thema werden. Mehrmals verhaspelt sie sich in ihrem Live-

Statement, sie wirkt an diesem Tag so grau wie ihr Hosenanzug, sie liest ab und strahlt aus, sich noch nicht wirklich mit dem Thema auszukennen – dabei geht es um Atomwaffen. Neben ihr steht Ingo Gerhartz, der Chef der Luftwaffe. Er darf kurz etwas Fachliches beitragen: Auch er glaubt, die F-35 sei «das modernste Kampfflugzeug der Welt» und dass der NATO-Luftraum damit endlich besser verteidigt werde. Außerdem könne alles schnell beschafft werden, verspricht der General. Man sei «sehr gut für die Zukunft» aufgestellt.

Gerhartz, 56, ist einer der karrierebewussten deutschen Offiziere, für Pressetermine bereitet er sich gut vor und leistet sich für gewöhnlich keine Fehltritte, auch heute nicht. Eine Sekunde stehen er und Christine Lambrecht dann noch unschlüssig vor der Kamera herum, dann drehen sie sich um und gehen. «Vielen Dank», sagt Lambrecht noch. Eine Entscheidung ist endlich da – Selbstbewusstsein sieht aber anders aus. Der Kauf bei den Amerikanern ist für die Scholz-Regierung tatsächlich nahezu alternativlos, das hat auch Gerhartz noch einmal betont: Denn Deutschland ist im Jahr 2022 ein Land, das allein keine eigenen Kampfflugzeuge mehr bauen kann, obwohl es weltweit als reiche Exportnation und Technikland wahrgenommen wird.

Gleichzeitig gibt es weiter Bedenken im Bundestag, die die Entscheidung des Ministeriums für den Jet noch billigen und das Geld freigeben muss. Es lohnt sich also für Lockheed, im deutschen Parlament weiter die Klinken zu putzen, das wird sich einige Monate später zeigen, im Herbst 2022. Die Amerikaner wollen den F-35-Kampfjet um jeden Preis verkaufen. Doch wie die letzten deutschen Bedenkenträger überzeugen? Vielleicht mit einem schicken Dinner. Das jedenfalls wird nun heimlich auf den Weg gebracht: Ohne große Aufmerksamkeit, aber wirkungsvoll, so gehen Rüstungsfirmen bei politischer Einflussnahme am liebsten vor. Und so landet Lockheed am 28. September 2022 mitten im Reichstag, ab 18 Uhr und an weiß gedeckten Tischen. Hier findet man sich ein, um das lange geplante Abendessen zu begehen und dabei praktischerweise auch über den Jet zu sprechen, wenn man schon mal da ist. In Hörweite wird man an diesem Abend im Abgeordnetenrestaurant verfolgen können, wie mitten in der Herzkammer des deutschen Parlaments der Goldrausch endgültig ankommt –

und eine Waffenfirma einen Kriegsjet anpreisen darf. Im Beisein der gut verköstigten Abgeordneten, die am Ende mitentscheiden werden.

Für die F-35 spricht, neben ihrer Ambition und der Technik, dass andere Staaten in der NATO sie ebenfalls fliegen, wodurch man besser zusammenarbeiten könnte. Die Wahrheit ist aber auch: In den Niederlanden gab es Probleme mit der Lautstärke der neuen US-Jets – in der Nähe von Stützpunkten hat die Regierung prompt schallsichere Fenster in vielen Häusern der Anwohner einbauen lassen.

Womit man also bei den Problemen wäre: In früheren Jahren hatte das deutsche Verteidigungsministerium die F-35 selbst noch kritisch gesehen, ehe dieser Plan vor der *Zeitenwende* verworfen wurde. Und auch aus dem Ausland gab es kritische Stimmen. Sie leiste zu große Versprechungen. Fragen nach Konstruktionsschwächen und der Anfälligkeit für Hacking kamen auf. In den USA, wo die Luftstreitkräfte den Jet seit 2015 fliegen, gibt es immer wieder Probleme am Triebwerk. Und in Deutschland spielt noch etwas anderes eine Rolle, wie immer, wenn es um die großen Rüstungsprojekte geht – knallharte Industriepolitik.

Denn wenn Christine Lambrecht den amerikanischen Kampfjet kauft, dann werden die bayerischen Abgeordneten im Bundestag eher beleidigt sein. Die hätten lieber einen neuen Kampfjet gesehen, bei dessen Bestellung automatisch Airbus mitprofitiert hätte, durch neue Eurofighter nämlich, die dann mitbestellt worden wären. Die Rüstungssparte von Airbus hat ihren Sitz in Ottobrunn bei München. Auch dieser Firma stehen einige Abgeordnete besonders nahe: Wer die F-35 kauft, benötigt weniger andere Kampfjets, weshalb neben den 35 Maschinen vom neuen Typ F-35 nur 15 Eurofighter hinzukommen sollen. Daher ist auch die Entscheidung im Bendlerblock für die amerikanische Version etwas, das bis zuletzt vom Hersteller Lockheed lobbyierend begleitet wird – nicht, dass noch jemand umkippt. «Für Lockheed ist der Bundestag das goldene Ticket», sagt ein Berliner Lobbyist, der die Branche seit Jahren kennt. Hier geht es immerhin um beinahe zehn Milliarden Euro. Das ist die Dimension des Deals: Der größte, der mit dem neuen Sondervermögen umgesetzt werden soll. So sind die Vorzeichen des Abgeordnetendinners im Reichstag, es steht viel auf dem Spiel, auch die deutsch-amerikanischen Beziehungen spielen eine Rolle, draußen vor dem Parlament parkt ein Wagen der US-Botschaft, auch sie ist dabei.

Drinnen, direkt neben dem Restaurant, zu dem nur Abgeordnete und ihre Gäste Zugang haben, wird im Plenarsaal gerade die künftige Coronapolitik debattiert – die deutsche Aufrüstungsoffensive findet an diesem Tag im Verborgenen statt, kaum jemand bemerkt die Zusammenkunft für das Dinner. Das Restaurant hat große Blumenkübel als Sichtschutz platziert, die Fensterscheiben sind verhangen oder mit Holzwänden zugestellt. Das ist das Setting eines außergewöhnlichen Lobbytermins in der Geschichte des Reichstags. Denn eigentlich darf man das Restaurant nicht einfach als externe Firma mieten, es ist allein den Volksvertretern vorbehalten, keine zwanzig Meter vom Plenarsaal entfernt, wo politische Einflussnahme reglementiert bleiben sollte, eigentlich. Was Lockheed hier nun tut, geht mit den neuen Transparenzversprechen des Parlaments nicht zusammen. Doch auch diese Firma bringt es mit, das neue Selbstbewusstsein der Industrie. Man bleibt hartnäckig und findet mit dem SPD-Haushaltspolitiker Andreas Schwarz am Ende jemanden, der sich beim Bundestag verbürgt, unterschreibt und die Veranstaltung auf seinen Namen laufen lässt – schon gibt es weniger Probleme und Lockheed darf eintreten. Hätte kein Reporter mit im Saal gesessen, wäre das Manöver beim Vier-Gänge-Menü wohl unbemerkt geblieben.

Die Bundestagsverwaltung, Präsidentin Bärbel Bas persönlich, wird später verärgert sein über den Termin, man behauptet, das Dinner sei nicht als Firmenveranstaltung ausgewiesen worden, sondern habe den Anschein einer «Informationsveranstaltung» gehabt. Wer an dem Abend mithört, bekommt allerdings mit, wie stark Lockheed noch einmal den eigenen Jet bewirbt. Ab 18 Uhr wird auch hier eine kleine Zeitenwendeshow aufgeführt, sie soll am Ende dazu führen, dass auch der Letzte die F-35 als «das modernste Kampfflugzeug der Welt» bezeichnen wird. Zahlreiche Abgeordnete haben sich Zeit genommen, wie Marcus Faber (FDP), Kerstin Vieregge (CDU) oder Wolfgang Hellmich (SPD), sie alle nahmen an den weiß eingedeckten Tischen Platz. Es gibt ein paar Reden hochrangiger Lockheed-Manager, manche eigens aus den USA angereist; auch eine knallige Firmenpräsentation wird an die Wand geworfen. Lockheed-Deutschland-Chef Alexander Walford stellt sich vor – als «Gastgeber». Nach ihm redet Dennis Göge, ein weiterer Lockheed-Lobbyist: «Wir freuen uns, dass Sie sich trotz voller Terminkalender Zeit genommen haben.» Dank der Firma werde die deutsche Luftwaffe künftig wieder modern sein, verspricht er. Und für diesen schönen Anlass habe man «ein wunderbares Essen vorbereitet».

Tatsächlich lässt sich später belegen, dass die Waffenfirma Abendessen und Catering für etwa sechzig Gäste bezahlte – mehr als 24 000 Euro. Der Bundestag und die Firma schweigen dazu, bestätigten aber den Termin, der auch von der lobbykritischen Organisation Abgeordnetenwatch aufgegriffen wird. Als der Ärger da ist, werden nach dem Auffliegen des Lobbytermins sogar Regeln für solche Termine verschärft. Es soll keine weiteren Firmendinner mehr im Reichstag geben, das passt auch kaum zur Würde des Hauses, finden viele. Nur SPD-Politiker Schwarz sieht das anders und rechtfertigt sich und den Termin: Es sei doch bloß um Fragen gegangen, die den Abgeordneten bei der Gelegenheit beantwortet werden sollten.

Die Amerikaner jedenfalls scheinen zufrieden am Ende des Dinners: «It's a major milestone!» Schon Wochen zuvor hatte man ausgewählte Personen in Berlin in einem F-35-Flugsimulator Platz nehmen lassen, Mühen jedenfalls wurden nicht gescheut. Abgeordnetenwatch sieht das kritisch: «Es kann nicht sein, dass sich Lobbyisten gegen Geld einfach ins Abgeordnetenrestaurant einmieten können.» Auch im Restaurant auf der Kuppel des Reichstags wurden schon Rüstungsfirmen gesichtet, erneut eine US-Firma, nämlich Raytheon. Das alles zeigt, wie umkämpft der Zugang zu den deutschen Abgeordneten in der *Zeitenwende* ist. Jeder will ihre Gunst gewinnen, denn sie machen den Goldrausch möglich.

Für Lockheed läuft der Abend gut: Am Rande des Dinners wurde ein Dokument aufgesetzt, das die Absicht festhält, deutsche Firmen an den Geschäften der Amerikaner großzügig zu beteiligen – so etwas kommt immer gut an in den Wahlkreisen der Parlamentarier. So gibt es am Ende dieses Abends viele kleine und große Gewinner – nur politische Hygiene und Transparenz sind auf der Strecke geblieben. Kritischen Beobachtern, etwa von Greenpeace, bleibt das nicht verborgen. Aktivist Alexander Lurz schüttelt bloß noch den Kopf. «Wenn das Restaurant in der Regel von Firmen nicht buchbar ist, dann ist es fragwürdig, wenn nun ausgerechnet bei einem Waffenproduzenten die bisherige Praxis geändert wird.»

Lurz hat lange selbst im Bundestag gearbeitet, ehe er zu Greenpeace ging. Für den Linken-Politiker Jan van Aken nämlich, der bis 2017 im Parlament saß. Die Jahre haben beide geprägt: Auch van Aken ist ein entschiedener Gegner von unkontrollierter Aufrüstung. Die *Zeitenwende* wird auch ihn zurück nach Deutschland holen: Eigentlich war van Aken raus, in seinem Haus in Italien, jetzt rüstet Berlin auf und er ist wieder da, in Diensten der linken Rosa-Luxemburg-Stiftung. Zusammen haben Lurz und van Aken schon früher zur Rüstungsindustrie recherchiert. Schon damals war fehlende Transparenz ein großes Problem. Schon damals kam man zu «Informationsveranstaltungen» zusammen, die in Wahrheit eher dem Absatz der Rüstungsfirmen dienten – sogar unter Beihilfe von Steuergeldern, mit denen einige der Treffen kofinanziert wurden.

Einmal ging von Aken, üblicherweise nicht eingeladen, trotzdem hin und besuchte für einen ARD-Dokumentarfilm eine dieser Abendveranstaltungen, auf der Lobbyisten, Rüstungsfirmen und Politikerinnen und Politiker anstießen und ihre Nähe feierten. Das war 2015, als einer der eher unvorsichtigen Abendgäste, der Vertreter einer Rüstungsfirma, in die ARD-Kamera sagte, aber ja, na klar, natürlich gehe es hier um Geschäftliches, das sei auch ein Zweck. Die Politiker drinnen und die Lobbyisten behaupten freilich, es gehe bloß um «Wissensvermittlung». Nach zwei Stunden im Kreise der Waffenbrüder – es sind eigentlich nur Männer – kommt der Abgeordnete hinaus und berichtet von seinem Eindruck. «Und, war es eine gute Idee hinzugehen?», fragt der ARD-Reporter. Van Aken: «Nee. Ich muss erstmal ein Glas Wein trinken, um das zu überstehen. Ganz im Ernst, ich find das wirklich grauenvoll. Man sieht dann auch, das sind alles diese grauen Herren und wenn man dann hinguckt: Rheinmetall, Krauss-Maffei Wegmann, alle, die Rang und Namen haben in der Rüstungsindustrie sitzen dann da, alle kennen sich und klopfen sich buddy-mäßig auf die Schulter und [sic!] man lacht und trinkt gemeinsam.» Während Versprechen darüber ausgetauscht würden, dass weiter Staatsgeld an die Industrie fließen wird.

Der Termin ist weit vor der *Zeitenwende*, zeugt aber von einem Problem, das nun gravierender wird, denn schon 2015 sagt Jan van Aken: «Das ist Filz pur.» Tatsächlich fallen immer wieder Abgeordnete auf, frühere Kollegen van Akens aus den anderen Fraktionen, die am Ende die Seite wechseln und Firmendiener werden. Oder wie es ein Lobbyist in diesen Wochen nennt: «Fußabtreter der Industrie». Da ist zum Beispiel der US-Rüstungskonzern General Atomics, Hersteller der Kampfdrohne Reaper, «Sensenmann». Cheflobbyist der europäischen Firmentochter ist seit März 2022 Frank Sitta. Bis Oktober 2021 hatte Sitta selbst noch im Bundestag gesessen, als FDP-Abgeordneter und Fraktionsvize. In der Funktion kannte er natürlich auch FDP-Chef und Bundesfinanzminister Christian Lindner – jetzt tauschen sie sich in ganz neuer Rolle aus. Nämlich mit Sitta als Firmenvertreter, der im Zweifel etwas will. Jobbeschreibung auf Sittas LinkedIn-Profil: «Leiter Public Affairs und Regierungsbeziehungen». Es war ein nahtloser Übergang von der Politik in die Wirtschaft. Lindner und Sitta hatten nachweislich Kontakt in der neuen brisanten Konstellation, Akten dazu gibt es angeblich nicht, behauptet das Finanzministerium.

Selbst Politiker aus dem Verteidigungsausschuss sind bei der Industrie gelandet. Wie ein Mann von der CDU und ein anderer von der SPD. Robert Hochbaum (CDU) leitete im Bundestag sogar den Unterausschuss für Abrüstung – nur um danach Aufträge des Sprengstoffherstellers Dynamit Nobel Defence aus Nordrhein-Westfalen anzunehmen; auch diese Firma wird noch eine Rolle spielen. Fritz Felgentreu, früher Abgeordneter der SPD, ist im Lobbyregister eingetragen als Vertreter der verschwiegenen Lobbyagentur Concilius, von der nur wenige wissen, wen sie wiederum betreut mit ihrer «Strategieberatung»: Neben dem Fahrdienstleister Uber ist es zeitweise Raytheon, der US-Waffenbauer. Über Felgentreus genaue Rolle ist nichts weiter bekannt, es heißt, er sitze in einem «Senior Advisory Board».

Indes sind es nicht nur frühere Abgeordnete, die der Industrie dienen – sondern auch aktive Parlamentarier. Wie CDU-Mann Henning Otte, in dessen Wahlkreis eine wichtige Produktionsstätte von Rheinmetall zu finden ist. Sie schafft Arbeitsplätze und der Abgeordnete ist der Firma daher besonders gewogen. Andere werden sauer, wenn man mal kritisch nachfragt, wie der Abgeordnete Volkmar Klein, ebenfalls von der CDU. In seinem Wahlkreis ist Dynamit Nobel zu finden, die laut Lobbyregister auch Aufträge an den Ex-Abgeordneten Hochbaum vergibt. Klein, der Diplom-Kaufmann, will am Telefon überspielen, dass er der Firma hilft. «Das ist doch nicht überraschend», motzt er. «Ich komme aus demselben Ort und demselben Dorf. Ich wäre ja beleidigt, wenn die wen anders fragen.» Dann geht Klein auf Gegenangriff, wie es Abgeordnete Journalisten gegenüber nur selten tun. Klein wird laut: «Ich habe ihre Anfrage für einen Fake gehalten oder die eines sehr schlecht vorbereiteten Journalisten.» Schlechter Stil, Unsachlichkeit und fehlende Souveränität gewählter Volksvertreter – auch das gibt's rund um die *Zeitenwende* im Parlament. Wo selbst Mitarbeiter von Abgeordneten plötzlich so begehrt sind, dass sie von der Rüstungsindustrie abgeworben werden, wie der Fall Christian Blume zeigt. Ein pikanter Fall, denn Blume war zuerst im Bundestagsbüro von FDP-Verteidigungspolitiker Marcus Faber tätig und dann plötzlich als «Government Relations Manager» – bei Lockheed.

So schließt sich oft der Kreis, die Netzwerke der Rüstungsindustrie, sie reichen weit. Selbst einer, der sich mit Rüstungslobbyismus in Berlin bestens auskennt, muss zugeben: «Es ist ein Sumpf.» Wer den nicht ordentlich kontrolliert und transparenter macht, der gefährdet am Ende, dass das Vertrauen in die Politik weiter abnimmt. Das wäre ein trauriger Befund, besonders in Kriegszeiten.

Rheinmetall, Lockheed, geheime Einflüsterer und Seitenwechsler aus der Politik – all das ist *Zeitenwende*. Der Goldrausch der Industrie zeigt, wie abgebrüht viele ans eigene Geschäft denken, während es den meisten eher um ehrliche Solidarität mit der Ukraine geht. Ein Problem wird mit den Monaten im Bundestag immer deutlicher: Es gibt kaum Kritiker am neuen Rüstungskurs. Die Grünen sind Teil der Regierung, die Opposition wird von Union und AfD gestellt, die beide traditionell rüstungsfreundlich sind. Und Die Linke ist tief zerstritten.

Gerade sie könnte ein Korrektiv sein in diesen Zeiten, stattdessen ist die Partei nur mit sich selbst beschäftigt. Besser macht das die Zeitenwendepolitik in Berlin nicht. Nur wenige hinterfragen in diesem Wochen etwa, ob die Kosten für die neue F-35 am Ende nicht doch viel höher liegen werden.

Wo Grenzen sauberer Politik verletzt werden, entsteht indes noch ein anderer Schaden: Denn spätestens seit den Affären um Politikerinnen und Politiker, die im Corona-Masken-Geschäft mitmischten oder für das autoritäre Regime Aserbaidschans Gefälligkeiten erledigten, ist das Thema Geld und Politik so wichtig wie nie. Nicht weniger als die Nachvollziehbarkeit des deutschen Regierungshandelns steht auf dem Prüfstand. Ausgerechnet jetzt macht ein Gerücht die Runde. Ein Abgeordneter soll sich auffällig für ein Rüstungsgeschäft einsetzen, bei dem er persönlich finanziell involviert sein könnte. Es ist ein Politiker, der eigentlich gegen Hilfslieferungen für die Ukraine ist – nur wenn es den eigenen Geldbeutel betrifft, siehr er das offenbar etwas anders.

6.

STILLSTAND

Ein Sommer im Krieg

Im ersten Kriegssommer streitet das Land weiter über die Frage deutscher Waffenlieferungen, die Bundeswehr sortiert sich weiter, der Bundestag tagt weiter. Anfang Juni bricht im Verteidigungsausschuss Streit über das Sondervermögen aus, das noch immer nicht im Grundgesetz hinterlegt ist. Im Bundestag und Bundesrat braucht die Scholz-Regierung eine Zwei-Drittel-Mehrheit aller Stimmen, CDU und CSU müssen also mitmachen, obwohl sie Teil der Opposition sind. Vorerst geht die Union mit beim Schulterschluss nach innen, um nach außen geeint zu wirken. Andere fremdeln mehr mit der *Zeitenwende*. Besonders die Grünen müssen ihre neue Rolle finden, in den Jahren vor dem Krieg war Realpolitik intern umstritten.

Ein Beispiel ist die Grünen-Bundestagabgeordnete Agnieszka Brugger, 37, man trifft sie bei einem Kaffee in ihrem Büro, ganz unkompliziert. Brugger hat dort, natürlich, einen grünen Locher, Weintrauben und eine Flasche Mate auf dem Tisch, aber man sollte sich nicht täuschen oder hier bloß grüne Klischees sehen. Die Abgeordnete sitzt schon seit 2009 im Parlament, die Realität des politischen Betriebs ist ihr nicht fremd. In Berlin vertritt sie Wahlkreis Nummer 294, Ravensburg in Oberschwaben. Eingestiegen ist sie direkt in der Verteidigungspolitik, heute ist sie Fraktionsvizechefin. Brugger ist schon lange dabei, in diesen Wochen sieht sie jedoch zunehmend, wie die Debatten sich verlieren im Land, die Wende erlahmt. Doch Brugger will konstruktiv bleiben. «Ich bin überzeugt, dass die Bundeswehr im Ernstfall besser funktionieren würde, als manche Schlagzeile vermuten lässt», sagt sie. Ihr Fall steht für zwei Dinge: Zum einen dafür, wie sehr sich die Partei nun finden muss und sich Bruggers Kolleginnen und Kollegen auf ihren Realo-Kurs einlassen müssen; tatsächlich sprechen einige Grüne nun ständig von Waffen und benutzen Worte wie «Kampf-wertsteigerung», manche haben plötzlich Miniaturanfertigungen von Kampfjets im Bundestagsbüro stehen. Vor allem die Grünen werden bald politisch Dinge tun müssen, die sie nie hatten tun wollen.

Zum anderen steht Brugger dafür, dass die Grünen weiterhin sehr kritisch auf die Union blicken, die in der *Zeitenwende* trotz Opposi-tionsstatus eine Rolle spielt. Brugger ist oft genervt von den Verteidi-gungspolitikern der CSU, vornehmlich Männer. Überhaupt ist die deutsche *Zeitenwende* viel zu oft Männersache, da crasht Brugger auch manchmal bewusst Gesprächsrunden, die CDU und CSU für ge-wöhnlich allein im Verteidigungsministerium führen, und setzt sich einfach dazu. Das kann sie ohne Probleme, sie ist viel tiefer im Stoff drin als die meisten der Männer zusammen. «Beschaffung bei der Bundeswehr ging bislang so, dass nicht immer der Devise gefolgt wurde, was die Truppe wirklich brauchte, sondern welche Abgeord-nete am lautesten schrie», meint Brugger, wenn sie an die Verflechtun-gen zwischen der Politik und lokalen Rüstungsfirmen denkt. Das müsse jetzt anders werden, durchsetzen sollte sich am Ende die beste Lösung für die Bundeswehr oder die Ukraine – und nicht die Lösung, bei der einem bestimmten Konzern Milliarden zugeschanzt werden, weil er zufällig im Wahlkreis eines beteiligten Abgeordneten zu finden ist. Genau das aber kam in der Vergangenheit immer wieder vor, Brug-ger hat es über die Jahre gut beobachtet.

Bei der Umsetzung des Sondervermögens für die *Zeitenwende* stellen CDU und CSU ihre Zustimmung, die der Kanzler zwingend braucht, plötzlich unter Vorbehalt – ein machtpolitisches Spiel. Wohl in der Hoffnung, Einfluss auf Rüstungsentscheidungen zu nehmen, noch ehe die ersten Waffengeschäfte aus dem Sondervermögen über-haupt getätigt sind. Am Ende stimmt man doch zu, die 100 Milliar-den Euro können ausgegeben werden. Als das neue Gesetz im Bundes-tag debattiert wird, hat Verteidigungsministerin Christine Lambrecht sechseinhalb Minuten im Plenum geredet, exakt an der Stelle, wo Olaf Scholz Monate zuvor die *Zeitenwende* ausgerufen hat. Heute sitzt er auf der Regierungsbank hinter ihr. Die Rede gelingt, endlich geht es mal um die Sache, und die ist ernst genug. «Der russische Präsident

Putin hat mit seinem Überfall auf die Ukraine die Friedensordnung in Europa zertrümmert. Gewissheiten und Vereinbarungen, auf denen das freie und friedliche Leben von Millionen von Menschen in Europa fußt, sind zerstört. Und heute kämpfen vierzig Millionen Ukrainer um ihr Überleben, dieses Land kämpft um die Existenz. Und Gefallene und Ermordete zeigen uns, was auf dem Spiel steht, sollte Putin diesen Krieg gewinnen. Und niemand weiß, was dann das nächste Ziel wäre.»

Lambrecht überrascht damit, dass sie klare Zahlen nennt, die den weiter großen Rückstand bei der Ausstattung ihrer Bundeswehr zeigen:

– 350 Schützenpanzer Puma stehen auf dem Papier – 150 einsatzbereit.

– 51 Kampfhubschrauber Tiger – neun können abheben.

Bis 2031 hätten ihre Soldatinnen und Soldaten eigentlich auf neue Schutzausrüstung warten sollen, sagt Lambrecht, jetzt gehe es endlich schneller. Die kurze Rede ist ein Erfolg, trotz vieler Zwischenrufe. Die *Zeitenwende* erreicht bald darauf das Grundgesetz, Artikel 87 a wird verändert, ein Satz ergänzt. Und dennoch ist es ein weiter Weg, bis mit dem neuen Geld auch neue militärische Fähigkeiten verfügbar werden – und es wird noch große Probleme mit dem neuen Sondervermögen geben.

Wie träge gerade alles ist, zeigt ein Blick auf das Beschaffungswesen. Was hat sich getan in den vergangenen sechs Monaten? Nicht viel. Noch immer ist Christine Lambrechts angehobener Schwellenwert die einzig große Neuerung. Einige fragen, warum der Wert nicht gleich auf 20000 Euro erhöht wurde. Doch es sind nur 5000 Euro. Und jetzt holt Lambrecht auch das verflixte Schlauchboot ein, auch das noch. Typbezeichnung RHIB, Rigid-Hulled Inflatable Boat – ein Festrumpfschlauchboot. Und das wird dringend benötigt bei den Spezialkräften der Marine, die zum Einsatz kommen, falls Schiffe in der Nordsee oder Ostsee gekapert werden sollten. Von den Schlauchbooten aus könnte dann geentert werden. Nur gibt es gerade keine Boote. Zumindest keine modernen, ihr Bestand ist zwanzig Jahre alt und müsste dringend modernisiert werden. Die FDP-Abgeordnete Strack-

Zimmermann hat längst öffentlich kritisiert, dass die Kampfschwimmer nicht üben könnten, sondern bloß Däumchen drehten in Eckernförde. Geändert hat sich nichts, die vertraulichen Ministeriumspapiere sind voller Hinweise darauf, dass das Beschaffungssystem sich noch immer selbst im Weg steht. Auch beim Schlauchboot will Deutschland wieder eine Sonderlösung: Bestimmte Abgasnormen sollen eingehalten werden, der internationale Standard IMO Tier III. müsse gelten, dazu weitere technische Spezifikationen. Irgendwann ist die Ausschreibung für den Auftrag so unrealistisch, dass sich keine einzige deutsche Firma bewirbt. Die Vorgaben seien technisch nicht machbar, heißt es. Nur eine finnische Firma verspricht, ein solches Superschlauchboot liefern zu können. Deutsche Firmen meinen: Das geht gar nicht, es drohe der Einlauf von Booten, die man womöglich nach deutschem Recht nie fahren dürfe. Im Verteidigungsausschuss behauptet der Chef der Planungsabteilung des Verteidigungsministeriums, Carsten Stawitzki, dass alles gut werde. Keine Probleme, sagt er den Abgeordneten. Die geben den Deal trotz Sorgen frei – was sich noch rächen wird.

Stand jetzt wird im Beschaffungsamt in Koblenz noch immer zu kompliziert gedacht. Noch immer wird für jede Thermoskanne eine europäische Ausschreibung gestartet. Es zeigt sich, wie beharrlich das Grundproblem der vergangenen zwei Jahrzehnte ist: Denn das Amt war quasi auf die Abwicklung der Bundeswehr zugeschnitten – jetzt soll es plötzlich aufrüsten. Und die Bundeswehr groß rauskommen lassen in der *Zeitenwende*. Wie ein Insolvenzverwalter, der über Nacht mit Geldscheinen wirft. Zurück bleiben viele verwirrte Gesichter. Ein Fluch der Gleichzeitigkeit zeigt sich: Es bleibt keine Zeit, alles muss im Grunde sofort verändert werden. Der Beschaffungsprozess passt nicht, die Organisation des Amts aber auch nicht. Noch immer gehen unfassbar viele Ressourcen in überflüssige Papiere ein, daran wird auch ein Wechsel an der Spitze des Amtes kaum etwas ändern. Selbst kleine Vertragsänderungen bei Bundeswehrbeschaffungen füllen zehn Ordner, bei jedem Schritt will sich das Amt vierfach absichern. Ständig hat man Sorge, dass Rüstungsfirmen vor Gericht gehen – was tatsächlich oft passiert, schließlich wollen die Firmen Geld machen. Bekommt ein Konkurrent den Zuschlag, etwa für ein Gewehr, dann sucht der Unterlegene oft nach formalen Fehlern im Ausschreibungsprozess und rügt diese; am Ende geht es dann vor das Oberlandesgericht Düsseldorf, wo teilweise über Jahre juristisch gestritten wird. So wird das aber nichts mit einer schnellen *Zeitenwende*. Eigens aus diesem Grund hatte der Abteilungsleiter für Ausrüstung im Verteidigungsministerium sämtliche Rüstungskonzerne in einem Videocall versammelt und gebeten, ihre Klagen zu überdenken – das Ministerium brauche seine Ressourcen nun für anderes als Gerichtstermine. Richtig überzeugen konnte der Beamte aber nicht, das Verhältnis von Amtsseite und Rüstungsindustrie bleibt angespannt, auch jetzt und trotz der neuen Milliarden.

Für die Bundeswehr wäre es aktuell wichtig, dass das Geld aus dem *Sondervermögen* rasch abfließt. Wer allerdings dachte, das gehe schnell, der irrt. Der Epochenbruch wird mit Ende dieser Wahlperiode nicht beendet sein, das zeigt sich schon im Spätsommer 2022. Die *Zeitenwende* wird nicht mehr weggehen, Olaf Scholz ist und bleibt ein Kriegskanzler, bei allen anderen wichtigen Themen im Land. Und für Christine Lambrecht zeigt sich immer mehr, dass die 100 Milliarden Euro Fluch und Segen zugleich sind: Das Geld ist nun da und es wird dringend gebraucht – das ist gut. Schlecht für die Ministerin: Wenn es am Ende schiefgeht, wird sie nicht sagen können, dass es eben am Geld lag. So wie ihre Vorgängerinnen und Vorgänger seit 2011. Fortschritt bei der Beschaffung ist indes noch kaum zu sehen, daran ändert auch das zweite neue Gesetz, das nun verabschiedet wird, erst einmal wenig. Es soll den deutschen Rüstungseinkauf schneller und weniger bürokratisch und kompliziert machen. Man gibt diesen neuen Regeln denn auch einen unkomplizierten Namen: Bundeswehrbeschaffungsbeschleunigungsgesetz. Das ist tatsächlich kein Behördenwitz, sondern ungelenke Realität. Die Abkürzung des Gesetzes: BwBBG – macht es nicht unbedingt einfacher.

Christine Lambrecht sieht «spürbare Erleichterungen und Beschleunigungen im Vergaberecht». Die zusätzlichen Milliarden sollen in der Truppe ankommen und nicht im Verwaltungssumpf versickern, wie es schon allzu oft passiert ist. Die Rüstungsfirmen selbst sind skeptisch:

Sie verweisen darauf, dass man vielleicht damit beginnen solle, die Vergabeverfahren digitaler zu machen – statt Unmengen an Papierakten nach Koblenz zu schicken.

Das jahrelange Zögern und Zaudern im Amt, die Bedenken überall – es lässt sich nicht mit einer Rede des Kanzlers korrigieren. Natürlich nicht. Und einiges ist eben komplex, wie EU-Rechtsfragen, Steuerdetails oder Rechtskonformität. Es müssten ja auch erst noch Verträge gemacht werden, heißt es in Koblenz zum Stand der *Zeitenwende*. Manches ist Ausrede, Kleingeistigkeit und Kurzsicht. Anderes eben kompliziert: Wer etwa in den USA Waffen bestellt, muss zuerst einen Letter of Intent unterschreiben, eine Absichtserklärung, dann auf den US-Kongress hoffen, so dass ein Letter of Acceptance aufgesetzt werden kann. Das allein dauert oft ein Jahr.

Ruft man dazu nochmal beim früheren Wehrbeauftragten Hans-Peter Bartels an, dann vernimmt man sein Kopfschütteln sogar durch die Telefonleitung. Es passiert zu wenig, das ist auch seine Sicht. Er hat es immer gesagt und sagt es auch jetzt: «Unsere Bundeswehr leidet an Unterbesetzung und gleichzeitig an Überorganisation.» So tut sich bei der *Zeitenwende* gerade erstaunlich wenig. Viele gehen erst mal in den Urlaub und geben sich mit dem Impuls des Kanzlers aus dem Februar zufrieden.

In der Ukraine eskaliert unterdessen der Krieg, der Strand von Odessa ist schwer vermint, Atomkraftwerke stehen unter Beschuss und die Angst vor atomaren, biologischen oder chemischen Kampfstoffen wächst. Die NATO-Allianz in Brüssel hat ihren «ABC-Warndienst» aktiviert. Und ein deutscher General im Verteidigungsministerium sagt hinter vorgehaltener Hand: «Diese Sorge ist begründet.»

* * *

Idar-Oberstein, Rheinland-Pfalz

Lange hat sich die Bundesregierung geweigert, schwere Waffen in die Ukraine zu liefern, vor dem Frühsommer folgt ein erstes Umschwenken: Sieben deutsche Panzerhaubitzen 2000 werden abgegeben, die

Ausbildung von Ukrainern an der Waffe begann schon nach dem Osterfest, am Mittwoch, den 11. Mai 2022. Etwa einhundert Teilnehmer waren eingetroffen, 42 Tage sollen sie bleiben für ein Training an der schweren Waffe. Dann wird sie auch tatsächlich in Richtung Front transportiert.

Das ist jetzt der deutsche Weg: Man wollte zunächst keine derartigen Waffen exportieren, dann aber doch, und nun erlaubt man auch, dass die Ukrainer auf deutschem Boden daran ausgebildet werden. Die genauen Motive der Bundesregierung bleiben nebulös, das wird später noch eine Rolle spielen.

Anfang Mai hatte die deutsche Verteidigungsministerin der Ukraine schwere Waffen aus Bundeswehrbeständen versprochen und also ihren Blockadekurs korrigiert; die Panzerhaubitze war der erste Schritt, ein mächtiges militärisches Großgerät, das dreißig Kilometer weit schießen kann. Allerdings gibt man zunächst bloß sieben Stück ab fürs Kriegsgebiet. Ehe die Ausbildung beginnt, mussten die NATO-Staaten sich rechtlichen Rat einholen: Wird man wegen der Ausbildung an der Waffe womöglich zur direkten Kriegspartei? Das will die Allianz unbedingt vermeiden, der Ukraine aber dennoch helfen – es ist ein schmaler Grat. Die Juristen kommen zu dem Ergebnis: Es geht, das Training zieht die NATO formal nicht mit in den Krieg hinein. Dennoch ist die deutsche Lieferung aus Sicht des Kanzleramts heikel.

Im kleinen Idar-Oberstein gehen unterdessen andere Sorgen um: Denn dort wird die Ausbildung fortan auf einem Bundeswehrgelände stattfinden und manche der knapp 30 000 dort lebenden Menschen haben Angst, dass der Besuch der ukrainischen Soldaten die Russen auf den Plan ruft. Ihr Städtchen ist bekannt für die Edelsteinproduktion und seine Natur. Jetzt geht es plötzlich um einen großen Krieg – und die Sorge, dass dem Ort im Hunsrück nun Gefahr aus Moskau drohen könnte. Die Generale der Bundeswehr versuchen ein wenig zu beruhigen und beschwichtigen. Doch in den kommenden Monaten werden plötzlich eigentümliche Dinge vor sich gehen hier draußen in der deutschen Provinz. Der spätere Verdacht: Spionage.

***

Ende Juni
ILA Luftfahrtmesse, Flugplatz Berlin-Schönefeld

Der Weg der *Zeitenwende* führt zurück nach Berlin, raus zum Flughafen. Dort treffen sich alle wichtigen Akteure der Szene: Rüstungsfirmen, Politik und Militär. Man bestaunt neue Techniken auf einer exklusiven Messe, die Besucherinnen und Besucher können sich ansehen, wie groß ein A400M-Transportflugzeug wirklich ist und welche Manöver deutsche Kampfjets fliegen können, wenn sie mal nicht in der Werkstatt sind. Die ILA ist eine der ältesten und größten Luftfahrtmessen weltweit. Alle großen Firmen sind auch hier zu treffen, Boeing, Airbus, Lockheed.

In diesem Jahr eröffnet Luftwaffenchef Ingo Gerhartz die Messe, es könnte wohl keinen Besseren für diesen Job geben, denn reden, das kann Gerhartz. Selbstbewusst, mediengewandt – Typ Pressesprecher. Und das war er auch mal tatsächlich. In seiner aktuellen Position begrüßt Gerhartz morgens um 9.30 Uhr in der gut gekühlten Messehalle das Fachpublikum, hält eine kurze Rede und beschwört die Symbiose aus Bundeswehr und Industrie, die sich vor ihm beobachten lässt. «Die Zukunft gemeinsam gestalten», das ist hier und heute die Botschaft. «Nur gemeinsam», sagt Gerhartz. Dann werden Imagevideos eingespielt, Jets, Radare und Raketen, alles mit ordentlich Bass und Pathos, so sieht sich die Industrie. Als der Clip endet, sagt Gerhartz ergriffen: «Mega. Damit ist eigentlich alles gesagt.»

Im Publikum sitzt auch einer, der weniger markig auftritt, aber den gleichen Rang hat wie der Luftwaffenchef: Es ist ein alter Bekannter, Heereschef Mais. Der Mann also, der zu Beginn der *Zeitenwende* öffentlich kritisiert hatte, dass die deutschen Landstreitkräfte «blank» seien. Man erkennt sein Gesicht sofort wieder, die Brille auf der Nase, aber natürlich auch die hellgraue Uniform mit den vielen Abzeichen auf der Brust und den Schultern, Mais ist ein Drei-Sterne-General. Und heute will er neue Kontakte knüpfen und herausfinden, was das Heer künftig gebrauchen könnte. Mais steuert besonders die Flugsimulatoren und Waffen der Amerikaner an. Die Herausforderungen, vor denen Deutschland steht, sind so groß wie seit der Wiedervereigung nicht, das wird auf der ILA greifbar und das weiß auch Alfons Mais. Er tritt etwas demütiger auf als der Kollege von der Luftwaffe – oder die Industrie.

Auch der Heereschef hält eine kurze Rede, selbst geschrieben auf Papier. Mais hat kein durchproduziertes Video dabei, was er sagen will, kommt auch so rüber: Dass es nämlich höchste Zeit für Veränderungen ist, dass die Industrie auch ihren Teil beitragen muss zur *Zeitenwende* und dass es auch in der Moderne auf alte Soldatentechniken ankomme. «Es gibt alte Herausforderungen, an die wir uns erinnern müssen.» Herausforderungen wie den Krieg. Man könnte auch sagen: Probleme.

Draußen wird es derweil immer heißer, dennoch sind viele gekommen und der Fluglärm über der Messehalle nimmt zu. Später soll der Kanzler landen, und mittags zieht Olaf Scholz dann tatsächlich alle Kameras auf sich. General Mais wartet abseits, ohne Kameras, danach gibt es noch ein Pressefoto in Halle drei, Scholz posiert auf einem Militärhubschrauber, Mais steht daneben, ehe der Kanzler auch schon wieder verschwunden ist, heute ohne historische Rede. Vielleicht ging es Scholz eher darum, Firmen wie Airbus seine kurze Aufwartung zu machen. Alfons Mais bleibt, er ist ganz im Zeitenwendedienst. Schaut man genauer hin, sieht man, wie der General unter Druck steht. Sie brauchen das neue Material beim Heer wirklich dringend, neues Personal obendrein, junge Leute. Einen Messestand des Bundeswehr-Karrierecenters haben sie direkt am Eingang aufgebaut.

Mais' Problem mit der selbstbewussten Luftwaffe des Kameraden Gerhartz: Das Heer ist weniger greifbar und Kampfjets für viele interessanter als Panzer. Und vor allem muss Mais erst einmal die alten Strukturen seines Heeres verändern. Was Papierkram bedeutet – aber im Kriegsfall über die deutsche Kampfkraft entscheidet. Mais nennt sie auch hier wieder, die dringend benötigten neuen Funkgeräte. Dazu verbesserte Schützenpanzer. Beides wird noch sein eigenes Kapitel schreiben am Ende des ersten Jahres der *Zeitenwende*.

In den ILA-Messehallen erscheint indes alles so, als gehe es hier gar nicht um tödliche Waffen. Eher fühlt man sich an eine Auto-Show erinnert, der Boden ist weiß, alles wirkt steril und ganz kühl, trotz der

Hitze draußen. Bei Generalen wie Mais löst das Skepsis aus: Denn sie wissen, dass viele der angepriesenen Waffensysteme unter realen Bedingungen, im Dreck und Staub, nicht immer so gut funktionieren, wie die Industrie es darstellt. «Laborbedingungen», sagt Mais. Wahre Einsatztauglichkeit sei etwas anderes. Wieder sind es klare Worte. «Wir müssen die Industrie dazu bekommen, dass schnell geliefert wird.» Auch Mais braucht den Nah- und Nächstschutz für seine 65 000 Soldatinnen und Soldaten, die im Kriegsfall vorne an der Front kämpfen. Und das im Moment weitestgehend schutzlos tun müssten. Wenn ein Krieg ausbrechen würde, sie stünden im Feuer und es wäre niemand da, der sie aus der Luft beschützen könnte.

Das übersehen viele in den ersten *Zeitenwende*-Monaten: Es geht nicht nur um die eigenen Grenzen und die Ostflanke in Litauen, Deutschland steht weiter im Wort bei der NATO und die verlangt viel mehr Kräfte als bislang, in voller Ausrüstung und jederzeit bereit. Beim grundlegenden Wandel der Sicherheitsarchitektur geht es also nicht nur um die Beschaffung neuer deutscher Schiffe oder Flugzeuge aus dem Sondervermögen, sondern auch darum, ganz altmodisch Kampfkraft am Boden zu schaffen. Die NATO sieht Deutschland als Landmacht, am Ende verlangt Brüssel, dass die drei neuen Divisionen bis 2027 stehen.

Das ist die Lage, in der Alfons Mais morgens aufwacht und abends ins Bett geht. Zeit zu verlieren gibt es schlicht nicht. Sollte ihn das Stocken der *Zeitenwende* schon nach den ersten Monaten nervös machen, noch merkt man es ihm nicht an. Mit etwas mehr Zeit schaut sich der getriebene General heute die Hubschrauber auf der Messe an, das ist jetzt ganz seine Welt, Mais ist schließlich ausgebildet in der Heeresfliegerwaffenschule Bückeburg. 1981 war das, und heute gibt's die Schule in dieser Form gar nicht mehr. Aber Mais kennt noch viele Leute, er ist beliebt.

Nachmittags trifft auch er kurz die selbstbewussten Raketenbauer von MBDA, die natürlich auch unter den 500 Ausstellern der ILA sind. Sie hätten da zufällig was zum Nah- und Nächstbereichschutz. MBDA hat einen besonders schicken Pavillon hochgezogen, auch hier übersieht man fast, dass es um tödliche Raketen geht. Drinnen herrscht rege Betriebsamkeit, gewiss, man wisse ja, der Herr General habe kaum Zeit, aber ob man ihm dennoch schnell etwas zur Drohnenabwehr zeigen könne? Auch so etwas braucht Mais nämlich, das hat sich bei den Firmen längst rumgesprochen, wie sonst will der Heereschef in Zukunft seine neuen Divisionen beschützen, sollten sie in ein Kriegsgebiet ausrücken müssen? Deutschland hat im Jahr 2022 keine Drohnenabwehr – nicht mal im Ansatz.

Viele Monate sind seit der Rede des Bundeskanzlers inzwischen vergangen und das Heer ist noch immer dasselbe. Immerhin: Man will weniger abhängig von alten Bahnanlagen und Schienen werden und stellt daher schwere Waffensysteme von der Kette auf Räder um. Bloß: Von den dafür gewünschten neuen Panzerhaubitzen auf Rad hat die Bundeswehr in diesem Sommer erhalten: genau null. Etwa 160 Stück sollen es mal werden, doch noch immer ist kein Vertrag unterzeichnet. Es ist noch nicht einmal bestellt worden vom Beschaffungsamt oder dem Ministerium. An diesem heißen Tag auf dem Berliner Flughafen könnte der General es wieder sagen: Man steht blank da. Landauf, landab fehlen Panzergrenadiere, Fernmelder, Führungsunterstützung. Und noch immer sind viele deutsche Kasernenhöfe mit Altschrott zugemüllt. Das ist der triste Stand des Frühsommers.

Jetzt tauchen auch die Schlauchbootprobleme des Kanzlers auf: Denn die deutsche Traditionswerft Lürssen ist erzürnt, dass die finnische Werft beauftragt werden soll, und hat eine Rüge des Verfahrens anstrengt. Die Ausschreibung sei schlicht technisch nicht umsetzbar gewesen, heißt es bei Lürssen nun auch schriftlich, die Finnen würden das niemals hinbekommen. Die Boote sind eine neue Goldrandlösung, die gibt es in der Zeitenwende also weiterhin. Dann steht der *Tag der Offenen Tür* im Verteidigungsministerium an, er ist gut besucht, viele sind an diesem heißen Sonntag in Berlin zum ersten Mal da und wollen mit der Truppe sprechen und sich Panzer ansehen. Nur die Chefin fehlt, Christine Lambrecht – sie hat Corona.

Kanzler im Panzer

Ortstermin mit Olaf Scholz,
Militärgelände in Ostholstein

Einen Kriegskanzler hätten wohl nur die Wenigsten in Olaf Scholz gesehen. Doch so ist es gekommen, 22 Wochen nach der gewonnenen Bundestagswahl kam der Krieg nach Europa. Etwa ein halbes Jahr ist das nun her, am Ende der Ferien, es ist der 25. August 2022, erlebt die *Zeitenwende* jetzt aber einen neuen Kanzlermoment: Scholz besucht die Bundeswehr und den Rüstungsproduzenten Krauss-Maffei Wegmann. Der Kanzler hat zuvor entschieden, dass die Ukraine erste 15 Flugabwehrpanzer Gepard dieser Firma erhalten soll, nach wochenlangen Debatten. Und so zeigen die Fernsehsender an diesem Tag ihre Berichte vom Truppenübungsplatz Putlos an der Ostsee, wo Feuerstöße durch die Luft donnern.

Ein Flugzeug kreist am Himmel, so dass die Flugabwehrpanzer am Boden einen Feind simulieren können und die Erfassung mit dem Radar üben. Der Kanzler will sich dieses Training heute genauer ansehen, denn es sind die Ukrainer, die hier an deutschen Panzern lernen, ehe sie nach sechs Wochen Ausbildung zurück in den Kampf ziehen. Die ersten deutschen Gepard-Panzer sind schon in der Ukraine eingetroffen, weitere sollen folgen, das hat der Kanzler entschieden.

Der Truppenübungsplatz, etwa fünfzig Kilometer von Kiel entfernt, ist der einzige in der ganzen Republik mit Küstenanbindung. Aus Vorsicht lassen sie für den Schießbetrieb die nahe Bucht sperren: Wer genau hinsieht, kann die Warnfeuer für die Schifffahrt sogar bis nach Fehmarn erkennen. Seit Beginn der *Zeitenwende* schlagen die Anwohner wieder häufiger die Schießzeiten nach, die von der Bundeswehr ausgehängt werden. Meist wird von 9 bis 17 Uhr geschossen, Mittwoch und Donnerstag auch mal bis 20.30 Uhr.

Als Olaf Scholz eintrifft, um sich über den Flugabwehrpanzer und die Ausbildung zu informieren, wird aus dem Routinetermin ein Truppenbesuch, wie es ihn selten gegeben hat. Scholz lässt sich zuerst geduldig eine Einführung geben, er lernt, dass der Gepard ein Flug-abwehrkanonenpanzer und 47 Tonnen schwer ist, 830 PS. Die Feuer-stöße sind zwei bis sechs Sekunden lang und die Bundeswehr hat seit 1976 mehr als 400 dieser Panzer genutzt, ehe sie bis 2012 aufgrund ihres Alters und der Kosten stillgelegt werden mussten. Nun sollen sie der Ukraine helfen, immerhin in modernisierter Version. Der Kanzler steht vor einem Gepard und lässt sich all das erklären, einer der Ausbilder hilft mit einem Zeigestock aus, die Fernsehkameras halten diese Szenen genau fest. So sieht man auch später noch, dass der Panzer bereits ohne ausgefahrenes Radar 3,30 Meter hoch ist. Scholz misst 1,70 Meter, die Panzerketten reichen ihm also bis zur Brust.

Dann folgt der große Moment: Olaf Scholz klettert prompt selbst hinauf auf den Panzer, in Anzug und Hemd. Er steigt eine wackelige Trittleiter hinauf, einen Anzugschuh nach dem anderen, so lässt sich Scholz vom Geschütz oben ins Innere hinab. Eine Szene, wie es sie während der 16-jährigen Amtszeit von Angela Merkel als Kanzlerin nie gegeben hätte. Scholz wagt den Schritt, natürlich weiß er um die Bedeutung der Bilder und der Medien, die solche Bilder begehren. Dass er beim Herausklettern unsicher wirkt und Rüstungsmanager Frank Haun ihn sogar ungeniert kurz am Handgelenk packen muss, damit Scholz nicht hinunterpurzelt – es geht unter. Der Kanzler stützt sich einfach auf einer der Kanonen ab und findet Halt. Wichtig war nur, dass er hinaufgestiegen ist. Und deswegen stellt er sich am Ende noch einmal lässig vor das Kriegsgerät, lehnt sich mit der rechten Schulter an der Kette an, Zeit für noch mehr Pressefotos und ein letz-tes Nicken, dann ist alles im Kasten.

Das Kalkül gelingt: Bei den meisten bleibt von diesem Tag hängen, dass der *Zeitenwende*-Kanzler keine Scheu vor Waffen hat – sogar auf einen Panzer klettert er. Dass der Gepard zunächst einmal völlig ver-altet ist, darüber reden im Wirbel um die Bilder nur wenige. Die Uk-rainer nehmen dankend, was sie bekommen, und der Gepard mit sei-ner Reichweite von 15 Kilometern und 1100 Schuss pro Minute wird helfen: im Kampf gegen die tief fliegenden Flugzeuge und Helikopter der Russen.

Für Olaf Scholz ist es einer der besseren *Zeitenwende*-Tage, denn er muss sich ansonsten, das wird auch im Herbst kaum besser werden, viel Kritik anhören. Gewiss, er hat einen wagemutigen Kurs vorgegeben im Februar und große Ankündigungen gemacht in seiner Rede. Doch der Auftritt mit dem Panzer kann nicht darüber hinwegtäuschen, dass alles viel zu langsam geht. Was ist aus den Versprechen geworden, jetzt, etwa ein halbes Jahr später?

In den ersten Monaten passierte erstaunlich wenig, es wirkte ganz so, als müssten sich alle erst mit der neuen Weltlage arrangieren, während gleichzeitig das Entsetzen über die russischen Gräueltaten größer wurde. Eine *Zeitenwende* aber einfach nur anzukündigen, ein Wort in die Welt zu setzen und dann andere machen zu lassen – das ist zu wenig. Allerdings passiert genau das gerade, allen PR-Terminen zum Trotz. Man fragt sich immer wieder: Wo ist der Kanzler? Und wie macht er überhaupt Politik?

Die Methode Scholz lässt sich über die Monate gut beobachten, vor allem in der weiter hitzig debattierten Frage, ob Deutschland noch mehr schwere Waffen an die Ukraine liefern soll. Der Kanzler gibt dabei stets eine zurückhaltende Linie vor: Lieferungen wenn, dann nur mit den Amerikanern gemeinsam, im Bündnis. Besonnenheit, das ist erst einmal nachvollziehbar, der Kanzler muss viele Interessen vertreten, von Bürgern und Partei, das ist der Job. Scholz muss mehr als 84 Millionen Menschen berücksichtigen, die Energieversorgung, Inflation, höhere Preise bei Benzin und Lebensmitteln. Er muss einen kühlen Kopf bewahren, wo andere ihn verlieren, er muss stark bleiben, wo andere zweifeln. Doch all diese Anforderungen machen ihn auch langsam. Das führt sogar so weit, dass nicht Scholz die Ukraine zuerst besucht, um seine Solidarität zu bekunden, sondern Oppositionsführer Friedrich Merz von der CDU. Er war schneller, Scholz sieht alt aus. Ganze vier Monate nach Kriegsbeginn taucht der Bundeskanzler erst zum Besuch in der Ukraine auf.

Pressekommentare zu mehr Tempo ziehen beim Kanzler allerdings nicht. Erst, wenn der politische Druck zu groß wird, verschiebt er rote Linien. Die Politik, die am Ende dieses deutschen Lavierens steht, ist nicht immer für alle nachvollziehbar: Erst will Berlin keine Waffen lie-

fern, dann doch, aber nur über Umwege und Drittstaaten, beim so genannten Ringtausch.

Die direkten deutschen und schweren Waffenlieferungen beginnen
mit der Panzerhaubitze 2000 und, Ende Juli, dem Mehrfachraketenwerfer Mars II. Jetzt reden alle über den Gepard, später in der *Zeitenwende* wird sich Scholz' Lavieren wieder zeigen, beim Schützenpanzer
Marder und schließlich dem Kampfpanzer Leopard. Immer erst die
Blockade, dann die späte Lieferung. Statt frühe und klar kommuni-
zierte Lieferentscheidungen zu treffen, windet sich Scholz. Er macht es
unnötig kompliziert, diese Art bringt Nachteile mit sich. Wenn er auf
Kritik reagiert, wirkt Scholz oft unentschlossen, schwach und trotzig.
Als er im Fernsehen danach gefragt wird, warum er sich in der Panzerfrage nicht erkläre, sagt Scholz: «Hab ich.»

Wahr ist: Hat er oft nicht. Dabei gilt doch, dass man von gewählten
Politikern erwarten darf, sich zu erklären. Scholz vermeidet das, selbst
wenn er dafür die unsinnigsten Formulierungen finden muss. «Schwere
Waffen» – dieser Ausdruck kommt wochenlang nicht über seine Lip-
pen. Scholz spricht lieber von «Waffen mit… erheblichen Auswirkungen». Statt auf direkte Waffengeschäfte setzt die Regierung vorerst
auch auf Geld zur Ertüchtigungshilfe, die Ukrainer sollen einfach
selbst Waffen bestellen, anstatt welche von Berlin geliefert zu bekommen. Scholz' Gegner sagen: «Rumgeeier.»

Der *Spiegel* druckt ein Titelbild mit Scholz ab, im Kanzleranzug,
aber mit Barrett auf dem Kopf wie ein Soldat. Schlagzeile: «Krieger
wider Willen». Ein anderes Mal fragt das Magazin den Bundeskanzler, ob er Pazifist sei. Olaf Scholz sagt: «Nein.» Er habe einen Eid ge-
schworen und wolle Deutschland nicht zur Kriegspartei werden lassen, schließlich gebe es kein Lehrbuch für diese Situation. Ihm eile der
Ruf eines harten Verhandlungspartners und klugen Strategen voraus,
schreibt der *Spiegel:* «Doch als Kanzler wirkt Olaf Scholz bislang
blass und unnahbar. Ausgerechnet er muss jetzt die Deutschen durch
diese *Zeitenwende* führen.» Scholz selbst sagt manchmal ungelenk,
dass Kriegsfragen in seinem Kabinett «sehr besprochen» oder «sehr
vorbereitet» gewesen seien. Das reicht jedoch nicht aus, es braucht
deutlichere Erklärungen seiner Absichten. Soll die Ukraine zum Bei-

spiel mit den deutschen Panzern auch den Krieg gewinnen? Das sagt die deutsche Regierung so klar nicht, andere schon. Berlin nimmt damit erneut in Kauf, internationale Partner zu verwundern.

Im eigenen Land ist Scholz ein leiser Kanzler, nur einmal hält er eine laute Rede, bei Berlin, fast schreit Scholz in sein Mikrophon: «Es muss einem Bürger der Ukraine zynisch vorkommen, wenn ihm gesagt wird, er solle sich gegen die Putin'sche Aggression ohne Waffen verteidigen. Das ist aus der Zeit gefallen.»

Für den Kanzler spricht: Er muss täglich komplizierte Abwägungen treffen. Nichts Geringeres als die geltende Friedensordnung steht auf dem Spiel. Und die Panzerlieferfrage bleibt drängend: Völkerrechtlich ist sie heikel, und praktisch kompliziert. Einen Schützenpanzer Marder kann ein ungelernter Soldat nicht einfach ohne Schulung bedienen, anders als simple Panzerfäuste. Solche hat Deutschland früh verschickt.

Doch eines kann auch der Kanzler nicht verhehlen: Wenn man sich in Berlin von Drohungen Putins abhängig macht, auch von atomaren, dann hat man jede Stärke und Glaubwürdigkeit verloren. Und die Ukraine ist ein Deutschland verbundener Staat, ein Partnerland der NATO. Man muss helfen, es nützt nichts. Und die meisten wollen helfen. Allen voran die FDP-Verteidigungspolitikerin Marie-Agnes Strack-Zimmermann.

Doch auch bei den Grünen hat sich bei vielen nun ein neuer Rüstungskurs durchgesetzt, selbst bei solchen, die sich dem jahrelang verschlossen hatten. Zum Beispiel Anton Hofreiter. Er fordert ebenfalls vehement neue Waffen für die Ukraine und redet in Talkshows inzwischen so oft darüber, dass manche ihm den Spitznamen «Haubitzen-Toni» verpassen. Dem Klischee eines schluffigen Grünenpolitikers entspricht er nicht mehr und auch Hofreiters Partei will die Rolle der Zögernden in der Waffenfrage nicht wirklich spielen. Man treibt den Kanzler und die SPD manches Mal vor sich her. Der flapsige Spitzname Hofreiters kaschiert, wie tiefgreifend sich die politische Landschaft gerade verändert, doch auch die Grünen sehen ja im Fernsehen, wie brutal das russische Vorgehen ist. Auch ihnen stockt der Atem wegen der Massaker von Butscha und anderswo. Zwar geht die Bundesregierung seit Frühjahr immer stärker davon aus, dass noch mehr Kriegsverbrechen begangen wurden, dennoch steht der Kanzler nicht für einen Kurs schnellerer Waffenlieferungen. Hofreiter sagt: «Das Hauptproblem sitzt im Kanzleramt.» Was stimmt: Erst wenn irgendwann ein Kipppunkt erreicht ist, fällt Olaf Scholz um, dann wird eben doch geliefert. Es ist ermüdend und wird in den ersten Zeitenwende-Jahren, auf die dieses Buch zurückblickt, immer wieder vorkommen. Was fehlt im Kanzleramt, ist jemand, der die Debatte steuert, ehe sich die Debatten sinnlos hochschaukeln oder an der Sache vorbeiführen. Ernst genug ist die Lage, Deutschland muss beweisen, dass es historisch auf der richtigen Seite steht. Doch bis die Regierung entscheidet, erste Waffen wie den Gepard zu liefern, sind bereits zwei Zeitenwendemonate vergangen. Danach dauert es noch einmal Monate, bis sie ausgeliefert sind.

Der Schweigekurs des Kanzlers schadet Berlin: Da liefert man einen Panzer, das ist ein historischer Vorgang – doch wie all das geschieht, lässt die Regierung weiter apathisch wirken. Rheinmetall wird viel später eine Munitionsfertigung für den Gepard auf deutschem Boden in Betrieb nehmen, um die Ukraine zu versorgen. Auch das dauert, denn der Munitionstyp ist so alt, dass es die Werkzeuge zur Fertigung gar nicht mehr gibt. Und auch daran zeigen sich die unterwarteten Probleme, mit denen die *Zeitenwende* zu kämpfen hat. Manches ist in diesen Wochen nicht planbar, anderes stockt ohne böse Absicht oder aufgrund ungünstiger Umstände. Die Regierung kommt auch deshalb in die Defensive und steht manchmal auch zu Unrecht schlecht da, weil der Kanzler zu still ist, wenn gesprochen werden müsste.

Zwischenzeitlich ist der ukrainische Präsident, mit dem sich Scholz eigentlich duzt, so genervt, dass er selbst bei der deutschen Industrie einkauft. Und der ukrainische Botschafter in Berlin nennt Scholz öffentlich eine «beleidigte Leberwurst». So verfestigt sich insgesamt das Bild fehlender Führungsstärke, obwohl Scholz im Wahlkampf stets behauptete: «Wer bei mir Führung bestellt, bekommt sie auch.» Doch Wirken und Außenwirkung seines Kabinetts sind konfus. Wenn Scholz' Verteidigungsministerin in der Waffenfrage etwa öffentlich auf Geheimhaltung pocht und deutsche Panzer und Flugzeuge für die Ukraine ausschließt, während Scholz' Außenministerin, Annalena Baerbock, darauf drängt, auch die Ausfuhr schwerer Waffen zu debattieren. Bei einer Gelegenheit erfährt der Bundestag erst aus der Zeitung von einer neuen Waffenlieferung. Wer den Versuch wagt, durchzublicken, bekommt vom Verteidigungsministerium die Auskunft, man müsse sich bitte ans Wirtschaftsministerium wenden. Dieses wiederum verweist dann auf Geheimhaltung. Die *Zeit* analysiert: «Olaf Scholz hat vorläufig die Deutungsmacht über seine Ukraine-Politik verloren, er wirkt dünnhäutig und apathisch zugleich. Treibt ihn der Krieg – oder seine Partei?»

In beiden ersten Jahren der *Zeitenwende* wird es Umfragewerte geben, nach denen die Mehrheit der Deutschen Scholz nicht für führungsstark hält. Und wen wundert es? Einen Kriegskanzler hätte wohl niemand in Olaf Scholz gesehen. Immerhin ist er im Bundestagswahlkampf 2021 mit einem Programm angetreten, das Belange der Bundeswehr im Grunde nicht berührt. Es gab TV-Duelle vor der *Zeitenwende*, in denen die Verteidigungspolitik überhaupt nicht vorkam.

Seine Gegner sehen in ihm einen Naivling: Auch Olaf Scholz hat vor Kriegsbeginn bloß zugeschaut, daran konnte auch sein letzter verzweifelter Besuch bei Wladimir Putin nichts ändern. «Die Situation ist sehr ernst», mehr brachte Scholz nicht heraus, ehe Putin zu seinem Überfall schritt. Russland hatte seit Wochen mehr als 100000 Soldaten an der Grenze zur Ukraine zusammengezogen. Berlin verfolgte die Satellitenbilder genau, doch trat vor dem 24. Februar kaum in Aktion. Auch, dass die SPD so lange an der russischen Gaspipeline Nord Stream 2 klammerte, was die Ukraine schwächte und Russland nutzte, macht es für Scholz politisch nicht leichter in der *Zeitenwende*. Er stoppte das Gasprojekt viel zu spät.

Und noch etwas lässt sich nicht leugnen: Es ist Scholz selbst gewesen, der im Dezember 2021 eine fachfremde Juristin zur Oberbefehlshaberin gemacht hat, die eigentlich einen ganz anderen Ministerposten haben wollte. Der Vorschlag Christine Lambrechts, das war beste Scholz-Politik und symptomatisch für den sicherheitspolitisch unbedarften Politiker. Ihm hatte ja vorgeschwebt, die Truppe still und leise verwalten zu lassen. Dieser Plan wird aber zunehmend durchkreuzt – von Scholz' Ministerin selbst.

Schon vor dem Sommer war der Frust im Bendlerblock über die neue Chefin merklich gewachsen, der Kreis der Unterstützer um Christine Lambrecht lichtete sich bereits. Die Methode Scholz beinhaltet aber, dass der Kanzler seine Vertrauten nicht einfach fallen lässt, egal, wie groß die Kritik sein mag. Auch Lambrecht verteidigt Scholz, sie diente unter ihm bereits als Staatssekretärin. Und so sind die beiden vorerst eine kleine Schicksalsgemeinschaft. Auf die Frage, ob Lambrecht eine Belastung für seine Regierung sei, sagt Scholz: «Ich bin sehr sicher: Wenn man in drei Jahren auf die Wahlperiode zurückblickt, wird es heißen: Sie ist die Verteidigungsministerin, die dafür gesorgt hat, dass die Bundeswehr endlich ordentlich ausgestattet ist.» Auf die Feststellung, dass dies eine kühne Prognose sei, entgegnet der Kanzler: «Nein.» Und das nach Lambrechts Helikopterflug.

Lambrecht und Scholz, sie stehen derweil noch für etwas anderes. Den Kurs der absoluten Geheimhaltung um die deutsche Waffenlieferliste, noch immer wird darüber gestritten. Christine Lambrecht rechtfertigt sich damit, dass alles «auf ausdrückliche Bitte der Ukraine hin» geschehe. Deren Botschafter in Deutschland, Andrij Melnyk, sagt aber: «Es gab keine Bitte um Geheimhaltung.» Im Grunde kann nur eine Aussage stimmen. Lügt eine der beiden Seiten also?

Am Ende kippt das Kanzleramt auch hier. Plötzlich wird eine Liste im Internet veröffentlicht, die nachzeichnet, was Berlin wirklich geliefert hat. Eben noch war das Staatsgeheimnis – von Sicherheitsbedenken ist nun keine Rede mehr. Was wohl zeigt: Der Umgang mit der Liste war von Anfang ein Politikum. Es verfestigt sich das Bild einer Regierung, die verschleiern wollte, dass die Ukrainehilfe nicht so opulent ausgefallen war wie versprochen. Mit der neuen Onlineplattform ist die Zeitenwendepolitik in diesem Punkt wenigstens transparenter geworden. Etwas mehr würde man dazu schon gerne erfahren, doch der Kanzler ist schon wieder abgetaucht – Spargelfahrt mit seiner SPD auf dem Wannsee.

Flak-Zimmermann

FDP-Abgeordnetenbüro
Deutscher Bundestag, Berlin

Für Marie-Agnes Strack-Zimmermann ist es so: Mal auf einen alten Panzer zu klettern, das reicht einfach nicht. Es ist ihr zu wenig. Sie kann das alles nicht mehr hören, die Ausflüchte des Kanzlers in der Frage schwerer Waffen für die Ukraine. Was das angeht, ist die Stimmung deutlich aufgewühlter als beim letzten Besuch in ihrem Büro im Bundestag. Strack-Zimmermann ist heute richtig aufgebracht. «Die Amerikaner liefern, was das Zeug hält. Wir nicht, keiner versteht es.» Sie würde Kampfpanzer schicken, sagt Strack-Zimmermann. «Das ist ein weiteres Equipment, um vor allem im Süden des Landes an der Südfront zu agieren, wo die ganzen Korn- und Weizenfelder sind und in der Tiefe des Raumes man eben mit Panzern russische Stellungen bekämpfen könnte.»

Als sie 2017 in den Bundestag kam und gleichzeitig in den Verteidigungsausschuss, wurde sie als einfache FDP-Abgeordnete hineingewählt. Ihr Dienst begann in der Opposition, die FDP arbeitete sich an der vorerst letzten Großen Koalition ab. In der Post-Merkel-Zeit hat Strack-Zimmermann eine neue Rolle gefunden, heute leitet sie den Ausschuss und ihre Partei ist plötzlich Teil der Regierung.

Eine schwierige Konstellation für die FDP-Abgeordnete, denn sie will sich auf keinen Fall selbst zensieren, sondern weiter alles sagen, was sie will und denkt. Auch, wenn manchmal ein Aufschrei folgt. Durchziehen will sie ihre Art, sagt Strack-Zimmermann. «Meine Rolle ist nicht, dem Kabinett zu gefallen.» Sie halte es da ganz mit Walter Scheel, der einst sagte: «Es kann nicht die Aufgabe eines Politikers sein, die öffentliche Meinung abzuklopfen und dann das Populäre zu tun. Aufgabe des Politikers ist es, das Richtige zu tun und es populär zu machen.»

Die Vorgänger hatten es bei der Ausschussleitung oft mit einem Verwaltungsjob zu tun. Doch Strack-Zimmermanns Ansatz ist alles andere als gemächlich: Zu Beginn muss sie sich erst finden, seither verfolgt sie eine Politik der lauten Worte, schiebt Debatten an, hält sich nicht zurück, wo sie sich nicht zurückhalten will. Sie sagt: «Zeitenwende beginnt im Kopf. Als Erstes muss alles dort ankommen. Ich fand es bezeichnend, dass der Kanzler von Zeitenwende sprach, das war wirklich eine Mega-Rede. Aber dann war erstmal Ruhe.»

Nach außen gibt Strack-Zimmermann sich abgeklärt, doch da ist auch eine andere Seite, die öffentlich nicht zum Tragen kommt. Wie es in ihr wirklich aussieht, bekommt nur mit, wer sie ein längeres Stück begleitet: Dann sieht man, wie der politische Richtungsstreit Kraft kostet. Sie hat sich früh für robuste Waffenlieferungen positioniert, die Diskussion darum macht sie zu ihrem Thema. Wenige streiten in dieser Sache so energisch. Strack-Zimmermann sagt zur Methode Scholz: «Der Kanzler sagt, er mache sich diese Entscheidungen schwer. Diese Worte würde ich nicht benutzen.»

Die Methode Scholz, seine unendlich langen Sätze, das muss die promovierte Publizistin Strack-Zimmermann gleich doppelt nerven. Einmal, zu Beginn der Zeitenwende, sitzt Olaf Scholz in der ARD-Talksendung bei Anne Will, die Moderatorin spricht ihn auf solche Kritik an. Scholz entgegnet: «Wenn jemand das anders sieht, dann gestatte ich das sehr gerne, weil das zur Demokratie und zur Meinungsfreiheit dazugehört. Aber es ist nicht realistisch, dass das eine seriöse Haltung ist.» Anne Will weiß auch kurz nicht, was sie sagen soll auf diese Aussage.

Marie-Agnes Strack-Zimmermann meint: «Er ist halt so, mehr kann ich auch nicht sagen.» Die Verzweiflung ist ihr manchmal anzumerken. Sie mag zwar eines der Gesichter der Zeitenwende sein und immer bekannter werden – nur nützt ihr das gerade wenig. Sie leitet den Verteidigungsausschuss, aber über Waffen entscheidet eben die Regierung. Der Kanzler, Zauderer Scholz. Die Abgeordnete sagt: «Jedes der Argumente gegen eine Waffenlieferung kann entkräftet werden. Selbst im Kabinett ist man doch genervt. Ich habe dafür überhaupt kein Verständnis. Währenddessen sterben pro Tag hunderte Ukrainer.» Panzerhaubitze, Mehrfachraketenwerfer, der Gepard – all das sei noch immer zu wenig. Strack-Zimmermann denkt, dass sich das Risiko einer Eskalation auch durch die Lieferung von noch schwereren Waffen, wie Kampfpanzer, nicht erhöhen würde. Putin habe schon alles eskalieren lassen.

Und das sagt sie auch so klar, Strack-Zimmermann war noch nie um Worte verlegen. Sie tritt selbstbewusst auf, Kritiker sehen da ein großes Ego. In Berlin rufen sie deshalb manche inzwischen mit einem neuen Spitznamen – «Flak-Zimmermann», weil sie in Diskussionen oft die Feuerkraft eines Geschützes hat. Das ist bildlich, überdeckt jedoch, dass Strack-Zimmermann an den Fakten entlang streitet, was man von vielen Meinungsgebern im politischen Berlin dieser Wendezeit nicht behaupten kann. Auch die Medien hyperventilieren, mit den Monaten schreibt die Hauptstadtpresse Strack-Zimmermann immer weiter zur mächtigsten Gegenspielerin des Kanzlers hoch. Wenn Scholz der Held ist, muss sie Antiheldin sein, so ticken sie in Berlin-Mitte, selbst der *Spiegel* schreibt ein solches Porträt. Strack-Zimmermann findet: «Albern.» Sie hält dagegen, das ja, aber es geht ihr um die Sache, das zumindest ist der Eindruck, der sich in den Zeitenwendewochen durchsetzt. Es stimmt allerdings, dass sie blitzschnell zurück in den politischen Angriffsmodus wechseln kann. Gerade, wenn den Sommer und Herbst über weiter nicht genug Waffen exportiert werden. «Was wir nicht wissen, ist, warum es so lange dauert. Es nervt mich. Deutschland hat leider gerade versagt», meint Flak-Zimmermann.

* * *

Verteidigungsausschuss
Paul-Löbe-Haus, Saal 2700

Der Verteidigungsausschuss hat derweil seit Frühjahr durchgearbeitet. Er trifft sich im Paul-Löbe-Haus, einem Bau aus Beton und Glas. Jeden Mittwoch in einer Sitzungswoche kommt das Gremium morgens zusammen und tagt in einem kreisrunden Saal bis zum Mittag. Ohne die Öffentlichkeit, manchmal unter strenger Geheimhaltung, dann sind drinnen keine Handys erlaubt. Wer wissen will, was die

Zeitenwende macht, der sollte ab und an vorbeischauen, denn schon von draußen lässt sich viel beobachten. Auch hier kommt die kriegsbedingte Inflation langsam an und macht den Kaffee teurer. Mitarbeiter des Bundestags versorgen die Abgeordneten mit Snacks, vor allem mit den in Abgeordnetenbüros geliebten Schnitzelbrötchen.

Die Militärs aus dem Verteidigungsministerium müssen den Ausschuss regelmäßig über den Stand der neuen Bundeswehr aufklären, solange sie draußen noch diskutieren, kann man lauschen. Gerade diskutieren zwei Militärs, wie viele Information man dem Parlament zukommen lassen solle. Der eine sagt zu Rüstungsprojekten, die im Ausschuss gebilligt werden müssen: «Ich schreibe da immer maximal zwei Seiten. Mehr kann kein Abgeordneter lesen.» Und sein Gesprächspartner erzählt über den oft behäbigen Politikbetrieb: «Es gibt da wirklich eigene Mitarbeiter dafür, bloß die bunten Mappen mit Vorlagen zu sortieren.» Die Marine wartet auf ihren Einlass im Ausschuss, ihr Repräsentant ist erkennbar an der blauen Uniform. Nach solchen Sitzungen, in denen die Vertreter der Seestreitkräfte durchaus unbequem von den Abgeordneten befragt werden, erstatten sie ihren Ministerien Rapport, auch heute – hoffentlich über eine sichere Leitung. Dann sagt der Heeresmann zufrieden: «Erstmal was essen.»

Mancher Tag der *Zeitenwende* ist geprägt von stupider Verwaltung. Wenn Christine Lambrecht allerdings im Ausschuss auftaucht, dann wird es meist interessant. Sie unterrichtet das Parlament heute über neue Erkenntnisse zu den Kriegsverbrechen von Butscha. Es ist ernst. An leichteren Tagen schmeißt sie ein «Hallöchen» zur Begrüßung in den Raum, ehe die schwere Saaltür zufällt. Läuft es schlechter bei der Ministerin und will sie schnell weiter, vergisst sie nach der Sitzung schon mal ihre rote Ledertasche drinnen. Einer ihrer Sicherheitsmänner kehrt dann zurück, um sie zu holen.

Auf denselben Bundestagsfluren sieht man in diesen Wochen immer wieder General Mais vorbeihuschen, den Heereschef. Es ist gerade kaum an ihn ranzukommen, er hat viel zu tun. Mais wirbt um Brückenpanzer, erfährt man. Das Problem des Generals bleibt: Er kann nicht einfach selbst einkaufen. Seine Waffen bewilligt die Politik.

Viele der eher hektischen Sitzungstage enden im Büro der FDP-Abgeordneten Strack-Zimmermann. Der Brockhaus ist noch da, die drei Fahnen von Deutschland, EU, NATO. In der Ecke steht ihr weißer Tretroller, den sie im Bundestag inzwischen nutzt, um in den Plenarsaal zu düsen. «Verraten Sie mich nicht!» Ohne den Roller schafft sie einfach nicht mehr alle Termine. Auch jetzt übertönt eine laute Klingel das Gespräch, sie schrillt immer dann, wenn im Plenum abgestimmt werden muss und alle Abgeordneten anwesend sein müssen. Sonst gibt es Geldstrafen. Gewöhnt man sich eigentlich je an dieses typische Bundestagsgeräusch? «Nee, es ist so nervig, dass man es überall hört.» Strack-Zimmermann düst kurz los, man solle einfach auf ihrer Couch warten. Einen Helm trägt sie nicht, das Exemplar auf ihrer Kommode hilft wenig weiter: Es ist ein Gefechtshelm, aber nur als Modell. Sie hat ihn sich selbst gekauft.

Nach der Abstimmung bleibt an diesem Mittwoch noch Zeit für klare Gedanken. Auch zu ihrer eigenen Rolle und der neuen Bekanntheit, die sie erlangt hat. Wenn Marie-Agnes Strack-Zimmermann vor die Tür geht, wird sie mehr angesprochen denn je. «Zu 97 Prozent positiv», sagt sie. 20 000 neue Follower sind es auf Twitter, wo sie ihren Kanal selbst bedient. Zumindest war das bislang so, inzwischen liest sie weniger – es lenke sie zu sehr ab.

Dass die Popularität auch andere Seiten hat, wird die Abgeordnete noch erfahren. Heute geht es eher um die körperlichen Folgen ihrer Arbeit. Denn tatsächlich ist bei all den Debatten zur *Zeitenwende* ein Punkt im Bundestag erreicht, an dem viele Abgeordnete weit über ihre Grenzen gehen, es ermüdet. Auch Strack-Zimmermann. «Und dann kommt dazu, dass mein Ausschuss plötzlich im Fokus des Geschehens stand. Es gibt keinen Staatsmann, der beim Krieg involviert ist, der mich nicht sprechen will.» Strack-Zimmermann will bei all dem aber nicht jammern – Krieg ist Krieg. Auch für Deutschland. Wie könne sie sich beklagen, meint sie, nicht hier, sondern in der Ukraine fänden die Kämpfe statt. Und genau deswegen wird sie nicht müde, neue Waffen zu fordern. Nicht, weil sie eine Kriegstreiberin ist, sondern weil sie sich als «Friedenslobbyistin» sieht. Daher trifft sie wenig so sehr wie der Vorwurf, den Krieg anzuheizen. «Ehrabschneidend ist das», sagt sie. Sie lasse das nicht an sich heran, meint sie. Gleichzeitig ist es auch Strack-Zimmermann, die in Debatten immer wieder selbst mit Begriffen provoziert.

Vorerst dominieren aber vor allem die lauten Debatten ihr Leben. Und es wird Strack-Zimmermann auch verändern: Denn mit den Monaten erlebt sie die dunklen Seiten ihrer neuen Rolle – nicht allen gefällt, was sie macht. Die Abgeordnete wird inzwischen immer öfter bedroht. Ihr Büroleiter Cord Schulz, 37, dokumentiert alles sorgsam. 250 Strafanzeigen – jeden Monat. Angst mache ihr das nicht, nachdenklich werde sie aber schon, erzählt die Abgeordnete und lässt dabei für einen kurzen Moment hinter ihre Maske der toughen Antreiberin blicken. In einem Alter, in dem manche an den politischen Ruhestand denken, ist sie auf dem Höhepunkt der Popularität und in der einflussreichsten Rolle. In der *Zeitenwende* wird Strack-Zimmermann zu einer der bekanntesten Deutschen.

All das erlebt sie jetzt, mit Anfang sechzig. Dass inzwischen jeder weiß, wie sie aussieht und wie markant ihr Familienname ist, macht die Sache nicht leichter. Die Nachbarn sind bereits darüber aufgeklärt worden, wie sie am besten reagieren, wenn Fremde nach der Abgeordneten fragen. In der Nähe der Wohnung ist jetzt permanent Polizei stationiert und ihr Name aus dem Düsseldorfer Einwohnerregister gestrichen. «Ich bin nicht ängstlich», sagt Strack-Zimmermann. «Ich möchte nur meine Familie schützen. Das geht über alles.» Tatsächlich hat sie schweren Herzens auch den Namen von der Klingel entfernt, denn sie ist stolz auf ihn, es ist der Name ihres Mannes. «Wir tragen ihn mit Würde und mit Last», sagt sie. Ihr Mann ist bemüht, es gelassen zu sehen: Seither habe der Paketbote so seine Schwierigkeiten, sagt er. Drei Kinder haben die Strack-Zimmermanns großgezogen, sie alle unterstützen die späte Karriere der Mutter in der Politik, sie sind selbst längst erwachsen. Ohne diesen Freiraum könnte Strack-Zimmermann nicht in diesem Ausmaß für die Ukraine streiten. Und doch ist alles ein bisschen viel. Selbst für sie.

«Ich lebe nur noch von Tag zu Tag. Es geht auch gar nicht anders», sagt die Abgeordnete einmal abends ins Telefon. «Das ist kein normaler Job. Mein ganzes Leben hat sich geändert und ich habe mein Privatleben, wie soll man sagen, stark reduziert.» Die einzige Ruhepause sind oft ihre Krimis, besonders der *Tatort* abends.

Tagsüber vergisst sie immer öfter zu essen und ist dann völlig unterzuckert. Was sie mit der Zeit lernt: Öfter nein sagen zu nachrangigen Terminen. Im Grunde sei eine Mitarbeiterin nur noch damit beschäftigt, höfliche Absagen zu schreiben. Strack-Zimmermann will sich trotz all der Überstunden noch mehr engagieren. «Ich glaube, dass wir noch nie eine so dramatische Lage hatten. Was mir seit Kriegsbeginn passiert ist und wie sich alles hier in Berlin verändert hat – das glaubt uns kein Mensch. Es ist jetzt alles anders.» Fünf Tage später steigt sie mit ihrem Büroleiter Schulz in den Nachtzug in Richtung Ukraine. Angst habe sie nicht. In zwei Wochen sei sie zurück, sagt Strack-Zimmermann noch. «Also, wenn nichts passiert.»

Die große Zeitenwendeshow

Mitte September 2022
Bundeswehrtagung, Hotel Intercontinental, Berlin

Einmal im Jahr fährt die deutsche Generalität geschlossen nach Berlin. Zur Bundeswehrtagung. Für viele ist es der wichtigste Termin überhaupt, es geht um die großen strategischen Linien, neue Konzepte, Austausch. Wohin steuert die Truppe? Das muss man im Herbst 2022 dringender denn je besprechen. Das Motto: eine «kritische Bestandsaufnahme in Zeiten des Krieges in Europa». Es könnte spannend werden, vielleicht nimmt bei dieser Gelegenheit die *Zeitenwende* ja wieder die Fahrt auf, die sie den Sommer über verloren hat.

Es gibt noch immer so viel zu tun beim Umbau der Bundeswehr zu einer modernen Armee und dabei, die deutschen Grenzen endlich sicher zu machen. Was bei der Tagung gesagt wird, wer mit wem spricht, ob die Generale neue Motivation mit in ihre Kasernen nehmen aus der Hauptstadt und dort ganz konkret die großen Ziele des Kanzlers umsetzen – darauf kommt es jetzt an. Zwei Tage sind angesetzt.

Am ersten Vormittag sind einige der Militärs nach ihrem Eintreffen am Tagungshotel verdutzt, denn der Eingang ist in ein Gerüst verkleidet, eine Kulisse, die eher nicht ausstrahlt, dass hier einer der wichtigsten Termine der *Zeitenwende* stattfindet. Eigentlich passt das Bild aber gut, denn auch drinnen muss dringend etwas instandgesetzt werden – die deutsche Verteidigungspolitik. Gleich soll die Ministerin kommen, auch für Christine Lambrecht ist es ein wichtiger Termin. Der oder die Oberbefehlshabende hält traditionell eine Rede, die den strategischen Kurs vorgibt. Umso merkwürdiger ist es, dass Lambrecht genau eine solche Rede zwei Tage vorher gehalten hat, eine «Grundsatzrede zur nationalen Sicherheitsstrategie». Der passendere Termin wäre eigentlich die Bundeswehrtagung gewesen. Wenigstens konnte Lambrecht so noch mal zu Protokoll geben, was *Zeitenwende* für sie bedeutet: «Allein mit Bedächtigkeit, allein mit dem Rückgriff auf bewährte bundesrepublikanische Traditionen werden wir in Zukunft nicht mehr sicher leben können. Mit unseren alten Selbstbildern ist die Zukunft unserer Kinder und Enkel in Frieden und Freiheit nicht mehr zu garantieren.» Wer eine Zukunft in Freiheit und Frieden wolle, müsse umsteuern. «Sicherheit wird wieder zur zentralen Staatsaufgabe.» Hat Lambrecht jetzt noch Pulver für ihren Auftritt, der eigentlich erst jetzt, auf dieser Tagung, kommt? Mancher General ist bereits irritiert, noch ehe die Ministerin überhaupt eingetroffen ist.

Genauso wie die Presse. Das Interesse ist weiter groß, auch die Medien haben plötzlich Journalistinnen und Journalisten abgestellt, um wieder mehr über die Bundeswehr zu berichten. An diesem Tag aber wird ihnen das Leben schwer gemacht – von Lambrechts Presseteam. Denn das will verhindern, dass sich neugierige Reporterinnen und Reporter frei im Tagungssaal bewegen und sich mit all den hochrangigen Generalen vielleicht etwas zu intensiv austauschen. Daher die Ansage: Die Rede der Ministerin und später die des Kanzlers könne man im Saal verfolgen, in den Pausen müsse man aber leider wieder hierher zurück, in eines der Hinterzimmer im Hotel. Man werde eskortieren, angeblich eine Sicherheitsauflage des Hotels. Prompt stürmt der bekannte Bundeswehr-Fachjournalist Thomas Wiegold aus dem Raum –

wie er sind viele vor allem gekommen, um im Hintergrund kritische Fragen zu stellen. Die Reden verfolgen, das kann man auch im Livestream von zuhause. Wiegold hat Recht mit seiner Kritik: Wer den tatsächlichen Stand der *Zeitenwende* – hinter dem Gerede – erfassen will, der muss nah dran sein. Am Ende muss man sich vom großen Pressetross abseilen, um sich in den Pausen unbemerkt unter die Uniformierten zu mischen. Das ist dann gleich viel erhellender.

Denn hier, in einem dritten Raum, hinter dem großen Tagungssaal, sind die Militärs unter sich, hier findet man die wirklich offenen Gespräche, fernab der Versprechen auf der Bühne. Und damit es nicht zu trist wird, haben sie ein Frühstücksbuffet aufgestellt, Kaffee fließt reichlich. Viele Gesichter der *Zeitenwende* trifft man hier. Christian Freuding, der General, der die geheimen Waffenlisten schrieb. Christian Thiels, Lambrechts Pressesprecher, der eilig versichert, die Ministerin arbeite wirklich viel, also echt jetzt. Auch Lambrecht selbst ist da und tauscht ein paar kurze Worte aus, vor allem aber bleiben sie und ihr Team unter sich. Etwas später trifft schließlich ein alter Bekannter ein: Heereschef Alfons Mais. Er hat eine Minute, endlich.

Auch hier, unter den Kameraden, will er klarmachen, wie dringend seine Heerestruppe das Material zurück brauche, das an die Ukraine abgegeben wurde. Und die neuen Funkgeräte, ohne die gehe nichts. Digitalisierte Landstreitkräfte, so etwas hat die Bundesrepublik schlicht nicht. Auf Lücken hinzuweisen, gehört für Mais zu seiner Pflicht als General, er schüttelt seit Februar unzählige Hände und dringt trotzdem oft nicht durch. In entscheidenden Momenten wird er einfach an der Seitenlinie stehengelassen. Frustriert? Auch. «Wir sind es ja gewohnt.»

Dabei muss das Heer den größten Teil der *Zeitenwende* stemmen. Der General will daher den Druck hoch halten, sagt er, und hofft, dass im Apparat Bundeswehr irgendwann von innen nach außen eine Kraft übertragen wird – die Zeitenwendekraft, wie in einer Zentrifuge. Etwas, das wirklich zu Veränderungen führt. Und, gibt es da schon Bewegung? «Außen ist schon noch Kruste», sagt der General. Die Kraft wird gebremst, soll das wohl heißen, der Druck muss größer werden. Wenn es blöd läuft, wird Mais aber am Ende nicht mehr tun können, als Berichte über den Stillstand zu schreiben, denn Melden ist wichtig bei der Bundeswehr. Wer meldet, der bleibt.

Alfons Mais will sich keinesfalls drücken, er steht ja für den Willen zum Aufbruch bei der Truppe. Im Gegenteil: Am Ende wird er maßgeblich seinen Namen dafür hergeben müssen, dass die *Zeitenwende* die Armee verändert. Dass es neue Kasernen gibt und neue Waffen, dass man ausgerüstet ist und trainieren kann für einen möglichen Krieg. Doch vieles hat er selbst gar nicht in der Hand.

Auf der Tagung gibt es viel Redebedarf zu seinem LinkedIn-Post vom Februar, nur die Ministerin sei nicht auf ihn zugekommen. «Ich bin nie von der Leitung drauf angesprochen worden, bis heute. Es wird einfach totgeschwiegen.» Alfons Mais wirkt ein bisschen rastloser in diesen Monaten, an seinem Einsatz liegt es wahrlich nicht. Er dreht einen ProSieben-Beitrag mit TV-Moderator Thilo Mischke, um auch mal neue Zielgruppen zu erreichen und auch jungen Leuten seine Arbeit zu erklären. Er besucht Offiziersanwärter und schreibt am neuen Zielbild Heer, das die Strukturen der Landstreitkräfte verändert – alles wird wieder auf Landesverteidigung umgestellt.

Mais' Handy ist immer an. Wie schafft man das alles, wenn man optimistisch bleiben will? Verbittert der General zum Schluss am starren System? Zermürbt es ihn? Alfons Mais ist einer, der so offen redet wie kaum einer in der Truppe. Er sagt: Enkelkinder, das helfe. Der General hat einen Sohn, das setze die Dinge in Perspektive, erzählt er stolz. Doch in Wahrheit sorgt er sich, was die Zeitenwendearbeit angeht. Mais ahnt, dass er weitere Panzerhaubitzen abgeben muss. Auch der General steht auf der Seite der Ukraine, nur ist jedes Kriegsgerät, das Deutschland abgibt, auch eine Schwächung der eigenen Fähigkeiten – und die muss Mais eben für seine Landstreitkräfte sicherstellen und verantworten. Dass er beunruhigt ist, kann man verstehen. Mehrfachraketenwerfer oder das Flugabwehrsystem IRIS-T, das im September bald ebenfalls in die Ukraine geschickt wird, hätten sie bei der Bundeswehr auch gern.

Hatte Mais nicht im Februar mit seiner öffentlichen Kritik klargemacht, dass das Heer längst blank ist? Zu verschenken jedenfalls hat er eigentlich nichts mehr. Das hätte ohnehin alles gleich die Industrie liefern sollen, nicht immer bloß die Bundeswehr, findet Mais. Auch er hält die Politik und die Methode Scholz für nicht immer nachvollziehbar. «So wird immer wieder nur auf Druckspitzen reagiert. Es gibt keine Strategie.» Im Heer könne man beobachten, wie das Material verschwindet, sogar das Ortungsradar Cobra zur Aufklärung feindlicher Stellungen. Die entscheidende Frage: Wie weit wollen Bundeskanzler und Verteidigungsministerin die eigene Truppe schwächen, um die Ukraine mit Kriegsgerät zu stärken? Es ist ein echtes Dilemma.

Zumal alle Teilstreitkräfte etwas vom Neukauf-Budget abhaben wollen. Im ersten Jahr der *Zeitenwende* wird vor allem die Luftwaffe des schneidigen General Gerhartz vom frischen Geld profitieren. Je mehr Ressourcen dessen neue Lockheed-Kampfjets binden, desto weniger Geld bleibt für neue Panzer, das weiß Heereschef Mais genau. «Es nimmt uns die Luft zum Atmen», sagt er. Am Ende fehlen seinem Heer buchstäblich die Schmiermittel für Panzer, Öl und Ersatzteile. Mais' Wünsche sind gewiss nicht ausgefallen, schon mit neuen Schneefahrzeugen wäre er für den Anfang zufrieden. Denn Krieg findet nicht nur im Sommer statt. Für den Moment ist die Bundeswehr nicht nur nachtblind – Nachtsichtgeräte wurden noch immer nicht bestellt –, sondern auch winteruntauglich. Die Bundesrepublik nachts und im Winter angreifen, um auf diese Idee zu kommen, müssten feindliche Kräfte keine Genies sein.

Mais geht militärisch von einem langen Krieg in der Ukraine aus. Er braucht schnellen Ersatz und hält sich raus aus der Debatte um die Waffenlieferungen. Er muss sicherstellen, dass sein Heer noch den Kernauftrag hinbekommt. Auf der Bundeswehrtagung tritt er wieder in den großen Saal zurück. Vorhin hat der Generalinspekteur gesprochen – gleich dreimal fiel der Ton aus. Jetzt kommt Christine Lambrecht zu ihrer großen Rede, im *Zeitenwende*-Showroom nimmt man die Plätze ein. Das Manuskript der Rede kursierte früh, nicht enthalten waren weitere Waffenlieferungen für die Ukraine. Die kündigt Lambrecht jetzt aber an: neue Mehrfachraketenwerfer und geschützte Fahrzeuge vom Typ Dingo.

Die Ministerin, eine der wenigen Frauen unter den 400 Teilnehmern im Saal, sagt vieles: Dass die *Zeitenwende* auch «umgesetzt» werden müsse und es «konkrete Schritte» brauche; «jeder Einzelne» müsse sich diesem Auftrag widmen bei der Bundeswehr, jeden Tag. «Einsatzbereit und leistungsstark», das müsse man wieder werden, heute und in Zukunft. Nur: Wann wird sie erläutert, die große Strategie? Die Weitsicht? Lambrecht wiederholt über 24 Minuten lang im Grunde den Startpunkt der *Zeitenwende* – nur liegt der nun fast ein halbes Jahr zurück. Sie sagt: «Die Menschen in unserem Land haben in großer Mehrheit erkannt: Wir brauchen militärische Stärke, damit unser Frieden erhalten bleibt – und mit ihm unsere Freiheit, unsere Lebensweise und unser sozialer Wohlstand.» Doch was folgt daraus, auch für sie als Verteidigungsministerin?

Die Erfolge des Kanzlers und auch ihre Erfolge sind bislang klein, Lambrecht kommt jetzt wieder auf die «Unterschwellenvergabeverordnung» bei der Beschaffung zu sprechen und das neue Handgeld für die Kommandeure der Kasernen – aber sonst? «Kaltstartfähig» müsse die Bundeswehr wieder werden, auch hier fällt der Begriff wieder. General Mais sitzt in der ersten Reihe, fünf Meter vor der Ministerin. Glaubt er wohl, was sie da oben sagt? Um darüber zu beraten, wie das alles gelingen kann, darum sei man heute ja hier, meint Lambrecht. «Ihre Ideen und Vorschläge» seien willkommen, wendet sich die Oberbefehlshaberin an ihre Führungskräfte.

Doch solche Ideen sind nicht erst seit Kriegsbeginn, sondern bereits seit Jahren bekannt. Ein Weißbuch («Grundlage deutscher Sicherheitspolitik») liegt dazu in der Schublade des Ministeriums – schon seit 2016. Jahrelang wurde es ignoriert, und auch zu Beginn der *Zeitenwende* hat man es unterlassen, die darin längst beschriebenen Vorschläge umzusetzen. So wirkt vieles an diesem ersten Tagungstag eher wie eine große Zeitenwendeshow: Wenn die Kameras an sind und die Presse brav sitzt, wenn das Licht stimmt und der Ton funktioniert, dann läuft sie, die *Zeitenwende*. Wenn aber die Pause kommt, dann sieht man die triste Stimmung. Das Momentum vom Februar – zumindest hier und heute ist es kaum mehr zu finden. Die Tagung läuft plätschernd dahin, ganz so wie die Kaffeemaschinen hinter der Bühne.

Und jetzt machen auch noch die neuen Schlauchboote Probleme, von denen das Ministerium nichts hatte hören wollen. Die Marine hat der finnischen Firma Nachforderungen gestellt. Womöglich waren deren Versprechungen zu den neuen Superbooten doch zu groß. Der Auftrag wackelt.

Den Kanzler holt derweil langsam sein Versprechen ein: Das Land werde zwei Prozent seiner Wirtschaftsleistung regelmäßig in Verteidigung stecken. Auf der Bundeswehrtagung tuscheln alle darüber, erste Zahlen zum neuen Bundeshaushalt machen die Runde. Demnach soll der Verteidigungsetat sogar sinken. Sinken? Wird die *Zeitenwende* nun tatsächlich zur Wendezeit – oder ist sie bloß Zeitverschwendung? Heeresgeneral Mais jedenfalls klingt nicht sehr hoffnungsvoll, dass der Epochenbruch gelingt. Vielleicht kann der Besuch des Kanzlers das ändern, er ist für den Vormittag im Tagungshotel angekündigt. Tag zwei.

Als Kriegskanzler Olaf Scholz den Saal betritt, drehen sich alle Generale nach links zu ihm und folgen seinem Gang auf die Bühne. Um 10.30 Uhr geht es los, auf dem Redepult ist wieder der Bundesadler abgebildet, dahinter eine Wand in Bundeswehrtarnfarbe, alles wie üblich. Und auch Scholz hat sich kaum verändert. Seine Begrüßung: «Ja, einen schönen Guten Tach.» Der informelle Ton irritiert die versammelten Generale kurz, ehe sie unisono «Guten Tag, Herr Bundeskanzler» zurückgeben.

Scholz ist gekommen, um ein Zwischenfazit seiner *Zeitenwende* zu ziehen, so ist es anmoderiert – aber gibt's denn viel zu sagen bisher? Scholz bleibt Scholz und nimmt gleich vorweg, was seine Zuhörer erwarten: «Klartext wollen Sie heute von mir hören.» Er wolle es sich nicht leicht machen, erinnert aber an eine frühere Rede von ihm, vor dem Krieg, als er sagte, eine gut ausgestattete Armee «muss ein Land unserer Größe leisten können». Das gelte mehr denn je. Es gehe um die deutsche Verlässlichkeit in der Welt. «Eine gut ausgerüstete Bundeswehr, die ihren Auftrag zum Schutz unseres Landes erfüllen kann, ist für mich eine Selbstverständlichkeit. Dafür stehe ich als Bundeskanzler und darauf können Sie sich verlassen.»

Der Kanzler räumt ein, dass es bei der *Zeitenwende* («ein echter Paradigmenwechsel») um mehr als Geld für die Armee gehe. Status quo «plus Sondervermögen», das sei nicht genug. Man müsse sich darauf einstellen, dass sich Russland auf lange Zeit «in Gegnerschaft zu uns» sähe. Scholz ist ernüchtert. «Es gibt keinen Zweifel daran, auf was wir uns einstellen müssen.» Der Kanzler analysiert das noch einmal klar, doch versprüht er kaum Energie und stolpert stellenweise nur so durch die Rede. «Wir sind auf dem richtigen Weg», dieser Satz klingt nicht unbedingt nach Aufbruch. Trotzdem schließt Scholz mit einem Lob an sich selbst ab. «Ich hoffe, das war Klartext genug. Schönen Dank.»

Er stellt sich danach noch einer Diskussionsrunde im Saal, die der Moderator mit Schmeichelei beginnt: «Vielen Dank, Herr Bundeskanzler, für den Klartext.» Er spreche sicher für alle im Saal. Tut er? Nicht unbedingt, aber es passt in die Choreographie. Wenigstens eines hat der Kanzler ehrlich angesprochen: «Die Fähigkeitslücken der Bundeswehr sind groß.» Der Mangel sei zu lange schöngeredet worden, kritisiert Scholz und schiebt die Schuld auf die CDU, die damals an der Macht war. Ganz so, als sei er gar nicht an den Vorgängerregierungen als Finanzminister und Vizekanzler beteiligt gewesen. Der Saal verfolgt die Sätze, erwartet vom Kanzler aber eher Taten, Pläne, Ziele. Zum Beispiel Gewissheit darüber, was die Bundeswehr denn noch alles an die Ukraine abzutreten habe. Scholz, der in Wahrheit keinen Klartext abgeliefert hat, sagt nichts Neues zur Waffenfrage. Vorerst also weiter keine Kampfpanzer.

Alfons Mais verspürt trotz vieler Floskeln in der Scholz-Rede einen gewissen Aufbruch. «Der Kanzler war gut, oder? Angela Merkel kam immer hierher und war dann gleich wieder weg.» Dass Olaf Scholz eine halbe Stunde blieb und noch die Fragen der Generale beantwortete, finden viele gut im Saal. Doch nur damit ist es freilich nicht getan: Die *Zeitenwende* kann nicht allein rhetorisch gelöst werden – es braucht mehr Taten. Olaf Scholz hat gesagt, alle anderen Aufgaben im Land hätten sich nun der Landes- und Bündnisverteidigung unterzuordnen. «Das ist mein Anspruch als Bundeskanzler. Daran können Sie mich messen.»

Auch sein SPD-Parteikollege, der frühere Wehrbeauftragte Hans-Peter Bartels verfolgt die Sätze. Er meint: «Wer es mit dem Kanzler gut meint, der misst vorerst lieber nicht.» Denn gerade droht der große

Zeitenwendeplan zu scheitern. Es geht kaum voran. Der Krieg dauert bald acht Monate und die Ampelregierung ist beinahe ein Jahr im Amt, doch die Debatten verlieren sich immer mehr oder erlahmen einfach. Nach Bartels Geschmack wird zu viel räsoniert, wie er sagt.

Und wie läuft es bei Christine Lambrecht? Sie hat noch einen zweiten Tagungstag, um die Anwesenden zu begeistern. Sie darf die Abschlussrede halten, es ist ihre Veranstaltung, wenn sie noch etwas zu sagen hat, das Tempo macht – dann jetzt, dann hier. Doch die Ministerin redet abermals über sich selbst. Ihr Ego zeigt sich wieder, finden die Kritiker. Sie nutzt die Bühne, um wieder einmal über ihre Ambition zu sprechen. Das gehört nicht hierher, hier wäre über die *Zeitenwende* zu sprechen, über Truppe und Landesverteidigung. Was Lambrecht an der Presse stört, interessiert die Generale herzlich wenig. Doch die Ministerin hat kaum ein Gespür für die Stimmung im Saal. Es wird unruhiger, in den hinteren Reihen lässt sich das gut beobachten. Lambrecht indes macht es wie Scholz, sie stellt sich und der Tagung einfach selbst ein gutes Zeugnis aus: «Es ist gelungen, den Begriff *Zeitenwende* hier durchzudeklinieren.»

Von Lambrecht – wie von Scholz – wird im Militär gerade Führung erwartet. Die Ministerin aber setzt auf die Strategie, jeden und jede gleichermaßen einzubeziehen: «Alle sind jetzt gefordert», hat sie oben auf ihrer Bühne gesagt. «Es liegt viel, viel Arbeit vor uns. Ich setze auf Sie, so wie Sie mit mir rechnen können. Manche sagen: rechnen müssen.» Und unbemerkt verliert Christine Lambrecht viele an diesem Punkt der *Zeitenwende*: Sie macht einen strategischen Fehler, der die Luft rauslässt. Denn sie sagt: «Niemand soll auf einen Startschuss warten.» Es brauche Entscheidungsfreude. «Auf geht's, vielen Dank!»

Lambrecht weiß damals wohl nicht, dass diese Marschroute mit ihrem politischen Ende einhergehen wird. Denn bei der Bundeswehr ist das so: Die Beharrungskräfte sind riesig. Wer hier einfach etwas entscheidet und macht – so wie von Lambrecht gefordert –, der umgeht die Hierarchie und im Zweifel denjenigen, der das erst genehmigen muss. Und bei der Bundeswehr muss alles genehmigt werden, jede Schraube.

Lambrecht sagt zwar: «Von uns allen wird abhängen, wie die Bundeswehr morgen aussieht!» Doch sie müsste dabei mehr Vertrauen ausstrahlen und klarmachen, dass es für Fehler in der *Zeitenwende* keine Strafen gibt. Das hatte auch Ursula von der Leyen schon versprochen – am Ende gab es Strafen, was vielen bis heute in Erinnerung geblieben ist. Mitte September ist somit der erste Kipppunkt in der Bundeswehr-Revolution da, auch wenn das untergeht.

Ein letztes Mal zeigt sich im Saal, wie die Ministerin und ihre Truppe fremdeln. Christine Lambrecht versucht ein wenig Schmeichelei, sie erwähnt lobend das «gesellige Zusammensein» vom Vorabend, als sie sich mit Führungskräften traf. Die Generale schauen sich verwundert an. Was meint sie? Den kurzen Stehempfang? Als Party jedenfalls hat den niemand empfunden, höchstens Lambrecht. Auf der Bühne teilt sie jetzt nochmal ordentlich gegen die CDU aus, auch das gehört eher auf einen Parteitag.

Der Termin zeigt abermals, dass die *Zeitenwende* auch daran scheitert, dass noch immer viel zu viel geredet wird und zu wenig getan. Der Generalinspekteur sagt auf der Bühne: «Allen muss klar sein, dass es im Grunde jederzeit losgehen kann.» Eberhard Zorn meint den Krieg. Dann machen sie im Tagungssaal wieder gemütlich Kaffeepause.

Am Ende trifft man kurz den Heereschef wieder, er durfte nicht selbst sprechen, hörte bloß zu. Zum Abschluss sagt er: «Heute geht man mit einem besseren Gefühl hier raus als gestern.» Aufbruch? Nachdenklich lässt einen auch der Kommentar eines Staatssekretärs aus dem Hause Lambrecht zurück: Es sei ihnen darum gegangen, «den richtigen Spirit» auszurufen auf der Tagung. Sieben Monate dauert die *Zeitenwende* nun schon und das Ministerium sucht noch den Spirit.

Drei Tage später wird bekannt, dass Deutschland der Ukraine weitere Panzerhaubitzen und Munition aus eigenem Bestand liefert, so wie vom Heereschef befürchtet. Nach blank kommt blanker.

Phase III. – Alles verloren?

7.

DRAMA

Die Nacht der langen Messer

10. November 2022
Paul-Löbe-Haus, Berlin
Raum 3142

Wenn Tobias Waldhüter an seinem Schreibtisch in der dritten Etage des Paul-Löbe-Hauses Platz nimmt, in diesem riesigen Parlamentsgebäude, das fest zum Bundestag dazugehört, dann geht es schnell um Milliarden. Denn wenn die *Zeitenwende* irgendwo ankommt, dann zuerst im Parlament, bei Menschen wie Waldhüter. Der 34-Jährige hat dunkelbraune Haare, die er leicht zur Seite trägt. Mit der Brille auf der Nase kontrolliert er den Staatshaushalt für die Opposition, fast zehn Monate nach der Kanzlerrede wartet er darauf, dass im Bundestag die Rüstungsprojekte vertraglich abgeschlossen und bewilligt werden, welche für eine *Zeitenwende* bei der Bundeswehr dringend nötig wären.

Wehrforschung, militärische Beschaffungen, Bodenaufklärung, NATO-Frühwarnsystem, einsatzgleiche Verpflichtungen und die guten alten Sozialversicherungsbeiträge, um all das geht es. Waldhüters Job ist es, auch Fehler und Verschwendung im Haushaltsplan der Regierung zu finden, er selbst arbeitet für die CDU. Auch in Waldhüters kleinem Büro steht also ein *Zeitenwende*-Schreibtisch, an der Wand ein altes Wahlplakat, Krawatten und Aktenblätter liegen herum, in der Ecke eine Standuhr und ein verlässlich surrender Minikühlschrank.

Im Regal hinter ihm stehen sieben fertig gebundene Bundeshaushalte, orange Batzen, kiloschwer und nur zusammengehalten von Gummibändern. So ein Werk ist auch heute das Ziel, der neue Haushalt für 2023 entsteht. Ermächtigungstitel, globale Minderausgabe, Deckungsvermerke – Waldhüter gibt sich das alles. Dutzende Mappen liegen herum, irgendwo inmitten von alldem steht sein Laptop. Er fragt sich: Was will die Regierung denn nun wofür genau ausgeben? Und wie viel kommt bei der Truppe wirklich an? Das alles betrifft den Bereich der *Zeitenwende*, in dem die Ankündigungen des Kanzlers besonders groß gewesen waren: Sein Land werde künftig regelmäßig zwei Prozent der Wirtschaftsleistung in Verteidigung investieren, hatte Olaf Scholz in seiner historischen Rede versprochen. Neue deutsche Staatshaushalte müssten dem ab Sommer 2022 Rechnung tragen, und tatsächlich beginnt im Bundestag bald das große Feilschen.

Tobias Waldhüter ist mitten drin, er ist angestellt beim CDU-Haushaltspolitiker Ingo Gadechens, einem früheren Berufssoldaten und Abgeordneten aus Schleswig-Holstein. Zusammen wollen sie die Regierung unter Druck setzen, sie antreiben. Waldhüter ist einverstanden, sich dabei ein Stück begleiten zu lassen. Die Bedingung: Der Referent will und darf über keine geheimen oder internen Haushaltspapiere sprechen. Was er aber möchte, ist seine Arbeit transparent zu machen und zu erklären, wie so ein Staatshaushalt im Bundestag überhaupt funktioniert, wie es konkret läuft mit dem ganzen Geld für die *Zeitenwende*.

Seit Anfang Juli ist das Sondervermögen in Kraft, seither könnte es genutzt werden. Doch den Sommer und Herbst über tut sich nichts, auch jetzt nicht, im Oktober und November. Die Kreditermächtigungen des Kanzlers über 100 Milliarden liegen unangetastet herum. Und was der CDU-Referent Waldhüter zunehmend erlebt, wird zeigen, wie bitter die Realität hinter dem Versprechen ist – Probleme überall. «Nach fast einem Jahr *Zeitenwende* kann dieses Ministerium nicht mal sagen, welche die zehn besten Haushaltsprojekte waren und wo man inzwischen am weitesten gekommen ist.» Diese Auswertung liefe nämlich für jedes Projekt händisch – elektronische Vergleichbarkeit, Messbarkeit – das gebe es alles nicht. «Irre», findet Waldhüter. Dieses Wort wird er in den kommenden Wochen noch oft gebrauchen. Selbst Milliarden können im System Bundeswehr versickern, das weiß er aus Erfahrung, zumal jetzt noch steigende Zinsen hinzukommen. Mindestens sieben Milliarden Euro werden es bis 2027 beim neuen *Sonder-vermögen* wohl, berechnet eine Prognose des Finanzministeriums. Damit hat die Verteidigungsministerin also effektiv weniger als 100 Milliarden Euro zur Verfügung.

Wer regelmäßig im Referenten-Büro einkehrt und den Stand verfolgt, der wird schnell nachdenklich. Nicht, weil Waldhüter als Vertreter der Opposition naturgemäß die Regierung kritisch sieht, sondern weil sich die enorme Langsamkeit zeigt, mit der es gerade vorangeht. Der CDU-Referent hat daraus seine eigenen Schlüsse gezogen: Er bombardiert das Ministerium inzwischen mit Nachfragen, denn der Bundestag hat das Recht, als Verfassungsorgan den Stand der *Zeiten-wende* vorgelegt zu bekommen. Im Bendlerblock sind sie genervt.

Dass er in der *Zeitenwende* gelandet ist, sagt Tobias Waldhüter, sei reiner Zufall gewesen. Er hat Lehramt studiert, bekam ein Stipendium der Konrad-Adenauer-Stiftung und las dann die Stellenausschreibung bei seinem CDU-Abgeordneten. Waldhüter ging 2015 in die Politik, kümmerte sich um Tourismusfragen und später den Haushalt des Umweltministeriums. Bis sein Chef im Haushaltsausschuss die Verteidigungsausgaben übernahm. Welten liegen da schon dazwischen: Das Umweltressort legt alle geplanten Ausgaben sorgsam erklärt vor, das Verteidigungsministerium hinterlegt im Bundestag manchmal Mehrkosten von 300 Millionen Euro – und schickt zur Begründung genau vier Zeilen. «Da sind die ganz groß drin!», sagt der Referent. Seitdem checkt Waldhüter Zahlenkolonnen der Bundeswehr noch genauer. Von der neuen Ministerin hält er wenig. «Lambrecht? Da ist ein Desinteresse, das erlebt man nie wieder.»

Was ihn ärgert, ist die neue Schludrigkeit, die mit Christine Lambrecht einzog. Öfter rutscht ihm heraus: «Das ist ja keine Vorlage, das ist eine Frechheit!» Was er gerade erlebe, sagt er, sei für ihn beispiellos. Das Ministerium hat einfach aufgehört, Fragen zu beantworten. Als sei das reiner Servicecharakter und das Parlament kein Verfassungsorgan mit gesetzlich verbrieftem Fragerecht. «Der Bundestag ist schon noch mehr als bloß ein lästiges Anhängsel der *Zeitenwende*», sagt Waldhüter. Dabei war doch auch er so hoffnungsvoll gestartet. Der Referent erzählt, wo er vor einem Dreivierteljahr gewesen war, als alles losging und der Kanzler seine große Rede hielt: «Ich saß in meinem Büro hier im Bundestag und habe das im Fernsehen angeschaut. Ich war geschockt, weil mit der Rede sofort klar war, dass das ein kompletter Bruch nicht nur mit der bisherigen SPD-Politik sein wird, sondern auch mit Scholz' eigenem Kurs in seiner Zeit als Finanzminister. Und ich dachte damals, dass er das wirklich ernst meint mit der *Zeitenwende*: Ich dachte: Aufbruch.»

Gerade tagt der nächste NATO-Gipfel, viele Medienberichte gibt es aber nicht gerade. Auch zum Entwurf des neuen Verteidigungshaushalts gab es wieder abflachendes Interesse. «Beides wäre vor einem halben Jahr etwas gewesen, da ist die Zeitung voll.» Heute sei da weniger Aufmerksamkeit. «Na klar, man möchte sich ja eigentlich nicht den ganzen Tag über Krieg und Waffen unterhalten. Aber für die Soldatinnen und Soldaten ist es echt blöd, weil wir am Anfang so ein Momentum hatten, sie jetzt endlich wieder verteidigungsfähig werden zu lassen.» Der Referent redet sich jetzt ein bisschen warm, er rekapituliert, wie die vergangenen Monate verlaufen sind und warum er nicht mehr glaubt an die Kraft der *Zeitenwende*. Also: Warum? «Weil einfach nichts passiert ist, wochenlang nicht. Es wurde nichts eingekauft und die Ministerin saß wie eine Glucke auf der Liste neuer geplanter Rüstungsvorhaben. Das *Sondervermögen* sei verkündet und in ein Gesetz gepackt worden, doch danach sei es still geworden», meint er.

Fragt sich: Warum passiert nichts? Weil man von Anfang an nicht wirklich an einen Sieg der Ukrainer glaubt? Weil das Gefühl der Bedrohung im Sommer für manchen in Berlin weniger wurde? Tatsächlich hätte *Zeitenwende* bedeutet, schon vor dem Sommer die ersten wichtigen Rüstungsprojekte so weit voranzutreiben, dass erste Verträge geschrieben und dann auch gleich bestellt werden könnten. Nur weil 100 Milliarden als Kreditlimit freigegeben werden, sind sie ja noch lange nicht ausgegeben. Am Ende des ersten Jahres der *Zeitenwende* werden es genau zehn Verträge sein, die für große Rüstungsvorhaben abgeschlossen sind.

Zehn Stück, nicht mehr. Dabei hätten schon ab dem Sommer die ersten Gelder fließen können, zumindest die Vorbereitung wäre möglich gewesen. Nur hätte das Parlament dafür Extradienste einschieben müssen, anstatt am 8. Juli in die geplante Sommerpause zu gehen. Allen voran aber hätte das Verteidigungsministerium Verträge vorbereiten müssen, auch über Nacht, Leistungsbeschreibungen und Verhandlungen eingeschlossen. Dass neues Geld bereit steht, heißt ja noch lange nicht, dass es auch konkrete Geschäfte gibt.

Dieses Nicht-Handeln wird nun, im Spätherbst, immer offensichtlicher. Und der Haushaltsreferent Tobias Waldhüter verfolgt den weiteren Verlauf der Zeitenwende so eng wie wenige; was er sieht, macht ihn nicht glücklich. Es sind gleich zwei Haushaltspakete, die jetzt zu schnüren sind, der reguläre Verteidigungshaushalt für 2023 und die weitere Verwendung des Sondervermögens für die *Zeitenwende*. Das neue Haushaltsjahr ist nicht mehr weit weg, es eilt. Und die Bundeswehr dringt auf das neue Material. Auch im Büro von CDU-Mann Gädechens ist der Heeresgeneral Alfons Mais schon gewesen und hat für mehr Geld, Ausrüstung und Großgerät geworben. Die CDU unterstützt diesen Kurs, nur sitzt sie nicht auf der Regierungsbank.

Im Parlament läuft alles Zahlenwerk traditionell auf eine lange Nacht zu: Dann wird der finale Haushalt für das neue Jahr ausgedealt, es ist die letzte Möglichkeit für Änderungen, danach wird der Bundestag den fertig verhandelten Etat nur noch beschließen und niemand kann mehr Zahlen nachträglich ändern. Hinter jeder Zahl verbergen sich oft Millionen oder gar Milliarden, weshalb die Verhandlungen der Abgeordneten so wichtig sind. Manche nennen sie auch: «Die Nacht der langen Messer». Denn schon häufiger haben Abgeordnete es in diesen Stunden geschafft, Geld für Projekte in ihrem Wahlkreis zu erkämpfen. Gib du mir, dann geb' ich dir. Daher Messer, weil besonders gewiefte Haushälter auf den letzten Drücker oft versuchen, Wahlkreisgeschenke für die eigene Heimat durchzudrücken und dafür an anderer Stelle bei einem anderen Projekt nachgeben. So läuft das, oft mit Druck.

In diesem Jahr fällt der Termin auf den 10. November. Und schon morgens steht fest: Dieser Tag wird lang. Er beginnt jetzt, um 11 Uhr vormittags, im Büro bei Tobias Waldhüter und wird irgendwann am frühen Morgen enden, in etwa 24 Stunden. Dann soll der nächste Zeitenwendemeilenstein stehen: Der neue Verteidigungsetat, aus dem

Rüstungsprojekte und die deutsche Landesverteidigung – neben dem Sondervermögen – bezahlt werden. Waldhüter ist seit halb acht in der Früh im Büro.

Seit dem Vormittag muss jeder Minister und jede Ministerin für den eigenen Haushalt im Parlament erscheinen, nicht andersherum. Spät am Abend, nach 22 Uhr, wird dann der Einzelplan 14 vom Haushaltsausschuss final beraten, schon morgens hat Christine Lambrechts Ministerium einen Spion im Bundestag platziert: Einen Soldaten, der in Nähe der Sitzungssäle im Blick hat, wie schnell man vorankommt und wann Lambrechts eigener Etat an der Reihe ist. Einzelplan für Einzelplan geht es durch, endlos.

Doch an diesem Morgen sagt Waldhüter: «Wir wissen nicht, ob Lambrecht kommt. Im Ausschuss neulich hat sie sich krankmelden lassen.» So wie er es wahrnimmt, gibt es gerade großen Ärger um das Sondervermögen: Offenbar hat man es im Ministerium überplant und mit mehr als 100 Milliarden Euro gerechnet, jetzt muss wieder rausgestrichen werden, was öffentlich so aussieht, als kassiere man die *Zeitenwende* wieder ein. Waldhüter sagt: «Ich bete, dass die wissen, was sie machen.» Dass sie im Ministerium ihren Job ordentlich erledigen, diesen Eindruck hat der junge Referent schon lange nicht mehr. Für den großen Haushaltstag trägt er Krawatte und ein weißes Hemd. So sitzt Tobias Waldhüter an diesem entscheidenden Morgen am Schreibtisch und weiß, dass heute Nacht der neue Haushalt steht. «Hoffen wir, dass es reicht.»

Auf der Südseite im Löbe-Haus sitzt derweil Marie-Agnes Strack-Zimmermann mittags ebenfalls am Schreibtisch. Auch sie folgt den Zahlen, auch sie sagt: «Wie auf dem Basar geht das!» Dass zuletzt im Sondervermögen gestrichen werden musste, versteht sie genauso wenig wie der CDU-Referent: «Wie blöd kann man sein? Man hat einfach ohne Not zu viele Projekte auf die Liste gesetzt und muss sie jetzt wieder herunternehmen.» Wenn man im Supermarkt nur 100 Euro dabei habe, aber sich den Wagen für 120 Euro vollmache, dann müsse man an der Kasse eben wieder Sachen herausnehmen. «Und dann gucken natürlich alle!»

Die öffentliche Kritik an Christine Lambrecht teilt sie vorerst aber nicht. «Ich kann mit ihr, sie hat einen guten Humor.» Auch, wenn ihr der zuletzt vielleicht abhandengekommen sei, sagt Strack-Zimmermann. «Aber sie kann doch jetzt richtig was bewegen. Das ist schon ein Knaller!» Sogar, dass die Ministerin durch ihren Truppenbesuch in Mali gestöckelt war, verteidigt sie ein Stück. Manches sei ungerecht, wenn es um optische Dinge geht. «Da bin ich sehr empfindlich, also welche Schuhe sie trägt oder was für eine Frisur. Das muss doch ihr Bier bleiben.» Ob es jetzt sinnvoll sei, in einer Wüste voller Terroristen High-Heels zu tragen, dazu redet sich Strack-Zimmermann die Dinge dann aber doch etwas schön. «Es gibt Frauen, die können auf hohen Schuhen laufen oder eben nicht, ich gehöre in letztere Kategorie. Aber vielleicht kann Frau Lambrecht ja, wenn sie fliehen müsste, in solchem Schuhen besonders schnell laufen.» Die FDP-Frau stellt sich vorerst also vor ihre SPD-Kollegin. Lambrechts Umfeld allerdings, puh. Neulich im Niger habe sich ernsthaft einer aus dem Ministerinnentross beklagt, dass es hier so heiß sei. «Warum kommen Sie dann mit?», habe Strack-Zimmermann ihn gefragt. Zum Stand der *Zeitenwende* sagt sie mittags: «Wir brauchen alles und wir brauchen viel mehr.»

Am frühen Nachmittag wird klarer, welche Wendung der Tag nehmen wird. Die späten Stunden am Bereinigungstag sind immer die spannenden, erzählt Waldhüter. Sein Kollege steckt den Kopf durch die Tür: «Ich komme nicht mehr hinterher. Du?» Waldhüter: «Nein.» Obwohl die Regierung bereits am 15. August angefangen hat, erste Entwürfe zu schreiben, liefert sie viele Informationen erst kurz vor der entscheidenden Sitzung und Beratung. Das erschwert der CDU und dem Parlament die Arbeit. «Chaos, aber wo will man hin», sagt Waldhüter. In drei Stunden erhalten sie jetzt fast 400 E-Mails, alles neue Anträge und Haushaltspläne der Regierung. Der Referent fragt schon seit Wochen immer wieder nach bei Christine Lambrecht zu ihren konkreten Finanzplänen für die *Zeitenwende*. «Die geben ihnen 15 Vorlagen und da stehen 16 unterschiedliche Dinge drin», beschwert sich der Referent. «Naja, das Leben ist hart.»

Es wird 20.13 Uhr, gleich ist im Haushaltsausschuss erstmal noch das Entwicklungshilfeministerium dran, danach Lauterbach, und irgendwann geht es um das Geld für die Bundeswehr. Den Abend über wälzen sie hektisch die letzten Planzahlen. «Wie viel haben die da nochmal reingeschrieben?», fragt sein Kollege Waldhüter durch die Tür. Der ist ein wenig versunken, in der Ecke surrt bedächtig der Mini-Kühlschrank. Um 21.14 Uhr wird es endgültig wild. Der Computer piept, eine neue E-Mail. Die Regierung will sich Stunden vor Annahmeschluss noch eine Liste hochrangiger Staatsposten genehmigen, der Bundestag solle bitte kurz zustimmen. 68 Seiten umfasst alleine dieses Dokument, sagt Waldhüter. Es sind exakt solche Momente, in denen sie sich im Parlament getäuscht vorkommen. Auch das gehört zur Nacht der langen Messer: Koalitionen, die sich auf den letzten Metern noch Luxusprojekte finanzieren lassen wollen, oft in der Hoffnung, dass das bei all den Anträgen, Tabellen und E-Mails ans Parlament vielleicht nicht groß auffällt.

Mehr als 17 Stunden dauerte die Bereinigungssitzung 2020, der bisherige Rekord. Heute ist um 0.16 Uhr jetzt auch die Verteidigungsministerin da, sie und ihre Entourage. Christine Lambrecht nimmt sich einen Moment, dann kommt ein junger Mann vorbei, es bleibt Zeit zum Herzen und zum Scherzen. Dann wird es drinnen ernst. Die Abgeordneten werden die Ministerin genau befragen, warum sie an welcher Stelle wie viel Geld benötigt, und Lambrecht und ihre Staatssekretärin werden es im Detail erklären müssen. Es gibt keine Gelegenheit mehr auszuweichen oder sich krankzumelden. Heute gilt es, heute zeigt sich auch der Gegenwind der Opposition. CDU-Mann Gädechens knurrt in einer Pause: «Man darf diesen Frauen kein Geld geben.»

Am frühen Morgen steht er dann, der neue Zeitenwendehaushalt. 18,5 Stunden lang hat die Bereinigungsnacht insgesamt gedauert, neuer Rekord. Trägt der neue Staatsetat aber auch der neuen Lage Rechnung? «Der Kanzler hat große Dinge versprochen, nur er hat sie nicht geliefert. Und die Verteidigungsministerin lebt irgendwie in ihrer ganz eigenen Welt. Es ist schon fast dramatisch», sagt Tobias Waldhüter. Der Blick in den fertigen Einzelplan 14, also auf die Bundeswehr, sieht an diesem Morgen anders aus, als sich viele erhofft hatten. Die Zahlen sind dünn, zu dünn.

Zugleich zeigt der Krieg, wie schnell alles eskalieren kann und wie dringend daher die *Zeitenwende* vorankommen muss. Am 15. November schlagen Raketen auf dem Staatsgebiet Polens ein. Sie kamen aus dem Osten, vielleicht von Russland. Die Welt hält den Atem an. Der Ernstfall könnte plötzlich da sein. Denn sollten es russische Raketen sein, stünde der Bündnisfall im Raum, Polen ist NATO-Mitglied und ein Angriff beträfe alle NATO-Partner. Der deutsche Kanzler ist gerade zum Staatsgipfel in Indonesien, Mitarbeiter wecken Olaf Scholz nachts sofort auf. Der Kanzler verbringt die Zeit nach drei Uhr Ortszeit telefonierend, er spricht mit Polen und den USA. In den ersten Minuten und Stunden kann niemand mit letzter Sicherheit sagen, ob der Krieg nach Deutschland gekommen ist. Bei der Bundeswehr werden Nachtschichten geschoben, alle eint der Schreck.

Ausgerechnet eine, die sonst wenige Fehler macht, greift nun daneben, Marie-Agnes Strack-Zimmermann: Sie twittert, obwohl noch nicht alle Fakten bekannt sind. «Russische Raketen haben offenbar Polen und damit NATO-Gebiet getroffen.» Erst nach Stunden wird klar, dass mehr dafür spricht, dass hier aller Wahrscheinlichkeit nach eine Rakete oder Raketenteile einschlugen, welche von der Ukraine zur Abwehr eines russischen Marschflugkörpers abgeschossen worden waren, also keine russischen. Ein ungeheuerlich bedrohlicher Vorgang, aber kein großer Krieg, in den die NATO plötzlich verwickelt wäre. Heute gehen auch westliche Geheimdienste von diesem Geschehen aus.

Strack-Zimmermann löscht ihren Post damals, doch Häme und Hass sind nicht mehr aufzuhalten. Sie wird aufs Übelste beschimpft, auch nach ihrer Richtigstellung. «Unsere kleine Friedenstaube hat ihren etwas verfrühten Tweet zum ersehnten Bündnisfall gelöscht», schreibt einer spottend. «Nicht verzagen Agnes, beim nächsten Mal klappt es bestimmt.» Ein anderer: «Sie betet förmlich den 3. Weltkrieg herbei.» Die FDP-Abgeordnete trifft das: Zuhause in NRW war sie seit Wochen nicht mehr, jetzt lässt sie es zum ersten Mal etwas ruhiger angehen.

* * *

23. November 2022
Plenarsaal, Reichstag

Knapp zwei Wochen später wird der neue Haushalt im Bundestag debattiert. Tage wie im Fieber sind vorausgegangen, jetzt finden sich alle im großen Plenarsaal ein. Auch CDU-Mann Gädechens, sein Mitarbeiter Tobias Waldhüter und Marie-Agnes Strack-Zimmermann sind im Saal. Die Folgen der Zeitenwende spürt man jetzt im Bundestag ganz konkret, denn das warme Wasser in den Spülbecken der Abgeordnetenbüros wurde abgestellt, Deutschland muss in diesem Winter Energie sparen, weil niemand weiß, ob die Gasvorräte ohne den russischen Zustrom reichen und wie teuer die nächste Rechnung wird, in Berlin wird der Fernsehturm nachts nicht mehr beleuchtet.

Im Bundestagsplenum aber reden sie erstmal über anderes, nämlich die Fußball-Weltmeisterschaft im fernen Katar.

Für die Haushaltsdebatte sind neunzig Minuten Aussprache vorgesehen, Parlamentsvizepräsident Wolfgang Kubicki bittet um zügigen Platzwechsel, lässt sich aber auch selbst ablenken: «Es steht immer noch 1:0», sagt er in sein Mikrofon. Dann muss er korrigieren: «2:0». Deutschland spielt gegen Japan, selbst hier im Bundestag schielen sie drauf, Krieg hin oder her. Dann kommt Kubicki zur Opposition. «Herr Gädechens, Sie haben das Wort.»

Der kommt im CDU-blauen Anzug nach vorn und legt los. Gädechens redet dort, wo am 27. Februar 2022 noch der Kanzler gesprochen hatte, nur sind seine Worte andere. «Jedem Anfang wohnt ein Zauber inne», beginnt Gädechens, «nach dem Start der Ampel hatte ich für kurze Zeit die Hoffnung, dass dieser Zauber zu spürbaren Verbesserungen bei der Bundeswehr führen könnte», sagt der Abgeordnete. Die Rede des Kanzlers damals an dieser Stelle habe ihn gefreut. «Endlich schien die SPD erkannt zu haben, wie desaströs die Finanzplanung des damaligen Finanzministers Olaf Scholz für die Bundeswehr war – und heute leider immer noch ist.» Jetzt, sagt Gädechens, müsse man zu dem Schluss kommen: Der Zauber ist verflogen. Lambrecht hätte «die Mutter der Kompanie» werden können, jetzt erkenne man aber eher, dass die Ministerin «die böse Stiefmutter» sei.

Sie sei eine Oberbefehlshabende «ohne Verständnis für die wirklichen Notwendigkeiten, aber ausgestattet mit einer diffusen Auffassung für eine effektive Sicherheitspolitik, die gerade in dieser Zeit von elementarer Bedeutung wäre. Reden und Handeln dieser Bundesregierung fallen eklatant auseinander.» Dann kommt der CDU-Mann auf die nächtlichen Verhandlungen zurück. Sein Urteil: «Dieser Haushalt ist für die Bundeswehr ein Desaster.» Wenn man nämlich in die Zahlen schaue, so stelle man fest, dass der reguläre Bundeswehretat um fast 400 Millionen Euro gesunken sei. Gesunken, kann das wirklich sein? Hatte der Kanzler nicht das Gegenteil versprochen?

Ein Blick in die Bücher zeigt, dass Ingo Gädechens Recht hat. Er selbst sagt: «Das ist einfach nur absurd.» Mehr Betriebskosten, mehr Inflation – und weniger Geld für die Bundeswehr. Das Sondervermögen könne den sinkenden Haushalt nicht retten, er schmelze «wie Butter in der Sonne». So kommt Gädechens in seiner Rede auf Christine Lambrecht, er geht sie namentlich an, sie sitzt rechts hinter ihm, auf der Regierungsbank, verschränkt die Arme und rollt mit den Augen. Sie muss sich anhören, dass sie sich nicht durchsetzen könne und der Haushalt das zeige. «Hören Sie doch, Frau Ministerin, zumindest auf die eigenen Leute, die Ihrer Arbeit ein derart schlechtes Zeugnis ausstellen.» Selbst die Grünen sind nicht mehr gut auf die Verteidigungsministerin zu sprechen, das stimmt.

Anschließend redet wieder Vizepräsident Kubicki. Weiterhin interessiert ihn weniger die *Zeitenwende* als die Fußball-WM. Kubicki verkündet, dass das Tor zum 2:0 für Japan doch wieder aberkannt worden sei. Als sei er hier der Stadionsprecher.

Jetzt darf die SPD reden, Chefhaushälter Andreas Schwarz, so etwas wie das sozialdemokratische Pendant zu Ingo Gädechens. Schwarz beginnt: «Ingo, du hast ganz schön schwarz gesehen.» Der SPD-Mann verteidigt den neuen Etat, das ist seine Rolle, er muss die Ministerin schützen. «Dieser Haushalt steht für Fortschritt und für Aufbruch», behauptet Schwarz. Man müsse Scholz und Lambrecht danken. Außerdem sei es mit den Zahlen doch anders, seine Rechnung laute: Der reguläre Etat mit einem zusätzlich noch einberechneten Anteil aus dem Sondervermögen – das seien doch mehr als 58,6 Milliarden für

2023 und die Truppe, freut sich Schwarz. Ein Rekordwert, stellt er sogar fest.

So kann man sich natürlich auch die Welt schönrechnen, es zeigt, dass Union und SPD im Grunde in zwei verschiedenen Realitäten leben. CDU und CSU meinen: Von der *Zeitenwende* bleibt nichts übrig. Die SPD findet: Die Ausgaben seien auf einem historischen Höchststand. Schwarz beschwört: «Zusammenhalt in der *Zeitenwende* ist das Motto dieses Verteidigungshaushaltes.» Er will Harmonie – Ingo Gädechens eher nicht. Zum Kuscheln ist auch nicht die Zeit, noch immer sind keine Nachtsichtgeräte bei der Truppe eingetroffen, man wäre noch immer nachtblind im Krieg unterwegs. Da hilft es auch nicht, dass die SPD sich freut, dass nun endlich Geothermie in der Stauferkaserne in Pfullendorf laufe. Alles hängt daran, ob man das Sondervermögen on top rechnet oder einfach zu den regulären Verteidigungsausgaben hinzuzählt – das hat natürlich einen schönen optischen Effekt. Die Gesamtsumme ist gleich größer und die zwei Prozent werden erreicht, nur ohne effektiv langfristig höhere Verteidigungsausgaben. Denn das Sondervermögen läuft ja spätestens 2027 aus, steht im Gesetzblatt.

Aber selbst wenn die zwei Prozent von vornherein nur unter Einbeziehung der 100 Milliarden erreicht werden sollten: Was passiert, wenn sie aufgebraucht sind?

Um 15.34 Uhr tritt Christine Lambrecht ans Podium. Sie feuert zurück: «Nicht alles, was lautstark und breitbeinig vorgetragen wird, entspricht der Realität, das konnten wir heute wieder mal erleben.» Lambrecht kritisiert die CDU-Vorgängerinnen im Ministerium, Gädechens redet lautstark dazwischen, von Beginn an. «Das ist unanständig», tobt er. Irgendwann brüllen sie sich bloß noch gegenseitig an. Lambrecht schießt zurück: Nicht laute Worte, sondern konkrete Politik – das sei *Zeitenwende*. Im Grunde werfen sich SPD und CDU dasselbe vor: Quatschen ohne zu handeln. Ingo Gädechens tobt jetzt noch lauter: «Unanständig!» Und auch Lambrechts Rede eskaliert, sie verlässt den Redetext, auch ihre Stimme ist laut geworden. Gädechens wirft ihrem Ministerium «verrückte Haushaltstricks» vor, das Ziel des Kanzlers, zwei Prozent in Verteidigung zu investieren, werde schlicht nicht erfüllt mit dem Kernetat für 2023. Lambrecht weicht dem aus und behauptet, dass die Details des Zweiprozentziels ja auch bloß vorsähen, dies bald «über fünf Jahre im Durchschnitt» zu erreichen, was anders als das Versprechen des Kanzlers klingt. Man könne Waffen ja schlecht «im Baumarkt» kaufen. Auch Christine Lambrecht räumt jedoch ein, mit dem neuen Etat komme man gerade so «über die Runden», man müsse im neuen Haushalt mehr tun. Ingo Gädechens schreit weiter: «Er hätte jetzt schon aufwachsen müssen!»

So streiten die Parteien weiter und weiter, am Ende der Debatte darf einer der jüngsten Abgeordneten das Wort ergreifen, Nils Gründer, 26, von der FDP. Er tritt nach vorn und hält sich fein heraus aus all dem Ärger. Ausgerechnet er ruft die Älteren zur Ordnung. Gründer sagt: «Morgen sind es auf den Tag neun Monate.» So lange dauere Putins Invasion inzwischen an. Und da sei es heute so: «Jeder Einzelne von uns ist für unsere Soldatinnen und Soldaten mitverantwortlich.» Gründer spricht Regierung und Opposition an, das gibt am Ende einigen Applaus. Doch das Ergebnis der Haushaltsverhandlungen, der langen Tage und Nächte des Dealens, es sieht am Ende trist aus:

Reguläre Verteidigungsausgaben 2022: 50,4 Milliarden Euro.
Reguläre Verteidigungsausgaben für 2023: 50,1 Milliarden Euro

Munitionsnotstand

28. November 2022,
Kanzleramt

Keine fünf Gehminuten vom Reichstag entfernt liegt das Bundeskanzleramt. Die Machtzentrale von Olaf Scholz. Hier ist ihnen nach Kriegsbeginn noch etwas anderes eingefallen: Munition – könnte jetzt hilfreich sein. Doch wie steht es um die Bestände? Wenn vor der *Zeitenwende* in Deutschland über Munition bei der Bundeswehr gesprochen wurde, über Treibmittel, Geschosse, Hülsen, dann meist, weil Soldaten welche hatten mitgehen lassen. Inzwischen geht es nicht mehr um solche Munitionsprobleme, sondern vielmehr um die Frage, wie viel Munition überhaupt noch da ist. Die Antwort ist beunruhigend. Denn es zeigt sich: Die deutschen Magazine sind erstaunlich leer, Läufe würden im Kriegsfall oft kalt bleiben.

Recherchen hierzu führen immer mehr auf die Spur eines gefährlichen Missstands in der *Zeitenwende*: Der Mangel betrifft direkt die Verteidigungsfähigkeit, aber auch die deutsche Glaubwürdigkeit im Bündnis. Brüssel verlangt 30 Tage Munitionsvorrat. Die Realität? Der Ernstfall eines Krieges – er wäre wohl kurz. Nur erfahren die Deutschen darüber kaum etwas. Die Informationspolitik zu Waffen für die Ukraine mag transparenter geworden sein, doch ein großes Geheimnis bleibt, wie es um die Munitionsbestände steht. Das Verteidigungsministerium versichert, es gebe einen «Gesamtüberblick» – nur sei der GEHEIM. Der Grund: Sollte bekannt werden, welche Munitionstypen die Bundeswehr in welchen exakten Mengen hat, wäre ein Angriff womöglich leichter, Gegner könnten sich darauf einstellen. Peinlich wäre ein solcher Bericht über die wenigen Patronen obendrein. Im Grunde fehlt alles.

Für den Marder: 20 mm, panzerbrechende und Sprengbrandmunition, 7,62 mm für das MG3 und Panzerabwehr-Lenkflugkörper MELLS.

Für den Puma: 30 mm für die eingebaute Maschinenkanone, die 700 Schuss pro Minute abgeben könnte; dazu 5,56 mm für das MG4 an Bord.

Und für den Leopard 2: 120 mm, Wucht- und Explosivmunition.

Was deutsche Soldaten in der *Zeitenwende* über ihre Munition erzählen, ist abenteuerlich. Selbst Leuchtpatronen und Panzerabwehrwaffen fehlen, deren Bestand gerät mit den Wochen sogar gefährlich nahe an das vorgesehene Minimum, oder sogar darunter. Wohl am wichtigsten wären Neukaufe für die schwere Artillerie, 155 mm. Die ganze Welt braucht sie gerade, der Markt ist schnell abgegrast. Wie bei den Corona-Hamsterkäufen, nur noch etwas ernster.

Auch 2022 wird aber niemand in Berlin eilige Nachbestellungen anordnen. Warum? Manche sagen, es sei nicht bestellt worden, weil die Verantwortlichen gedacht haben, dieser Krieg sei im Herbst 2022 längst vorbei. Fragt man über das Jahr hinter den Kulissen der *Zeitenwende* danach, wird es verdächtig still. Bei keinem Thema eiern Politiker und Politikerinnen in Berlin so herum. Wie lange reicht es denn nun im Ernstfall? Alles Mögliche hört man dazu: «Anderthalb Tage – ein Witz.» «Wenn die Marine auf Dauerbeschuss geht, dann ist der Krieg nach zwanzig Minuten vorbei.» Oder schlicht ein gequältes Lachen, auch das ein Kommentar.

Dennoch fühlt man sich nicht unbedingt sicherer, wenn man der Spur der deutschen Munition in der *Zeitenwende* noch etwas weiter folgt. Die Bundesregierung hat so große Angst vor einem Leak der genauen Hintergründe oder gar der Tabellen selbst, dass sie eine Kopie davon nicht einmal in der Geheimschutzstelle des Bundestags hinterlegt, wo sich die Abgeordneten normalerweise Staatsgeheimnisse anschauen dürfen, sofern sie sicherheitsüberprüft sind und keine Fotos, Kopien oder Notizen erstellen. Es ist jener Geheimraum im Parlament, auf der anderen Seite der Spree, in der im Frühjahr auch die damals geheimen Ukraine-Lieferlisten gelegen hatten. Jetzt, zum Ende des Jahres, müsste dort auch die Wahrheit über die deutsche Munition zu finden sein. Ist sie aber nicht. Das Ministerium hält die Dokumente unter Verschluss. Es ist ein Vorgehen, das Verfassungsfragen berührt, so verständlich der Wunsch nach Sicherheit durch Geheimhaltung an dieser Stelle sein mag. Denn der Bundestag als Parlament und Geldgeber der Truppe will wissen, was im Depot liegt, damit die Lücken schnell geschlossen werden können und die richtige Munitionsart und Menge eingekauft wird. Im Augenblick allerdings erfahren die Abgeordneten: nichts.

CDU-Referent Tobias Waldhüter frustriert das: «Die Wahrheit ist, dass sie uns einfach nicht sagen wollen, dass sie keine Munition haben.» Andere spotten, deutsche Soldaten könnten ihre Gewehre im Krieg ja einfach auf den Gegner werfen. Wegen des Schweigens in Ministerium und Kanzleramt muss vorerst der Blick in alte Berichte der Wehrbeauftragten reichen, um sich der Wahrheit anzunähern. Tatsächlich sprechen schon diese Akten für sich, man muss sie nur nochmal aus dem verstaubten Regal holen. Zum Beispiel Papiere aus dem Jahr 2010. Schon damals fehlen bei der Bundeswehr Handwaffen und

Munition in so großem Ausmaß, dass neue Soldatinnen und Soldaten zwar eine Erstausbildung erhalten, aber «ohne Übungsschießen oder drillmäßiges Üben zur sicheren Beherrschung der Waffen». 2011 wird sichtbar, welche Folgen das hat: Immer mehr Schießunfälle und gefährliche Zwischenfälle, weil die Bundeswehr nicht einmal das Training an der einfachen Pistole überall sicherstellen kann. Die Bundeswehr versucht, den Mangel kreativ zu verwalten, es werden «Pools» gebildet, wo noch Munition in Kasernen vorhanden ist, später spricht man vom Engpassmanagement und dann von Kontingentierung. Das ist schönstes Verwaltungsdeutsch und kaschiert die Gefahr, die sich dahinter verbirgt: Denn in dieser Zeit schickt Deutschland manchmal Soldatinnen und Soldaten in den gefährlichen Afghanistankrieg, ohne ihnen vorher zu zeigen, wie man eine einfache Pistole abfeuert. Später häufen sich Schussunfälle.

Was die Akten zeigen, ist eine handfeste Gefahr, die über Jahre ignoriert worden ist. Wie absurd das Munitionskapitel der *Zeitenwende* ist, zeigt auch ein anderer Vorgang, er betrifft die früheren Altbestände – aus den 1960er Jahren. Patronen waren wegen des Alters schon weggegammelt, prompt entschied die Bundeswehr 2011, den gesamten Lagerbestand – 227 Millionen Patronen – auszupacken, einzeln zu prüfen und schlechte Patronen auszusortieren. Das alles geschah nicht mit einem modernen Sichtungsautomaten, sondern per Hand. So waren schließlich dreißig Leute damit beschäftigt zu sortieren. Geschätzte Kosten: mindestens 63 Millionen Euro. Das war Vorzeitenwende, viel besser geworden ist es nie.

Zehn Jahre später bricht dann der Krieg in der Ukraine aus und die aktuelle Wehrbeauftragte, es ist Eva Högl, muss ebenfalls in ihren Jahresbericht schreiben, dass die Munitionsdepots – wie die Bekleidungskammern und Ersatzteillager der Bundeswehr – weiter leer sind. Die NATO-Verpflichtung, Munition für dreißig Tage im Vorrat zu haben, wenigstens bei Hauptwaffensystemen, wird offen gebrochen. Die deutsche Realität: Alles reicht etwa für zwei Tage, das heißt es auch aus Reihen ranghoher Offiziere. 22 Milliarden Euro zum Stopfen der gigantischen Lücke werden mindestens benötigt, ergeben die Recherchen am Ende. Manche rechnen eher mit 28 Milliarden. Wer neue

Munition bestellt, müsste sich gleich auch um Lagerplätze kümmern, auch die sind eingespart worden, wie der spätere Besuch in einem der übrig gebliebenen Lager in Aurich zeigen wird.

Einer, der die geheime Munitionsliste, Stückzahlen und Typen kennt, sagt: «Mit Sicherheit haben wir Defizite.» Dem Eurofighter fehlen moderne Lenkflugkörper und lasergeleitete Bomben. Herausfinden lässt sich auch, dass die Luftwaffe blank ist und die Marine Schiffe in die Ostsee fahren lässt, die scharfes Schießen gar nicht mehr richtig trainieren, weil Übungsmunition fehlt. Der Marinechef wird später auf die Frage, was seine größte Priorität in der *Zeitenwende* sei, sagen: «Munition, Munition, Munition, Ersatzteile, Ersatzteile, Ersatzteile.»

Für das Heer hat der deutsche Staat schon lange keine Panzer mehr gekauft, bei denen er die Munition gleich mitbestellt hätte. Jahrelang wurde das einfach unterlassen. Jetzt fehlt der Stoff für die wirklich schweren Geschütze, das Lager für die Panzerhaubitze 2000 ist wohl am leersten. Es braucht dringend neue Hochwertmunition, wie sie das nennen, Geschosse, die dreißig Kilometer fliegen und weiter. Zünder? Ebenfalls Fehlanzeige.

Die Bundesregierung allerdings behauptet, dass es keine Einschränkungen bei Übungen gäbe. Nur: Die Soldaten erzählen etwas anderes. Sie berichten, dass es «keine Beschränkungen» beim Üben gäbe, sei gelogen. «Kennen, Können, Beherrschen», das sei der alte Bundeswehrgrundsatz, auch für Munition. Und der wurde schon vor dem Krieg kaum mehr eingehalten. Sondermunition für Übungen hatte es längst nur noch gegeben, wenn alles ausführlich begründet war – dabei ist Schießen doch ihr Beruf bei der Bundeswehr. «Dass die Truppe so viel Munition hat, wie sie auch haben will, ist noch nie so gewesen», erzählt ein Soldat offen. Sondermunition war explizit zu begrenzen: Selbst bei der deutschen Raketenabwehr sind die Patriot-Flugkörper so limitiert, dass der Verbrauch noch nach zwei Jahren *Zeitenwende* erheblich eingeschränkt werden muss und Training viel zu kurz kommt.

Im Bundestag hat die Union auf ein Dreißig-Milliarden-Sofortprogramm gepocht, doch wird das von der Regierung abgelehnt in den

Haushaltsberatungen. Auch Referent Waldhüter ist mit dem Munitionschaos beschäftigt: Er kritisiert die Nebelkerzen, etwa wenn ein neuer Rahmenvertrag abgeschlossen werde und das gleich als großer Erfolg verkauft werden soll. Waldhüter weiß, dass es erst ein Erfolg ist, wenn auch wirklich Munition über einen solchen Großvertrag abgerufen wird – und dann schnell geliefert.

Zur Wahrheit gehört: Die Schuld an den leeren Depots liegt gleichzeitig auch bei CDU und CSU selbst, sie stellten jahrelang die Verteidigungsminister und wenn irgendwo Geld aufgetrieben werden musste, dann lief es oft über Kürzungen im Munitionsetat. Der neue Bundeshaushalt wird für 2023 schließlich eine mickrige Summe ausweisen: 1,125 Milliarden Euro. Viel zu wenig. Damit bräuchte die Bundeswehr fast zwanzig Jahre, um die NATO-Ziele zu erreichen. So lange wäre die Republik im Angriffsfall verwundbar.

Ausgerechnet eines rächt sich nun bitter: die Zeilen, die sie im Bundestag im Sommer ins Gesetz zum neuen Sondervermögen geschrieben hatten. Denn die neuen 100 Milliarden dürfen nicht zum Munitionskauf verwendet werden. Doppelt bitter: Das von Christine Lambrecht heraufgesetzte Handgeld für die Kasernenchefs kann aber auch nicht eingesetzt werden, denn Waffen und Munition unterliegen einer offiziellen Erprobung – Kommandeure dürfen sie nicht einfach so ankaufen. Fragt sich: Was beschaffen die Kasernen denn dann mit dem so angepriesenen Handgeld? Immerhin 50 000 Euro. Im Durchschnitt geben Kasernenchefs 2022 nur etwas mehr als 20 000 Euro davon aus, am Ende für alltägliche Dinge, wie Waschmaschinen oder Trockner. Das macht die Uniformen schöner, aber Deutschland nicht kampfbereiter. Für die fehlende Munition geht es vorerst nur über den regulären Verteidigungsetat und da hakt es ja an frischem Geld.

All das erinnert an frühere Tiefpunkte bei der Truppe, wo Soldaten wegen fehlender Munition vor Jahren sogar Schussgeräusche einfach selbst machen sollten. PENG! PENG! Mit Blick auf die *Zeitenwende* fragt es sich: Was nützt es, wenn neue Socken und Stiefel kommen, aber keine Übungsmunition?

Das Problem der Regierung ist, dass all dies dort nicht ganz unbekannt war. Ein früherer Staatssekretär bestätigt: «Natürlich ist es der

Bundeswehr bekannt gewesen.» Auch Olaf Scholz dürfte davon gewusst haben, immerhin war er schon unter Angela Merkel unter anderem Vizekanzler gewesen. «Natürlich hat er es gekannt. Natürlich!», sagt der frühere Topbeamte. «Ewig», meint auch FDP-Frau Marie-Agnes Strack-Zimmermann. Scholz habe das selbstverständlich lange gewusst: «Der war Finanzminister, Herrgott!»

Es wird Ende November und es läuft nicht allzu gut für Scholz und seine Ministerin Christine Lambrecht, ihr energischer Auftritt ein paar Tage zuvor im Bundestag konnte das nicht kaschieren. Auf die Munition wird sie jetzt immer öfter angesprochen. Die Ministerin redet nicht darüber. In der CDU schimpfen sie: «Sie hat sich verbarrikadiert.» Christine Lambrecht? «Die ist echt in ihrer eigenen Welt. Es ist schon fast dramatisch», meint Tobias Waldhüter. Selbst Eva Högl kritisiert ihre Parteikollegin, die Ministerin, wegen weiterhin fehlender Unterhosen der Truppe. Högl gibt der *Zeit* dazu ein großes Interview. Das schlägt Wellen, der erste Advent wird nicht besinnlich.

Kurzentschlossen lädt der Bundeskanzler dann zum Munitionsgipfel ein, so läuft die Ankündigung im Fernsehen. Was dahintersteckt, kann jemand erklären, der dabei war am 28. November im Kanzleramt. Unter der Bedingung, anonym bleiben zu können, willigt der Informant ein, etwas preiszugeben. Und eines vorweg: «Gipfel», das ist ein bisschen übertrieben. Olaf Scholz nimmt überhaupt nicht selbst teil an dem Treffen mit den wichtigsten Munitionsfirmen seines Landes. Die Einladung kam per Mail und Telefon, «Spitzengespräch», hieß es darin. Erscheinen sollen: Krauss-Maffei Wegmann, MBDA, dazu Diehl Defence, HENSOLDT, FFG Flensburger Fahrzeugbau Gesellschaft mbH, Dynamit Nobel Defence GmbH. Und natürlich Rheinmetall. Armin Papperger war sogar schon vor allen anderen im Kanzleramt und wartete bereits, offenbar, weil er schon privilegierte Gespräche vorab führen konnte. Die Ausgangslage des Treffens: Der Regierung fehlt Munition, die Unternehmen könnten produzieren, nur brauchen sie Sicherheiten. «*Zeitenwende* muss sich in Aufträgen niederschlagen. Wir sprechen ohne Ende, aber eigentlich geht es gerade um nichts anderes, als in die Kriegswirtschaft zu kommen», sagt ein Firmenvertreter. Kriegswirtschaft, das wäre ein radikaler Schritt, bei dem der Staat in übliche Gesetze des freien Marktes zugunsten militärischer Zwecke eingreifen würde. Russland wird es später so machen, Deutschland ist davon weit entfernt, zumal man weiter keine Kriegspartei ist. Dennoch fordern die Waffenfirmen wenigstens Produktionssicherheit: Man könne nicht auf der Grundlage vager Zusagen für Millionen Produktionsstraßen aufbauen und das gesamte Risiko tragen. So etwas gehe nur mit vertraglich fixierten Zusagen.

Die Regierungsseite hört sich das an, wobei Christine Lambrecht und Wirtschaftsminister Robert Habeck ebenfalls nicht selbst gekommen sind, sondern ihre zweite Reihe. Und aus dem Kanzleramt nehmen nur einige Abteilungsleiter teil. Allein die Arbeitsebene tagt. Offensichtlich wird: Berlin hat keine Munitionsstrategie, es fehlt ein abgestimmtes Vorgehen. Und die Lager sind weiter leer. Das Angebot der Regierungsseite lautet nun: Wer seine Kapazität um vierzig Prozent erhöhen könne, jetzt sofort, der würde auch sofort einen Auftrag bekommen. Die Firmen sind skeptisch. Und tatsächlich wird nichts unterschrieben oder vereinbart bei diesem so genannten «Gipfel». Am Ende sagen die Staatssekretäre: «Vielen Dank, dass Sie den Weg auf sich genommen haben – wir melden uns.» Nicht einmal ein offizielles Protokoll wird geschrieben.

Das Treffen zeigt, wie sehr der deutsche Staat die Rüstungsindustrie in der *Zeitenwende* braucht, die Dringlichkeit von mehr Tempo aber selbst nicht zu erkennen scheint. Wieso sonst bleiben die entscheidenden Minister fern und wieso werden keine Geschäfte abgeschlossen? Die Wahrheit am Ende des ersten Zeitenwendejahres ist: Selbst wenn Berlin nun über Nacht bestellen würde, müsste man inzwischen Jahre auf Auslieferung warten – andere Staaten haben längst Munition bestellt. Die Industrie kritisiert, dass sie keine Investitionsgarantien der Bundesregierung erhält, trotz der *Zeitenwende*. Hätte man mehr Sicherheiten, argumentieren die Firmen, könnte schneller produziert werden, auch mit der Zusage, dass Deutschland mit Priorität beliefert würde. Ohne Zusagen geht nichts, sagen die Firmen, die wegen staatlicher Regulierungen zudem nicht einfach auf Halde produzieren dürfen.

Eines hat den Insider, der im Kanzleramt im Raum war, am meisten erstaunt: Die Regierung habe die Firmen ernsthaft gefragt, welche Kapazitäten sie denn überhaupt grundsätzlich haben. Offenbar kenne der Staat seine eigene Waffenindustrie nicht. «Als Staatsbürger macht mir das Angst.»

Weil die Industrie nach draußen dringen lässt, dass man sehr wohl liefern könnte, wenn man nur genügend Geld im Voraus erhalte, steht nun auch das Verteidigungsministerium unter Druck, jetzt muss sich die Ministerin dazu verhalten. Und das macht sie auch – nur wird es keine Hilfe werden. Im Gegenteil. Am 29. November, dem Tag nach dem Munitionstreffen, schreibt Christine Lambrecht persönlich einen Brief an Herrn Christian Lindner, Wilhelmstraße 97, 10117 Berlin, wo das Bundesfinanzministerium zu finden ist. «Sehr geehrter Herr Kollege», beginnt sie. Wer den Brief in die Finger bekommt, liest Erstaunliches. Lambrecht schreibt, die Industrie sei schuld an den Munitionsproblemen, man habe das Ministerium glauben lassen, es gebe keine neuen Produktionskapazitäten für Munition über Nacht. Das hätten die Firmen als Aussage zuvor so «klar getroffen», behauptet Lambrecht. Das Gespräch am Vortag habe gezeigt, dass es Kapazitäten nun doch geben könnte. Dafür brauche sie Geld. Mehr Geld, «jetzt, unmittelbar.» Es ist ein Bittbrief, den sie an den FDP-Ministerkollegen schickt. Es gibt nur ein Problem: Den neuen Bundeshaushalt und alle Staatsgelder für 2023 hatten sie doch gerade erst verabschiedet, Tage vorher. Einen großen Munitionspakt hatte aber niemand hineingeschrieben, das Drängen der Union nach dreißig zusätzlichen Milliarden hat die Regierung ja sogar abgelehnt. Lambrechts Bitte kommt also viel zu spät.

Die irritierte Antwort aus dem Ministerium der Finanzen folgt prompt. Lambrecht kann schon am Briefkopf lesen, dass die Antwort anders ausfällt, als sie vielleicht gedacht hatte: Denn nicht etwa Minister Christian Lindner schreibt ihr zurück, sondern Staatssekretär Steffen Saebisch. Zu erwarten wäre eine Antwort von Lindner selbst gewesen. Das lässt nichts Gutes ahnen und nun entsteht eine Papierspur, die sich auch nicht lange geheim halten lassen wird in Berlin-Mitte. Lambrecht erhält drei Seiten: Man müsse feststellen, dass die «Notwendigkeit» des neuen Bedarfs weder bei den Verhandlungen zum Sondervermögen und dem zugehörigen Wirtschaftsplan noch im üblichen parlamentarischen Verfahren zum Bundeshaushalt 2023 «zum Ausdruck gebracht» wurde. Der Ton ist belehrend, der Staatssekretär verweist offen auf schlechte Planung im Verteidigungsministerium und hält Lambrecht vor, dass er einen anderen Eindruck vom Munitionsgipfel habe, wo beide ja teilgenommen hätten: Die Industrie habe doch gesagt, dass nicht Geld fehle, sondern eine gute Planung im Verteidigungsministerium («eine komplizierte, intransparente und inkonsistente Bedarfsplanung»). Ihr Ressort solle erstmal feststellen, wie viel Geld es denn brauche und wofür genau. Und gern solle man sich in Zukunft besser mit der Industrie austauschen.

Der letzte Punch kommt am Ende, den Lindners Staatssekretär nicht an Lambrecht zurück schreibt, sondern an Verteidigungsstaatssekretär Benedikt Zimmer, den «lieben geschätzten Kollegen», dem er versichert, er könne sich «auf die Unterstützung des Bundesministeriums für Finanzen stets verlassen». Das klingt sarkastisch und gibt Lambrecht zum Abschuss frei, sollte der Brief durchsickern, was er natürlich tut. Ob Lindner das wollte? Im *Tagesspiegel* spricht man prompt von einer «Brieffeindschaft». Die Rüstungsfirmen erhalten allerdings auch nach der Briefposse keine Rückmeldung. Es wird keine Munition eilig eingekauft, keine neue Produktionsstraße in Planung gegeben. Die Rüstungsindustrie hört kaum was von der Scholz-Regierung. «Die Einzigen, die sich melden, sind die Ukrainer.» Und das jeden Tag.

Lambrechts letzte Chance

Dezember 2022
Verteidigungsministerium

Wer mit Karl Henning Bald zu tun hat, der sagt, Bald sei eher ein verschwiegener Mensch. Im Bundestag trägt Bald gut sitzende Anzüge und sorgsam ausgesuchte Krawatten. Ansonsten wirkt er wie ein prototypischer Beamter, loyal, ein bisschen wie eine Büroklammer. Was nicht über seinen Einfluss hinwegtäuschen sollte: Bald leitet die Abteilung HC im Verteidigungsministerium, Haushalt und Controlling. Für den Job, den er machen soll, ist Schweigsamkeit hilfreich. Bald ist quasi der Gegenspieler von CDU-Referent Tobias Waldhüter, denn die Haushaltszahlen, nach denen sie ständig fragen und in die das Ministerium oft nur widerwillig Einblick gibt, sie liegen bei Bald auf dem Schreibtisch. Wenige kennen die deutsche Armee so gut von innen wie der Staatsbeamte Bald.

Am Ende des ersten Jahres in der *Zeitenwende* hat er aber offenbar Bauchschmerzen. Denn jetzt fragt das Parlament immer wieder, ob denn die Waffen, die Deutschland an die Ukraine abgegeben hat, auch schnell nachbestellt worden sind. Immerhin ist zuletzt mehr nach Kyjiw gegangen. Ersatz wäre dringend nötig, denn die Lieferzeiten werden länger, und auch beim Kriegsgerät gilt: First come, first serve.

Das Problem ist nur: Lambrechts Leute haben nicht nachbestellt. Sollte das nach außen dringen – es wäre der nächste Skandal. Selbst der loyale Haushaltsabteilungsleiter in ihrem Haus sieht das bald so. Bloß etwa 100 Panzerhaubitzen und knapp vierzig große Raketenwerfer hatte die Bundeswehr zuletzt, jede Abgabe schmerzt die Truppe. Sollte 2022 nicht gekauft werden, dürfte Deutschland in der *Zeitenwende* um Jahre zurückfallen. Parallel hat das Ministerium Mühe, zu verheimlichen, dass der Bundeswehr der Sprit ausgeht – mitten in der *Zeitenwende*. Man hatte zu wenig Geld eingeplant und steht in den letzten Jahreswochen nun vor leeren Kassen. Der Generalinspekteur soll entscheiden, ob im Zweifel Panzer oder Flugzeuge betankt werden. Er soll getobt haben, während das Ministerium beteuert, dass man nicht rationieren müsse, sondern lediglich «priorisieren». Das klingt doch gleich viel besser.

Zweifel wachsen auch beim Bundesrechnungshof: Es gebe keine Transparenz bei der Planung. Der Hof vermerkt, dass man erwarte, dass das Ministerium «vorsichtiger plant» und auch Puffer für steigende Zinsen und Kosten mitdenkt. Das passiert bislang nicht. Tatsächlich verschickt der Bundesrechnungshof bis September etwas, das im Ministerium mit Schweißperlen geöffnet wird: eine Prüfungsankündigung. Man wird sich das Sondervermögen genauer ansehen. Der Hof sagt nämlich: Alle Ausgaben gehörten in den Kernhaushalt, nicht ausgelagert in einen Schattenhaushalt oder ein Sondervermögen. Dieser Punkt, den Finanzminister Lindner anders sieht, wird die Koalition später beinahe in den Ruin treiben.

Die Rechnungsprüfer meinen, dass die *Zeitenwende* gerade eine große Nebelfahrt ist. Unrecht haben sie nicht: Ständig werden Projekte hin und her geschoben. Plötzlich sollen alle neuen Fregatten aus dem Sondervermögen bezahlt werden. Zugleich fressen Stahlpreise und Inflation Projekte auf. Und nicht einmal der Haushaltsausschuss weiß zu jedem Zeitpunkt, wie viele Projekte nun mit dem Sondervermögen umgesetzt werden sollen. Mal sind es 120, dann wieder achtzig. «Jede Woche eine andere Zahl», sagt Tobias Waldhüter. Es nervt ihn. «Es geht hier um den Staatshaushalt der Bundesrepublik Deutschland und dieses Ministerium kriegt keine konsistente Planung und Sprechfähigkeit dazu hin. Mittelschwer irre!»

Zehn Tage vor Weihnachten verschickt der Bendlerblock Einladungen an die Presse, die Schubumkehr soll kommen und die Ministerin gute Nachrichten verkünden. Schon im Verteidigungsausschuss an diesem Tag hat sie gekämpft: «Sie wollen mich stürzen sehen!», warf sie vormittags der CDU vor. Doch das werde sie nicht. In ihrem Ministerium haben sie Weihnachtsbäume aufgestellt. Nachmittags riecht es dort ordentlich nach Tanne, alles ist mit goldenen Kugeln geschmückt. Das ist die bemühte Bildsprache – Bescherung.

Endlich sind die ersten Rüstungsprojekte unterschrieben, nicht der große Wurf, dafür sind es zu wenige, trotzdem will das Ministerium in die Offensive kommen. Gleich soll Christine Lambrecht etwas sagen, auch der schneidige Luftwaffenchef Ingo Gerhartz ist gekommen, mit vier Leuten um ihn herum, einer reicht ihm eine Corona-Maske, ein anderer zupft die Uniform zurecht. Der dritte sagt: «Herr General, Meldung, MoUs sind unterschrieben.» Was bedeutet: Ein Memorandum of Understanding ist unterschrieben, das Geld ist freigegeben, die Absichtserklärung mit den Amerikanern, die den neuen Jet der Luftwaffe bauen, unterzeichnet. Am Vormittag war die F-35 vom Bundestag freigegeben worden, das heikle Abgeordnetendinner von Lockheed im Reichstag einige Monate zuvor hat also zumindest nicht geschadet. Der Deal ging durch.

Auch deutsche Kampfdrohnen werden hier heute auf den Weg gebracht, etwas, das Christine Lambrecht in der SPD über Jahre abgelehnt hatte. Heereschef Mais bekommt immerhin neue Schneefahrzeuge. Kollege Gerhartz ist noch immer mit der Mitarbeitertraube um ihn herum beschäftigt, jetzt will er wissen, von wo Lambrecht gleich kommen wird, damit er sich schon einmal dort positionieren kann. Dann folgt das Kommando: «Die Ministerin ist im Zulauf!»

Christine Lambrecht tritt durch die Tür und stellt sich vor die vielen aufgestellten Kameras, direkt neben dem Weihnachtsbaum. «Ein guter Tag», sagt sie. Die ersten 13 Milliarden des Sondervermögens seien nun in Verträgen gebunden. Der Luftwaffenchef steht neben der Ministerin und nickt bedächtig. Die Presse fragt, warum es nicht schneller gehe bei vielen anderen Projekten. Lambrecht entgegnet, dass neues Militärgerät wie die F-35 eben nicht einfach im Regal herumstehe. Zweifel bleiben. Kurze SMS an die FDP-Abgeordnete Strack-Zimmermann: Wie sieht sie das? Auch sie ist heute eher glücklich und tippt ins Handy: «Großer Tag. 13 Milliarden. Noch viel zu tun.»

Es ist viel zu tun – das stimmt in jedem Fall. Für den neuen Jet müssen zum Beispiel neue Piloten und Techniker ausgebildet werden. Bis die F-35 deutsches Staatsgebiet gegen Feinde schützt, vergeht noch viel Zeit: Erst 2027 sollen die Flugzeuge auf dem Flugplatz in Büchel stationiert werden – in fünf Jahren. Dennoch sind die ersten fixen Rüstungsgeschäfte zumindest ein Schritt hin zu einer modernen, einsatzfähigeren Bundeswehr. Ein Mini-Schritt, aber ein Schritt. Heute ist für Christine Lambrecht nicht der schlechteste Tag. Doch dann kommt Silvester.

* * *

31. Dezember 2022
Berlin

Bis hierhin hat die Ministerin kaum einen Fettnapf ausgelassen. Sie nutzte ihr Amt für den SPD-Wahlkampf in Schleswig-Holstein, umging Dienstvorschriften, ließ teure Teeküchen und Fußböden im Ministerium einbauen, ihr Vorzimmer erkannte nicht einmal den Generalinspekteur, heißt es zumindest im Ministerium. Und außerdem machte sie Urlaub, statt ihre Truppe zu besuchen. Jetzt taucht ein Video auf, das alles in den Schatten stellen wird. Die Ministerin hat es selbst auf Instagram hochgeladen und schafft es mit dem Clip bis in die Tagesschau. Sie hatte in der Silvesternacht auf der Straße am Frankfurter Tor in Berlin gestanden und sich filmen lassen, im Hintergrund schießen laute Silvesterraketen empor, man kann sie kaum verstehen, alles andere als angemessen für eine Bundesministerin und Oberbefehlshaberin. Sie hatte einen kurzen Jahresrückblick drehen wollen, was aber gründlich misslingt. Lambrecht setzt in dem Clip an: «Was war das für ein Jahr, dieses Jahr 2022?» Und sagt weiter: «Damit verbunden waren für mich ganz viele besondere Eindrücke, die ich gewinnen konnte. Viele, viele Begegnungen mit interessanten, tollen Menschen. Dafür sage ich ein herzliches Dankeschön.»

Tausende Ukrainer sind tot, Frauen vergewaltigt, Kinder erschossen. Und Christine Lambrecht sagt, sie habe «tolle Menschen» getroffen. Johann Wadephul, CDU-Fraktionsvize und selbst ein potentieller Minister, reicht es jetzt. Er fordert den Rücktritt und dass Scholz endlich eingreife, auch um das Ministerium zu schützen: «Weil sie nicht versteht, dass sie dort nicht als Christine Lambrecht auftritt, wenn sie da so ein Video dreht, sondern als Inhaberin der Befehls- und Kommandogewalt über die Bundeswehr. Als Vertreterin eines zentralen Ressorts dieser Regierung. Als Vertreterin Deutschlands auch im Ausland.» Als Sara Nanni bei den Grünen das Video sieht, setzt sie sofort eine Mail an ihre Fraktionsspitze auf. Es ist eine Note des Protests, diese Ministerin muss weg, denkt nun auch sie. Robert Habeck, der Vizekanzler, lässt ausrichten: «Ich spreche mit Olaf!» Nanni, 37, ist Friedens- und Konfliktforscherin, sie findet, dass Christine Lambrecht peinlich für alle Frauen in der Sicherheitspolitik sei. Einmal hat sich die Ministerin persönlich per WhatsApp bei ihr gemeldet, um sich wegen öffentlicher Kritik an ihr zu beschweren. Nanni habe sich dann gefragt, wie es sein kann, dass die Ministerin für so was Zeit hat.

Zu diesem Zeitpunkt ist Lambrecht also nicht nur für die Union eine Ministerin, die überhaupt nicht weiß, was dieses Amt erfordert.

Wadephul hat nicht ganz Unrecht: Das Selbstbezogene hat Lambrecht all die Monate begleitet, vom 6. Dezember 2021, als der Kanzler sie als Ministerin ankündigte, über den ersten Kriegssommer bis in den Winter 2022. Sie hat es immer als ihre persönliche Challenge gesehen, sie entschied, dass bei ihrer Schuhwahl die Regeln der Truppe nicht gälten, und baute in ihrer Grundsatzrede auf der Bundeswehrtagung einen Exkurs über sich selbst ein. Nur geht es hier nicht um sie. Es ist nicht die Zeit für persönliche Eitelkeit, es geht um einen der höchsten Staatsposten in einer Zeit, in der Europa auseinanderbrechen könnte und ein Atomschlag ein ernsthaftes Szenario geworden ist. Nur der Kanzler klammert weiter unbeirrt an Lambrecht. Noch vor zwei Wochen hat Olaf Scholz sie in einem Interview eine «erstklassige Verteidigungsministerin» genannt. Glaubt er das wirklich?

Auch die Tagesschau fragt: «Wie kann das denn immer wieder passieren?» Lambrecht sei wohl ein bisschen beratungsresistent, heißt es. In ihrem eigenen Ministerium sagt eine Mitarbeiterin: «Ich habe das Video sofort auf Instagram gesehen und wusste auch sofort, dass das ein großes Problem wird.» Derweil geht etwas viel Wichtigeres unter, etwas, dass der Referent Tobias Waldhüter genau so hatte kommen sehen: Mit dem 1. Januar 2023 wird bekannt, was bislang als Summe schon konkret abgeflossen ist aus dem Sondervermögen des Kanzlers – genau null Euro. Das ist die dürftige Bilanz nach fast einem Jahr *Zeitenwende*.

Achtzehn tote Katzen

Jahresbeginn 2023

Klar ist also: Die Oberbefehlshaberin braucht den Befreiungsschlag. 2023 muss besser werden als 2022, keine Frage, nach Silvester ist kein Raum mehr für Fehler. Ausgerechnet jetzt muss sich Christine Lambrecht um eine alte Baustelle kümmern, eine, die das Projekt *Zeitenwende* genauso gefährdet wie den Ruf der Ministerin.

Es kommt der 14. Januar, ein Freitag. Lambrecht hat den Tag über im Ministerium verbracht und sich mit Armin Papperger beraten. Noch etwas war im Dezember nämlich passiert, etwas, dessen Auswirkungen nun alle einholen. Es geht um den von Rheinmetall gelobten Vorzeigepanzer Puma, wieder einmal. Die Bundeswehr hat seit 1989 fast 5000 Panzer außer Dienst gestellt, sie braucht moderne Technik wie den Puma als Ersatz, einen modernen Schützenpanzer. Nur macht der leider ständig Probleme, selbst nach 25 Jahren Entwicklungszeit. Oder wie der frühere Wehrbeauftragte Hans-Peter Bartels sagt: «Der Puma ist scheißanfällig.» Ersatzteile und Material für die Instandsetzung hatte die Bundeswehr nicht gleich miteingekauft, bislang ohnehin aber nur eine erste Lieferung erhalten, zufrieden war man damit nicht. Zum Beispiel wegen der Luke, eine kleine Geschichte für sich: Denn der Puma kann nur schießen, wenn die Luke verschlossen ist, aus Sicherheitsgründen. Das ist gut gedacht, nur sind häufig die Kontakte an den Luken gestört. Gibt es solch eine Fehlermeldung, kann nicht geschossen werden. Wenn das im Kriegsfall passieren würde, zöge ein Soldat als Erstes die Sicherung, damit er sich eben trotzdem verteidigen könnte. Das geht beim Puma aber auch nicht, weil es nur eine einzige Hauptsicherung gibt – aus Gründen des Betriebsschutzes. Hier gefährdet die Überregulierung also im Zweifel Menschenleben: Solche Technik mag bei ICE-Türen sinnvoll sein. Aber im Krieg? «Da haben wir es übertrieben», sagen die Soldaten. Und es stimmt: Viel zu lange hat die Bundeswehr Rüstungsmaterial nach Zivilstandards eingekauft. Natürlich braucht man Betriebssicherheit. Aber muss die Luftqualität im hinteren Puma-Raum so sauber sein, dass auch eine schwangere Frau sich hier unbedenklich aufhalten könnte?

Die Überregulierung bei der Truppe ist genauso ein Problem wie die Goldrandlösungen des Beschaffungsamts. Die Bundeswehr hat ernsthaft die Feinkörnung des Sandes auf Schießanlagen festgelegt. Außerdem müssen deutsche Panzer Blinker und Katzenaugen an den Seiten haben, um als verkehrssicher eingestuft zu werden; im Krieg müsste das alles erstmal abgerissen werden. Was zeigt: Deutsche Soldaten haben gelernt, dass das Befolgen von Vorschriften wichtiger ist als reale Sicherheit. So lang ist der Weg, auch mental, in dieser *Zeitenwende*.

Trotzdem schätzen sie den Puma, wenn er denn fährt, weil er sich dann sogar um die eigene Achse drehen kann, flink wie eine Wildkatze. Zum Vergleich: Der Radpanzer Boxer hat einen 16-Meter-Wendekreis. Der Puma soll sich in einem Kampf anschleichen wie eine Katze, was in der Theorie gelingen mag. Die Realität war aber derweil schon am 16. Dezember über alle hereingebrochen, Lambrecht und ihre Generäle wurden sofort unterrichtet. Bei einer Schießübung in Niedersachsen waren 18 Puma eingesetzt, ehe sie an die NATO-Ostflanke hätten gehen sollen. Doch bei dieser Übung ging im Grunde alles schief: Es gab Fehlermeldungen und Probleme, am Ende war keiner der Puma mehr einsatzbereit. Bei der Bundeswehr stehen plötzlich 18 tote Katzen auf dem Hof. Dabei hat sie von dieser neuesten Ausführung nur vierzig Stück insgesamt.

Vertrauliche Papiere belegen: Vor allem einen hat es schwer erwischt, einen Kabelbrand im Fahrerraum hatte es gegeben, die Soldaten setzten einen Feuerlöscher ein, was diesen Puma endgültig erlegt hat. Denn: Der Panzer hat einen modernen Feuerlöscher und der ist, anders als früher, nicht mehr mit Gas gefüllt, um Flammen zu ersticken. Sondern mit Pulver. Das ist zwar umweltgerechter, denn die zuvor verwendeten Halon-Gase gehören zur Gruppe der die Ozonschicht schädigenden FCKW – das neue Pulver allerdings zerstört die Elektronik im Puma. Sein Brandschutz ist also eigentlich da, um die Crew zu schützen – doch bei einem Brand im Krieg könnte das Sicherheitssystem zur Lebensgefahr werden. Dann nämlich, wenn ausgerechnet wegen eines Feuerlöschers der gesamte Panzer bedienungsunfähig werden würde. Wirklich erklären kann das niemand, das ist die aberwitzige Wahrheit. Was ist in diesem Fall wichtiger: das Leben von Soldatinnen und Soldaten – oder die formale Vermeidung von Treibhausgasen?

Dieses Exemplar jedenfalls wird nach der Übung wochenlang ausfallen, die übrigen 17 müssen wieder einsatzklar gemacht werden. Dabei ist der Puma doch die Hauptwaffe der Panzergrenadiere. Ohne sie keine Verteidigung. Vorerst müssen Bundeswehr und NATO sich also weiter auf den mehr als fünfzig Jahre alten Marder verlassen. Das ist in etwa so wie der Unterschied zwischen einem alten Nokia und einem modernen Smartphone. Der Ausfall des angeblichen Vorzeigepanzers, er ist endgültig der vorläufige Tiefpunkt dieser deutschen *Zeitenwende*. Und alles kam mit Ansage, denn die Panzer wurden schon mit Fehlermeldungen in die Übung geschickt, die Techniker ahnten, dass etwas passieren könnte. Der interne Schadensbericht liest sich dementsprechend katastrophal: Im Ministerium wurde er nur von Hand zu Hand weitergereicht, damit nichts nach draußen dringt. Doch gelingt das nicht. Das Papier listet das Ausmaß der Panne auf: kaputte Getriebe, Softwarefehler, defekte Batterien, drei Kabelbrüche, eine falsch montierte Hauptwaffe, einem Panzer riss links die Kette. Da will der Kanzler eine *Zeitenwende* und ausgerechnet die deutsche Vorzeigewaffe streikt. Der Vorfall zeigt, dass selbst kleinere Fehler vorne an der Front Leben gefährden, dass der Ausfall nur bei einer Übung geschah, ist das Glück aller Beteiligten, auch der Herstellerfirmen.

Die Verteidigungsministerin erreicht die Nachricht bei einem Truppenbesuch im westafrikanischen Mali. Alarmstimmung kommt auf, als klar wird, dass die Soldaten der Panzergrenadierbrigade 37 zuhause von ihrem Dienstherrn, der Bundeswehr, unzureichend am Puma ausgebildet wurden, genauso die Logistiker. Die Ministerin muss dazu irgendetwas sagen an diesem Freitag im Ministerium, nachmittags hat sie die Presse eingeladen und will ankündigen, wie das Problem nun gelöst werden könnte. Vorher dringt nach draußen, dass Lambrecht die Schuld bei der Industrie sieht, die den Puma gebaut hat. Wenn sie will, dass sie nach diesem turbulenten Jahreswechsel noch ernst genommen wird, muss sie die Schlagzeilen jetzt dringend abräumen.

Um Viertel vor vier treten die Ministerin, ihr Generalinspekteur und die beiden Rüstungsmanager, die den Puma gemeinsam entwickelt haben, in den Stauffenbergsaal des Ministeriums. Sie müssen auf ein kleines Podest steigen, auf dem sie vor den aufgebauten Stuhlreihen ein Statement abgeben wollen. Armin Papperger blickt grimmig, darf aber noch vor dem Generalinspekteur, Deutschlands ranghöchstem Soldaten, das Wort ergreifen. Er relativiert. Und auch Ralf Ketzel, der Vorsitzende der Geschäftsführung bei der Krauss-Maffei Wegmann GmbH & Co. KG (2024 umbenannt in KNDS Deutschland), direkt neben Papperger, spricht bemüht von einem «Fehlercluster kleinerer Ordnung». Christine Lambrecht selbst versucht den Schaden ebenfalls einzudämmen, sie hatte die Industrie als das Problem ausgemacht und öffentlich angedroht, im Zweifel einen anderen Panzer zu kaufen. Jetzt gibt sie sich versöhnlicher, man habe immer mit Rückschlägen gerechnet. Sie will nun mehr Ausbildung am Puma, sagt sie, um dann zu ergänzen, dass «Hausaufgaben» auch an die Industrie gingen. Armin Papperger sagt unbeirrt, dass der Puma das «beste Schützenpanzerfahrzeug der Welt» sei und man die ersten Fahrzeuge schon repariert habe.

Auf die Nachfrage, ob sie personelle Konsequenzen ziehen müsste in der Truppe – immerhin hatte der verantwortliche General die Übung erst gestoppt, als alle 18 Panzer Mängel hatten –, will Lambrecht nicht antworten. Ohnehin steht da diese eine Frage im Raum: Hat die Ministerin ihren Laden noch im Griff? Wer den Tag mit Christine Lambrecht erlebt, der hat nicht unbedingt den Eindruck, dass sie kurz vor dem Aufgeben wäre. Um Viertel nach vier verabschiedet sie sich und verschwindet auf den Fluren des Ministeriums. Was noch niemand ahnt: Es war ihr letzter Auftritt im Amt.

Eine Viertelstunde später geht es dann auch offiziell um ihre Zukunft als Ministerin – denn die *Bild* muss eine Quelle in Lambrechts engstem Umfeld aufgetan haben. Um kurz nach halb fünf meldet sie exklusiv: Die deutsche Verteidigungsministerin mag nicht mehr, sie will zurücktreten. «Es ist bald vorbei», schreibt die Zeitung. So beginnt ein Wochenende, das es in dieser Form wohl noch nicht gegeben hat in Berlin. Für mehr als 48 Stunden ist plötzlich unklar, wer gerade für die *Zeitenwende* verantwortlich ist und ob sich da überhaupt noch jemand kümmert auf der höchsten Bundeswehr-Ebene.

Zwei Stunden nach der Meldung verlässt Lambrecht in einer schwarzen Limousine den Bendlerblock. Sie schweigt das Wochenende über und besucht am Sonntagabend noch einmal mit Parteifreundin Bärbel Bas einen Italiener in Berlin, auch davon landen Fotos in der *Bild* («Sie wirkt erleichtert»). Ein letzter Zitronenschnaps, dann verlässt die Noch-Ministerin die Trattoria Zoe, auch ihr Sohn Alexander ist nochmal dabei.

Eine allerletzte Panne gibt es noch: Am Sonntagmittag brennt Christine Lambrecht noch ihr Adventskranz ab, die Feuerwehr rückt mit 40 Leuten nach Friedrichshain aus. Es sei nichts weiter passiert, die Ministerin habe selbst gelöscht. Auch das Foto eines verkohlten Adventskranzes wird also noch Teil der Ära Lambrecht.

Was hat der Bundeskanzler wohl währenddessen gemacht? Olaf Scholz hat sich weggeduckt nach dem Bericht vom Freitag, er kommentiert die Lage nicht. Nicht am Samstag, nicht am Sonntag. So ufern die Spekulationen aus, immer mehr Hauptstadtjournalisten schließen Wetten ab, wer Lambrecht ersetzen werde. Es sind 48 Stunden, die dem Amt des Oberbefehlshabenden erheblichen Schaden zufügen werden. Am Samstag weiß es immerhin die Leitungsebene des Ministeriums: Die *Bild* hat Recht, auch Teile der SPD sind informiert. Die Öffentlichkeit erfährt nichts. Noch am Montag wird weiter spekuliert: Manche bringen den Arbeitsminister ins Spiel, Hubertus Heil, andere sehen schon den Scholz-Intimus Wolfgang Schmidt in neuer Verwendung, obwohl der genug damit zu tun hat, das Kanzleramt zu managen und keine Regierungserfahrung besitzt.

Dann, am Montagmorgen, gibt Christine Lambrecht einen Kommentar ab. Es stimmt, sie geht. Ganze fünf Sätze, so viel ist ihr das Amt der *Zeitenwende*-Chefin am Ende noch wert: «Ich habe heute den Bundeskanzler um Entlassung aus dem Amt der Bundesministerin der Verteidigung gebeten. Die monatelange mediale Fokussierung auf meine Person lässt eine sachliche Berichterstattung und Diskussion über die Soldatinnen und Soldaten, die Bundeswehr und sicherheitspolitische Weichenstellungen im Interesse der Bürgerinnen und Bürger Deutschlands kaum zu. Die wertvolle Arbeit der Soldatinnen und Soldaten und der vielen motivierten Menschen im Geschäftsbereich muss im Vordergrund stehen. Ich habe mich deshalb entschieden, mein Amt zur Verfügung zu stellen. Ich danke allen, die sich jeden Tag für unsere Sicherheit engagieren und wünsche ihnen von Herzen alles erdenklich Gute für die Zukunft.»

Im Ministerium gibt es morgens noch eine letzte außerordentliche Leitungsrunde, in einem der Besprechungszimmer. Auch hier sagt Christine Lambrecht, dass sie mit ihren eigentlichen Themen nicht mehr durchdringe und sich die Medien gegen sie verschworen hätten. Lambrecht sieht die Schuld allein dort. Ihr Team überreicht ihr ein Präsent, ein Andenken mit Fotos. Das Land hängt in den nächsten Stunden weiter gefährlich in der Luft. Wie fahrlässig unernst man die Lage nimmt, zeigt sich bei einer der anschließenden Pressekonferenzen, als die versammelten Regierungssprecher gefragt werden, wer denn in der Übergangszeit nun die Bundeswehr führe. «Ist sie denn gerade noch im Amt?», fragt ein Reporter zu Christine Lambrecht. Die Antwort einer Regierungssprecherin: «Ich denke, ja.» Lambrechts bisheriger Sprecher Thiels macht die Sache noch schlimmer: «Ich bin jetzt auch kein Verfassungsjurist, aber soweit ich das verstanden habe, ist die Ministerin so lange Ministerin, bis sie die Entlassungsurkunde vom Bundespräsidenten ausgehändigt bekommt. Insofern ist sie sozusagen nach wie vor Verteidigungsministerin, bis dieser formale Akt passiert.»

Lambrecht ist «sozusagen» die Ministerin – vielleicht ist es ungewollt die treffendste Beschreibung der Amtszeit Lambrechts und des ersten Jahres der *Zeitenwende* insgesamt. 13 Monate, länger hielt sie nicht durch. Die sicherheitspolitischen Fragen aber drängen: Wer fährt zum Beispiel nach Ramstein, diesen Freitag schon, zur wichtigen Geberkonferenz mit den USA, wo Kampfpanzerlieferungen an die Ukraine verkündet werden könnten?

Es geht um die deutsche Befehls- und Kommandogewalt und auch Regierungssprecherin Christiane Hoffmann eiert herum. «Zeitnah», wolle der Kanzler einen Nachfolger vorstellen, mehrfach weicht sie der Frage aus, ob der Kanzler heute noch etwas erklären werde. Als die Reporter weiter bohren, tut sie schließlich so, als könne sie sich das alles nicht länger merken («Das sind jetzt sehr viele Fragen»). So ist selbst die Bundespressekonferenz an diesem Tag eher ein Trauerspiel. Nur eine letzte unbeirrte Journalistin versucht es nochmal: «Sieht die Ministerin auch eigene Fehler?» Woraufhin Christian Thiels, Lambrechts Sprecher, sagt: «Die Worte der Ministerin stehen für sich.»

Und der Kanzler? Zu ihm sagen die Sprecher, dass er Lambrechts Gründe respektiere. Nur wo ist Olaf Scholz eigentlich schon wieder?

Am Rücktrittswochenende besucht er die Brauerei Gold Ochsen in Ulm, auch eine Rüstungsfirma in der Nähe sieht er sich an. Währenddessen erlahmt seine *Zeitenwende* endgültig: In dieser Woche steht im Bundestag keine einzige Vorlage für ein größeres Rüstungsprojekt an. Es wirkt, alles in allem, als sei der gesamte Sicherheitsapparat nach Scholz' aufrüttelnder Rede im Februar allzu schnell in kollektive Erschöpfung verfallen. Gleichzeitig wurden schwere Fehler gemacht. Im Heer heißt es: «Das letzte Jahr ist beschissen geendet und das neue Jahr hat beschissen angefangen.» Sie haben es bis in den Januar hinein genau verfolgt: Deutschland hat moderne Haubitzen an die Ukraine abgegeben, aber nicht sofort für Nachschub gesorgt. Das ist in Wahrheit Lambrechts schlimmster Fehler, nicht das peinliche Silvestervideo, nicht die falschen Schuhe in der Wüste, nicht einmal der Helikopterflug mit ihrem Sohn, sondern das Unterlassen wichtiger Schritte. Es ist dieser Fehler, der die deutsche Sicherheitsstruktur fatal schwächen wird.

Denn: Erst im März und Mai 2023 werden im Haushaltsausschuss des Bundestags die finalen Nachbestellungen für die Panzerhaubitzen und Leopard 2-Kampfpanzer gebilligt werden, die zuvor an die Ukraine abgegeben worden sind. Fast 12 Monate lang hat sich am Ende niemand um eine schnellere Nachbestellung gekümmert. Fragt man im Regierungsviertel nach, wie das sein kann – Schulterzucken. «Ich kann es Ihnen nicht sagen», meinen sogar sonst gut informierte Haushaltspolitiker. Der Schaden ist klarer: Neue Haubitzen und Panzer wird die Bundeswehr auf keinen Fall vor 2025 erhalten.

Drei Jahre Sicherheitslücke also – weil die Ministerin, ihr Haushaltsabteilungsleiter und der Rüstungsstaatssekretär zusammen mit dem mächtigen Beschaffungsamt 2022 einfach nicht vorangekommen sind.

* * *

Dorotheenstraße 93, Berlin
Bürogebäude

Während das Land im Limbo hängt, arbeitet sich einer immer weiter in die *Zeitenwende* ein. Es ist der junge FDP-Abgeordnete Nils Gründer, der vor einigen Wochen seinen ersten Applaus im Bundestagsplenum erhalten hatte. An diesem Morgen kommt er in weißen Sneakers in sein Abgeordnetenbüro. Gründer ist nachgerückt ins Parlament und hat nun eines von 736 Mandaten. Auch die Jungen machen jetzt Verteidigungspolitik und so sitzt man bei Nils Gründer im Büro, der sagt: «Ich musste mein Leben erstmal neu ordnen.» Richtig angekommen sei er noch nicht, auch ihm blieb kaum Zeit, sich einzurichten. Auf dem Schreibtisch steht eine Dose Red Bull, eine Aktenmappe liegt daneben, auf der Fensterbank hat Gründer seine Bluetooth-Box. Und ansonsten: Hemd ja, Krawatte nein.

Nils Gründer sagt: «Ich bin gerne hier. Jedes Mal, wenn ich im großen Plenarsaal bin, zwicke ich mich kurz. Dieses Gefühl versuche ich nicht zu verlieren.» Auch Gründer sitzt nun oft in Saal 2700, wo der Verteidigungsausschuss tagt, in dessen Akten er sich Mitte Januar 2023 noch immer einliest. Auch gerade kämpft er sich durch den Dokumentendschungel des Verteidigungsministeriums, das sie im Ausschuss ja kontrollieren sollen. «Es ist frustrierend, wenn man eigentlich nur schnell eine einfache Auskunft von denen haben will – und einfach keine kommt.» Nils Gründer erzählt: «Wir sitzen oft im Ausschuss und wissen von nichts.» Wenn dann aber politischer Druck und Hektik herrsche und ein Problem durch die Decke geht: «Dann wird man plötzlich mit Akten zugeschüttet.»

Er fasst schnell Fuß im Bundestag, macht selbst Truppenbesuche und ist in der FDP-Arbeitsgruppe Verteidigung, wo man sicherstellen will, dass die zwei Prozent der Wirtschaftsleistung auch wirklich wie versprochen in die Verteidigung investiert werden. «Ich finde das richtig», sagt Nils Gründer. Es brauche mehr Geld für die Bundeswehr. «Erst neulich erzählte mir ein Kommandant, dass man, wenn man mit Verbündeten aus einem deutschen Panzer heraus kommunizieren will, oft die Luke öffnen, ein T-Shirt heraus halten und damit wedeln müsse.

Digital sei man nicht miteinander verbunden. Auch Gründer kennt also die Probleme bei Puma und Marder und die dringend benötigte digitale Funktechnik, auf die alle bei der Bundeswehr warten. Nicht nur Heereschef Alfons Mais, der inzwischen seit fast einem Jahr im Bundestag Klinken putzt und den Abgeordneten verklickern will, dass das neue Funkgerät wirklich gebraucht werde.»

Gründer sagt: «Ich hab schnell gesehen, wie drängend diese ganzen Fragen sind, und bin enttäuscht, dass bislang nicht viel kam nach der *Zeitenwende*.» Er hat vielleicht mit etwas mehr Abstand auf die Auftritte von Christine Lambrecht geschaut. «Ich denke, es war ein trauriges Arbeiten für sie im Ministerium. Mit der ständigen Angst, dass jemand etwas an die Medien durchstechen könnte. Sie hat gekämpft im Ausschuss, das fand ich gut.» Noch ist die Nachfolge nicht geklärt, gerade wird wieder über Marie-Agnes Strack-Zimmermann spekuliert oder die Wehrbeauftragte Eva Högl. Eben noch hat Gründer sich mit seinem VWL-Studium beschäftigt, jetzt muss er eine politische Meinung dazu finden, ob deutsche Kampfpanzer an die Ukraine geliefert werden sollten. «Klares Ja!», sagt der junge Abgeordnete. Das steht immer noch zur Debatte, der Druck auf Kanzler Scholz steigt nun merklich. Wieder hat er sich allerdings wochenlang zurückhaltend gegeben und diese Haltung nicht erklärt, wieder war da die Methode Scholz.

* * *

Viereck, Mecklenburg-Vorpommern
Kürassier-Kaserne

150 Kilometer von all dem entfernt ist der Soldat Daniel Andrä zurück von seiner Mission in Litauen. Im Dezember hat er sich kurz gemeldet, am Telefon, Andrä klang erschöpft. «Dieses Jahr ist bis zum letzten Tag dicht», hat er gesagt. «Und dann sind wir froh, wenn wir alle unter dem Weihnachtsbaum sitzen.» Weihnachten ist nun vorüber, doch Andrä alles andere als froh. In seiner Heimatkaserne in Viereck, Mecklenburg-Vorpommern, verfolgt er Mitte Januar den Macht-

wechsel im fernen Ministerium. Seine Lambrecht, das offizielle Amtsfoto, das in Kasernen überall im Land hängt, hat Andrä schon abgenommen. Es steht jetzt ganz hinten in der Ecke, auf dem Boden im Kommandeurszimmer. Das Porträt des neuen Oberbefehlshabers hat Andrä schon bestellt, bald kommt es dorthin, wo eben noch die Lambrecht gehangen hatte. Endlich steht ihr Nachfolger fest: Boris Pistorius, der SPD-Innenminister in Niedersachsen. Ihn hatten nur die Wenigsten auf dem Zettel. Pistorius, das ist eine spannende Wahl des Bundeskanzlers. Spannend, findet auch Daniel Andrä. «Ich war überrascht.» Der Termin im Schloss Bellevue steht bereits: Am Donnerstag in aller Früh erhält Lambrecht ihre Entlassungsurkunde, Andrä verfolgt das genau. Während Berlin noch immer mit der Personalfrage beschäftigt ist, zeigt sich in Andräs Stube noch etwas anderes, etwas Alarmierendes: der gesammelte Frust über dieses verlorene erste Jahr der *Zeitenwende*. Andrä kann oft nur noch mit dem Kopf schütteln. Eine Zeitenwende in der *Zeitenwende*, das wäre jetzt gut.

196 Tage lang war er in Litauen, beginnt er seinen Rückblick, während draußen vor der Kaserne Polizei und Feldjäger vorfahren, weil sie den großen Militärkonvoi sichern, der gerade vorbeizieht. Wieder gibt Deutschland ein Patriot-Flugabwehrsystem an die Ukraine ab. Sie müssen es gen Osten fahren, heute Nacht rasten sie hier. Drinnen erzählt Kommandeur Andrä in seiner grünen Uniform von Litauen und vom Krieg. «Das wird mir immer im Kopf bleiben», sagt er. Und diese Zeit, so angespannt sie war, hat ihn genauso geprägt wie der Einsatz 2009 im fernen Afghanistan. Auch das war lange ein deutscher Krieg. Als sie zurück waren, hat Andrä seine Leute erstmal in den Urlaub geschickt, einige waren sieben Monate lang fort gewesen. Später sind sie zusammen auf den Darß gefahren, jeder durfte noch mal motzen und kotzen über den Einsatz, wie Andrä das nennt, ab dann musste es aber gleich weitergehen. Der nächste Auftrag, keine Zeit für Pausen.

Langsam setzt ihnen das hier zu, immer mehr Aufträge – aber stagnierendes Personal. Nie kommt Verstärkung. Kaltstartfähigkeit, das sei ja nett dahergesagt, heißt es in der Kaserne, aber so was müsse man doch vorbereiten. Auch Andrä sagt: «Wir hetzen vom Einen ins Nächste.» Beruhigend klingt das nicht, eher nach Verschleiß. Jetzt gerade steht in Viereck Training im scharfen Schuss auf dem Plan, neue Übungen, bald sogar ein weiterer Auslandseinsatz in Mali. Was abenteuerlich ist, denn bei Andrä dienen Panzerfahrer und Grenadiere, sie haben keine Ahnung von Wüstenfahrzeugen und sprechen kein Französisch. Im Grunde sind es viel zu viele unterschiedliche Dinge, die zu tun sind. Daniel Andrä selbst müsste außerdem eine neue Aufgabe zugewiesen werden, er ist schon länger auf diesem Posten als üblich. Andrä brennt, aber er ist auch platt. Das zeigt dieser Kasernenbesuch.

Niemand kann ihm das verübeln, seinerseits groß beklagen wird er sich als Soldat nicht. Daniel Andrä steht jeden Morgen um 5.45 Uhr auf, setzt sich pflichtbewusst aufs Fahrrad und trinkt in der Kaserne angekommen um 6.45 Uhr seinen Kaffee. Am nächsten Tag: «Aufstehen. Von vorne.» Andrä ist jetzt 44 Jahre alt und fragt sich manchmal schon, ob es das alles wert ist. Die Lebenszeit, die er investiert, und alles, was er dafür verpasst. Sein Privatleben, 600 Kilometer entfernt von der Kaserne, wo er alle 14 Tage hinpendelt mit dem Zug. Zu Hause warten Haus, Garten und Tochter. «Die Nachbarn wollen einen auch mal sehen.» Für sich selbst bleibt da kaum Zeit, die Bücher, die Andrä mit nach Litauen genommen hatte, sind bis heute ungelesen. Sein Motorrad steht in der Garage herum, dabei hatte er sie so gerne haben wollen, seine Suzuki-Maschine, gefahren ist er sie bis heute fast nie. Bloß zum TÜV.

Wer den Kommandeur am Ende dieses ersten langen Kriegsjahres trifft, spricht zunehmend mit einem desillusionierten Mann, nicht resigniert, aber vorerst auch nicht bereit, an all die Zeitenwendeversprechungen zu glauben. Viel ist auch in Viereck von der neuen Ausstattung der Bundeswehr nicht angekommen nach elf Monaten *Zeitenwende*. Sein persönliches Material hat er sich selbst gekauft, während seiner Zeit als Kommandeur musste Andrä sich außerdem gelegentlich mit Pilzsammlern herumschlagen, die sich über die Größe seines Truppenübungsplatzes beschwerten. Sie wollen lieber sammeln gehen, statt Militärtrainings zu sehen. Immerhin: Bei den Nachbarn der Kaserne ist inzwischen kein freundliches Desinteresse mehr zu erkennen, sagt Andrä. «Vielleicht freundliches Interesse langsam.» Wie es für ihn weitergeht, ist an diesem Tag ungewiss.

Andrä hat das Land im Ausland repräsentiert, er hat Verantwortung getragen in Kriegszeiten, als die Präsenz im Osten plötzlich kein Spiel mehr war. Er ist Experte in Führung, Einsatz und Militärpolitik, der Kommandeur könnte wohl fast alles machen, wenn er wollte. Im Kanzleramt gearbeitet hat er auch schon: In seinem Dienstzimmer hängt ein von Angela Merkel signiertes Bild. «Danke», schrieb sie ihm. Merkel ist heute im Ruhestand. Und die Truppe? Kann sie dem Soldaten eine passende neue Aufgabe bieten? Nicht so richtig. Das Personalamt im fernen Köln meint, dass eine Beförderung zum Oberst aktuell nicht vorgesehen sei, wie das in ihrer Sprache heißt. Was die Bundeswehr natürlich nicht davon abgehalten hat, Andräs Gesicht auf eine neue Werbebroschüre zur *Zeitenwende* zu drucken. Man nutzt den Kommandeur für seine PR, lässt ihn ansonsten aber hängen.

* * *

Schloss Bellevue, Berlin

Zurück in der Hauptstadt folgt der 19. Januar, ein kalter Morgen in Bellevue. Bundespräsident Frank-Walter Steinmeier muss früh aufstehen, er hat der Verteidigungsministerin gleich ihre Entlassungsurkunde auszuhändigen. Draußen wird roter Teppich ausgerollt vor dem Schloss. In wenigen Minuten findet das Kapitel Lambrecht also sein Ende, pünktlich dazu wird bekannt, dass der Rechtsstreit, den sie wegen des Bildes ihres Sohnes im Helikopter geführt hatte, 4694 Euro gekostet hat, plus Steuern und Anwaltskosten. Jetzt soll der permanente Fokus der Öffentlichkeit ein Ende finden, an diesem Mittwoch geht Lambrechts kurze Amtszeit zu Ende. Selbst die FDP-Kollegin Marie-Agnes Strack-Zimmermann hat Geduld und Nachsicht verloren. «Einfach ungeschickt», sagt sie über Lambrecht. Woran es gelegen habe? «Ich kann es Ihnen auch nicht erklären», sagt die ratlose Abgeordnete. «Vielleicht war es der Druck.»

Am Morgen der Wachablösung bedankt sich der Bundespräsident bei Lambrecht für ihren Dienst. Die steht rechts neben ihrem Nachfolger, Boris Pistorius. Sie schaut ins Leere, genauso wie der Kanzler, der ebenfalls da ist. Auch Scholz wirkt verloren, hier im riesigen Prunksaal und unter zwei absurd großen Kronleuchtern. Seine Schultern hängen, Scholz schaut ebenfalls auf den Boden. So endet alles: Der Bundespräsident hält das Prozedere kurz, erwähnt die Bedeutung dieses Vormittages für Christine Lambrecht, die nach 18 Jahren in der Politik nun geht. Es brauche Aufmerksamkeit für die Bundeswehr, sagt der Bundespräsident noch. Und Respekt. Keine zwölf Minuten dauert das Ganze, um 8.11 Uhr ist alles vorbei.

Draußen im Hof fahren wieder die Limousinen vor, als Erstes fährt natürlich der Kanzler. Danach kommt der neue Verteidigungsminister. Und Lambrecht? Einer der Journalisten witzelt: «Nimmt die jetzt den Bus?» Tatsächlich wird sie kurz darauf ebenfalls aufgelesen an der großen Treppe vor dem Schloss, von einem schwarzen Audi. Als Ministerin hätte sie sich nach hinten gesetzt, jetzt aber ist sie nur noch Frau Lambrecht. Und so steigt sie kurzerhand auf der Beifahrerseite ein und setzt sich einfach nach vorn. Um 8.24 Uhr biegt ihr Wagen ein letztes Mal um die Ecke, dann zieht er davon. Man wird Christine Lambrecht lange nicht zu Gesicht bekommen.

8.

NEUBEGINN

Der Star-Minister

19. Januar 2023
Deutscher Bundestag

Pistorius also. Boris Ludwig Pistorius, geboren am 14. März 1960. Er und seine Lebensgefährtin ziehen aus Hannover nun nach Berlin. Willkommen auf dem Schleudersitz! Aufgewachsen ist er mit seinen beiden Brüdern im Arbeiterviertel von Osnabrück, Vater Ludwig arbeitete bei den Stadtwerken, Mutter Ursula wurde Landtagsabgeordnete. Heute hat Pistorius selbst Kinder, zwei Töchter. Politisch hat er sich früh in den Dienst von Land und Stadt gestellt, mit 16 ging er in die SPD und studierte später Jura. Zehn Jahre lang ist er Landesinnenminister gewesen, mit Sicherheit kennt er sich aus und hatte schon früh den Ruf, auch durchzugreifen. Manche haben ihn in Hannover den «roten Sheriff» genannt, im Fußball, lernt bald die Republik, war der junge Pistorius früher linker Verteidiger. Eher kein Schönspieler also. Jetzt soll der Mann von der SPD das Verteidigungsministerium übernehmen. Für seine Nominierung gibt der Kanzler sogar die Geschlechterparität im Kabinett auf, die er eigentlich versprochen hatte.

Gleich wird es acht Uhr morgens sein an diesem 19. Januar. In wenigen Minuten wird Pistorius im Amt sein, ausgerechnet die Lambrecht-Vertraute Bärbel Bas nimmt ihm den Eid ab, Bas ist die Präsidentin des Bundestags. Und für Boris Pistorius brechen in wenigen Augenblicken hektische Zeiten an. Nun nimmt er zum ersten Mal auf der Regierungsbank Platz und tippt noch kurz auf seiner Smartwatch herum, ehe er nach vorn tritt und unter der Reichstagskuppel sagt: «Ich schwöre, dass ich meine Kraft dem Wohle des deutschen Volkes widmen, seinen Nutzen mehren, Schaden von ihm wenden, das

Grundgesetz und die Gesetze des Bundes wahren und verteidigen, meine Pflichten gewissenhaft erfüllen und Gerechtigkeit gegen jedermann üben werde.»

Die Worte stehen so im Grundgesetz, Artikel 56, und machen aus Herrn Pistorius nun Bundesminister Pistorius. Bärbel Bas gratuliert im Namen des gesamten Hauses, auch Olaf Scholz nickt ihm zu, der Kanzler und Pistorius sind in der gleichen Stadt geboren, in Osnabrück. Beide traten früh in die SPD ein und Scholz hat Pistorius angerufen, um die Glaubwürdigkeit seiner *Zeitenwende* zu retten. Viele im politischen Berlin sind erleichtert an diesem Vormittag, die Personalie Lambrecht hat die Koalition erheblich belastet und die Absetzbewegungen waren immer größer geworden, sogar innerhalb der SPD.

So schnell wie möglich bringt sein neuer Fahrer den Minister ins Ministerium, wo dieselbe Prozedur auf ihn wartet wie auf seine Vorgängerin ein knappes Jahr zuvor: Begrüßung von Generalinspekteur und Wachbataillon, Abschreiten der Ehrenformation. So geht es los. Das zweite Jahr der deutschen *Zeitenwende*. Auf den Neuen wartet ein straffes Programm, gleich am ersten Tag. Drinnen drängt sich schon alles eng an eng, im Gäste-Casino, es ist halb elf am Vormittag und viele Journalisten und Uniformträger sind gekommen. Der nähere Blick zeigt: Es sind Amerikaner, sie sind Teil einer US-Delegation, die Boris Pistorius als frisch vereidigter Minister gleich empfangen wird – er ist noch keine zwei Stunden im Amt.

Noch zum Jahresauftakt hatte Pistorius die Johanniter-Unfallhilfe als Landesminister besucht. Jetzt muss er über deutsche Kampfpanzer für die Ukraine beraten. Gemeinsam mit den USA will man sich besprechen, Pistorius und Amtskollege Lloyd Austin treten nun vor die Presse. Amerika ist ein Zeitenwendefreund, so die Botschaft. Boris Pistorius tritt jetzt zum ersten Mal auf die große, internationale Bühne. Er begrüßt die Gäste, spricht, wie sich herausstellt, gutes Englisch und braucht keinen Dolmetscher wie seine Vorgängerin. Das verbessert die Stimmung spürbar, nur die Wachleute des US-Ministers sind angespannt, weil es im Saal derartig voll ist.

Pistorius nennt Austin «Mr. Secretary». Lloyd Austin setzt danach seine Brille auf und sagt in breitem US-Akzent: «Good Morning!» Er wisse, dass er der erste Gast sei von Minister Pistorius, aber sein Dienstbeginn sei ja schließlich auch erst eine Stunde her. «Glückwunsch!» Es seien turbulente Zeiten, sagt Austin, aber auch: «It is great to be back!» Die wichtigste Frage: Soll der Westen Kampfpanzer liefern oder nicht? Kommt der deutsche Leopard? Noch hat Kanzler Scholz das stets verweigert. Kann er mit seinem neuen Verteidigungsminister diesen Kurs halten? Das ist die Frage, die sich an diesem geschäftigen Vormittag hier alle stellen. Und jeder will einen Blick auf den neuen Minister erhaschen. Der meistert die Situation, kälter hätte das Wasser kaum sein können, in das er springen musste. Pistorius dankt kurz seiner Vorgängerin, sie habe vieles «angeschoben», wie er sagt. Dann wendet er sich an die eigenen Soldatinnen und Soldaten: «Ich brauche die Unterstützung aller bei der Bundeswehr und ich werde sie auch einfordern.» Er spricht von Demut mit Blick auf seine neue Aufgabe, benutzt aber auch Worte wie «Abschreckung».

Pistorius weiß um seine Schlüsselrolle in dieser neuen Zeit. Es kommt auf jede Kleinigkeit an, alles wird beobachtet. Das hatte sich bereits vor dem Termin gezeigt: Pistorius war vor dem Ministerium von Fotografen der *Bild*-Zeitung abgefangen worden, mit einer Mappe unter dem Arm die Treppe herunter eilend. Auf dem zugehörigen Foto kann man erkennen, was genau Pistorius für Akten unter dem Arm hatte, eine Übersicht über Uniformen und Dienstgrade. Der neue Minister lernt offenbar akribisch – oder hat er eine clevere Presseabteilung, die genau solch ein Foto gedruckt sehen wollte? So oder so, am Ende landet das Motiv in der Presse. Es wird natürlich prompt verglichen mit dem Amtsantritt von Christine Lambrecht und ihrem verpatzten Gespräch mit der *Bild* über eben jene Dienstgrade («Meine erste Frage war, ob ich mir das alles sofort merken muss»). Im Grunde hatte sie da schon viele bei der Bundeswehr verloren, elf Tage im Amt.

Boris Pistorius will seine Leute im Ministerium mit Namen ansprechen, bei seinen Truppenbesuchen allerdings strikt die Dienstgrade nennen. Er sagt Luftverteidigung und nicht «Luftabwehr», das hat er sogar dem Kanzler voraus. Zu Beginn erzählt der Neue ausgedehnt, dass er gedient hat. In dem Punkt ist die Bundeswehr einfach gestrickt: Pistorius bekommt sofort den «Einer von uns»-Stempel. Für den Neustart der *Zeitenwende* will das Ministerium ausstrahlen: Dieser Mann kennt sich wirklich aus, keine Berührungsängste, kein Desinteresse. Für den Moment ist Boris Pistorius der Anführer einer verunsicherten Truppe, der Waffen fehlen. Waffen und Vertrauen.

* * *

Plenarsaal, Reichstag

Am 24. Januar sickert schließlich durch, was am Mittwoch postwendend im Bundestag verkündet wird: Die Bundesregierung liefert jetzt doch Leopard-Kampfpanzer an die Ukraine. Die Kehrtwende ist perfekt, nach Monaten des politischen Ringens. Im Hintergrund kommuniziert die Regierung, dass auch andere Staaten bei der Panzerfrage abwartend gewesen seien, nicht nur Berlin. Warum der Kanzler persönlich aber trotz der sicherheitspolitischen Debatte wieder so lange gezögert hat, verrät er in seiner Regierungserklärung im Bundestag kaum. Stattdessen bescheinigt er sich im Beisein der Abgeordneten: «Es war richtig, dass wir uns nicht haben treiben lassen.» Der Verteidigungsminister mag neu sein, der Kanzler ist sich treu geblieben. Olaf Scholz verteidigt sich an diesem Tag damit, dass deutsche Waffenlieferungen ein Bruch mit jahrzehntelanger Staatspraxis seien. Wieder warnt der Kanzler vor einer Eskalation.

Das Verteidigungsministerium hatte, bereits vor der Amtsübernahme von Pistorius, sich eher darauf zurückgezogen, dass es für Panzerlieferungen nun einmal bilaterale Abkommen brauche, EU-Rechtsfragen seien zu klären, Steuerfragen, Vergaberecht – all das. Gleichzeitig haben viele Abgeordnete im Bundestag dagegengehalten, dass all diese Dinge zu lösen seien – wenn nur der politische Wille da wäre. Manche Abgeordnete waren auf dem Höhepunkt der Debatte sogar mit Kleidung ins Parlament gekommen, die den Leopard-Look in den Bundestag brachte, wie Halstücher. Hashtag: free the leos.

Der Kanzler hat am Ende entschieden, Kampfpanzer vom Typ Leopard 2 A6 in den Krieg zu schicken, was überrascht. Es ist eine der modernsten Varianten dieses Panzers bei der Bundeswehr, kein Altmodell. Deutschland wird bald Ukrainer auch zur Wartung und Logistik ausbilden. Der Kanzler versucht in seiner Rede im Bundestag sogar einen kleinen Befreiungsschlag, er greift die CDU an und argumentiert, dass der Fokus allein auf Waffenlieferungen zu eng sei. Zum dauerhaften Versprechen, zwei Prozent der Wirtschaftsleistung ins Militär zu stecken sagt Scholz, genau ein Jahr nach seiner *Zeitenwende* im Bundestagsplenum: «Ich bekenne mich dazu.» Daran wird man Olaf Scholz also später messen dürfen.

Ein Jahr nach Kriegsbeginn hat ihm aber offenbar noch immer niemand erklärt, dass es nur *Luftverteidigung* oder *Flugabwehr* gibt. Scholz redet mal wieder von «Luftabwehr». Das Manuskript steht bis heute offiziell im Internet.

* * *

Bendlerblock
Verteidigungsministerium

Für den anderen SPD-Mann in dieser *Zeitenwende* war seine erste Woche im Amt eine gute Woche. Mitten im Einarbeiten steckt Boris Pistorius, er hat zum ersten Mal Soldatinnen und Soldaten besucht und fuhr in Altengrabow, Sachsen-Anhalt, im Puma-Panzer mit. Die späte Entscheidung des Kanzlers, den Leopard 2 zu liefern, verteidigt der neue Minister: «Wir haben nicht gezögert, wir haben verhandelt.» Auch hier klingt also wieder durch, dass die Panzerlieferung mit den Amerikanern abzustimmen gewesen war, wobei US-Präsident Joe Biden durchaus ebenfalls zögerte. Bei der Aussage des Ministers gehen aber nicht alle mit, denn es war durchaus skurril gewesen in den Wochen zuvor, als die Welt auf Berlin und die Panzerfrage blickte, aber nicht mehr passierte, als dass der Sanitätsdienst der Bundeswehr neue Zelte erhielt. Sogar die Abgeordneten im Verteidigungsausschuss von Marie-Agnes Strack-Zimmermann erteilen dann aber gute Erstnoten, der Neue sei robust und klar, der Antritt im Bundestag hat sogar Linke überzeugt, ein CSU-Mann wünscht Pistorius «Gottes Segen».

Gleichzeitig versucht der neue Minister, diejenigen zur Kooperation zu bringen in der SPD-geführten Regierung, die schon lange für die Leopard-Lieferung gekämpft hatten, etwa Außenministerin Annalena Baerbock, Vizekanzler Robert Habeck und eben Strack-Zimmermann. Der Verteidigungsminister mahnt: «Wir müssen mit einer Stimme sprechen.» Ein erster Fingerzeig. Nach dem ersten Besuch im Verteidigungsausschuss spricht auch Pistorius von einer historischen Entscheidung, über die er froh sei. «Aber gleichzeitig kein Anlass für Halleluja-Rufe.» Die Reporter rufen wild durcheinander, Pistorius schlägt sich wacker, und er will auch schnell in die Ukraine reisen, noch im Februar. Pistorius will selbst dorthin fahren, in den Krieg, er habe Respekt vor seiner Aufgabe, aber keine Angst.

Die Medien sind begeistert vom neuen Oberbefehlshaber: Seine ersten Wochen im Amt sagen viel über die Mechanismen der modernen Medienwelt. Es ist eine Art Überkorrektur, die nun selbst auf Chefredakteure übergreift: Lambrecht war die schlimmste Ministerin ever – Pistorius ist nun Minister perfect. Eine Fügung, die es sogar auf das *Spiegel*-Cover schaffen wird. Immerhin haben sie noch ein Fragezeichen dahinter gesetzt. Lambrecht dagegen hatte die Schlagzeile «Die Null-Bock-Ministerin» bekommen, ein in Berlin bis heute legendärer Verriss ihrer ersten Amtswochen.

Wie gut der Neue wirklich ist, muss er allerdings erst noch beweisen. Auch Pistorius hat nicht immer klare Kante gezeigt, zum Beispiel gegen den Putin-Freund und SPD-Altkanzler Gerhard Schröder. Zu Beginn ist Pistorius' größter Vorteil, dass er wie ein echter Verteidigungsminister aussieht und sich furchtlos gibt. Politik kann so eindimensional sein, sagen selbst seine SPD-Parteifreunde. Doch auch, wenn er die Sprache der Soldaten spricht, wird ihn das am Ende nicht von der Pflicht entbinden, zu liefern. Pistorius muss eine Baustelle nach der anderen angehen, was er schnell tut, woraufhin ebenso schnell die Ersten sagen, er sei der beste Minister im Kabinett.

Pistorius sei willensstark und entschlossen, höre sich aber alles offen an. Er sei entscheidungsfroh, aber nicht stur. Er suche den Kontakt, schleime aber nicht herum. Und als Jurist kann er knallhart in der Sache argumentieren. Was stimmt: Der neue Minister ist selbstbewusst, gibt sich aber nicht so abgehoben wie die Vorgängerin. Boris

Pistorius sagt lieber «die Menschen» statt «Bevölkerung». Er ist direkt, offen und meist umgänglich, ohne dass man ihn dadurch nicht ernst nähme. Und er schwafelt nicht so herum wie viele in Berlin. Mit den Medien nähert sich Pistorius an: Unter Christine Lambrecht waren kritische Journalisten noch auf eine Blacklist gesetzt worden und durften nicht mit auf wichtige Auslandsreisen. Der neue Minister hat für solche Spielchen keine Zeit, den Pressesprecher hat er ausgetauscht. Das hilft ihm, denn zwischen Christian Thiels und der Hauptstadtpresse gab es am Ende nur noch Ärger. Im Verteidigungsministerium hatten sich einige Pressesprecher sogar in der Chatgruppe «VgA und andere Dinge» namentlich über manche Reporter beklagt und lustig gemacht. In einer App, die offiziell – aus Sicherheitsgründen – gar nicht benutzt werden darf im Ministerium. Es ist im Rückblick erstaunlich, wofür Lambrechts Leute Energie hatten.

Ihr Nachfolger muss damit kämpfen, dass auch ein Jahr nach Beginn der *Zeitenwende* kaum nennenswerte Kapazitäten der Rüstungsindustrie in Deutschland neu aufgebaut worden sind. Es gibt keine größeren Fertigungsstraßen mehr für Munition oder Panzer im Land, sie waren über die Jahre zu Manufakturen geschrumpft. Trotz *Zeitenwende* griff der Staat hier nicht in die Wirtschaft ein und baute zum Beispiel selbst eilig neue Fertigungsstrecken auf. Die Regierung schaute eher zu, obwohl mit den Monaten Panzerstahl immer knapper wurde – und teurer. Auch die strategische Notwendigkeit, wichtige Vorprodukte und Stoffe wie Nitrocellulose und Stahl am Markt zu sichern, wurde nicht erkannt.

Ausgerechnet das wichtige Luftverteidigungssystem Patriot ist von Mängeln betroffen, es zeigt ganz konkret, wie die Zeitenwende hier erlahmt: Denn das Problem ist nicht nur, dass Deutschland zu wenig Systeme hat, sondern vor allem fehlen Lenkflugkörper dafür. In den USA werden nur etwa 120 Lenkflugkörper vom Typ PAC-2 hergestellt, die Produktion ist veraltet, eigentlich setzt der Westen bald auf den moderneren PAC-3. Deutschland, das Zeitenwendeland, baut dennoch eine deutsche Produktion der PAC-2 auf – und die wird erst ab 2027 oder gar 2028 produzieren. Preis für bloß einen Flugkörper: wohl stolze 5,6 Millionen Euro.

Teurer allerdings sind die feindlichen Bomber, die damit vom Himmel geholt werden könnten.

Die Ausgangslage nach dem Neubeginn im Verteidigungsministerium ist dieselbe wie im Februar 2022: Die *Zeitenwende* ist ein politisches Vorhaben, das gestaltet werden muss. Man erlebt es nicht einfach so, wie der Kanzler es damals wörtlich gesagt hatte. Es geht dabei um knallharte Fragen, die jeden in Europa betreffen: Werden wirklich wieder Grenzen mit Gewalt verschoben? Oder gibt es Einhalt? Ein Zurück in den Friedensmodus kann es kaum geben: Auch Deutschland muss wieder sortieren in Freund und Feind. Je weiter sich Pistorius einarbeitet, desto mehr wird auch er über die prekären Rahmenbedingungen der *Zeitenwende* erfahren, über den großen Rückstand, den es weiter aufzuholen gilt. Die etwa zwei Tage Munition im Bestand, die weiter zu wenig reformierte Rüstungsbeschaffung. Pistorius muss sich einen Überblick verschaffen und lässt im Bendlerblock erstmal zählen, wie viele Leopard-Panzer seine Bundeswehr überhaupt hat. Offenbar hat das zuvor noch niemand gemacht – oder durfte es nicht machen.

Das bisschen Zeitenwende

Februar bis Juli 2023

In Berlin geht alles dem ersten Jahrestag des Kriegsbeginns entgegen. Jetzt bekommt der Krieg in der Ukraine wieder mehr Aufmerksamkeit, auch die schwierige Lage der Menschen dort. Bis hierher haben sie es geschafft, doch es ist ein kalter Winter. Putin hat immer wieder Kraftwerke bombardieren lassen, dem Land fehlt Strom und somit Wärme. Deutschland hat den Winter besser überstanden als gedacht, die Gasspeicher sind nicht so leer wie erwartet. Niemand musste frieren, obwohl das im Herbst 2022 alles andere als klar gewesen war.

Der Heereschef, Alfons Mais, steht wegen der Ausfälle der 18 Puma schwer in die Kritik, *Bild* bezeichnet ihn als Versager und Vertuscher. Aus seinem Umfeld heißt es, der General nehme so was mit Humor. Es ärgert ihn aber wohl auch, immerhin haben seine Leute auf dem Truppenübungsplatz klare Führungsfehler begangen. Die Übung hätte nach den ersten Ausfällen abgebrochen werden müssen, so dass noch einsatzbereite Panzer übrig geblieben wären. Immerhin sollten sie alle in wenigen Wochen an die Ostflanke verlegt werden, wo sie dringend gebraucht werden: zur Abschreckung. Vor genau einem Jahr hat Mais mit seinem Post («Wir stehen blank da») Wirbel ausgelöst, jetzt muss er selbst harte Worte in der Presse einstecken. Mais tut, was er auch sonst tat, unterwegs sein. Gerade ist er in Frankreich.

Der Panzer-Drosten, Ex-General Erhard Bühler, nimmt noch immer seinen Podcast im MDR auf, dort steht er längst auf Platz eins in den Rankings. Wer Bühler in diesen Tagen anruft, erlebt einen desillusionierten Sicherheitsexperten. Die wirkliche *Zeitenwende* hat schon 2014 stattgefunden, als Putin die Krim annektierte und die Ukraine zum ersten Mal überfallen hat, erinnert Bühler. Nur interessierte das im Westen damals zu wenige, zumindest in Deutschland. Nach dem Beginn der vollständigen Invasion und der Sicherheitsgefahr, die damit für ganz Europa entstand, muss man nach dem ersten Zeitenwendejahr im Februar 2023 sagen: Es reicht einfach nicht. Beim Geld nicht, und auch sonst. Ein Jahr nach Beginn geht es noch immer darum, Konzepte umzusetzen, die seit 2017 intern vorliegen, allen voran auch eine passendere Struktur für die Arbeit im Verteidigungsministerium. Ein Eckpunktepapier liegt seit Jahren in der Schublade. Die Bundeswehr ist noch immer nicht darauf umgestellt worden, wieder eine Armee sein zu müssen, die vor allem die Grenzen des eigenen Landes und des Bündnisses verteidigt.

Das Verteidigungsministerium betont in diesen Tagen, dass inzwischen auch Verträge auf der Grundlage des Sondervermögens abgeschlossen würden. Eine vertrauliche Liste zeigt, dass in der ersten Jahreshälfte 2023 und nach dem Weihnachtstermin mit Ex-Ministerin Lambrecht beispielsweise Verträge für Material, das die NATO-Speerspitze nutzen soll, geschlossen wurden, auch für weitere Funkgeräte und Überschneefahrzeuge, neue Kryptotelefone und Lenkflugkörper sowie für den Ersatz uralter U-Boot-Aufklärungsflugzeuge. Bloß: Für den Moment ist das kaum entscheidend, denn nur, weil Verträge geschlossen werden, steht nicht morgen schon das neue Material auf dem Hof, so funktioniert das beim Militär nicht. Die Bundeswehr kauft keinen Dacia, sondern Kampfpanzer. Es gibt sie nicht in billiger Serienproduktion. Auch Bühler meint, dass im Grunde alle Beteiligten dieser *Zeitenwende* nach dem ersten Jahr ihr Verhalten ändern müssten. Er fordert – wie andere – mehr Pragmatismus und endlich Tempo. Am Ende, da hat er Recht, kommt es auf die Gesamtverteidigung des Landes an, die über die Streitkräfte hinausgeht. Krankenhäuser müssen sich auf den Verteidigungsfall einstellen – und auch über Bunker sollte man wieder reden. Selbst in Berlin fehlen sie. Das zu ändern, läge auch beim Innenministerium, Ministerin Nancy Faeser ist inmitten der *Zeitenwende* anders beschäftigt – sie will Ministerpräsidentin in Hessen werden.

Mit Blick auf das erste Jahr gab es nicht den einen Moment, in dem alles sich zum Schlechten wendete. Es ist eher wie eine Ansammlung aus kleinen, mittleren und schwerwiegenden Enttäuschungen. Die reale Kraft des Sondervermögens schwindet wegen Zins und Stahlpreis, dann ist da noch die Inflation. Ein großer Teil des Problems lag im Ministerium: kaum Führung und Verantwortungsbewusstsein. Die Ministerin wirkte desinteressiert, wodurch viele im Bendlerblock nur noch Dienst nach Vorschrift machten, anstatt anzupacken. Und es gibt noch immer diese seltsame Metamorphose: Kompaniechefs oder Bataillonskommandeure, die nach freien Entscheidungen streben, treten ihren Dienst dort an und nach Jahren verlassen sie das Ministerium – ohne jeden Elan zur Neugestaltung. Wer in der Bundeswehr vorankommen möchte, verfasst am besten Genehmigungsdokumente, das hat sich bis heute kaum geändert.

So verstrichen die Monate. Gleichzeitig müssen Versäumnisse aus Jahrzehnten innerhalb kürzester Zeit nachgeholt werden. Ansonsten gab es in diesem Jahr immer wieder schlechte Kommunikation, Verschleiern von Problemen und Überforderung. Olaf Scholz allerdings will nicht verzagen, er hält neue Reden und ist jetzt auch unter die Autoren gegangen: Im Dezember hat er seinen berühmten Satz noch einmal in einem Namensbeitrag für die renommierte Zeitschrift *Foreign Affairs* wiederholt: «The Global Zeitenwende.» Mit Blick auf Russland schreibt Scholz darin den flotten Satz: «Das Imperium schlägt zurück.» Wer derweil ein Jahr lang die Realität im Land erlebt hat, bleibt eher ratlos zurück: Viel zu wenig wurde umgesetzt, vieles steckt immer noch in der Planung fest. Berlin wartet auf eine Nationale Sicherheitsstrategie, und vorläufig hat die Bundeswehr mehr Arbeitsplätze am Bildschirm als einsatzbereite Sturmgewehre, fürchtet man.

Hinter den Protagonisten der *Zeitenwende* liegt ein Jahr voller Widersprüche. Vorläufig ist nur eines klar: Präsident Selenskyj ist am Leben, Krieg heißt wieder Krieg. Den meisten ist wieder klarer geworden, dass es die Bundeswehr gibt. «Das hat denen gut getan», sagt die Wehrbeauftragte Eva Högl. Trotzdem seien zu viele noch im Vor-Zeitenwende-Modus. Immerhin ist der neue Verteidigungsminister und SPD-Parteikollege Pistorius gleich nach Amtsantritt kurz bei Högl oben im Eckbüro vorbeigekommen. Im Verteidigungsministerium ist die To-Do-Liste des neuen Ministers daher lang und länger geworden. Die wichtigsten Punkte lauten:
- endlich ein besseres Beschaffungswesen hinbekommen
- schneller hin zur Vollausstattung aller Soldaten
- das Verhältnis zum Parlament kitten
- die neuen Großprojekte im Blick haben und sicherstellen, dass der neue Kampfjet und der neue Hubschrauber nicht wieder viel zu spät kommen und viel zu teuer werden

In all dem Zirkus um Christine Lambrecht war untergegangen, dass der Bericht zur Einsatzfähigkeit erneut zu wünschen übrig lässt. Und nebenbei muss Pistorius noch den Mali-Einsatz abwickeln, so dass sich die Bundeswehr noch mehr auf die neue Priorität der Landes- und Bündnisverteidigung konzentrieren kann. Nach den ersten Wochen im Amt zeigt sich, dass er von den meisten als entscheidungsstärker als die Vorgängerin wahrgenommen wird. Das gibt nach dem ersten so verlorenen Zeitenwendejahr Grund für Optimismus. Wie nachhaltig das sein wird – es muss sich zeigen. Auch ein Star-Minister muss Popularität in politische Gestaltung übertragen. Machtpolitik, sie wird bald kommen.

Im Bundestag hat Marie-Agnes Strack-Zimmermann derweil neue

Anzeigen wegen Beleidigungen und Übergriffen geschrieben. Später wird jemand deshalb eine Bewährungsstrafe erhalten, vor allem nach den ersten Panzerlieferungen sind die grenzüberschreitenden Nachrichten nach oben geschnellt. Wie hat sich das Leben der Abgeordneten also verändert? Ein Besuch bei ihrem Stammitaliener zeigt es. An einem Sonntag nach 21 Uhr tritt die Abgeordnete durch die Seitentür des Lokals. «Guter Laden», sagt sie. Oft kommt sie abends vorbei und isst noch etwas Warmes, ihr iPad hat sie dann dabei und liest ihre Akten von hier aus. Sie nennen sie hier liebevoll: Frau Strack. Und die setzt sich an einen der kleinen gemütlichen Tische am Fenster. Strack-Zimmermann trägt einen Cord-Anzug, bestellt sich jetzt ein Glas Primitivo und noch etwas Carpaccio, es ist mal wieder spät geworden. In der Presse wurde sie diese Woche zur «mächtigsten Gegenspielerin des Kanzlers» hochgeschrieben. Nicht Wenige finden, dass sie die Waffenfrage zum Regierungsstreit eskaliert habe. «Unsinn», rechtfertigt sich Strack-Zimmermann. Sie findet das zu banal: «Er ist laut, sie ist stur. Wir sprechen hier darüber, wer in der Regierung womöglich was für Gefühle hatte oder beleidigt war. Haben wir einen an der Waffel?» Ihre direkte Art ist also schon mal noch da.

In der Sache, der *Zeitenwende*, macht sie den Punkt, dass Deutschland inzwischen immerhin deutlich mehr Kriegsmaterial an die Ukraine abgegeben hat als noch im Frühjahr 2022, als Christine Lambrecht auf der Lieferliste saß. Mehrere Milliarden Euro habe die Bundesrepublik der Ukraine an Kriegshilfe gezahlt. «Jetzt kommt Jahr zwei», sagt Strack-Zimmermann und will Optimismus ausstrahlen, auch das kann sie.

Vorhin hat Strack-Zimmermann den Abendflug aus Düsseldorf genommen: Vom Berliner Flughafen ließ sie sich mit dem Bundestagsfahrdienst hier absetzen, inzwischen nimmt sie nach 19 Uhr keine Bahn mehr. Fährt sie Zug, muss sie jetzt immer von der Landespolizei an die Bundespolizei übergeben werden und andersherum. «Es nervt», sagt Strack-Zimmermann. Sie spricht nicht unbedingt gerne darüber, weicht dem Thema aber auch nicht länger aus: «Ich habe Morddrohungen feinster Art erhalten.» Kriegstreiberin wird sie immer noch genannt. Kein Angriff trifft sie mehr. Auch, wenn sie routiniert abwiegelt und sagt: «Das lasse ich nicht an mich heran.» Aber so einfach ist das nicht. Und auch ihr Umfeld denkt da anders.

Mit der Zeit ist die Familie der Abgeordneten in die Sache hineingezogen worden. Persönliche Angriffe gegen sich selbst stecke sie weg, sagt Strack-Zimmermann. «Da bin ich zäh.» Doch ihre Familie, die sei tabu. «Es gibt keine Fotos von Kindern oder Enkelkindern, die schütze ich komplett.» Zu Beginn des zweiten Zeitenwendejahres muss die FDP-Frau nun Polizeischutz erhalten. Ihr Mann kann noch S-Bahn fahren, sie selbst nicht mehr. Schon gar nichts abends und allein. Dass sie der Krieg weiter sehr beschäftigt, zeigt sich schon beim Warten auf das Essen. Es sind ihre Reisen in die Ukraine, die Strack-Zimmermann bewegt haben. Sie zeigt die Fotos, die sie machte, auf ihrem Handy. Vor allem bei zweien bleibt sie hängen. Beide zeigen eine Antonow-Frachtmaschine, das schwerste Flugzeug der Welt. Der ganze Stolz der ukrainischen Hersteller, die das Flugzeug liebevoll Mrija nannten. Eines der Fotos nahm Strack-Zimmermanns Büro 2018 auf, damals kletterte sie ins Cockpit. Das andere Foto machte sie nach Kriegsbeginn, als das Flugzeug zerstört wurde und sie am Flughafen Hostomel bei Kyjiw bloß noch das ausgebrannte Wrack inspizieren konnte. Der Gegensatz zwischen beiden Fotos könnte kaum größer sein. «Krass», entfährt es der Abgeordneten.

Jetzt spricht hier nicht mehr nur die Laute, die alle zu kennen glauben. «Es hat etwas Bizarres – so unbeschwert war das alles. Wenn ich die Bilder heute anschaue ...» Strack-Zimmermann stockt. Da sind noch so viele Fotos auf ihrem Handy, sieht sie jetzt, ein Abgeordnetenleben auf dem iPhone. «Da war ich noch in Kabul», sagt sie scrollend und verliert sich für einen Augenblick, «da in Moskau.» Schließlich sagt sie: «Meine Güte, was für Reisen. Alles in der Tonne.» Als der junge Kellner sie hier einmal auf Russland ansprach und wissen wollte, ob das wirklich stimme mit dem Krieg, setzte sich Strack-Zimmermann mit ihm hin, ließ sich einen Limoncello bringen und zeigte auch ihm die Fotos. «Muss ich doch machen, wenn der mich fragt, ob das denn wirklich alles so stimme mit dem Krieg.» «Machen Sie sich keine Sorgen», sagt sie ihm noch. Glaubt Strack-Zimmermann an einen russischen Sieg? Nicht wirklich. Die Lage der Ukraine ist ernst, aber auch die Verluste der Russen im ersten Jahr waren enorm. Diktatoren müssen liefern, sagt Strack-Zimmermann, und was bringe Putin seinen Landsleuten? «Särge, Särge, Särge.»

Boris Pistorius wird in der Zwischenzeit das Kunststück gelingen, in den ersten 100 Amtstagen zum beliebtesten Politiker Deutschlands aufzusteigen. Sogar CDU-Referent Waldhüter sagt: «Er strahlt unglaublich, das muss man ihm lassen. Er macht 'ne echt gute PR.» Die Medien sind längst dabei, jedes Detail über den Minister in neuen Porträts zu verwenden, dass er gerne Doppelkopf spielt, zum Beispiel, oder in der Kindheit *Raumschiff Enterprise* mochte. Hört man sich in der Truppe um, und darauf kommt es an, wird die Begeisterung für den Neuen in der Tat geteilt: Er labert nicht herum, versucht Lösungen zu sehen und nicht bloß Probleme, er strahlt Bodenhaftung aus, duckt sich nicht weg und trägt robuste Kleidung. Zwei Tage Vorbereitung hatte er für den Job und jetzt zweieinhalb Jahre für eine moderne Armee. Eigentlich kann man nur scheitern, er will es aber angehen. Gut in der Truppe kommt an, dass er persönlich vorbeikommt, wenn es schlechte Nachrichten gibt. Wie beim Panzerbataillon 203 in Augustdorf, dem Pistorius nach der Entscheidung, Kampfpanzer abzugeben, erklärt, dass es ihre Bestände treffen werde. Pistorius, heißt es unter Soldaten, kann auch mal einen ganzen Militärhangar mit Menschen durch eine knackige Rede motivieren

Das Frühjahr 2023 über machen aber dann nicht Personen Schlagzeilen, sondern Boote. Genauer: die verflixten Schlauchboote, auf die sie bei den Marinespezialkräften so dringend warten. Nur ist der Auftrag nun leider doch storniert worden. Obwohl alle Beteiligten bei den ersten Fragezeichen zum ausgewählten Hersteller noch abgewiegelt hatten, allen voran der Abteilungsleiter im Ministerium, Carsten Stawitzki. Mitten in der *Zeitenwende* sitzt die Marine auf dem Trockenen.

Marie-Agnes Strack-Zimmermann dagegen will ins Europaparlament wechseln, nach Brüssel. Im ganz kleinen Kreis hat das seit dem Jahresende 2022 besprochen, mit Büroleiter Schulz unter vier Augen und natürlich mit ihrem Mann. Warum? Das erzählt sie jetzt auch nochmal am Telefon genauer, Strack-Zimmermann steht gerade in der Schlange zum Boarding, gleich geht ihr Flug. Weshalb genau denn der

Wechsel? Ist sie nicht eben erst in Berlin richtig angekommen? «Das Leben ist ein Dauerlauf!», sagt die Abgeordnete zu solchen Fragen. Sie hat sich zuletzt in einen Eurofighter-Jet der Luftwaffe gesetzt und durfte zwei Stunden lang mitfliegen, bei 1800 km/h. Und auch sonst wird es nicht langsamer, sie hat in den vergangenen Monaten fast wöchentlich neue EU-Außenminister kennengelernt, im EU-Parlament ist Verteidigung aber bislang bloß ein Unterausschuss. «Das hat dort noch keiner richtig gemacht!» Das wolle sie ändern, sagt Strack-Zimmermann, per *Zeitenwende* quasi.

* * *

12. bis 23. Juni 2023
Flugplatz Jagel, Schleswig-Holstein

Gegen Wladimir Putin wird derweil ein Haftbefehl in Den Haag erlassen. Der Bundesjustizminister sagt, er werde Putin im Falle einer Einreise verhaften lassen, woraufhin sie im russischen Fernsehen den Nuklearschlag fordern. So laufen diese Wochen, ganz nebenbei rauschen Banken ab – und die Inflation hoch. Die Welt der Sicherheitspolitik blickt in diesen Tagen auf die wichtigste Militärübung seit Jahren, Air Defender 2023. Elf Tage, organisiert hat sie der deutsche Luftwaffenchef und nutzt dafür den Flugplatz Jagel als Dreh- und Angelpunkt. Es ist die größte Luftübung in der NATO-Geschichte. 250 Flugzeuge sind eingeplant, auch aus den USA. Mindestens 400 000 Liter Kerosin werden benötigt – pro Tag. Die Pipelines, die dafür aufgebaut werden müssen, sind insgesamt zwei Kilometer lang. Bis zu 10 000 Männer und Frauen sind dabei, 25 Nationen. Die deutsche Luftwaffe unter Inspekteur Ingo Gerhartz hatte alles geplant. Wer vor Ort war, beschreibt, dass jedem klar gewesen sei, dass es hier auch um gute Bilder für die Bundeswehr geht: «Die wollten ganz klar Stärke demonstrieren. Eine große Presseschau war das.»

Simuliert wird ein militärischer Angriff auf Deutschland und der Bündnisfall der NATO, die dann zur Verteidigung der Bundesrepublik ausrücken würde. Gesagt wird das hier nicht direkt, aber natürlich wird hier ein Angriff Russlands simuliert. Auf die Stadt und den Hafen in Rostock nämlich. Der Lärm und die Schlagzeilen sind so groß, dass viele im Land nun bemerken, dass da noch immer diese *Zeitenwende* ist. Manche haben aber eher die Sorge, dass ihr Ferienflieger verspätet starten könnte wegen der Flugbewegungen der Militärs, die den Luftraum in bestimmten Höhen nachmittags für vier Stunden sperren. Die Reaktion darauf zeigt: Noch immer ist die Bedeutung des Krieges in der Ukraine in vielen Köpfen nicht angekommen. Luftwaffenchef Gerhartz sagt dazu: «Die Übung dient dem Ziel, dass die Menschen auch weiter in Frieden und Freiheit in Urlaub fliegen können.»

Ansonsten bleibt der Sommer geschäftig: Im Juli gibt es eine erste Debatte darüber, ob Deutschland nach den Panzern nun einen gewissen Flugkörper namens Taurus an die Ukraine abgeben soll. Und der Verteidigungsminister bricht zu seiner ersten Sommerreise auf. «Alles sehr eng getaktet», schreibt sein Sprecher Michael Stempfle. Auch ein kurzer Urlaub ist geplant. Über Hubschrauberflüge mit Familienbegleitung wird nichts bekannt.

Kriegsgewinnler und Spione

August 2023
Weeze, Landkreis Kleve

Bei der Rüstungsfirma Rheinmetall läuft es weiter richtig gut. Am 1. August lädt der Konzern nach Weeze, eine Autostunde nördlich von Düsseldorf. Dort will man den Spatenstich zu einer neuen Rüstungsfabrik feiern und möglichst viele sollen kommen, Vertreter der Firma, des Ministeriums und natürlich der Lokalpresse. Um dem Termin gleich ein bisschen mehr Glorie zu geben, hat man es «Zeremonie» genannt. Mit Erfolg: Das Radio ist gleich drauf angesprungen, der Spatenstich läuft in den Nachrichten.

So steht Rheinmetall-Boss Armin Papperger nun vor seinen Gästen und sagt zur Begrüßung: «Das hier ist ein sehr strategisches Projekt für die Bundesrepublik.» In nur zwei Jahren wollen sie eine Fabrik hochziehen, welche die Rumpfteile für den neuen Atomwaffen-Jet F-35 produziert. Hinten auf der Wiese haben sie noch gar nicht zu Ende abgebrochen, was noch an Ruinen auf der Fläche steht, ein Stück weiter vorn hat Rheinmetall Zelte, einen weißen Show-Pavillon und einen Toilettenwagen der Extraklasse aufgestellt. Und noch ein paar Militärfahrzeuge, so dass es Eindruck macht.

Das Engagement in Weeze ist durchaus überraschend, denn eigentlich ist man vor allem ein Panzer- und Munitionshersteller, doch jetzt will Rheinmetall offenbar auch die Lüfte erobern. Die Konkurrenz beobachtet es argwöhnisch: Nie und nimmer könne sich das wirtschaftlich lohnen, heißt es dort. Die deutsche Airbus-Sparte hat gleich abgelehnt, sich am Kampfjet-Projekt von Lockheed zu beteiligen. Rheinmetall macht nun aber mit.

Papperger bedankt sich ausführlich bei seinen Ehrengästen, die er jetzt vorstellt und bei denen er immer gerne dazu sagt, wie lange man sich schon kennt. Auch die Landräte der Region stellt er kurz vor: «Wir haben gerade schon darüber geredet, wie wichtig es ist, jetzt schnell die Genehmigungen zu bekommen.» Ein kurzes Lachen geht durch den Saal – denn das dauert in Deutschland bekanntlich meistens lange.

100 Millionen Euro werde seine Firma für die Fabrik investieren und genauso viel nochmal für Equipment. Produktionsbeginn: schon 2025. Das ist mehr als ehrgeizig und passt also zu Papperger. Er verspricht gleich mal 400 Arbeitsplätze in der Region und sogar 1500 bei Zulieferern. «Meine Prognose», fügt er hinzu. Auch Rheinmetall bewirbt die F-35 jetzt als «das modernste Kampfflugzeug der Welt», mindestens 400 Mittelrumpfteile wolle man bauen in Weeze. Von der Bundeswehr bestellt sind bislang allerdings nur 35 deutsche Maschinen – offenbar sieht Rheinmetall den Deal also als langfristiges Engagement. Der Bundeswehr kommt man jedenfalls noch ein bisschen näher. Papperger dankt denn auch dem Luftwaffenchef Ingo Gerhartz, der sich dafür eingesetzt habe, dass ein Teil der Wertschöpfung, wie sie das in der Industrie nennen, bei der amerikanischen F-35 auch in Deutschland bleibe. Rheinmetall und der Bund – sie präsentieren sich

an diesem Tag wieder Seite an Seite. Und Papperger wünscht sich: «Many happy landings!»

Carsten Stawitzki, der Abteilungsleiter aus dem Verteidigungsministerium, ist auch gekommen und duzt gleich mal alle. Stawitzki ist der Mann, der auch die Schlauchboote für die Spezialkräfte der Marine noch gelobt hatte, ehe sie dann doch Probleme mit dem Hersteller bekommen hatten. Heute lobt er den neuen Jet: «Es ist ein guter Tag für uns alle. Wir haben diesen Business-Case in neun Monaten unter Vertrag gebracht.» Der Beamte spricht viel zu schnell und nennt die anwesenden Abgeordneten des Verteidigungsausschusses in Berlin «Kollegen» – dabei sollen die doch seine Arbeit kontrollieren.

Am Ende darf dann auch die Präsidentin des Beschaffungsamtes etwas sagen. Als um kurz vor neun der Ministerpräsident mit zwei Audi-Limousinen vorgefahren kam, hatte der Rheinmetall-Chef ihn persönlich draußen begrüßt und Hendrik Wüst, im blauen Slim-Fit-Anzug, hinein begleitet. Annette Lehnig-Emden, die Beschaffungschefin, war kurz vorher angekommen, ohne Security oder Limousinen, auf sie wartete irgendein Rheinmetall-Mitarbeiter, der sie ins Zelt führte, durch den Nebeneingang. Lehnig-Emden war zwischen all den Männern kaum beachtet worden. Jetzt, vorn auf der Bühne, sagt sie, dass ihr Amt von Anfang an unterstützt habe und dieses Rumpfmittelteil wirklich eine Schlüsseltechnologie sei, wie sie es staunend nennt. «60 000 Einzelteile!» Dass das ganz schön kompliziert wird, sagt sie nicht. Denn wenn die Teile einmal fertig gebaut sind, werden sie in die USA geflogen und danach, als Teil der fertigen Kampfjets, wieder nach Deutschland gebracht.

Was keiner weiß: Es ist gar nicht so leicht, einfach loszulegen mit so einer Zeitenwendefabrik. Hinten auf dem Gelände muss erst noch die alte Bunkeranlage der Briten abgebrochen werden, und hier in NRW müssen eigentlich Photovoltaikanlagen auf einen neuen Großparkplatz, wie er hier für die Mitarbeiter entstehen soll, oder wenigstens Bäume. Es gibt auch noch gar keine Baugenehmigung, nicht einmal eine für Arbeiten im Erdreich. Kurzerhand haben sie einen Bagger ein bisschen Sand aufschütten lassen, der Spatenstich ist in Wahrheit ein Symboltermin. Es geht vor allem um die Bilder, zeigt sich, als die Spaten in den Sand gesteckt werden: Damit die Fotografen auch wirklich gute Fotos bekommen, muss die ganze Mannschaft um Wüst, Papperger und Lehnigk-Emden ganze dreimal schaufeln. «Nicht so hoch bitte, sonst landet der Sand vor dem Gesicht», sagt einer der Fotografen zum Ministerpräsidenten.

Die Fotografen der Presse sind danach glücklich und ziehen ab, nur der Bundeswehrfotograf, den sie eigens abkommandiert hatten, macht noch weiter. Gerade kann er einfangen, wie Armin Papperger noch allen die Hände schüttelt und beim schneidigen Luftwaffenchef Ingo Gerhartz fast liebevoll den Unterarm tätschelt. Das sind die Bilder, die Gerhartz wünscht, er schaut kurz zum Bundeswehr-Fotografen und der versteht den Wink: Bitte mehr Fotos von Gerhartz mit dem Waffenboss, zwei Anpacker unter sich, soll wohl die Bildsprache sein. Der Fotograf hält lange drauf, Gerhartz in seiner blauen Uniform ist zufrieden und gibt ihm posierend einen Daumen hoch.

Dann kommt endlich der Sekt, ein Tablett allerdings kippt um. Scherben bringen Unglück, sagt jemand unter den Zuschauern. Die Amerikaner von der F35-Mutterfirma, extra aus den USA angereist, sind trotzdem happy mit dem Vormittag in der deutschen Provinz, wo sie bislang so ziemlich jedes Klischee erfüllen, große Top Gun-Sonnenbrillen inklusive. Einer der Lockheed-Leute sieht in seinem hellgrauen Anzug und der Fliegerbrille ein bisschen aus wie Tom Cruise. Ihnen ist wichtig, sich nochmal vor allem bei Hendrik Wüst zu bedanken, den sie «Mr. Ministerpräsident» nennen.

Wer die Gespräche noch ein bisschen belauscht, stellt dann aber fest, dass es in Wahrheit die Amerikaner sind, die der Geschwindigkeit der neuen F-35-Fertigung misstrauen, weniger die Deutschen. Die sind von sich und dem Sekt eher ein bisschen berauscht, viele Rheinmetaller hatten zu dem Termin kommen wollen. Das ZDF will noch schnell mit Papperger sprechen, Annette Lehnigk-Emden muss deshalb über den Sandberg steigen, um wieder zu ihren Leuten zu kommen. Sie haben den Termin gut durchbekommen, am Ende werden sie den Spaten, mit dem der Bau der Fabrik symbolisch begonnen wurde, mitnehmen nach Koblenz ins Beschaffungsamt.

Während in Weeze bei Sekt und Lachshäppchen gefeiert wird, bleibt die Gegenoffensive der Ukrainer in diesem Sommer immer mehr stecken, ihre Wirkung verpufft, wieder sterben Tausende.

In Weeze gibt Rüstungsboss Armin Papperger draußen auch dem Letzten noch ein Interview, nämlich dem Flughafen-TV. Wie fühle es sich denn nun so an als Rüstungschef, wollen die meisten wissen, jahrelang so von allen gemieden? «Ganz normal», sagt Papperger. Er bleibt entspannt, die Hand in der Hosentasche. Der Firmenchef gibt sich seit Wochen selbstbewusst, immerhin hat es sein Konzern nun von MDAX in den DAX geschafft, Papperger selbst durfte die Glocke auf dem Frankfurter Börsenparkett läuten, als ihn sein Fahrer dort abgesetzt hatte. Wer ihm wohlgesonnen ist, lobt Pappergers Lebenswerk als Firmenpatriarch, der viel aufgebaut hat. Seine Gegner und Konkurrenten am Markt sehen eher einen, der ein großes Ego hat und kleinen Firmen ständig klarmache, dass er sie einfach aufkaufen könne.

Für heute hat Papperger sein Geschäft gemacht, gute Bilder, und die sind nun im Kasten. Ein guter *Zeitenwende*-Tag. Nur das Geld muss noch ankommen aus den Milliarden des Sondervermögens, findet Papperger.

Hendrik Wüst versucht in all der Aufregung, den Staatsmann zu geben, immerhin ist er schließlich der Landesvater der neuen Großfabrik, und von einer «mentalen Zeitenwende», die man hier in Weeze sehe. «Wir werden getestet», meint Wüst über den russischen Angriff, der auch Deutschland betreffe. «Demokratien müssen wehrhaft sein.» Das ist beinahe etwas ironisch, denn der CDU-Mann Wüst sagt diesen Satz auf der Feier-Veranstaltung einer Firma, die immer noch um Schadensersatz für das nie realisierte Russlandprojekt mit der Bundesregierung kämpft. In der Angelegenheit kann Armin Papperger nämlich auch anders, härter. Sein Konzern fordert 300 Millionen Euro von der Bundesregierung zurück für jenes Gefechtszentrum, das der Konzern eigentlich für Putin hatte bauen wollen. Hier und heute will man da aber bitte nicht drüber sprechen. Es gibt Sektgläschen und inszenierte Fotos. Wüst wird den Satz mit der Demokratie später sogar nochmal in die Fernsehkameras sagen. Dann muss er weiter. «Ich wünsche ganz, ganz viel Erfolg und unfallfreies Bauen.» So fahren

Wüst und seine Limousinen wieder davon, auch Tom Cruise ist wieder verschwunden. Nach anderthalb Stunden ist Weeze wieder bloß Weeze.

* * *

Konrad-Adenauer-Kaserne, Köln
Militärischer Abschirmdienst

Dann kommt der 9. August. Plötzlich greift der Bundesjustizminister in die *Zeitenwende* ein, Marco Buschmann. Am späten Nachmittag setzt er einen ungewöhnlichen Tweet ab: «Der Generalbundesanwalt hat heute einen deutschen Offizier festnehmen lassen, der dringend verdächtig ist, für einen ausländischen Geheimdienst tätig gewesen zu sein. Ich danke allen, die daran beteiligt waren. Wachsamkeit bleibt das Gebot der Stunde.»

Kurz darauf haben die ersten Medien Details recherchiert. Es geht um einen mutmaßlichen Agenten ausgerechnet im Beschaffungsamt der Bundeswehr. Mit jeder Meldung wird es beunruhigender, denn der Verdacht, um den es jetzt geht, ist schwerwiegend: Dass ein Soldat Interna der Truppe an Russen durchgestochen haben könnte. Wieder einmal steht also die Superbehörde aus Koblenz in den Schlagzeilen. Wer kurz darauf im Verteidigungsministerium anruft, erlebt ein Abblocken an allen Fronten, laufende Ermittlungen, da könne man leider nichts zu sagen. Außer, dass der Minister natürlich informiert gewesen sei vor dem Zugriff. Der Militärische Abschirmdienst bestätigt immerhin, dass es am 9. August tatsächlich «Maßnahmen» gegeben habe. Alles weitere könne nur der Generalbundesanwalt sagen. Also muss man sich nochmal weiterverbinden lassen, diesmal nach Karlsruhe. Was genau war passiert? Und wer ist der mutmaßliche Agent?

Der Haftbefehl verrät mehr, er datiert auf den 27. Juli 2023. «Der Beschuldigte ist dringend verdächtig, für einen ausländischen Geheimdienst tätig gewesen zu sein», heißt es dazu. Nachzulesen ist das in Paragraph 99 des Strafgesetzbuchs. Der Blick hinein verrät zwei Dinge: Unter der Überschrift Geheimdienstliche Agententätigkeit ist erklärt, dass der Verhaftete erstens für eine «fremde Macht» spioniert haben soll und die Bundesanwaltschaft außerdem von einem «besonders schweren Fall» ausgeht. Es bedeutet auch, dass man dem Mann vorwirft, er habe seine besondere Verantwortung durch den Posten bei der Bundeswehr schwerwiegend verletzt und sich aktiv gegen die Bundesrepublik gewandt.

Der Beschuldigte, Thomas H., ist Deutscher und Berufssoldat. Nach Angaben der Bundesanwaltschaft hatte er sich allerdings schon ab Mai auf Abwege begeben, und zwar aus eigenem Antrieb – und mehrfach. Thomas H., Anfang 50, soll sich demnach an das Russische Generalkonsulat in Bonn und die Russische Botschaft in Berlin gewandt und eine Kooperation angeboten haben. Er soll Informationen angeboten haben, die er durch seine Tätigkeit im Amt erlangt hatte. «Zwecks Weiterleitung an einen russischen Nachrichtendienst», heißt es vom Generalbundesanwalt. Damit wird nun klarer, wer genau die «fremde Macht» ist, von der die Rede war. Fragt sich: Wie groß ist der Schaden? Schon kurz nach der Verhaftung kommt heraus: Thomas H. war nicht nur Sachbearbeiter, sondern saß beim Beschaffungsamt in einem sensiblen Bereich, in dem es unter anderem um Funksicherheit und die Leistungsfähigkeit deutscher Radare ging. Um elektronische Kampfführung. Gleichzeitig stellt sich heraus, dass H. offenbar die Nähe zur AfD gesucht hatte.

Sieben Monate später folgt dann die Anklage vor dem Oberlandesgericht in Düsseldorf. «Nach dem Tatvorwurf kam es zur Übergabe von Unterlagen der Bundeswehr an russische Stellen», bestätigt die Sprecherin des Gerichts. Fest steht schon damit: Es ist ein gravierender Fall. Thomas H. hat der Anklage zufolge bewusst die Seite Moskaus gewählt und sich selbst angeboten, hierzu haben sich die Ermittlungen erhärtet. In seiner Aussage vor Gericht räumt Thomas H. die Vorwürfe später weitgehend ein. Er habe bei seiner Arbeit erlangte Informationen an Russland weitergeleitet. «Es war falsch, ich stehe dazu», notierten Gerichtsreporter. Am Ende wird H. zu einer Freiheitsstrafe von zehn Jahren verurteilt. Als russlandfreundlicher Agent. Pech des Hauptmanns war es, dass die russischen Einrichtungen, die er kontaktiert hatte, überwacht wurden. So geriet er in den Fokus, irgendwann auch sein Haus im Hunsrück. Dort stellte das BKA Kartons mit Dokumenten sicher. Neun Stunden dauert der Einsatz am Ende, frühmorgens war man angerückt, mit Hunden.

In der sicherheitspolitischen Analyse muss man leider sagen: Es ist ein Fall mit Ansage, denn der Militärische Abschirmdienst hatte mehrfach, zuletzt noch in seinem Jahresbericht im Juli, vor russischer Spionage gewarnt. Nur hatten das wenige hören wollen. Natürlich dachte man beim Bundesamt für den Militärischen Abschirmdienst (BA-MAD) aber auch eher nicht, dass ein eigener Mitarbeiter sich Putin andienen wollen würde. Dass man aber längst alarmiert gewesen war, hatte sich bei einem früheren Besuch in der Konrad-Adenauer-Kaserne im Kölner Süden gezeigt, bloß Monate zuvor.

Damals fielen dem Besucher sofort die Richtantennen und Kameras auf allen Gebäuden des MAD auf. Wer den Abschirmdienst besuchen will, muss an der Pforte seinen Pass abgeben und durch zahlreiche Schleusen treten, ehe es drinnen durch ein Labyrinth aus Gängen, Treppen und codegesicherten Türen geht. Irgendwann sitzt man dann einem Mann gegenüber, der sich gut auskennt in der Welt der Spione: Burkhard Even, einer der Vizepräsidenten der Behörde. Fast sein ganzes Leben hat er bei deutschen Sicherheitsdiensten verbracht, kaum einer weiß mehr über russische Desinformation oder getarnte Kriegsführung in Europa.

«Ich war hier in Köln, als der Krieg ausbrach», erzählt Even zur Begrüßung. Er wird das gesamte Gespräch über Augenkontakt halten. Even hat leicht dunkelgraue Haare, trägt ein dunkelgraues Hemd, und das Auffälligste an ihm ist heute seine gut sitzende rote Krawatte: Even bleibt eher der Schattenmann – das ist gewollt. Wenn es um seinen Job geht, spielt er einiges herunter. Fast klingt es, als sei er langweilig, dabei ist der Mann ein wichtiger Akteur innerhalb der deutschen Sicherheitsarchitektur. Dienstags sitzt er oft in der Kanzlerlage in Berlin, auch zu NATO-Tagungen reist er. Das Kölner Konferenzzimmer, in dem das Gespräch mit ihm damals stattfindet, ist abgedunkelt, jemand hat die Sichtblenden heruntergefahren, niemand soll Lippenbewegungen von außen beobachten können.

Even spricht von «so genannten Friedenszeiten», wenn er auf die vergangenen Jahre blickt und an das Ausmaß verdeckter staatlicher Spionage- und Abhörtätigkeiten denkt, auch in Deutschland. Er weiß: Wenn Länder zu Gegnern werden, sind abgeflossene Informationen über Nacht noch wertvoller. Insbesondere Informationen über Streitkräfte wie die Bundeswehr, die der MAD beschützen soll. In den vergangenen Jahren hatte der MAD vor allem Extremisten bei der Truppe im Visier gehabt, jetzt erlebt der Dienst seine eigene *Zeitenwende* und muss wieder stärker auf Spionage achten. «Wir sollten uns da nichts vormachen», sagte Even. Spione gibt es, weiß auch er. Ein bisschen Paranoia beschleicht einen kurzfristig schon, an solchen Orten der *Zeitenwende*. Burkhard Even versucht Besonnenheit auszustrahlen, doch gleichzeitig haben sie in Köln die Schutzmaßnahmen schon damals, fast ein halbes Jahr vor der Festnahme von Thomas H., längst hochgefahren. Eine Hotline zum Eigenschutz haben sie eingerichtet, immer erreichbar, falls MAD-Mitarbeitende selbst das Gefühl haben, ausspioniert zu werden. An den Wänden Warntafeln, Gefährdungsstufe Alpha.

Dass ausgerechnet in den deutschen Streitkräften und den Sicherheitsbehörden Spionage und Agententum zu finden ist, beunruhigt auch im Bundestag eine verschwiegene Gruppe Abgeordneter, das Parlamentarische Kontrollgremium. Kurz: PKGr. Man tagt geheim und in einem abhörsicheren Raum. Hinter einer blickdichten Tür besprechen sie sich und dabei geht es seit Kriegsbeginn immer wieder um die heikle Frage, wie russlandfreundlich Teile der Bundeswehr sind. Immer wieder gibt es Fälle zweifelhafter Gesinnungen, auch nach Beginn der *Zeitenwende*. Der Justizminister, Marco Buschmann, sagt: «Spionage ist keine dunkle Erinnerung aus dem Kalten Krieg – sie ist eine relevante Herausforderung.» Anfang September reist dann auch Boris Pistorius zum MAD nach Köln und kündigt an, die Spionageabwehr zu stärken. Der Fall Thomas H., der später zu dreieinhalb Jahren Haft verurteilt werden wird, erinnert noch an einen anderen, er betrifft den Bundesnachrichtendienst und ist noch etwas heikler. Wieder führt die Spur nach Moskau.

* * *

Chausseestraße 96, Berlin
BND-Zentrale

Wenn der BND-Präsident jemanden beeindrucken will, bestellt er gleich zu sich ein, in einen eigens gesicherten Gebäudetrakt. Er liegt auf dem Areal der Berliner BND-Zentrale, der wohl teuersten Behördenrepräsentanz im Land. «Präsidenten-Rampe» nennen manche die Auffahrt, die innerhalb der Sicherheitszone hinaufführt zu Bruno Kahl. Auch hier gab es nach Ausbruch des Angriffskriegs in der Ukraine einen Spionagefall – den spektakulärsten seit Jahren im deutschen Sicherheitsapparat.

Wenn er der Presse darüber berichtet, nennt Bruno Kahl den Namen des betreffenden Mitarbeiters selten. Er spricht eher von «dem Spion». Die Festnahme erfolgte drei Tage vor Heiligabend 2022, wegen möglichen Landesverrats. Der Mitarbeiter des Bundesnachrichtendiensts, ein Referatsleiter, war dringend tatverdächtig, teilte der Generalbundesanwalt mit. Das BKA fing an, Wohnung und Arbeitsplatz zu durchsuchen. Ein reicher Russe sollte einem windigen Geschäftsmann und eben jenem BNDler, geholfen haben, dem russischen Geheimdienst deutsche Staatsgeheimnisse zu verkaufen. Nur ist der mutmaßliche Verrat aufgeflogen und der BND-Mann und sein Bekannter kamen in Untersuchungshaft und wurden angeklagt. Beiden droht eine lebenslange Freiheitsstrafe wegen Landesverrats. Die Ermittler geben an, Geldflüsse rekonstruiert zu haben, wohl mehrere hunderttausend Euro. Brisant ist, dass der angeklagte BND-Mitarbeiter zuvor bei der Bundeswehr gewesen war, als Stabsoffizier. Und der Mitangeklagte, der in Russland geboren wurde, war ebenfalls bei der Truppe. Als Zeitsoldat.

Mancher Sicherheitspolitiker nimmt an, dass ein Viertel des deutschen Offizierskorps russlandfreundlich eingestellt sei. Auch deutsche Generale fielen als eher unkritisch gegenüber Putin auf. Vor Kriegsbeginn sagte der damalige Chef der Marine, Kay-Achim Schönbach, ein möglicher russischer Einmarsch in der Ukraine sei «Nonsens». Weil sein Verständnis für Russland groß war, wurde er danach in den vorläufigen Ruhestand versetzt. Heute ist Schönbach in der WerteUnion –

mit Leuten wie Hans-Georg Maaßen. Ein weiteres Problem: Die Sicherheitsüberprüfungen neuer Beamter dauern noch immer zu lang, oft 13 Monate. Zu lang. Auch das muss der MAD leisten, doch in Köln sind mittelfristig einige hundert Stellen unbesetzt.

Als dieser Fall mit der Festnahme im Dezember 2022 beginnt, immer weiter bekannt zu werden, beginnt die BND-Pressestelle aufgeregt unter Berliner Journalisten herumzutelefonieren, um von vornherein die eigene Sichtweise unterzubringen. Doch auch dieser unrühmliche Fall schafft es am Ende in die *New York Times*. Bruno Kahl und der BND sind wieder mal düpiert. Nichts macht dem BND im weiteren Verlauf der *Zeitenwende* so große Sorgen wie dieser Fall. Auch hier hatte man im Sommer noch intern analysiert: «Es ist eine prognostizierbare Gefahr, dass auch Deutschland wieder mehr aufgeklärt wird.» Wie der MAD dachte man aber wohl nicht, dass es Innentäter geben würde.

Bei Erscheinen dieses Buches ist die Beweisaufnahme weiter in vollem Gange, vorerst ist die Hauptverhandlung bis Ende Dezember 2024 terminiert. Dann könnte das Urteil stehen, bis zu dem die Unschuldsvermutung gilt. Der BND-Mitarbeiter selbst bestritt den Verrat vor Gericht.

Beide Dienste, MAD und BND, haben vorerst allerdings gewiss nicht dazu beigetragen, dass das deutsche Sicherheitsempfinden größer geworden wäre. Persönlich auf den Begriff der *Zeitenwende* und die Frage, was der denn nun für den BND bedeute, angesprochen, blockt Bruno Kahl ab: Das sei ja eher ein pädagogischer Begriff des Kanzlers und seiner Partei, meint Kahl. Wenn überhaupt, dann könne *Zeitenwende* heißen, dass seine Behörde endlich wieder mehr Rechte fürs Abhören bekäme. Es ist die Standardforderung des BND.

Im Bundestag haben Abgeordnete zuletzt Besuch von einer dritten Sicherheitsbehörde erhalten, dem Verfassungsschutz. Denn manche Bundestagsbüros befinden sich in direkter Sichtlinie zur russischen Botschaft. Die Fenster dort sind verhangen, dicke Vorhänge zugezogen. Etwas Ähnliches manchen sie jetzt gegenüber: Verteidigungspolitikerinnen wie Sara Nanni haben neue Räume bekommen, weiter weg von Putins Botschaft. Und in Zimmern, von denen aus man sie direkt sehen kann, ist eine Folie an Fenstern angebracht worden, die ein Ausforschen erschweren soll. Selbst Funkmäuse und Funktastaturen sind eine Gefahr, sagt der Verfassungsschutz den besorgten Abgeordneten. Man hat sich auch im Bundestag erst sehr spät gefragt, ob Büros mit russischen Richtmikrofonen abgehört werden könnten. Erst langsam schaltet das Land wieder in den Modus der Spionageabwehr.

In der Ukraine verschlechtert sich in der Zwischenzeit die Lage zunehmend. Soldaten sind desillusioniert, ihr Nonstop-Energydrink, den viele trinken, hält sie nicht mehr richtig wach, die vom Westen groß erwartete Gegenoffensive ist kaum 15 Kilometer weit vorangekommen, dann sind die Ukrainer in den Minenfeldern der Russen stecken geblieben. Denn als der Kanzler und seine internationalen Partner mit sich und möglichen Panzerlieferungen rangen, nutzte der Feind die Zeit, um sich tief in die Erde einzugraben und überall Sprengfallen zu legen. Zu Beginn des Krieges, beim Sturm auf Kyjiw, hatten sich die Russen noch dilettantisch angestellt und waren davon ausgegangen, dass die Ukraine in Tagen fallen würde. Es ist anders gekommen, die Ukrainer leben noch, allerdings lernen die Russen jetzt dazu. Die Gepard-Panzer der Deutschen helfen, auch gegen Drohnen, die nun immer mehr zum Kriegsmittel werden, allerdings nutzen die Ukrainer sie, um ihre großen Städte zu schützen, nicht die Soldaten an der Front. Für die beginnt nun ein immer brutaler werdender Abnutzungskrieg. In ukrainischen Schützengräben stirbt gerade eine ganze Generation. Und in Berlin schauen viele bloß zu.

Fachkräftemangel bei der Bundeswehr

6. September 2023
Espresso-Bar, Bundestag

Ein Jahr nach dem ersten Treffen und seinem unverhofften Start im Parlament: Wie geht es inzwischen dem jungen Abgeordneten Nils Gründer? Was ist aus ihm geworden? Man trifft ihn an einem Mittwoch in der Sitzungswoche an der Espressobar im Paul-Löbe-Haus, wo die meisten Gespräche im Stehen geführt werden, weil hier alle sehr beschäftigt sind. Die Bar ist beliebt bei Abgeordneten und ihren Mitarbeitenden. Und Gründer scheint schon richtig drin im Bundestagsbusiness. «Verrückter Laden, aber geil», sagt er grinsend. Wenn er über FDP-Parteichef Christian Lindner spricht, nennt er ihn bloß «CL». Mit der Bedienung schäkert er, als würden sie sich Jahre kennen, Gründer, der in Nürnberg geboren ist, bestellt eine Brezel – für mehr reicht die Zeit nicht.

Eben noch war er Student, jetzt schreibt er politische Gastbeiträge für die FAZ und reist in Bundeswehrflugzeugen umher. Sein Leben in Berlin ist eng getaktet, eine Sitzungswoche sei «knackig», sagt Gründer. Noch immer ist er im Verteidigungsausschuss und noch immer ist er motiviert. «Wenn man sieht, was wir für die Soldatinnen und Soldaten tun können, dann gibt einem das das Gefühl, es bei allem politischen Wahnsinn in Berlin auch aushalten zu können.» Abends fällt er aber oft nur noch ins Bett, der Kaffeekonsum steigt und steigt. «Und ich kann auch keine Schnitzelbrötchen mehr sehen», sagt Gründer und lacht. Schnitzelbrötchen – für viele im Bundestag ein Grundnahrungsmittel. Macht satt und kann auch im Ausschuss schnell verdrückt werden. Der Beginn des Dienstes im Bundestag ist oft nicht gesund, viele nehmen gleich mal drei Kilo zu. Gründer ist in Form geblieben, aber leicht war das nicht. Oft ist abends kaum noch Kraft für Sport, jetzt joggt der Abgeordnete wieder und läuft dann bewusst aus Mitte heraus.

Auch Gründer versteht nicht, warum alles so lange dauert und so kompliziert ist. «Man sitzt bei den vielen Unsinnigkeiten und Problemen manchmal da und denkt nur noch: Was geht da ab? Manchmal ist die Bundeswehr schon wie von einem anderen Stern.» Was die *Zeitenwende* angeht, ist er nachdenklich: «Mein Eindruck ist, dass die Menschen sich an den Krieg gewöhnt haben. Dabei kann das einfach nicht unsere neue Normalität sein.» Man müsse mehr tun für Frieden und Sicherheit. Das ist der junge Blick auf die deutsche *Zeitenwende*, Nils Gründer ist innerhalb der FDP passenderweise für das Thema Nachwuchsgewinnung bei der Bundeswehr zuständig. Das Problem der Truppe: Sie altert und schrumpft gleichzeitig.

Für die Landesverteidigung ist das eine gefährliche Kombination. Noch bis Frühjahr 2024 werden ganze 20 000 Dienstposten der Bundeswehr unbesetzt bleiben. Es fehlen IT-Experten, Fluglehrer, Lotsen, die Marine ist fahrlässig dünn besetzt, dabei hat Deutschland bereits eine eher kleine Marine. Es gibt weder Flugzeugträger noch Atom-U-Boote. 1990 hatte es noch 600 000 deutsche Soldaten gegeben. Ein Jahr nach Beginn des Ukrainekrieges sind es 2023 gerade noch 183 000. Weniger als ein Drittel der Ausgangsgröße im Kalten Krieg. Und die Zahl wird bis zum zweiten Jahrestag der *Zeitenwende*-Rede weiter sinken, das deutet sich schon jetzt an. Mehr als 1 500 Soldatinnen und Soldaten haben ihren nach der Rede von Olaf Scholz angetretenen Militärdienst schon wieder quittiert. Auch die Bewerbungszahlen sind wieder gesunken.

Im Sommer 2023 haben die Marineflieger ungewöhnlich hohe Klickzahlen auf ihrer Website, nur bekommen sie das Interesse nicht in ihr System übersetzt. Auch dort fehlen die Leute. Man könnte vielleicht ein neues Praktikum anbieten, überlegen sie, um die jungen Leute schneller mitlaufen lassen zu können. Nur müsste man dann gleich den MAD einbinden, für die Sicherheitsüberprüfungen. Es ist alles kompliziert, auch hier. Im Ministerium hat der neue Staatssekretär, Nils Hilmer, eine neue Taskforce angeordnet, die Taskforce Personal. Denn eigentlich ist die Vorgabe, bis 2031 auf 203 000 Frauen und Männer zu wachsen. Aktuell ist das illusorisch. Es fehlt Personal – und wer unterschrieben hat, wird teilweise wie auf einem Verschiebebahnhof hin und her geschoben. Oder wie Marie-Agnes Strack-Zimmermann sagt: «Wer zu den Gebirgsjägern will, wacht auf einer Fregatte auf.»

Und dann sind da die vielen Abbrecher: 2022 haben 18 770 neue Soldatinnen und Soldaten ihren Dienst angetreten. Doch fast 5000 haben die Bundeswehr schon wieder verlassen. Knapp 26 Prozent, eine wirklich schlechte Quote. Der Großteil ging bereits in der Probezeit. Wäre die Bundeswehr ein ziviler Arbeitgeber, das Management müsste sich erklären. Ob sich Olaf Scholz mal mit diesen Zahlen auseinandergesetzt hat – fraglich. Dabei ist der Frust nur allzu verständlich: Im Augenblick verspricht die Bundeswehr jungen Menschen,

Panzerfahrer werden zu können. Die verpflichten sich dann, nur um festzustellen: Es gibt hier gar keine Panzer.

* * *

Spätsommer 2023
Ostfriesland

Auch für das Jahr 2023 gibt es bald erste Personalzahlen: Wieder scheiden etwa 4000 aller neuen deutschen Rekruten in ihren ersten sechs Monaten wieder aus. Viele nennen die zu große Entfernung zwischen Kaserne und Wohnort als Grund. Ein Beispiel dafür findet sich an der Nordseeküste, im kleinen Wittmund. Denn dort gibt es einen eigentlich sehr wichtigen Militärflugplatz. Er erzählt gut, welche Wendungen die deutsche Sicherheitspolitik schon hingelegt hat. Seit den 1950ern gibt es den Flugplatz schon. Im Zuge der Bundeswehr-Verkleinerung hatte man ihn dann allerdings vom Geschwader zur Taktischen Gruppe heruntergestuft. Ein echtes Downgrade, Investitionen wurden gestoppt und somit verkleinerte sich die Einheit in Größe und Wirkung. Dann kam die Kehrtwende in der Kehrtwende und bald soll man in Wittmund wieder ein Geschwader sein. Trivial ist das nicht, denn die NATO verlässt sich auf Wittmund: Hier ist eigentlich eine schnelle Alarmrotte zu Hause, und die steigt, wann immer ein feindliches Flugzeug in den Luftraum eindringt, in Minutenschnelle auf. Deutsche Eurofighter erzwingen dann einen Kurswechsel oder schießen den Feind im Notfall vom Himmel. In 15 Minuten haben die Jets spätestens in der Luft zu sein, einfach gemacht hat es die Bundeswehr ihnen nicht, denn nach 2011 dachte man in Berlin, dass man auch Wittmund im Grunde nicht mehr brauche. Jetzt blicken viele mit Sorge in den Himmel, auch weil trotz aller Verbote immer wieder russische Flugzeuge auftauchen.

Unten am Boden laufen in Wittmund daher Bauarbeiten in diesem Sommer. Wer vorbeifährt, sieht, dass hier am Ende der modernste Militärflughafen in Deutschland entstehen soll. Dafür liefert das Betonwerk Rinninger aus Kißlegg im Allgäu gerade Entwässerungsrinnen an, auch das ist *Zeitenwende*. Und das ist ja auch logisch: Man kann auf einem sechzig Jahre alten Militärflugplatz einfach keine modernen Jets betreiben und hat nun 400 Millionen Euro in die Hand genommen, um zu bauen. Die Fertigstellung soll erst 2032 sein, im Augenblick arbeiten sie an der neuen Startbahn.

Der Bauleiter ist ein Ostfriese, Herr Hiob, und man kann nur hoffen, dass sein Name nicht Programm wird. Noch läuft alles gut. Ein Auge darauf hat eine SPD-Politikerin, die inzwischen selbst im Verteidigungsministerium ein Büro hat. Es ist Siemtje Möller, 41, Abgeordnete im Bundestag und parlamentarische Staatssekretärin. Möller kommt selbst aus Ostfriesland und an diesem Morgen sagt sie am Telefon wie immer zur Begrüßung: «Moin!» Sie kennt die Probleme auf dem alten Luftwaffenstützpunkt schon lange. «Als ich dort zum ersten Mal zu Besuch war, blieb mir der Mund offen stehen. Die Piloten hatten Doppelstockbetten wie in einer Jugendherberge aus den Achtzigern!» Solange gebaut wird, müssen die Piloten nun jeden Tag vier Stunden mit dem Zug nach Rostock pendeln, um dort ihren Dienst zu leisten. Denn vorerst starten die Eurofighter in Lage, 300 Kilometer weit weg von zuhause. Das ist schon in Mecklenburg-Vorpommern. Die Familien der Piloten belastet das jeden Tag, gerade Ostfriesen sind heimatverbunden, auch die in Uniform. Zwar gibt es Baufortschritte, aber die ersten Eurofighter werden erst ab 2025 zurück in Wittmund sein. Erst dann kann wieder von dort geflogen werden. Siemtje Möller will weiter für Tempo sorgen, sagt sie. Als Staatssekretärin vertritt sie gleich Boris Pistorius, gerade bringt sie ihr Fahrer nach Berlin, wo sich das Kabinett mit dem Bundeskanzler treffen will. Später benennt sie dann noch kurz eine Kaserne um.

***

Bundestag, Berlin
Jakob-Kaiser-Haus, 5. Etage

Zum 1. Juli hat sich das Leben für einen von Grund auf geändert. Es ist Daniel Andrä, der Soldat, der nach seinem Einsatz an der Ostflanke in der Schwebe gelassen wurde von der Bundeswehr – und der jetzt gegangen ist. Andrä hat die Truppe verlassen, für die meisten überraschend. Kameraden melden sich nun und wollen wissen, warum er geht. Als die Wehrbeauftragte hört, dass das Personalamt dem Kommandeur keinen geeigneten Posten anbieten wollte, schreibt sie ihm eine SMS. «Sind die bescheuert?»

Wer Daniel Andrä durch die *Zeitenwende* begleitet hat, ist wenig überrascht. Die Bundeswehr hat ihm lediglich angeboten, das zu tun, was er schon vor sieben Jahren gemacht hatte. Wie soll man da motiviert bleiben? Andrä denkt nach vorne und er will jetzt auch nach vorne. Mangelverwaltung ist nicht sein Ding. Und so lebt er im Sommer 2023 mal wieder in einer neuen Lage, diesmal im Bundestag: Denn dorthin hat es ihn verschlagen. Sein Chef ist jetzt nicht mehr Boris Pistorius, sondern der Oppositionsführer im Parlament, Friedrich Merz. Auf Andräs neuer Visitenkarte steht: Außen- und Sicherheitspolitischer Berater der CDU-Fraktion. Er arbeitet für Merz persönlich.

In einem Zimmer im fünften Stock des Jakob-Kaiser-Hauses hat er im Sommer seine Kisten ausgepackt, es ist heiß hier oben. Gerade arbeitet er sich noch ein. «Zurechtfinden», sagt Daniel Andrä. Er trägt statt Uniform nun einen silbernen Anzug und Krawatte. Ein paar Bundeswehr-Erinnerungen hat er mitgebracht, Bilder und Flaggen aus Litauen. «For outstanding results», schrieben ihm die Litauer und dankten Andrä für den Dienst an der Ostflanke. In den Wochen zuvor hat er endlich mal wieder ein paar Tage freimachen können, der Dienst in der norddeutschen Provinz hatte sein Privatleben immer schwieriger gemacht, vor allem den Kontakt zu seiner Tochter. Die Personalführung der Bundeswehr versteht Andrä nicht, Mitte April kam dann der Anruf vom Büro Merz, an einem Sonntag. Und dann ging es ganz schnell. «Ich schaue jetzt, wohin mich dieser Weg führt. Ein Parteibuch habe ich keines», sagt Andrä. Dass die Bundeswehr nach seinem Weggang Bedauern ausdrückte, hat ihn ein wenig verbittert. Andrä hätte gerne gehört: Machen Sie sich keine Zukunftssorgen, wir kümmern uns um Sie. Nur hat ihm das keiner gesagt, aus Andräs Sicht musste er am Ende wechseln. Nach 26 Dienstjahren insgesamt und 196 Tagen in Litauen. Enttäuscht ist er darüber schon.

Eine Heimat hat er bei der Truppe gesucht all die Jahre, jetzt hat sie ihm vorerst die Politik geboten. Zweieinhalb Jahre will er den Job im Parlament erstmal machen, dann könnte er zur Bundeswehr zurück, falls er wollte. Sein Dienstverhältnis ruht lediglich, Andrä darf aber solange keine Uniform tragen, nicht umsonst Bahn fahren und muss sich privat versichern. Sein Interesse liegt aber weiter bei Sicherheitsthemen: Zwanzig Arbeitsgruppen hat die Unionsfraktion, fünf von ihnen betreut Andrä mit, Europa bis Menschenrechte. Im neuen Job ist er viel eigenverantwortlicher: In Litauen führte er 1000 Leute, in Berlin erstmal nur sich selbst. Das ist eine neue Freiheit, denn als Kommandeur wird man wegen jeder Kleinigkeit angerufen. Hier hat er nun schon nach drei Wochen das Gefühl, sich weiterzuentwickeln. «Gemächlich wird es hier vorerst auch nicht werden», sagt Andrä und lacht. Sein Wechsel hat gewiss auch mit seiner Ambition zu tun, er wäre gerne Oberst geworden. Nach Litauen hätte er gerne noch mehr Verantwortung getragen, sagt er. «Ich bin weiter dabei, die Bundeswehr nach vorne zu bringen. Aber jetzt aus einer anderen Rolle heraus. Ich will über meinen Dienst wieder sagen können: Da gehe ich gerne hin!»

Um ihr Personal zu halten, müsste die Bundeswehr dringend ein moderner Arbeitgeber werden. Nur ist das nach mehr als einem Jahr *Zeitenwende* noch immer nicht so. Was neue Rekrutinnen und Rekruten erleben, ist im Grunde eine nationale Peinlichkeit. Es geht nicht um Luxus, sondern darum, dass kein Schwarzschimmel mehr einfach weiß überstrichen wird, wie in der Marineschule Wilhelmshaven. Oder dass sich neue Soldaten erstmal für fünfzig Euro Putzmittel selbst kaufen müssen und neun Stunden lang schrubben, ehe die Stube überhaupt bezogen werden kann, wie es in Germersheim der Fall war.

Der neue Verteidigungsminister sagt öffentlich, dass der Kern des Dienstes bei der Truppe die Bereitschaft sei, sein eigenes Leben aufs Spiel zu setzen für die Sicherheit des eigenen Landes. Dass aber die eigenen Kasernen eine Gefahr dabei sind, hat Boris Pistorius damit wohl eher weniger gemeint, darf man annehmen. Doch von wem könnte ein solch großes Opfer für die Bundesrepublik erwartet werden, wenn die ihm nicht nur keine anständigen Waffen dafür gibt, sondern auch verseuchtes Wasser im Stützpunkt? Tatsächlich hat die Bundeswehr ein immer größeres Legionellen-Problem, wegen der alten Leitungen zum Beispiel in der Heinrich-Hertz-Kaserne in Daun. Und in Alt Duvenstedt stinken die Klos seit Jahren. Derlei Zustände sind nicht die Schuld von Minister Pistorius, sie zeigen eher, wie groß der Rückstand noch immer ist, denn auch der Zustand deutscher Kasernen gehört zur *Zeitenwende*. Manche Bundeswehr-Liegenschaften müsste man eigentlich sprengen und neu bauen, sagen selbst Abgeordnete, wie zum Beispiel die Schäferkaserne in Bückeburg oder die Artillerieschule. Funktionierendes WLAN? Eher nicht.

Im Ministerium selbst liegen Probleme in der komplizierten Arbeitsstruktur. Als Boris Pistorius das Organigramm des Hauses angesehen hat, ist ihm das gleich klar geworden. Einen Schuldigen sehen viele im früheren Minister Thomas de Maizière, der aus dem Innenministerium eine Struktur mitgebracht hatte, die nie so ganz gepasst hatte zum Bendlerblock. Schon bei den kleinsten Aufgaben sind heute gleich diverse Zuständigkeiten berührt, nichts kann einfach schnell entschieden werden. Ein Soldat bestätigt: «Wir sind ein Verwaltungsapparat.» Das Zuständigkeitswirrwarr reicht direkt bis unterhalb der Ministerebene. Boris Pistorius muss eigentlich dort ansetzen und alles verschlanken. In einer *Zeitenwende* kann man sich nicht jahrelang mit internem Zwist oder ständig neuen Türschildern beschäftigen. Sicherheitsexperte Hans-Peter Bartels sagt: «Ohne Reform geht es nicht. Das Ministerium muss umgebaut werden.» Im ersten Jahr der *Zeitenwende* ist die extreme Überorganisation im Ministerium nicht angerührt worden. Das liegt nicht allein an der früheren Ministerin und ihren Beratern, die manche im Haus irgendwann bloß noch «die Armee der Ahnungslosen» nannten, sondern auch an den Beamten selbst. Was zur Geschichte mit den Fröschen führt. Wohl jeder im Verteidigungsministerium kennt sie. Denn bei einer Strukturreform sei es schlicht wie beim Gartenteich: Wer die Frösche fragt, ob man ihn austrocknen soll, der wird eher Protest hören – eben lautes Quaken.

Pistorius müsste schnell Veränderungen vornehmen, gibt seinen

Leuten jedoch einige Monate Zeit für Vorschläge. Kurzfristig führen sie nur einen neuen Planungs- und Führungsstab ein. Das wiederum ist eine gute Sache, finden die meisten. Auch der Stab war irgendwann einfach eingespart worden. Jetzt soll er von Generalleutnant Christian Freuding geführt werden, der schon bald neuen Zug ins Haus bringen wird. Er fährt regelmäßig selbst in die Ukraine, schaut sich Waffenlieferungen persönlich an und telefoniert mit den deutschen Rüstungsfirmen auch nach 23 Uhr oder vor 7 Uhr morgens. Das Koblenzer Beschaffungsamt ruft fast nie an.

Personalnot wird jedoch nicht durch veränderte Strukturen oder Personalien gelöst. Was bringen neue Flugabwehrsysteme, die ab 2027 auf dem Hof stehen, wenn sie von niemandem bedient werden können? Ausgerechnet in der deutschen Raketenabwehr ist der Personalmangel mit am größten: Die Ausbildung neuer Feuerleitoffiziere dauert Jahre, sie müsste also eher gestern als heute losgehen. Auch am Thema Personal könnte die *Zeitenwende* scheitern, der Minister muss sich vorerst mit kleinen Gewinnen zufrieden geben. Gut wäre, meint seine Taskforce Personal, wenn Bewerbende bei der Bundeswehr nach 24 Stunden eine Rückmeldung bekämen, dass ihr Schreiben eingetroffen sei. Das allein kann aktuell Wochen oder gar Monate dauern. Digital ist das Bewerbungsverfahren natürlich nicht und Initiativbewerbungen waren bislang überhaupt nicht vorgesehen bei der Truppe. Dort hat man manche Probleme nur noch mit Geld gelöst: Intern gibt es längst Prämien für Soldaten, die ihren Dienst an besonders unbeliebten Standorten aufnehmen. 19 Millionen Euro kostet allein das am Ende des Jahres 2023.

Ein anderes Problem ist, dass Bewerber bislang oft nicht fit genug sind. Für bessere Musterung bräuchte man zudem mehr eigene Bundeswehrfachärzte, die fehlen aber auch; geht in deutschen Kasernen mal was schief, müssen sie oft den zivilen Krankenwagen rufen, weil weit und breit kein Truppenarzt zu finden ist. Der neue Minister merkt durch solche Beispiele: Wer in der *Zeitenwende* ein Problem in die Hand nimmt, muss dafür gleich zehn Folgeprobleme mitlösen. Boris Pistorius macht in der Not daher gleich mehrere Debatten auf, von der Wiedereinführung einer Wehrpflicht bis zum verstärkten Dienst von Ausländern in der deutschen Truppe. Der Minister bezieht sich unter anderem auf Menschen, die in zweiter oder dritter Generation in Deutschland leben, aber noch keinen deutschen Pass haben. Die AfD im Bundestag tobt. Dabei ist das in anderen Staaten längst üblich, auch in der EU, wo zum Beispiel Dänemark ausländische Rekruten akzeptiert, sofern sie bereits in Dänemark leben und die Sprache beherrschen.

Beides stimmt: Die Bundeswehr braucht dringend Leute, doch für die Ausbildung von Wehrpflichtigen fehlt jederlei Struktur, Betten in Kasernen, die Kasernen selbst und fähige Ausbildende. Eine neue Wehrpflicht bräuchte Jahre, ehe die ersten Rekruten tatsächlich zur Landesverteidigung beitragen könnten. Im Ministerium sprechen sie, zumindest vorläufig, im Frühjahr 2024 erstmal nur vom «Aufleben» einer Idee. «Wiedereinführung» vermeidet man eher, lässt aber mehrere neue Modelle prüfen, versichert der Sprecher des Ministers in Berlin.

Zwischen Gegnern und Befürwortern eines Pflichtmodells wird sich irgendwann sogar der Bundespräsident äußern und bei einem Truppenbesuch sagen, dass die Bundeswehr eben neue Wege der Personalgewinnung brauche. Dort ist man längst kreativ: Vielleicht mal die Probleme leerstehender deutscher Innenstädte nutzen und Pop-Up-Stores der Bundeswehr einsetzen. Oder auf Online-Portalen wie indeed oder stepstone Jobs ausschreiben. In Bayern zogen sie in Universitäten und in Solingen hatten sie sogar einen Panzer ins Einkaufszentrum gestellt, um Rekruten anzulocken. An der Ostseeküste hatten sie sogar ein Fernsehteam filmen lassen, wie Soldaten Urlauber am Strand von Eckernförde für sich gewinnen wollten. Titel des kleinen Films: «Kampfstiefel statt Badeschlappen».

9.

SCHICKSALSZEIT

Brigade Litauen

Vilnius, Baltikum

Es gibt ein Wort, das Boris Pistorius besonders oft im Kopf herumspukt. Abschreckung. Was heißt das eigentlich? Und was kann er dafür tun? Den Sommer über hat sich der Minister Gedanken gemacht, jetzt geht alles ganz schnell. Etwas Neues kommt, eine neue Brigade, allerdings im Ausland, in Litauen. 5000 Männer und Frauen, kampfbereit bis 2027. Es ist ein ehrgeiziger Plan und Boris Pistorius weiß das. Für die Litauer ist es ein großes Projekt – aktuell hat man selbst bloß zwei Brigaden. Das Land ist flächenmäßig etwa so groß wie Bayern.

Wie das alles kam, dazu gibt es in Berlin verschiedene Erzählungen. Ihr Kern ist, dass alles sehr kurzfristig erdacht wurde, manche sagen sogar: erst im Flugzeug nach Litauen. Was Boris Pistorius später aber dementieren lässt: Seine Idee sei natürlich mit dem Kanzler und dem Generalinspekteur «nach Absprache» und «im Juni» abgestimmt gewesen. Fakt ist: In Litauen soll der Minister am 26. Juni, einem Montag, seinen Amtskollegen treffen und verkündet dort prompt, dass deutsche Kräfte künftig dauerhaft dort stationiert werden sollen. Zur Absicherung, weit weg von der Heimat. Nur wenige wussten Bescheid – die Idee traf die Bundeswehr völlig überraschend. Das Heer? War nicht eingeweiht. Die Staatssekretäre des Ministers? Wussten wenig. Selbst, dass alles mit einem größeren Kreis im Kanzleramt vorab besprochen worden war, ist nicht sicher. «Der Kanzler hat es natürlich gewusst», sagt Minister Pistorius bald. Im Flugzeug sei es nicht entschieden worden, aber «sehr kurzfristige Gespräche» waren es schon.

Der Tagesbefehl zur Entscheidung datiert auf den 28. Juni und erklärt auch dem Letzten bei der Truppe, dass Deutschland im Bündnis jetzt de facto mehr in der Rolle eines Grenzstaats zu Russland ist. Boris Pistorius hat mit diesem Schritt Mut bewiesen, die Geschichte der neuen Brigade Litauen kann auch nach hinten losgehen. Der Minister erklärt sich später: «Ich weiß: Nicht wenige in der Bundeswehr und im Ministerium waren von dieser Entscheidung überrascht. Aber was glauben Sie, was passiert wäre, wenn ich diese Entscheidung vorher in zehn Gremien, in 23 Tischgesprächen und 300 Seiten Vorlage zur Diskussion gestellt hätte?»

Wahrscheinlich hätten sie es ihm zerredet. Damit in Deutschland mal ein bisschen *Zeitenwende* geht, musste der Minister also sein eigenes System überlisten. Für Pistorius ist es schlicht logisch: Wenn die Sicherheit der Ukraine europäische und deutsche Verantwortung ist, dann darf diese Verantwortung nicht in der Ukraine enden, sondern es müssen die Länder, die jetzt besonders bedroht sind, ebenfalls besser geschützt werden. Die Litauer nennt Pistorius «Freunde» und sagt, dass das Land im Baltikum nun eine Rolle habe, die Deutschland im Kalten Krieg spielte. Bedroht an jedem Tag. Pistorius' Weg soll über verlässlichen Beistand gehen. Mit der neuen Brigade gäbe es einen neuen Stolperdraht, sollte Russland angreifen. Das ist die Bedeutung der Entscheidung. «Es ist ein großes Projekt und wir alle müssen uns dafür einsetzen, dass es gelingt», sagt der Minister.

«Was, wenn nicht solche Maßnahmen können Gegenstand der *Zeitenwende* sein?» Es sei da nur logisch, dass es neue Herausforderungen geben werde. Man könnte auch sagen: Probleme. Denn: Wie passt das alles mit den neuen Divisionen zusammen, welche die Bundeswehr dem Bündnis ja bereits versprochen hat? Und wie kann man am Ende deutsche Soldatinnen und Soldaten dazu motivieren, ihr Leben dauerhaft ins Ausland zu verlagern? Womöglich gibt es dafür noch gar keine tragende Rechtsgrundlage, bislang jedenfalls ging so etwas nur freiwillig. Für Auslandseinsätze galten bisher andere Regeln, denn für sie war Personal ständig rotiert worden. Nach sechs Monaten war Schluss, dann flog man heim und andere kamen. Jetzt sollen deutsche Kräfte dauerhaft im Ausland sein – mit den Familien. In Litauen könnten bald 3000 Schülerinnen und Schüler Plätze in Schulen brau-

chen, die Kinder der Soldatinnen und Soldaten. 1000 Kindergarten-
plätze braucht es, Fußballplätze. Die Herausforderung ist gewaltig.
«Das ist keine Banalität», sagt selbst Pistorius. «Das baut man nicht
mal eben so auf.»

Geopolitisch kommt bei dem Ganzen einem kleinen Landstrich
zwischen Belarus und der russischen Exklave Kaliningrad eine entscheidende Rolle zu. Es ist die so genannte Suwałki-Lücke, 65 Kilometer gemeinsame Grenze zwischen Polen und Litauen – die vielleicht
schwächste Stelle der NATO. Die Stelle ist strategisch so wichtig, weil
ein russischer Angriff hier das gesamte Baltikum von der Versorgung
der NATO aus dem Westen abschneiden könnte. Jeder Nachschub
über den Landweg muss hier durch, verlöre die NATO die Kontrolle,
müsste sie Litauen, Lettland und Estland über den Seeweg versorgen,
was umständlich ist – und Zeit kostet. Zeit, in der Russland diese
Länder überrollen könnte. Mit Kriegsbeginn ist die taktische Lage
hier daher extrem angespannt und die permanente deutsche Stationierung etwas, das alle genau beobachten.

Genau deshalb kann es Litauen auch nicht schnell genug gehen,
man fürchtet weiter einen Krieg. Im Grunde müsste man schon jetzt,
im Juli 2023, anfangen, Schulen und Kindergärten hochzuziehen. Das
alles bedeutet: Lebenswege werden sich verändern mit dieser Stationie-
rungsentscheidung, die Leben vieler deutscher Familien. Wenn denn
alles klappt. Logistikkräfte, IT-Spezialisten, Sanitätspersonal – all das
braucht es. Truppenküche, Lagerhallen für Sprit und Munition, Werk-
stätten für schwerstes Kriegsgerät. Im Berliner Ministerium läuft ob
der Pläne die Rechtsabteilung heiß, der Aufbau wird nur schrittweise
gehen. Boris Pistorius will Optimismus ausstrahlen, Tatkraft. «Die
Zeitenwende ist in aller Munde und sie ist in vollem Gange.» Russland wird bei der Maßnahme explizit als Adressat dieser Abschre-
ckungsmaßnahme genannt, das ist der neue Ton.

Eines fragen sich deutsche Soldatinnen und Soldaten schon: Wer
bitte soll das alles bezahlen? Und wo sollen Personal, Material und
Munition herkommen? Schließlich fehlt der Bundeswehr daheim
schon alles davon. Der Idee des Ministers zufolge soll die Brigade in
Litauen völlig neu aufgestellt werden, sie wird also auch Waffen und

Großgerät brauchen. All das wird irgendwann neu bestellt werden müssen. Und bis dahin wird es, dem alten Prinzip treu bleibend, aus der Truppe zusammengesucht und dann nach Litauen geschickt, wenn die Brigade dort ihre zwei neuen Standorte aufbaut. Die Lage der Bundeswehr zuhause macht das noch prekärer.

Heereschef Alfons Mais hat mit jenem Montag gleich noch eine weitere Großaufgabe aufbekommen. Er muss nun auch das noch organisieren. Etwas später wird ihn schließlich Marietta Slomka ins Heute-Journal einladen, dann sieht ein Millionenpublikum das Gesicht des Generals. «Guten Abend, Frau Slomka!», sagt Mais im Fernsehen. 5000 Kräfte, das sei ja nicht gerade wenig. Mais erklärt, dass es sie zur Abschreckung brauche, für den Fall der Fälle. «Der hoffentlich nie eintritt.» Auch Slomka fragt, woher er denn die Leute nehmen wolle und spricht ihn natürlich auf seinen Post aus den Anfangstagen der *Zeitenwende* an («blank von der Artillerie bis zur Zeltbahn»); Mais kann nur wiederholen, dass er Optimist sei. In Wahrheit muss er in diesen Tagen weiter seinen Spagat durchziehen: mehr leisten mit weniger Kräften. Er kennt längst das Pensum seiner Soldatinnen und Soldaten. Denen jetzt ständig zu sagen: Macht dies noch und das noch – es wird Grenzen haben. Scheidungsraten in Bundeswehrfamilien sind bereits jetzt zu hoch. Nicht jeder Lebenspartner hält die Bundeswehr aus.

Wer es in der Sicherheitspolitik nicht mit dem General und dem zweiten SPD-Oberbefehlshabenden in der *Zeitenwende*, Boris Pistorius, hält, meint, dass der Minister eine vorschnelle Ankündigung gemacht habe, bevor er die Komplexität voll durchdrungen habe. Die Union sieht das so. Selbst der neue Merz-Referent Andrä sagt: «Die neue Brigade wird dem Minister noch auf die Füße fallen. Ich denke, das wird am Ende vier bis sechs Milliarden Euro kosten.» Auch Haushaltsreferent Waldhüter sieht das alles kritisch. In seinem Minister-Umfeld wird Pistorius verteidigt, denn einem NATO-Land im Bündnisfall beizustehen, bedeute eben nach einem Angriff mehr, als nur ein Kondolenzschreiben zu schicken. Die neue Brigade werde dem gerecht, sei eine «historisch schlaue Sache» und senke die Wahrscheinlichkeit eines Angriffs auf das Bündnis. Was der Minister jedoch einräumen muss: Selbst er weiß zu Beginn nicht, was die kriegsbereite Kampfbrigade am Ende kosten wird. Einmal wird er gefragt, ob es nicht auch sein könne, dass der Krieg bald endet und die Brigade dann überflüssig sei. Pistorius: «Das sehe ich überhaupt nicht.»

Die Litauer indes sind außer sich vor Freude. Denn ihre Welt wird sicherer. Es überrascht nicht, dass sie die Deutschen nun auch beim Wort nehmen. Ginge es nach der Premierministerin, könnten die Deutschen morgen anfangen. Sie wollen erste Planungsentwürfe schon bis Ende September, eine Road Map. Ein Zurück gibt es nicht mehr, die Deutschen haben große Erwartungen geweckt. Berlin muss also liefern, und vorerst gibt es keine Vorlage, Deutschland hat so etwas noch nie gemacht. Erstmals soll dem Plan zufolge ein deutscher Großverband in ein potentielles Kampfgebiet gebracht werden. Zu klären ist etwa, welche Bezüge dabei überhaupt gelten sollen. Für Soldatinnen und Soldaten ist das Litauen-Szenario weit mehr als eine Formalität: Was passiert mit einer alleinerziehenden Mutter und ihrem Dreijährigen, wenn der Marschbefehl käme? Und wie soll eine junge Familie den Großvater in Pflegestufe 3 mit nach Litauen bringen?

Die neue Brigade mag auf dem Papier geplant werden, aber ausfüllen müssen sie Menschen, die schon jetzt ein Leben haben in Deutschland. Unter Ursula von der Leyen hatte es immer geheißen, die Bundeswehr sei ein Arbeitgeber wie jeder andere auch. Jetzt zeigt sich, dass das nicht stimmt.

In zehn Monaten wird das erste Vorkommando nach Litauen fliegen, noch ist kein einziges Gebäude oder auch nur Zelt aufgestellt oder gebaut. Boris Pistorius, werden die Bilder zeigen, steht persönlich auf dem Rollfeld und schüttelt allen zwanzig Soldatinnen und Soldaten die Hand, ehe sie ins Militärflugzeug steigen und sich auf in die Ungewissheit machen werden. «Sie alle haben sich freiwillig gemeldet, dafür vielen Dank. Echter Pioniergeist!» Bald soll die nächste Welle folgen, so dass ein Stab aufgebaut werden kann. 2026 wird die Brigade noch nicht fertig sein, was die Litauer enttäuscht. Der Plan des Ministers ist sein wichtigstes Projekt: Für den Aufbaustab will man im Ministerium schon 2000 Bewerbungen haben.

Vor Ort haben sie inzwischen einen riesigen Wald gerodet und graben nun die Erde um – Platz für Schießbahnen. Der Name des Verbands steht schon: Panzerbrigade 45. Im Frühjahr 2024 müssen sie noch einen Kommandeur finden und ein Wappen. Denn auch mit dieser Idee hat Boris Pistorius seinen neuen Generalinspekteur schließlich überrascht.

* * *

Berlin-Moabit
Cyber Innovation Hub der Bundeswehr

In der *Zeitenwende*, das zeigt der Litauen-Plan, ringt die Bundeswehr immer wieder mit sich selbst, dem Annehmen der neuen Bedrohung und dem Loslösen von alten Wegen. Darum geht es seit Kriegsbeginn in der Ukraine. Erfahrung damit haben sie in der Berliner Franklinstraße, dort ist ein Büro zu finden, das seit einigen Jahren exakt dasselbe versucht: die Bundeswehr schneller zu machen, anzutreiben und, in diesem Fall, Innovationen in die Truppe zu bringen. Cyber Innovation Hub, so haben sie es bei der Gründung 2017 genannt. Etwa fünfzig Leute arbeiten hier, im Klinkerbau in Berlin-Moabit, in dem es schon optisch anders zugeht als in vielen Kasernen: kein Schimmel, funktionierende Toiletten, WLAN und eine glänzende Kaffeemaschine. Das Hub soll die Welt der Start-Ups näher an die Bundeswehr rücken und ausloten, welche Techniken man vielleicht dort nutzen könnte.

Am Anfang gab es wenig Erfolge, aber hohe Kosten, heute hat sich das etwas geändert und im Sommer 2023 versucht auch das Cyber Innovation Hub, Teil der Zeitenwende zu werden. An den Wänden der schicken Loft-Büros hängen Poster: «militärischer Innovationsbereich». Drei Etagen gibt es und drinnen kann man einen kennenlernen, der sich diese Welt mal näher angesehen hat: Gebirgsjäger Matthias Lehna, 34, der lange bei der Bundeswehr war und in besonders gefährliche Einsätze ging, auf Patrouille in Mali etwa. «Das war 'ne harte Schule, mit meinen Jungs», sagt er. Heute ist er nicht mehr bei der Truppe, macht aber gerade eine Reserveübung hier im Hub. Er ist also jemand, der beide Welten gut kennt, Militär und ziviles Leben; noch ist ein bisschen unklar, was er künftig damit machen möchte.

Lehna erzählt von einem positiven Beispiel, das zeigt, was sie hier inzwischen erreicht haben: die Wartung der Bundeswehr digitaler zu machen. Die funktionierte nämlich lange noch wie in den 1980er-Jahren, ständig gingen Ersatzteile von Fahrzeugen in unübersichtlichen Bundeswehrlagern verloren. Jetzt haben sie digitale Tokens getestet und eingeführt, so dass das nicht mehr passiert. Ein bisschen wie im Warenhaus von Amazon. Hinter Lehna an der Wand stehen alte Mörsergranathülsen, die jemand vor der Vernichtung gerettet hatte und die heute Teil der Optik sind, wahrscheinlich entgegen aller Dienstvorschrift. Aber im Grunde geht es hier genau darum: Limits zu testen. Natürlich ist das Beschaffungsamt in Koblenz nicht immer glücklich über die Ideen aus Moabit. Im Hub nennen sie die vielen Bedenkenträger «Lehmschichten». Auch hier mussten sie schon öfter am Dienstweg vorbei operieren, um endlich etwas anzuschieben. Neunzig Tage vom Pitch einer Idee bis zum ersten Test, das ist ihr Ziel. In der Bundeswehr: utopisch. Gerade versuchen sie ein Lasertag-Programm zum Schießtraining bei der Luftwaffe zu nutzen. Sie präsentierten eine Lösung, werden aber wiedermal zurückgepfiffen. Ihr Mindset ist: Move fast and break things. Die Welt der Dienstvorschriften will genau das Gegenteil.

Die Funkhölle

Indopazifik, Asien

Am 3. August erreichen den Heereschef Alfons Mais schlechte Nachrichten. Mais hätte nun wirklich darauf verzichten können und er hat auch eigentlich keine Zeit für neue Probleme, denn Mais ist gerade im Indopazifik, also in Südostasien, er schaut sich militärische Übungen an und Kriegsgerät, das seine Truppe zuhause gut gebrauchen könnte. Doch was er nun aus der Heimat erfährt, verändert die Lage. Es sind schlechte Nachrichten, so richtig schlechte. Und es geht um die Funkgeräte.

Seit Tag eins der *Zeitenwende* hat General Mais nichts anderes versucht, als auch dem Letzten klarzumachen, dass er jetzt wirklich dringend die schon lange versprochenen digitalen Streitkräfte braucht, am besten mit digitalem Funk. Es ist das wichtigste Projekt für sein Heer, zeitgemäße Funkgeräte, die in der Hand getragen werden können, und größere, die fest in Militärfahrzeugen verbaut sind. Mais versucht schon lange, endlich welche zu erhalten, und das nicht erst in Jahren. Jetzt dauert es mal wieder länger. Der Heereszentrale in Brandenburg erteilt der General sofort den Befehl, die Sachlage zu klären, wenn er im September zurück sei, wolle er alles noch viel genauer wissen, sagt er seinen Leuten. Zuhause, als er es dann weiß, meldet er dem Stellvertreter des Generalinspekteurs, Markus Laubenthal: Alarm! Fast zwei Monate lang wissen Teile der Bundeswehr jetzt, dass es Probleme gibt beim wichtigsten Digitalprojekt, doch erst Ende September dringt es nach draußen.

Auch den Verteidigungsminister erreicht es auf einer Dienstreise, Pistorius besucht gerade das Baltikum. Er fragt seine Leute: Was ist da überhaupt passiert? Nun: Seine Truppe hatte für 1,3 Milliarden Euro neue Funkgeräte bestellt – nur passen sie leider nicht in die 34 000 Fahrzeuge, die man damit umrüsten wollte. Man kann sich das im Grunde nicht ausdenken. Ist es vielleicht bloß eine Falschmeldung? SMS ins Heer. Nein, die Meldung stimmt. Bestellt worden waren die Geräte noch unter Christine Lambrecht, im Eilverfahren und kurz vor Jahresende 2022, jetzt muss sich der aktuelle Minister äußern, es ist seine erste größere Krise. Boris Pistorius trägt auch dafür die Verantwortung, so ist das in der Politik. Der Minister kann sich den Fragen dazu nicht länger entziehen, mitten auf einem Luftwaffenstützpunkt in Estland räumt er schließlich vor Kameras ein: «Ja, es gibt eine Verspätung. Es wird gerade aufgearbeitet, woher die rührt.»

Der Hintergrund ist: Der Truppe fehlen einfache Soldatenfunkgeräte, aber auch der so genannte Führungsfunk, in dem auch Daten geteilt werden können. Ein Ministeriums-Insider erklärt: «Ohne Funk geht keine moderne Kriegsführung. Das ist die Basis.» Ein Zugführer soll sehen können, wo seine Leute genau sind. Dafür braucht es mehr Bandbreite und Verschlüsselung, man muss eigene Netze aufbauen. Das kann man bisher alles nicht.

Es müssen wohl weit mehr als 34 000 deutsche Fahrzeuge umgerüstet werden, vom LKW bis zum Panzer. Aus dem Sondervermögen sind etwa fünf Milliarden Euro dafür vorgesehen – jetzt ist das Projekt fraglich. Seit Januar waren die ersten neuen Geräte vom Hersteller geliefert worden, doch sofort im Bundeswehr-Depot verschwunden. Denn man kann sie nicht ohne weiteres einbauen. Zum einen, weil das nicht so wie bei einem Auto funktioniert, wo es einfach einen simplen Radioschacht gibt. Vor allem aber hat im Beschaffungsamt niemand rechtzeitig mit anderen Bereichen gesprochen, um zu klären, ob die Montage der Geräte, die man zu bestellen erwog, später problemlos gelingen würde. Jetzt haben sie Probleme überall, mit Adapterplatten, unpassenden Lichtmaschinen, Kabelsalat und zu geringen Batteriekapazitäten. Ein kleiner Technik-Alptraum, zu dem der *Welt*-Journalist Thorsten Jungholt als Erster die Details recherchiert hatte. Sein Bericht bringt die Affäre am 24. September ins Rollen, ein Sonntag, selbst der Minister erfährt es aus der Zeitung. Danach greifen erste Fernsehsender die Recherche auf, am Montag hat dann ganz Berlin die Spur aufgenommen.

Einordnen kann sie einer, der lange dabei gewesen ist: Generalleutnant Frank Leidenberger. 46 Jahre hat er bei der Bundeswehr verbracht, ein Leben für die Truppe, auch er wollte sie digitaler machen. Leidenbergers Ziel war die vernetzte Operationsführung. Seit 2014 konnte sie niemand umsetzen, jetzt sind endlich neue Geräte da, passen aber nicht. So wird das nichts mit einer modernen Bundeswehr, sagt auch Leidenberger. Die Funkgeräte einfach selbst einbauen oder an ihnen herumtüfteln dürfen die Soldaten nicht, denn dann würde wohl die Garantie erlöschen. Vor allem hat man aber auch hier keine intellectual property rights mitgekauft, das wäre teurer gewesen, und so dürfte nur das Herstellerkonsortium einbauen. Dafür müssen allerdings erst wieder langwierige Angebotsschreiben hin und her gehen. Und so wartet vorerst alles auf die so genannte Musterintegration, die das Projekt doch noch voranbringen soll. Also, irgendwann. Denn wann die Serienintegration der Geräte in alle 250 Fahrzeugmuster kommt, weiß keiner. Ehe sie erfolgt, wird sogar die Wirkung eines Atomschlags mitgeprüft.

Die ersten 10 000 Fahrzeuge der Bundeswehr hätten zumindest ein erstes digitales Basis-Upgrade für die längst geplanten NATO-Übungen in 2024 gebraucht, daraus wird nun ebenfalls nichts. Es ist die nächste Blamage für die Bundeswehr, den Oberbefehlshaber und seinen Kanzler. Bis 2025 wird es unmöglich sein, alle Geräte einzubauen und benutzbar zu machen. Als das bekannt wird, beteuert das Ministerium, die Division mit den etwa 16 000 eigenen Soldatinnen und Soldaten, die man der NATO fest versprochen hat, wäre durch den Vorfall nicht gefährdet. Heute steht fest: Auch die voll einsatzbereite Division kommt später, wann genau, dafür will keiner mehr die Hand ins Feuer legen.

Dass die Konsequenzen dieser kleinen deutschen Funkhölle im Ernstfall tödlich sein können, bestätigen ranghohe Generale. Denn bis weit über die ersten zwei *Zeitenwende*-Jahre hinaus wird die Truppe nicht in der Lage sein, Informationen auf einem Gefechtsfeld digital untereinander zu tauschen. Man kann weder Daten übertragen noch störungssicher funken, schon Distanzen von drei Kilometern sind ein Problem, Satellitentelefone fehlen natürlich auch. Funken jedoch ist so essentiell wie Strom. Israel und die USA stellen voll digitalisierte Truppen, Deutschland hantiert mit Sichtzeichen und Zurufen. Man hängt Flaggen aus deutschen Panzern heraus oder in der Not einen Pullover. Es gibt Leute bei der Bundeswehr, die sagen: Sollte die Bundeswehr in einem Ernstfall Teile von Polen, dem Baltikum und Norwegen schützen müssen und sollte das in ihrem heutigen Zustand passieren – dann sei friendly fire in einem sich bewegenden Gefecht alles andere als ausgeschlossen. Die Bundeswehr würde demnach womöglich eigene Partner oder Kameraden beschießen, schlicht weil sie so schlecht an den Funk angebunden ist. Wie lange das noch so gehen soll? Drei bis fünf Jahre bestimmt.

Bevor Frank Leidenberger die Bundeswehr verließ, hat er ein interessantes Papier geschrieben, im Grunde das Rezept für eine *Zeitenwende* – nur bereits zu Ostern 2018. Darin standen Sätze wie: «Die bisher beschrittenen Wege zur Beschaffung von Ausrüstung für die Bundeswehr führen schon heute zu nicht voll einsatzbereiten Landstreitkräften, für moderne digitalisierte Landstreitkräfte der Zukunft erscheinen sie weitgehend ungeeignet. (…) Die Verfahren für Planung, Beschaffung und den Haushaltsvollzug sind regelmäßig zu langsam und gefährden so die äußere Sicherheit Deutschlands.»

Das ist deutlich. Die Bundeswehr als Gefahr für sich selbst. Die Papiere sind damals sogar veröffentlicht worden. Seit nunmehr sechs Jahren stehen sie im Internet, wurden aber nie umgesetzt. Heute danach gefragt, sagt Leidenberger am Telefon: «Man hat uns vergessen.» Zuletzt sei die Bundeswehr alles gewesen, nur keine professionelle Armee. «Wenn man die Zeichen richtig gelesen hätte, 2014 nach dem russischen Überfall auf die Krim, aber auch 2008 im Georgienkrieg… Schon damals war da in Moskau jemand, der bereit war, seine Ziele mit militärischen Mitteln umzusetzen.» Leidenberger meint Putin, wenn er das sagt. «Es war klar, dass wir uns vorbereiten müssen. Wir haben aufgeschrieben, was man gebraucht hätte, aber keiner wollte es hören.»

Heute fliegt der Zeitenwendekanzler durch die Welt und erzählt, dass Deutschland bald die am besten ausgestattete Streitkraft in Europa habe. Während seine Bundeswehr zuhause sagen muss: Funken? Können wir – in der Theorie. «Wenigstens ein bisschen mitfunken, wäre nicht schlecht», sagt in diesen Wochen ein Soldat. Vorerst wird nicht einmal das gelingen. Dabei hatte es im Heer schon Weisungen und Befehle für die ersten Umrüstungen gegeben, Brigade 12 und 37 sollten zuerst drankommen, dann die Division. Was passiert jetzt mit den Papieren? Schulterzucken bei der Truppe. «Tja, wir sagen ja immer OBE – overtaken by events.» Was nur heißen kann: Man nimmt es zu den Akten. Dass der gesamte Vorgang politischen Sprengstoff birgt, weiß der Heereschef genau. Alfons Mais: «Wie sollen wir denn dem Parlament erklären, dass wir Funkgeräte bestellt haben, die jetzt erstmal zwei Jahre im Depot liegen?» Eine gute Frage.

Die Grünen-Abgeordnete Sara Nanni will das alles nicht mehr glauben. Auch sie haben die Nachrichten auf einer dienstlichen Reise erreicht und jetzt reißt ihr einmal kurz der Geduldsfaden, im Chat. Dort nach den Folgen der Affäre gefragt, schreibt Nanni zurück: «Für mich ist wichtig, dass wir schnell und umfassend informiert werden. Ich will, dass Konsequenzen gezogen werden.» Obwohl sie als Verteidigungspolitikerin im Bundestag sitzt, hat sie das Ministerium nicht über die Hintergründe informiert. «Mein Stand ist der Stand in der Presse. Mündlich wurde uns dazu nur gesagt: Ja, es gibt Probleme. Auch massive. Vor der Beschaffung war uns immer gesagt worden: Plug and Play, alles einfach einzubauen.» Und nun? «Jetzt gibt es Probleme mit Lüftung und Kabel, vielleicht sogar die Frage, ob das neue Gerät überhaupt in alle Fahrzeuge reinpasst. Dabei ist es ein riesiges Projekt, alle haben es angepriesen. Hat keiner das mal durchprüfen lassen? Spinnen die alle?» Die Abgeordnete hat da wenig Verständnis. «Das Heer sagt: Keine Ahnung, wo die Geräte gerade sind. Im Depot, hieß es. Glauben die, wir können Steuergelder zaubern? Die Frage ist nur noch, wie viel teurer es jetzt wird, wenn man die ganzen Anpassungen machen muss – an jedem fucking Fahrzeug.» Vieles spricht inzwischen dafür, dass bei der Vergabe technische Parameter nicht richtig geprüft wurden, das denkt auch Nanni. «Nach dem Motto: Wird schon passen. Katastrophe!»

Weil der Betrag so hoch ist, der im schlimmsten Fall zum Milliardengrab wird, stünde eigentlich prompt ein Untersuchungsausschuss im Raum. Das Glück von Ministerium und Beschaffungsamt ist allein, dass die Zeiten derart hektisch sind und im Bundestag bereits ein Untersuchungsausschuss den verbockten Abzug aus Afghanistan untersucht, ein Gremium, dem auch die Abgeordnete Nanni angehört. Sie schreibt: «Mehr als 80 bis 100 Stunden die Woche können wir als Abgeordnete auch nicht arbeiten.» Ihre Mitarbeitenden seien längst am Limit. Trotzdem will sie die Sache mit den Funkgeräten so nicht auf sich beruhen lassen, Nanni hofft darauf, dass das Ministerium zu einem schriftlichen Sonderbericht verdonnert wird. «Wenn die noch mal Geld von mir haben wollen, sollten die das besser tun. Bin wirklich nachhaltig im Vertrauen gestört», schreibt sie in den Chat.

Was macht das Ministerium? Schadensbegrenzung, wie üblich. Der verantwortliche Abteilungsleiter geht in den Verteidigungsausschuss und redet die Affäre klein. Rüstungsstaatssekretär Benedikt Zimmer setzt mal wieder einen Videocall mit der Hauptstadtpresse an, wo er dasselbe versucht. Zimmer setzt solche Runden seit dem Debakel um die Gorch Fock an, man könnte fast denken, Krisen-PR wäre sein Hauptberuf. Diesmal allerdings geht er ein bisschen weit, denn Zimmer behauptet, dass die Bundeswehr trotz allem in der NATO führungsfähig sei. Das stimmt – aber eben nicht, sobald gefunkt werden muss. Mehrere Soldaten widersprachen der Darstellung für dieses Buch explizit. Hat der Staatssekretär die Unwahrheit gesagt? Auch im Heer jedenfalls wird offen bezweifelt, was der Staatssekretär behauptet: Führungsfähig? «Nein», sagt ein Heeressoldat. «Beziehungsweise – analog schon.» Es folgt ein bitteres Lachen.

Bis etwa 2027 wird es wohl dauern, bis die Musterintegration für die Fahrzeuge abgeschlossen ist. Erst danach werden weite Teile der Bundeswehrflotte digital funken können und auch der Einbau könnte nochmal Milliarden kosten. Das Beschaffungsamt will nichts mehr dazu mitteilen, auf Nachfrage auch nicht, wie viele Geräte inzwischen geliefert wurden. Doch Recherchen geben Aufschluss. Es sind: 3700 Funkgeräte, die im Frühjahr 2024 schon verstauben.

Boris Pistorius ist ziemlich sauer in den Tagen des Bekanntwerdens. Sein Haus hat die Komplexität unterschätzt, das verrät der 22-seitige vertrauliche Krisenbericht. Schließlich geht der Minister ins Fernsehen und stellt sich Fragen dazu persönlich. Nicht ausgeschlossen, dass die Funkgeräte das größte Risiko für die *Zeitenwende* werden und selbst ein zuständiger Beamte sagt: «Kein Mensch weiß, ob alles klappt.» Der Minister lässt danach zumindest die Strukturen im Beschaffungsamt verändern. Der Spott unter Soldaten lässt sich damit nicht mehr einfangen. Auf Twitter heißt es hämisch: «Eine neue Koordinierungsstelle. Nur noch eine. Dann wird endlich alles gut.»

* * *

10. Oktober 2023
CDU-Fraktion, Büro des Vorsitzenden

Im Jakob-Kaiser-Haus des Bundestags, zehn Minuten vom Bendler-block entfernt, greift schließlich der CDU-Chef zum Hörer. «Ja, hier ist Merz. Ich grüße Sie!» Wie sieht er die Schlagzeilen und die *Zeiten-wende* des Kanzlers von der SPD? Friedrich Merz, 68, war schon am 11. September 2001 im Bundestag, jetzt ist die Sicherheitslage ähnlich auf den Kopf gestellt, eine Zäsur wie die *Zeitenwende*. Merz sagt: «Wir haben Jahrzehnte in einer Illusion gelebt und aus dieser Illusion sind wir am 24. Februar 2022 sehr heftig aufgeweckt worden. Wir hätten es besser wissen können. Und vielleicht auch besser wissen müssen.» Er beobachtet es gerade, da wächst ein Muster in vielen Konflikten: autoritäre, imperiale Systeme und Gruppen gegen freiheit-liche, demokratische Rechtsstaaten. Von der Slowakei bis Taiwan. «Eine Renaissance an Imperialismus und Antidemokratie», sagt er. Macht ihm das Sorgen? «Ja. Große.»

Genauso die Situation der Bundesrepublik. Merz findet, dass die neue Weltlage eine weit größere Korrektur bisheriger Politik verlangt. «*Zeitenwende* kann doch nicht bedeuten, dass wir einmal 100 Mil-liarden Euro mehr Schulden für die Bundeswehr aufnehmen – und alles andere geht weiter wie bisher. Doch genau das ist eingetreten.» Seiner Meinung nach hätte Olaf Scholz nach Kriegsbeginn seinen Ko-alitionsvertrag beiseite legen müssen und dem Kabinett mitteilen, dass sich alle Prioritäten gerade maximal verändert hätten.

«Nur hat er das nicht getan. Diese Regierung tut in allen anderen Politikbereichen so, als wäre nichts gewesen.» Man werde den Ver-trag einfach weiter stupide abarbeiten. «Ich bin mir von Tag zu Tag sicherer, dass wir in der Rückschau eines Tages von schweren Ver-säumnissen in der deutschen Sicherheitspolitik sprechen müssen, weil der Kanzler diese wirklich historische Chance eines tatsächlichen Poli-tikwechsels nicht genutzt hat», sagt Merz dazu.

Was der politische Gegner den Sozialdemokraten vorwirft, ist, dass ihr strategischer Blick zu kurz sei. Eine außenpolitische und sicher-heitspolitische Agenda? «Bei Scholz sehe ich nichts davon, aber wirklich gar nichts.» Genauso unruhig mache ihn noch etwas anderes, nämlich die Möglichkeit, dass im November 2024 Donald Trump erneut US-Präsident werden könnte. Dann, so die Ankündigung des 78 Jahre alten Amerikaners, würde er der Ukraine wohl viele Hilfen streichen. Europa müsste einspringen, allen voran Berlin. Auch dafür habe der Kanzler keinen Plan, meint Friedrich Merz. «Sollte Trump gewinnen, müssen wir uns wohl noch einmal auf einen Paradigmenwechsel der deutschen Verteidigungspolitik einstellen.» Zwanzig Minuten dauert das Gespräch, dann sagt Merz: «Ciao!» Er und Olaf Scholz werden sich noch sprechen. Bald.

Der Haushaltsschock

Regierungsviertel, Berlin

Friedrich Merz ist natürlich nicht unparteiisch. Er wäre selbst gern Kanzler und denkt wohl auch von sich, dass er das alles besser kann. Das Problem der Scholz-Regierung ist indes, dass es sehr wohl etwas Unparteiisches gibt in dieser *Zeitenwende*. Etwas, das selten lügt – Zahlen. Und der Blick in den Bundeshaushalt ist und bleibt ernüchternd. Für 2023 war der reguläre Wehretat gesunken und nicht gestiegen. Jetzt geht der Streit um die Verteidigungsausgaben von vorn los, für das Jahr 2024. Für die Koalition heißt es: Farbe bekennen. Kommt die Haushaltswende? Oder war alles bloß ein Lippenbekenntnis?

Um dem auf die Spur zu kommen, fängt es sich am besten mit einer Zahl an – zehn Milliarden. So viel will der neue Verteidigungsminister anfangs vom Kanzler bekommen, um die Bundeswehr endlich auf Kurs zu bringen und den Rückstand aus drei Jahrzehnten und elf Monaten Christine Lambrecht noch irgendwie aufzuholen. Pistorius geht mit der Zahl an die Öffentlichkeit und platziert sie in einem Interview mit der *Süddeutschen Zeitung*. So geht das große Feilschen los: Wird der Minister bekommen, was er einfordert? Wochen später steht fest: Boris Pistorius bekommt weniger, als er wollte, viel weniger. Am Ende werden es nur knapp 1,7 Milliarden Euro sein statt zehn. Prompt sehen sich jene Kritiker bestätigt, die schon im Sommer verfolgt haben, wie die Bundesregierung vom Versprechen aus der Kanzlerrede abgerückt war. Erst hatte Olaf Scholz verkündet, dass sein Land nun sehr schnell regelmäßig zwei Prozent für Verteidigung ausgeben werde – sich dann aber nicht auf eine gesetzliche Pflicht festlegen lassen wollen, die das noch mehr verpflichtend machen würde. Damit die Bundeswehr mittelfristig zeitenwendefähig wird und die NATO-Quote erfüllt, müsste jedenfalls mehr investiert werden. Die Lücke ab 2027 oder spätestens 2028 wird mindestens dreißig Milliarden Euro betragen, viele rechnen mit 56 Milliarden. Das Kanzleramt gesteht intern einen zweistelligen Milliardenbetrag ein. Das ist der Betrag, den es künftig braucht, um den Betrieb der Truppe sicherzustellen und das weiter zu bezahlen, was mit dem Sondervermögen seit 2022 bestellt worden ist.

Nach dem Auslaufen des Sondervermögens wird das aus dem regulären Etat kommen müssen. Schon für den neuen Haushalt 2025 müssten etwa sieben Milliarden Euro vom Bundestag bewilligt werden, vielleicht auch etwas mehr, zeigen Zahlen, die der Verteidigungsminister ins Spiel brachte, um einen ersten Teil der Lücke zu stopfen. Ein schrittweiser und verstetigter Aufwuchs, wie Haushaltspolitiker das nennen, wäre wichtig: Denn das System, so wie es bislang funktioniert, kann gar nicht immer mit frischem Geld umgehen und braucht vielmehr langfristige Finanzperspektiven. Das zeigt später etwa der Kassensturz für das Jahr 2022: Kampffahrzeuge, Fernmeldematerial, Schiffe und Flugzeuge – überall war mehr im Etat vorgesehen, konnte aber nicht tatsächlich in Verträge und Bestellungen umgesetzt werden. Boris Pistorius weiß das, intern bestätigt er die Zahlen. Schon in seinem ersten Amtsjahr stößt er jetzt, im Herbst 2023, an die Grenze dessen, was die Koalition bereit ist, zu geben.

Am 2. September erlebt dann aber erstmal der Kanzler seinen schwarzen Tag in der Zeitenwende: Olaf Scholz ist übel beim Joggen gestürzt und muss eine schwarze Augenklappe auf dem rechten Auge tragen. So geht Scholz in die Generaldebatte im Bundestag, die Verletzung kann man nicht wegschminken. «Wer den Schaden hat», meint der Kanzler selbstironisch. Unter diesen Vorzeichen beginnt die

118. Sitzung des Bundestags, und man attackiert sich ordentlich. Auch hier geht es um die Kosten für die *Zeitenwende*. Olaf Scholz redet sich die Welt an diesem Tag ein bisschen schön, die hohe Inflation erwähnt er gar nicht. Von der Tribüne im Bundestag kann man den Streit verfolgen, der langjährige SPD-Korrespondent Daniel Sturm schreibt darüber prompt im *Tagesspiegel* und wirft Scholz Heuchelei vor: Der Kanzler schiebe gerne der CDU in die Schuhe, dass die Bundeswehr «kaputtgespart» worden sei. Doch: «War das Sparen bei der Bundeswehr nicht ganz im Sinne des damaligen Finanzministers Scholz? Hat nicht die SPD, vor allem Sigmar Gabriel und Martin Schulz, gegen das Zwei-Prozent-Ziel gewettert?» Und es stimmt: Olaf Scholz, der selbst ernannte Zeitenwendemacher, war viele Jahre in Regierungsverantwortung. Als oftmaliger Besucher deutscher Kasernen war der frühere Vizekanzler aber nicht aufgefallen. Verstecken kann sich der Kanzler vor seiner Vergangenheit jedenfalls heute nicht mehr. Auch nicht mit Augenklappe.

* * *

18. Oktober 2023
Reichstagskuppel

Bald darauf lädt die Wehrbeauftragte zu ihrem großen Jahresempfang im Reichstag ein, oben, direkt unter der Kuppel, wo um kurz nach 18 Uhr das Stabsmusikkorps der Bundeswehr zu spielen beginnt. Gleich werden sie alle in einem Raum vereint sein, Eva Högl und Boris Pistorius, Daniel Andrä und Heereschef Alfons Mais. Gesichter dieser *Zeitenwende*.

Siebzig Truppenbesuche sind es für die Wehrbeauftragte allein 2022 gewesen, sagt sie. Genauso gefordert sei die Bundeswehr, sie müsse immer einsatzbereit sein und daher auch modern ausgestattet werden. Spätestens jetzt ist klar, dass es auch an diesem Abend um das Geld gehen wird, alle tuscheln darüber. Eva Högl sagt: «Ich hoffe auf einen etwas fröhlichen Abend.» Dass die Stimmung gedrückt ist, liegt auch daran, dass Tage zuvor die islamistische Terrorgruppe Hamas Israel angegriffen und mehr als 1000 Menschen an nur einem Tag getötet hat. Es ist der schwerste Angriff auf jüdisches Leben seit dem Holocaust, Frauen und Mädchen wurden vergewaltigt, jüdische Babys ermordet. Es ist der nächste Krieg.

Um kurz nach 18 Uhr stößt der Verteidigungsminister dazu, Boris Pistorius nimmt den Südeingang und soll gleich ein paar Worte sagen. Er dankt den Musikern seiner Bundeswehr und Eva Högl für die Einladung zu seinem ersten Jahresempfang. «Ich werde alles daransetzen, dass noch einige weitere folgen.» Der Spruch lockert die Stimmung ein wenig auf. Pistorius verweist auf weitere Hilfen für die Ukraine, der man für den Winter Ausrüstung schickt. Pistorius will ausstrahlen, dass es keineswegs stocke, doch wer Einblick in die parallel weiterlaufenden Haushaltsverhandlungen hat, der verfolgt den Auftritt des Ministers mit anderen Augen. Oder: Ohren.

In Wahrheit hatte der Minister noch heute Vormittag im Bundestag bemerkt, wie zäh die nächsten Wochen wohl werden. Neues Geld muss her, der Haushalt vorankommen. Pistorius weiß genau, dass es ganz konkret um die Umsetzung der *Zeitenwende* geht. Für den Verteidigungsminister ist es so: Wehrhaftigkeit kostet eben Geld. «Viele Jahre war dieser Begriff aus unserem Sprachgebrauch verschwunden.» Doch jetzt sei die Lage nun mal anders: «Wir wissen nicht, was morgen passiert. Entscheidend ist, dass die Streitkräfte gut aufgestellt sind.» Pistorius wird jetzt ernster, die Gesellschaft, alle, müssten endlich verstehen, dass auch die deutsche Freiheit und Sicherheit auf dem Spiel steht. Er will, «dass uns bewusst wird, was in der Welt los ist und was das von uns fordert.» Pistorius denkt noch oft an den Kriegsbeginn vor mehr als anderthalb Jahren, ein Tag, an dem «uns allen die Luft wegblieb», wie er sagt.

Auch der Verteidigungsminister vergleicht die aktuelle Lage mit dem Kalten Krieg, nur noch etwas ernster. Und deswegen gebe es eben keinen anderen Weg: Die Bundeswehr müsse einsatzfähig, kaltstartfähig und durchhaltefähig sein. «Seien wir ehrlich», setzt er an, «keine Institution muss die *Zeitenwende* so sehr mit Leben füllen wie unsere Bundeswehr.» Boris Pistorius kommt jetzt auf die Herausforderungen zu sprechen, die sein Ministerium in den vergangenen Monaten zu bewältigen hatte. «Da ist als Erstes die Beschaffung.» Prompt lachen einige im Saal. «Wir kümmern uns mit Nachdruck um eine zügige Nachbeschaffung», verteidigt sich der Minister. Zweitens müsse man das Personal besser fördern und länger an sich binden. «Die Bundeswehr ist kein Beruf wie jeder andere und da helfen uns keine Hochglanzbroschüren.» Auch Daniel Andrä ist im Raum, sein Gesicht hatte die Bundeswehr in eine solche Broschüre drucken lassen, ihn am Ende aber verloren. Er hört aufmerksam zu.

Boris Pistorius kommt schließlich auf das Geld zu sprechen: «Wir müssen uns ehrlich machen», sagt er. Pistorius macht allen im Raum klar, auch den Abgeordneten: «Verteidigung ist teuer und sie wird noch teurer. Die *Zeitenwende* ist mehr als ein 100 Milliarden-Sondervermögen. Sie ist mehr als ein Bekenntnis zur Bundeswehr.» Dafür gibt es Applaus, auch von Heereschef Mais, der am Rand steht und klatscht. «Die Zeit der Verdrängung, in der wir lange gelebt haben, muss ein Ende haben», sagt Boris Pistorius vorn am Rednerpult noch. Seine Rede heute Abend zeigt: Dieser Minister scheint die Dringlichkeit der Lage begriffen zu haben und die Herausforderung, jenseits parteipolitischer oder persönlicher Eitelkeit, auch anzunehmen. Doch gleichzeitig betreibt er bereits Erwartungsmanagement. Wer eingeweiht ist, versteht, dass Pistorius' Worte behutsam versuchen, das Land auf die gewaltige Finanzierungslücke vorzubereiten, auf die man beim Militär zusteuert.

Nach dem offiziellen Teil kann man hier oben eine Runde durch das Publikum drehen, noch mehr bekannte Gesichter. Haubitzen-Toni, Anton Hofreiter von den Grünen, ist da. Thomas Silberhorn ist gekommen, der frühere Staatssekretär und heutige CSU-Abgeordnete. Seine Meinung? «Wer in diesen Zeiten nicht für eine gut ausgestattete Armee eintritt, tut mir leid, der ist eben nur ein halber Demokrat.» Silberhorn saß fast acht Jahre im Bendlerblock, auch er hat die Dramatik der Lage durchschaut, daran ändert der Champagner nichts, der herumgereicht wird. Der *Zeitenwende* wird mittelfristig das Geld ausgehen, analysiert er. «Und dann kann ja jeder kreativ werden.» Geld könne nur durch Kredite fließen, doch während der SPD-Minister Pistorius genau das will, sagt FDP-Finanzminister Christian Lindner: keine neuen Schulden.

Es ginge also nur über die eigene Wirtschaftsleistung. Und wenn die nicht brummt, so wie jetzt, dann nur über Kürzungen. Das weiß Silberhorn und versteht die Feierlaune nicht. Noch ehe der Abend endet, sagt er: «Wir brauchen ein zweites und drittes Sondervermögen. Der Bedarf liegt bei 160 Milliarden pro Jahr. Wahrscheinlich 300 Milliarden gesamt.» Es ist jener Bedarf, den die Wehrbeauftragte Eva Högl Anfang des Jahres auch schon einmal öffentlich ins Spiel gebracht hatte – worauf sie scharf kritisiert worden war. Jetzt wird klarer, dass sie wohl Recht hatte und das erste Sondervermögen wohl nicht mehr ist als eine Anschubfinanzierung.

Auch die Sache mit der Mehrwertsteuer ist ein Problem, findet CSU-Mann Silberhorn. «Es ist ein riesiges Subventionsprogramm für die Finanzministerien der Länder.» Von den 100 Milliarden Euro flössen wohl sechs Milliarden Euro allein an Mehrwertsteuer, die in den Kassen der Bundesländer landen würden, anstatt der Bundeswehr zu helfen. Er hätte das Sondervermögen frei von der Mehrwertsteuer gestellt, selbst auf die Gefahr von Ärger mit der EU hin. Thomas Silberhorn befürchtet längst, dass der tatsächliche Wert neuer Rüstungsinvestitionen viel kleiner ist als öffentlich von der Regierung behauptet.

Ehe alle später auseinandertreten, hat Alfons Mais noch ein paar Minuten. Wie sieht er den Stand der *Zeitenwende*? Mais sagt: «Naja.» Auch der General hält 300 Milliarden Euro als tatsächlichen Bedarf der Bundeswehr für realistisch. «Alles, das wir jetzt nicht finanzieren werden, bezahlen wir im Ernstfall mit schwarzen Säcken.» Mais meint Leichensäcke, nämlich für den Fall, dass die NATO, Deutschland und sein Heer in einen Krieg hineingezogen werden würden. Noch immer ist man dafür weitgehend unvorbereitet. «Für die Truppe katastrophal.» Ähnlich ist die Stimmungslage einige Meter weiter, bei Daniel Andrä. Zum ersten Mal in diesen zwei Jahren sieht man ihn mit einem Bier in der Hand. Andrä ist jetzt nicht mehr nur der angespannte Zuhörer, er ist jetzt richtig wütend. Wie sie hier bei vegetarischer Lasagne und Birnenmus die Gefahr schönreden, kann der frühere Oberstleutnant einfach nicht nachvollziehen. Wie kann der Kanzler eine *Zeiten-wende* versprechen, aber ihre langfristig abgesicherte Finanzierung nicht hinbekommen? Viele Worte, aber wenig Konkretes, so ist auch dieser Abend dahingelaufen, findet Daniel Andrä.

«Man hört es ja. Es ist alles scheiße», entfährt es Andrä. So ungehalten kennt man ihn nicht, er muss also frustriert sein.

Es passiere schlicht zu wenig in diesen entscheidenden Wochen. «Auch hier wissen es wieder alle.» Und es passiere: nichts. «Die Umsetzung dieser Nummer wird eine Katastrophe», sagt Daniel Andrä leise. Und nimmt noch einen Schluck.

Boris Pistorius besucht Ende Oktober die ZDF-Sendung *Berlin direkt:* Er sagt: «Wir müssen uns wieder an den Gedanken gewöhnen, dass die Gefahr eines Krieges in Europa drohen könnte. Und das heißt: Wir müssen kriegstüchtig werden.» Kriegstüchtig, dieses Wort wird sofort diskutiert in der Republik, aktuell muss der Minister aber erst einmal sicherstellen, dass dafür überhaupt Geld fließt. Im Bundestag gerät Pistorius bei den Haushaltsdebatten in einen lautstarken Streit mit der Union, beide Seiten werfen sich mal wieder gegenseitig vor, die Schuld an der jahrelangen Missachtung der Bundeswehr zu haben. Pistorius stellt sich in der Debatte vor den Kanzler. Irgendwann sagt er zu den lauten Zwischenrufen: «Wissen Sie was? Franz Josef Strauß hat mal gesagt: Ein Kehlkopf ersetzt noch keinen Kopf! Ich weiß nicht, wieso ich da jetzt gerade drauf komme.»

* * *

15. *November 2023*
Karlsruhe

Es folgt der große Knall. Denn jetzt mischt sich Karlsruhe ein in die Haushaltsführung der Ampel-Koalition von Olaf Scholz, es ist das Bundesverfassungsgericht, das nun entscheidet, dass die Regierung nicht – wie geplant – wichtige Klimaschutzprojekte über einen rückwirkend greifenden Nachtragshaushalt finanzieren darf. Das ist nichtig und verstößt gegen die grundgesetzliche Schuldenbremse, entscheidet man und kassiert die Schattenhaushaltsmanöver von Kanzler und Finanzminister ein. Die Regierungsfraktion versucht so zu tun, als sei gar nichts passiert, doch über Nacht müssen etliche Milliarden anderswo hergenommen werden – oder der Klimaschutz in Teilen eingestellt. Wie viel Geld wirklich aus anderen Budgets abgezogen werden muss, weiß gerade keiner in der Regierung seriös. Es könnte auch das Budget für die *Zeitenwende* betreffen, Olaf Scholz taucht wieder einmal ab. Beim Staatsbesuch aus Italien muss er sich fragen lassen, ob Deutschland noch ein verlässlicher Partner sei.

Am 24. November – neun Tage nach dem Urteil – nimmt der Kanzler eine Videobotschaft auf, in der er dem Land die Sorgen nehmen will. Keine drei Minuten, die Komplikationen löst der Clip nicht. Parallel muss die Regierung eingestehen, dass sie für den Klimaschutz im Grunde auch ein Sondervermögen bräuchte. Das neue Grundsatzurteil versperrt solche Wege nun aber eher.

Nur die Sicherheitspolitik müsse nun weiter Priorität haben, das fordert in dieser Lage der Chef des Bundeswehrverbands, André Wüstner. Er will, dass sich Bundessicherheitsrat und Koalitionsausschuss treffen, um Worst-Case-Szenarien zu besprechen. Wüstner fordert auch, dass in die laufenden Haushaltsverhandlungen eingegriffen wird. «Schluss mit Schlafwandeln!» Mit den Kanzlerversprechen geht er hart ins Gericht: «Es kann nicht sein, dass uns die Welt um die Ohren fliegt und wir einfach weitermachen wie bisher. Die *Zeitenwende*, soweit sie die Bundeswehr betrifft, vollzieht sich in Zeitlupe.» Der Militärhistoriker Sönke Neitzel stimmt zu und sagt, ihm komme das alles inzwischen so vor, als stünden Boris Pistorius und Olaf Scholz auf der Brücke der Titanic und sähen schon den Eisberg. Vielleicht sollte man das Ruder jetzt mal rumreißen, meint er.

Zwar hat Olaf Scholz auf der Bundeswehrtagung das Zwei-Prozent-Ziel bekräftigt, auch ein neues sicherheitspolitisches Grundsatzdokument gibt es. Nur: Vorerst sind die Regierungsparteien wegen des abrupten Haushaltslochs tief zerstritten, manche fürchten den Bruch. SPD, Grüne und FDP haben schwer zu vereinbarende Ideen zu der Frage, wo nun kurzfristig gespart werden soll, sie alle sind unterschiedlichen Wählergruppen verpflichtet. Was soll gestrichen werden – Bürgergeld oder Subventionen für E-Autos? Bloß zwei Tage hat die Regierung, um sich zu einigen. Dann landet das Thema wieder im Bundestag, zur nächsten großen Haushaltssitzung.

Nach dem Urteil meint Waldhüter: «Chaos! Sowas habe ich bislang noch bei keinem Haushalt erlebt!» Am 16. November nachmittags schiebt er nach: «Wir boykottieren das Verfahren!» Man werde keine Änderungsanträge in der entscheidenden Sitzung stellen. Es ist ein CDU-Protest gegen den neuen Haushalt und wie er zustande kommen soll. Ein Brief der Fraktion macht die Runde, darin heißt es, dass auf der Grundlage dieser Vorlage und dem Urteil aus Karlsruhe «keine seriösen Haushaltsberatungen geführt werden können». Angesetzt war für heute eigentlich die nächste Nacht der langen Messer, jetzt wird die Veranstaltung zur Nacht der langen Gesichter. Im Heer heißt es nur noch: «Wir sind froh, wenn uns nichts weggestrichen wird.» Um halb elf am späten Abend beginnt die Beratung des neuen Verteidigungshaushalts, Boris Pistorius sitzt mit im Saal. Trotz der Unklarheiten durch das Verfassungsgericht will die Koalition ihre Pläne durchdrücken, die Union wirft der Regierung vor, gleich noch einen verfassungswidrigen Haushalt zu erzwingen. So etwas hat es noch nicht gegeben: Zwar hat man dann die Nacht durch beraten – den üblichen Beschluss des neuen Haushalts aber vertagt. Mitten in der *Zeitenwende*. Keiner weiß jetzt, wie es weitergeht.

Am Morgen nach der Beratungssitzung sagt ein völlig übernächtigter Waldhüter: «Das war jetzt meine siebte Bereinigungssitzung. Und es war die schlimmste!» Insgesamt geht das jetzt seit fast zwei Jahren so: undurchsichtige Staatshaushalte, ein sich Flüchten in geheime Erläuterungen und Sammeltitel, selbst SPD-Haushälter Andreas Schwarz positioniert sich gegen die Ministeriumslinie. «Früher hätte es da Rücktritte gegeben», meint Referent Waldhüter. «Beschaffung geht halt nicht mit Feen-Staub, sondern mit Geld aus dem Haushaltsausschuss.» Eine Bereinigungssitzung ohne Ergebnis, das ist neu. Im Finanzministerium glühen die Telefone. Ende November wird klarer: Für den kommenden Haushalt fehlen kurzfristig plötzlich 60 Milliarden Euro. Waldhüter schreibt: «Kernschmelze!» Robert Habeck sagt prompt seine Reise zur Weltklimakonferenz ab. Christian Lindner will an die Sozialausgaben ran, die SPD alles, nur nicht das. Die Koalition blockiert sich selbst.

Lindners FDP-Parteikollegin Marie-Agnes Strack-Zimmermann verfolgt das Thema bis nach Amerika. Ihr Büroleiter Cord Schulz ist mit dabei, alles eng getaktet. Sie haben in Washington einen Termin mit dem Nationalen Sicherheitsrat. Es ist Strack-Zimmermanns erster Besuch, auch im Eisenhower Building, direkt neben dem Weißen Haus. «Die Amerikaner beobachten ganz genau, was die deutsche Politik macht bei der *Zeitenwende*», schreibt Schulz aus den USA. Nur hätten sie irgendwann leider auch hier angefangen, das Wort Bundesverfassungsgericht zu googeln. Eines geben die Amerikaner ihnen mit auf den Weg: Deutschland solle in der Verteidigungspolitik endlich wieder mehr Entscheidungen alleine treffen. «Sie erwarten das explizit von uns», berichtet Schulz. Tatsächlich wird auch mit dem drohenden großen Nahostkrieg die Frage drängender: Wie viele Krisen kann Amerika gleichzeitig managen? Das ist die neue Frage in der Geopolitik – während in Berlin immer noch nach Geld gesucht wird. Nach der Reise sagt Cord Schulz: «Ich würde sagen, wir sind alle platt.»

Der Haushaltsschock geht derweil weiter. Am 4. Dezember fragt Tagesschau-Sprecherin Susanne Daubner die Leiterin des ARD-Hauptstadtstudios: «Was ist da los, Tina Hassel?» Hassel sagt: «Tja.» Denn jetzt hat der Bundesrechnungshof sich auch noch eingeschaltet. Das erhöht den Druck weiter. «Aber auch der Streit in der Regierung scheint noch größer geworden zu sein», erklärt Hassel. Sollte bis zum Nikolaustag keine Einigung da sein, könnte der so wichtige neue Haushalt nicht mehr vor Weihnachten verabschiedet werden. Zwischenzeitlich ist nicht klar, ob das Sondervermögen gesperrt werden muss. Die *Zeitenwende* wackelt.

CDU-Chef Friedrich Merz geht den Kanzler direkt an: «Sie sind ein Klempner der Macht! Ihnen fehlt jede Vorstellung davon, wie dieses Land sich in den nächsten Jahren weiterentwickeln soll!» Noch immer gesteht Olaf Scholz keine Fehler ein. Später wird er Merz Kontra geben und im Bundestag rufen: «Wenn Sie dann mal kritisiert werden, dann sind Sie eine Mimose!» Wer dachte, die Scholz-Regierung würde nun ein wenig demütiger auftreten, der täuscht sich, als klar wird: Mitten im Milliardenloch will sich die Koalition drei neue VIP-Hubschrauber gönnen. Kosten: 200 Millionen Euro. Erst in der allerletzten Version des Haushaltsentwurfs taucht der Posten plötzlich auf. Tobias Waldhüter hat es natürlich sofort entdeckt und meldet aus dem Bundestag: «Alle im Haus sind fassungslos!»

Der Verteidigungshaushalt für 2024 soll am Ende 51,9 Milliarden umfassen, nach 50,1 Milliarden im Vorjahr. Damit wird langsam klar: Über die Ernsthaftigkeit der *Zeitenwende* wird spätestens der Etat für das Jahr 2025 entscheiden – auch der steht schon bald an. Wieder wird gerungen werden, wieder eine Nacht der langen Messer im Bundestag. Dann kommt es zum Schwur, dann wird sich zeigen, wie wichtig dem Kanzler die *Zeitenwende* wirklich ist. Ein anderer kämpft schon jetzt weiter für mehr Geld, der Verteidigungsminister. Der aktuelle Haushalt ist gerade zugeschnürt, da sagt Boris Pistorius dieser Tage: «Sicherheit gibt es nicht zum Nulltarif.»

Vielleicht ahnt er schon, was kommen könnte.

Taurus

Jahreswechsel 2024
Berlin bis Troisdorf

Es ist ein harter Jahreswechsel für die Verteidigungspolitik gewesen, nicht nur wegen des Haushalts. Das Land streitet weiter um den Begriff Kriegstüchtigkeit, der Generalinspekteur muss klarstellen, dass natürlich nur von einem Verteidigungskrieg die Rede ist. Das steht schließlich im Grundgesetz: Der Bund stellt Streitkräfte zur Verteidigung bereit. Dennoch macht der Begriff Schlagzeilen, was wohl die Verunsicherung abbildet, die das Land nach fast zwei Jahren *Zeitenwende* noch immer verspürt.

Vor Weihnachten ist einer in das Ganze hereingeraten, der mit Landesverteidigung bislang nun wirklich nichts zu tun hatte: Alexander Biber, der junge Bürgermeister von Troisdorf. Biber steht in seinem

Ort zwischen Köln und Bonn («Hier lässt es sich leben») vor Schwierigkeiten, die ihnen der lokale Rüstungskonzern macht. Troisdorf bekommt jetzt seinen eigenen Shitstorm, auf der ganz großen Bühne. Irgendwann wird sogar die Schweizer Zeitung NZZ ihren Korrespondenten schicken. Und Bürgermeister Biber ist mittendrin. Sein Rathaus kümmert sich üblicherweise um die Umleitung der Buslinie 506 oder die Sanierung von Teichen, nun aber wird Troisdorf in Talkshows rauf und runter erwähnt. Man soll herhalten als Symbol dafür, dass das Land noch immer nicht verstanden habe, was die *Zeitenwende* von allen erfordere. Nur: Was war eigentlich passiert?

Die Aufregung hat mit einer Fläche begonnen, die keine fünf Minuten vom Rathaus entfernt ist. Dort besitzt die Rüstungsfirma DND ein Grundstück, dass sie seit Jahren an eine zweite Rüstungsfirma vermietet hat, Diehl. Doch DND spielt mit dem Gedanken, die Fläche zu verkaufen, was zu der Frage führt, wer sie danach nutzen darf – und wie. Diehl mit ihrer zugehörigen Firma DynITEC GmbH würde gerne kaufen, denn dann könnte man langfristig planen, immerhin stellt man wichtige Detonatoren und Zünder her, Komponenten der *Zeitenwende* also, allen voran für das Flugabwehrsystem IRIS-T, das Diehl produziert.

Die Stadt Troisdorf denkt an die langfristige Entwicklung der Stadt und da sollte Sprengstoffherstellung eigentlich nicht mehr vorkommen. Ständig rufen Firmen im Rathaus an und fragen, ob es noch irgendwo Platz in den Gewerbegebieten gäbe, die Stadt muss sie alle enttäuschen. Der Bürgermeister könnte sich auf der Fläche daher ein Gewerbegebiet vorstellen, auch Wohnraum. Biber stellt die Frage, ob es sein muss, dass die Sprengstoffherstellung, wenn sie denn schon bleibe, ausgerechnet auf dieser Fläche stattfinden müsse, immerhin ist sie direkt in der Stadt. Und die habe sich außerdem nun mal ein Vorkaufsrecht gesichert.

Vor 2026 passiert in der Sache wohl nichts – trotzdem steht Troisdorf jetzt im Sturm der Schlagzeilen. Ganz schön was los, oder? «Kann man so sagen», meint Biber an einem Mittwoch im Advent am Telefon. Plötzlich soll das Schicksal der Ukraine an seinem Örtchen hängen. Der Bürgermeister wird als Schuldiger dargestellt, sogar als Putinversteher. «Puh», sagt Alexander Biber. Eigentlich will er nur der Zukunft der Stadt gerecht werden, sagt er. Biber müsse eben die Mehrheiten im Stadtrat beachten, kommunale Bauleitplanung und Flächenliegenschaftsamt. Man entscheide schon noch selbst darüber, wie die Menschen hier leben wollten. Zumal die Sprengstoffproduktion direkt an einen Tennisplatz angrenzt und an den 1. FC Spich 1911, der im benachbarten Waldstadion Fußball spielt. Natürlich gibt es ein Restrisiko, dass etwas passiert bei einer Sprengstofffabrik in der Nähe. Früher sind im Ort schon mal die Scheiben rausgeflogen, als es in den 1960er-Jahren große Explosionen auf dem damaligen Fabrikgelände gab. Das ist lange her, könnte jetzt aber wieder realer werden. Im Fernsehen muss Troisdorf herhalten als einfache Antwort auf eine in Wahrheit komplizierte Frage: Wie wirkt sich Russlands Krieg aus auf das alltägliche Leben in Deutschland?

DynITEC will neue Explosivstoffe, Bürgermeister Biber weiß aber auch, wie groß die Bodenbelastungen später wären. Er musste schon einmal giftiges Blei vom alten Schießplatz entsorgen. Warum soll die Stadt das alles bezahlen? Wenn man mehr Flächen für eine *Zeitenwende* haben wolle, müsse der Bund eben einen Plan vorlegen, wie genau das gehen soll, zumal sich die Älteren im Ort noch erinnern, dass Troisdorf 1944 schwer bombardiert wurde und die Bomben nicht nur die Rüstungsfabrik trafen, sondern auch Wohnhäuser. Über all das müsse man doch mal reden, meint der Bürgermeister. Biber ist in der CDU, das Verhältnis zur lokalen SPD ist genauso belastet wie der Troisdorfer Boden. Vielleicht bräuchte es in dieser aufgeheizten Stimmung einen, der vermittelt, einen Bundeskanzler zum Beispiel.

Genau wie Olaf Scholz, ist auch Alexander Biber gewählt worden. «Und zwar um mich für die Interessen dieser Stadt einzusetzen. Da lasse ich mich auch nicht weichkochen. Nicht von einem Minister und auch nicht von einer Vorsitzenden des Verteidigungsausschusses.» Marie-Agnes Strack-Zimmermann hat Troisdorf tatsächlich auch längst über ihre Kanäle gejagt, Alexander Biber einfach mal angerufen hat sie nicht. Besinnlich ist dieser zweite Jahresausklang im Krieg somit erneut nicht.

Das gilt auch für die Videobotschaft, die Präsident Wolodymyr

Selenskyj zum Jahreswechsel an seine Landsleute schickt. Die Lage ist dramatisch. Auch jetzt gehen die Kämpfe weiter, in Charkiw, der zweitgrößten Stadt im Land, wird ein Hotel angegriffen und ein ZDF-Team verletzt. Der Präsident sagt: «Wir Ukrainer wissen besser als jeder andere, dass ein besseres Morgen nicht von selbst kommt, denn wir verteidigen jedes unserer Morgen mit unseren eigenen Händen.» Nicht von selbst, damit ist wohl auch der Westen gemeint, der sich noch immer schwer tut, weitere Waffen zu schicken, die noch im Arsenal liegen, während sich das der Ukrainer jeden Tag weiter leert. Es wird bald eine Zeit anbrechen, in der sie Munition nur noch für wenige Wochen haben, was sogar dem BND in Berlin nicht verborgen bleibt. Deshalb wird im Land ein Zeitenwendewort nun wieder öfter und lauter ausgesprochen: Taurus.

Der Taurus-Marschflugkörper KEPD-350 ist etwa fünf Meter lang, 1400 Kilogramm schwer und einmal von einem Kampfjet abgeworfen, kann er mithilfe eines eigenen Triebwerks feindliche Flugabwehr umgehen. Taurus fliegt dabei sehr schnell und besonders tief, sogar Schlangenlinien kann er und ist so kaum für Radare zu sehen. Sein Sprengkopf klingt bedrohlich: Mephisto. Ein einzelner Flugkörper dieser weitreichenden Präzisionswaffe, wie Experten sie nennen, kostete bei Erstbeschaffung etwa eine Million Euro. Deutsche Militärs wussten schon länger, was ihr Taurus kann, jetzt erfährt auch die breitere Öffentlichkeit etwas mehr. Er trifft zielgenau auf 500 Kilometer. Zum Vergleich: Der Leopard 2-Panzer schießt etwa fünf Kilometer weit.

Mit Taurus beginnt die nächste Waffendebatte der *Zeitenwende*. Wieder wird sie sich über Monate hinziehen – die Panzerfrage war nichts dagegen. Begonnen hatte es schon im Sommer. Die Ukraine hat den Flugkörper auf ihre Wunschliste geschrieben, um Stellungen der russischen Streitkräfte hinter der Front anzugreifen. Die Bundesregierung reagiert zurückhaltend. Zu Beginn verteidigt Boris Pistorius öffentlich den Kurs, Taurus vorsorglich lieber nicht zu liefern. Der ukrainische Botschafter allerdings, Oleksii Makeiev, drängt weiter auf die Ausfuhr und sagt in Richtung der Deutschen, er hoffe, dass man «diesmal den Debattenteil verkürzen und damit mehr Menschenleben retten» werde. Litauens Außenminister stimmt ein und rügt die Zurückhaltung: «Das hatten wir schon einmal.»

Die Bundesregierung bremst, aber Gründe nennt sie vorerst nicht. In Berlin tragen Politiker von CDU und FDP die Debatte in die *Welt am Sonntag* und von dort in andere Medien. Jetzt werden die ersten Erklärstücke über Taurus gesendet. Hinter der Waffe steckt ein deutsch-schwedisches Joint Venture, das Taurus vor allem für Angriffe gegen Bunker und Flugplätze entwickelt hatte, die Waffe ist stahlbetonbrechend und extrem präzise, auch nach seinem Abwurf kann auf seine Flugbahn Einfluss genommen werden. Taurus ist durch seine Reichweite eine Abstandswaffe. Wer sie einsetzt, kann das aus sicherer Entfernung tun. Hergestellt wird sie im oberbayerischen Schrobenhausen. Im August wird der Verteidigungsminister ganz in der Nähe, bei einem Besuch einer Gebirgsjägerbrigade, auf das Thema angesprochen, längst hat sich die Ampel-Koalition auch darüber zerstritten. Boris Pistorius sagt: «Die Bedenken liegen auf der Hand.» Der SPD-Minister argumentiert mit der besonderen Reichweite und damit, dass auch der Partner aus den USA so etwas noch nicht liefere. Das ignoriert, dass Großbritannien als erstes Land bereits angekündigt hat, mit vergleichbaren Flugkörpern vom Typ Storm Shadow zu helfen und Frankreich mit seinem Pendant Scalp, dessen Reichweiten bloß etwas geringer sind als die von Taurus. Wieder muss Deutschland damit neue Vokabeln lernen, genauso den nicht unwichtigen Punkt, dass ein Lenkflugkörper keine Rakete ist. Taurus verfügt über ein präzises Steuerungssystem – was noch wichtig wird. Der Verteidigungsminister bleibt vorerst hart: Das Thema sei «gerade nicht unsere vorrangigste Priorität». Im August wird dann das Portal T-Online überall zitiert: «Die Debatte nimmt Fahrt auf», heißt es. «Kommt jetzt der Raketen-Doppelwumms?» Der Druck ist in der Zwischenzeit beträchtlich geworden, das liegt auch an aufgeregten Medien. T-Online schreibt, dass entgegen den letzten Äußerungen von Pistorius die Entscheidung kurz bevorstehe. Die Quelle? «SPD-Kreise».

Ist die Kanzlerpartei also gekippt? Oder wollen die Sozialdemokraten, die für die Lieferung sind, das Lager der internen Gegner überrumpeln und die Entscheidung auch mithilfe der Medien erzwingen?

Fakt ist, dass es keine Lieferung in den nächsten Tagen geben wird, der Wumms bleibt mal wieder aus. Die Debatte darüber ist inzwischen mehr als nur aufgeladen: SPD-Haushaltspolitiker Andreas Schwarz, oft ein Kritiker des Kanzlers, trifft das jetzt. Er postet: «Ich bin für die Lieferung der Taurus an die Ukraine. Nun werde ich überschüttet von Droh- und Hassmails. Ich wurde darin mit dem Tode bedroht und bekam eindeutige Grüße aus Moskau.» Doch der SPD-Mann will sich nicht unterkriegen lassen. «Ich bringe dies zur Anzeige. Ich werde Haltung zeigen. Niemand schüchtert mich ein!»

* * *

Paul-Löbe-Haus, Berlin
Raum 2741

Wie es ist, bedroht zu werden, weiß Marie-Agnes Strack-Zimmermann genau. Auch sie diskutiert in der Taurus-Frage jetzt aber lautstark mit. Einmal kurz gerechnet: Ja, das ist jetzt ihre fünfte Waffendiskussion. Schützenhilfe kam im Sommer unverhofft vom Chef, Christian Lindner sprang plötzlich in Kyjiw herum und sagte: «Da ich weiß, dass viele für eine solche Unterstützung Sympathie haben, wie ich selbst auch, hoffe ich auf eine baldige, sehr baldige Klärung dieser Frage.» Auch Lindner macht zeitweilig also Druck auf den eigenen Kanzler, dessen Koalition in der Taurus-Frage prompt wieder einmal gespalten wirkt. Die CDU-Fraktion ist geschlossen: Vizefraktionschef Johann Wadephul hat intern eine Ansage gemacht. Was die meisten Beteiligten gleichwohl anerkennen: Die Entscheidung für oder gegen Taurus ist komplex. Zum einen will die schuldlos überfallene Ukraine damit die Nachschublinien des russischen Feindes treffen, was verständlich ist, denn die Russen sind ihnen zahlenmäßig hoffnungslos überlegen, man muss sie also anders schlagen als mit Masse. Zum anderen würde die Abgabe von Taurus aber die deutsche Luftwaffe weiter schwächen und erneut zur Frage führen, ob Deutschland damit als Kriegspartei betrachtet werden könnte. Das ist die Sorge, die das Kanzleramt anführt; andererseits hat ohnehin nur Putin in der Hand, wie er Deutschland und die NATO einsortiert, Waffenlieferungen hin oder her.

Marie-Agnes Strack-Zimmermann ist das alles klar, sie hat sich Taurus auch schon selbst in der Fabrik angesehen. «Ich will da keinen Quatsch erzählen, also bin ich dort ins Labor gegangen.» Beim Hersteller nämlich, MBDA. «Der Taurus klappt seine Flügel aus und fliegt selbst, fünfzig Meter über dem Boden und wird vorher genau auf sein Ziel programmiert. Ein Doppelzünder am Ende, hochintelligent.» Diese Zielsteuerung, das ist wichtig, beherrschen nur ganz wenige, es sind speziell geschulte Soldaten. Wichtig für die Waffe sind die deutschen Geoinformationsdaten, die über das System Tandem-X eingespeist werden. Geländereferenznavigation heißt das und bedeutet, der Flugkörper tastet den Erdboden mit dem eigenen Radar ab und vergleicht ihn mit den zuvor eingespeicherten Daten. Das funktioniert aber eben nur, wenn diese Daten präzise genug sind. Dann trifft Taurus, wie der Kanzler später sagen wird, in ein Wohnzimmer, bis auf zwei Meter genau.

Warum ist diese Waffe nun so interessant? Mit Taurus könnte Putins prestigeträchtige Brücke zur Krim zerstört werden, über die viel der russischen Kriegslogistik läuft, der russische Nachschub. Center of gravity, so nennt man diesen Ort in Sicherheitskreisen nicht umsonst.

In Berlin ist es derweil wieder dasselbe Spiel, Strack-Zimmermann gegen Scholz. Darauf läuft es immer wieder hinaus, beide stehen für ein Lager, pro oder contra. Strack-Zimmermann meint: «Mir sagen die Leute: Behalten Sie Ihren Kurs bei und lassen Sie die Ukraine nicht allein! Also da fühle ich mich überhaupt nicht alleine.» Die Abgeordnete sagt: «Seit April wissen wir doch alle, dass die Ukrainer Marschflugkörper brauchen. Die Briten liefern sie längst.» Sie hat kein Verständnis für das Zögern des Kanzlers. Sie argumentiert: Sollte es politisch grünes Licht geben, würde es noch Monate dauern, ehe die Waffe auch eingesetzt werden könnte, die Ukrainer müssten zuvor ausgebildet werden.

Olaf Scholz und seine Berater wiederrum nennen diverse Gründe, warum man Taurus nicht liefern könne. Strack-Zimmermann macht das wahnsinnig. «Wir haben genug eigene Flugkörper. Ein Viertel können wir abgeben. Jedes der Argumente des Kanzlers kann ich Ihnen in einer Minute entkräften. Jeden Tag sterben gerade 500 Ukrainer. Da hört es einfach auf!»

Zu Umfragen, die eine eher ablehnende öffentliche Meinung zeigen, sagt sie: «Man muss es den Leuten eben erklären. Ich hoffe, dass der Kanzler grünes Licht gibt.» Taurus wäre einfach zu wichtig, weil damit auch Munitionslager getroffen werden können.

Ihre Kollegen unterstützen sie: Scholz verstecke sich hinter schwachen Argumenten. Alexander Müller, ebenfalls ein FDP-Verteidigungspolitiker, wittert, dass die alte, russlandfreundliche SPD mitmischt. Namentlich vor allem der engste außenpolitische Berater des Kanzlers, Jens Plötner. Der war einer von denen gewesen, die nach der Annexion der Krim 2014 keinen Politikwechsel im Auswärtigen Amt veranlasst hatten, sondern bei ihrer Nähe zu Putin blieben.

Auch Müller wird nochmal auftauchen in dieser Sache.

Vorerst bewegt sich der Kanzler nicht – und er redet auch nicht.

Kanzleramtschef Wolfgang Schmidt verweist im Bundestag auf Geheimhaltung, der geheim tagende Bundessicherheitsrat sei betroffen. Marie-Agnes Strack-Zimmermann hält das für vorgeschoben. «Er soll ja nicht aus dem Bundessicherheitsrat quatschen, sondern seine politische Meinung mitteilen.» Der Kurs des Kanzleramts – nichts machen, nicht reden – bringt allerdings das eigene Verteidigungsministerium zunehmend in Nöte.

Pistorius selbst ist irgendwann wegen all der Nachfragen sichtlich genervt: «Die Frage Taurus ist mir jetzt in den letzten Wochen, ich will nicht übertreiben, gefühlte 320 Mal gestellt worden. Und der letzten Journalistin habe ich dann gesagt: Ich kann die Frage langsam echt nicht mehr hören, Sie wissen doch, dass die Entscheidung noch nicht gefallen ist.» Das war noch im September 2023. Zu Beginn der Debatte hatten manche noch gedacht, Pistorius sei letztlich doch offen für eine Lieferung. Jetzt steckt alles fest.

Am Ende ist es mal wieder Marie-Agnes Strack-Zimmermann, die alles eskalieren lassen wird. Das zeigt sich jetzt, im Januar und Februar 2024.

Seit Monaten ist es der Regierung nicht gelungen, die Debatte zu beenden. Der Kanzler sagt, er stehe zur Ukraine. Und Strack-Zimmermann würde ihm das gerne glauben, nur gebe es da noch ein weiteres Problem im Kanzleramt, nämlich die Kanzlerberater. Vor allem Plötner. Aneinandergeraten waren sie schon bei der Bundeswehrtagung, Strack-Zimmermann hatte dem Kanzler auf der Bühne eine kritische Frage gestellt, mal wieder, und in der ersten Reihe hatte Plötner laut hörbar herumgemault.

«Boah, die Alte nervt!»

Die Abgeordnete sagt dazu: «Der Mann hat kein Benehmen.» Die Reihe hinter Plötner hätte seine Worte genau gehört, Generale und Kollegen. Das Kanzleramt versucht später, es als Gerücht abzutun. «Von Gerücht kann gar keine Rede sein», sagt Strack-Zimmermann. «Hätte der Mann guten Stil, hätte er mich danach angerufen.»

Es kommt schließlich zum Showdown.

Strack-Zimmermann gegen Scholz.

Typischer Satz dabei: «Ich will ja nicht für Unruhe sorgen, aber ...» Bis zu diesem Tag hatte die Düsseldorferin Marie-Agnes Strack-Zimmermann 20 Jahre lang im Stadtrat gesessen, 24 Jahre Kommunalpolitik, und jetzt, im Auge des Sturms stehend, lehnt sie sich in Berlin gegen den Kanzler auf.

Irre Zeiten? «Irre!»

Olaf Scholz meint, die Debatte um Taurus sei «lächerlich». Strack-Zimmermann meint: «Können wir ja mal die Ukraine fragen, wie lächerlich sie das findet.» Wer in diesen Wochen, parallel zu der hitzigen Debatte in Deutschland, selbst in die Ukraine reist und mit den Menschen spricht, der erfährt, dass dort wenige auf der Seite von Scholz stehen. Die Abgeordnete und der Kanzler mit seinem Kanzleramtschef werden wohl keine Freunde mehr. Sie sagt zu ihrem Beharren: «Ich bin doch keine Geisterfahrerin!»

Wolfgang Schmidt nennt sie in einem Gespräch später eine «wilde Abgeordnete». Nur hält Strack-Zimmermann Putin einfach für unvorstellbar gefährlich. «Wir müssen stark liefern!» Russland spreche weiter davon, die Ukraine zu neutralisieren. «Das sollten sich diejenigen hinter die Löffel schreiben, die das einfach nicht verstehen wollen. Stalin hat das Gleiche gemeint!»

Über den Kanzler sagt sie: «Ich kann bitten und hoffen, dass auch er es versteht.» Ermüdet sie es, in jedem Radiogespräch wiederholen zu müssen, dass in der Ukraine weiter massakriert wird? «Nein, das ermüdet mich nicht. Es überrascht mich, dass ich es immer wieder sagen muss. Eigentlich sollte das doch jetzt mal angekommen sein.» Sie habe aber in der Politik gelernt, dass man alles immer und immer wieder sagen müsse, um jemanden zu erreichen.

Den Weg zum Showdown bereitet die Opposition. CDU und CSU wollen die Regierung mit einem Entschließungsantrag auffordern, «endlich und unverzüglich der Ukraine einsatzbereite Taurus-Marschflugkörper der Bundeswehr in größtmöglichem Umfang bereitzustellen». Das Rational: Echte Souveränität der Ukraine in den Staatsgrenzen von 1991 würde bedeuten, dass das Land die von Russland annektierte Krim zurückerobern müsste. Die Taurus-Lieferung steht am 17. Januar, einem Mittwochabend, im Bundestag zur Abstimmung. Der Antrag wird mit der Mehrheit der Koalition abgelehnt. Was überrascht: Jene, die lautstark für die Lieferung gewesen sind, haben aus Rücksicht auf Partei und Fraktion dann doch mit «Nein» gestimmt – entgegen ihrer eigenen Meinung. Ausgerechnet Haubitzen-Toni und Flak-Zimmermann stimmen nicht für den Antrag, obwohl beide aus tiefster Überzeugung für Taurus in der Ukraine sind. Sie lehnen den Antrag ab, nur weil er von CDU und CSU kommt. Das mag man im Regierungsviertel verstehen – im Rest des Landes weniger. Ihr Argument zur Verteidigung ist, dass die Union die Regierung mit ihrem Manöver bloß vorführen wollte.

Zwei Sitzungswochen später geht der Konflikt in die nächste Runde. Die Taurus-Frage wird nun öffentlich immer mehr so gesehen, dass es nicht mehr nur irgendeine weitere Waffenfrage ist: Taurus steht inzwischen als Symbol für die Unterstützung oder eben Nicht-Unterstützung der überfallenen Ukraine generell. Es ist nun plötzlich eine Grundsatzfrage deutscher Sicherheitspolitik, wenngleich das die eigentliche Bedeutung von Taurus überhöht, was von vielen Medien verstärkt wird. Und doch: Taurus ist eine deutsche Superwaffe, die Debatte über sie hat ihre Berechtigung.

Möglich gemacht worden ist die Entwicklung abermals durch die

anhaltende Nicht-Kommunikation im Kanzleramt, die später abge-
löst werden wird von einer Vielzahl angeblicher Argumente gegen die
Lieferung. Erhard Bühler spricht von «Verstecken hinter angeblichen
Fakten». Sara Nanni, die Grünen-Abgeordnete, sagt über den Kanzler: Nicht einmal sagen, dass er nichts sage, könne er. «Selbst das kann
er nicht!» CDU-Politiker Kiesewetter nennt den Kanzler taub-stumm.
Selbst Alt-Bundespräsident Joachim Gauck mischt sich irgendwann in
die Lieferdebatte ein: «Wir müssen es tun!» Was insgesamt bedeutet:
Viele sind in dieser Frage inhaltlich gegen den Kanzler.

Und Marie-Agnes Strack-Zimmermann steht unter größter Beobachtung. Am 20. Februar ist sie abends bei der Naumannstiftung, zur
Begrüßung um 18.30 Uhr redet sie kurz und muss dann gleich weiter.
«Bin auf dem Weg zu Frau Maischberger», schreibt sie in einer Kurz-
nachricht. Um 17 Uhr haben sie im Bundestag ein neues Papier vorgelegt, das den Weg zu Taurus ebnen soll: Formulierungen für einen
neuen Antrag der Regierungskoalition, er spricht nun von «zusätzlichen weitreichenden Waffensystemen» für die Ukraine, nennt Taurus
aber nicht namentlich. Es ist der nächste Versuch, Befindlichkeiten aller drei Koalitionspartner zu umgehen. Werden SPD, Grüne und FDP
nun zustimmen, weil die heikle Waffe nicht namentlich genannt, aber
impliziert ist?

In Berlin kommt der 22. Februar, der Tag des maximalen Drucks.
Um kurz vor 13 Uhr eilt Marie-Agnes Strack-Zimmermann zum Rednerpult und nimmt einen letzten Schluck Wasser. Sie hat nun ihre
eigene Wende vollzogen und wird tatsächlich für beide Anträge stimmen, den der eigenen Regierung, der Taurus nicht namentlich erwähnt. Und für den Antrag, der erneut von der Union kommt und der
Taurus auch benennt. Sie stellt sich damit öffentlich gegen den eigenen
Kanzler. Warum sie das tut und tatsächlich mit der Opposition gegen
ihren eigenen Kanzler stimmt, begründet die Abgeordnete nun erstmals öffentlich. Sie beginnt mit diesem Satz: «Das Böse obsiegt, wenn
gute Menschen nichts tun.» Es ist ein Zitat von Alexei Nawalny, dem
inzwischen in russischer Haft verstorbenen Kreml-Kritiker. Strack-
Zimmermann sieht sich dem verpflichtet.

Es ist anfangs nicht ihre beste Rede, sie liest ab, wirkt unsicher.

Doch es legt sich, Putin nennt sie einen Diktator, seinen Kritiker im Straflager sterben zu lassen, sei kein Zufall gewesen, sondern die obszöne Methode, der freien Welt den Mittelfinger zu zeigen. «Ein Verbrecher, ein brutaler Mensch, der sich nicht von der Stärke des Gegenüber provozieren lässt, sondern der sich herausgefordert fühlt von der Schwäche des Gegenübers.» Das zu ignorieren sei «verstörend naiv» und «gefährlich fahrlässig». Diese Worte gehen ans Kanzleramt. «Umso tragischer ist es, dass wir seit Monaten darüber streiten, ob wir der Bitte der Ukraine nachkommen, den Marschflugkörper Taurus in Ergänzung zu allen anderen gelieferten Waffensystemen zu liefern. ... Die Tragödie dieser unendlichen Diskussion und Geschichte ist – wie seinerzeit schon bei der Diskussion um die Panzer – dass Russland nicht nur einfach zuschaut.» 100 Kilometer, so lang seien die Gräben, welche die Russen in der Zwischenzeit in ukrainischen Boden gegraben hätten. «Es geht hier nämlich um Zeit. Und die Ukraine hat keine Zeit mehr.»

Strack-Zimmermann greift jetzt alles, was sie in den vergangenen Monaten erlebt hat, alles, das über sie geschrieben wurde, im Guten wie im Schlechten, auf und sagt:

«Es geht hier nicht darum, wer hier den größten Bizeps hat, und es geht auch nicht darum, wer hier stur oder beleidigt ist, es geht auch nicht darum, ob sich hier irgendjemand genervt fühlt. Meine Damen und Herren, es geht ausschließlich um die Ukraine, die seit zwei Jahren ums Überleben kämpft.»

Das ist der Schlüssel, das steckt hinter vielem, das Strack-Zimmermann hinter den Kulissen durch die vergangenen zwei Jahre getragen hat, die so laut waren wie noch nie, selbst für sie. «Vor zwei Jahren haben wir über ein paar Helme und Gewehre geredet. Wenn ich jetzt sehe, wo die Welt steht – diese 24 Monate kommen mir vor wie 24 Jahre. Es ist politisch die rasanteste Zeit meines Lebens und die Folgen sind gewaltig.»

Sie mag einen Hang zur Selbstdarstellung haben, doch wofür sie das alles macht, hat Marie-Agnes Strack-Zimmermann nicht vielen

Menschen persönlich erzählt, an einem eher stillen Abend auf ihrem Stammplatz beim Italiener aber dann irgendwann doch. Ihre Enkelkinder. Wenn sie an die Ukraine denkt, dann denkt sie daran, dass die auch so friedlich aufwachsen sollen wie ihre Großmutter. In einer freien Welt. «Und ob wir wirklich bereit sind, Verantwortung zu übernehmen für die Menschen in diesem Land und ganz persönlich auch für unsere Kinder und Enkelkinder. Und ich möchte mir nicht irgendwann einmal vorwerfen lassen müssen, nicht das Richtige im richtigen Augenblick getan zu haben.» So formuliert sie es schließlich auch beim Showdown im Bundestag und bekommt an dieser Stelle auch viel Applaus. «Ich danke Ihnen!», ruft Strack-Zimmermann.

Genau 725 Tage nachdem an dieser Stelle der Kanzler die *Zeitenwende* ausgerufen hat, lehnt die Mehrheit seiner Regierung die Taurus-Lieferung dennoch ab, Marie-Agnes Strack-Zimmermann hat als Einzige in der Regierungsfraktion gemeinsam mit der Opposition gestimmt.

Es zeigt am Ende auch den fundamentalen Unterschied in der Rolle von Strack-Zimmermann und Olaf Scholz: Beide sorgen sich um die Frage, wie die Geschichte einmal über sie urteilen wird. Doch sie kommen zu völlig unterschiedlichen Schlüssen dabei: Der Kanzler von der SPD hält sich zurück, er wartet ab, macht sich Gedanken und liefert am Ende eine wichtige Waffe für eine freie Ukraine nicht; er hat vielleicht mehr Angst vor dem Richter der Geschichte als vor Putin. Während die Abgeordnete von der FDP das Gegenteil tut, sich nicht zurückhält und auch auf nichts mehr wartet. Sie sagt, was sie denkt, und stimmt für das, was sie inhaltlich für geboten hält. Scholz und Strack-Zimmermann leben in zwei verschiedenen Welten.

Sie sagt über den Kanzler: «Er ist so, wie er ist.»

Wohl kaum ein Paar politischer Weggefährten haben diese zwei Jahre Krieg derartig auseinandergetrieben. Dieser Tag zeigt auch, wie die Macht verteilt ist im politischen Berlin – *Zeitenwende* hin oder her. Denn die Regierung siegt, die Ukraine verliert. Und bekommt keine Taurus-Flugkörper.

In der eigenen Regierung muss Strack-Zimmermann sich nach der Aktion einiges anhören. Sie sei eine Heckenschützin und habe ein Rie-

sen-Ego, sagt eine Grünen-Kollegin. «Ich bin froh, wenn sie bald endlich weg ist. Stracki macht alles zunichte.» Da habe sich die SPD-
Fraktion mal bewegt und in der Begründung des Antrags klar benannt,
dass Bundestag und Bundesregierung sich für die «volle territoriale
Integrität» der Ukraine «in ihren auch von Russland 1991 anerkann-
ten Grenzen» einsetzen. Das hatte der Kanzler selbst bislang so nicht
ausgesprochen. Trotzdem reden alle nur von Strack-Zimmermann.

Auch deren Team ist frustriert. Ihr Büroleiter Cord Schulz sagt:
«Bei Scholz habe ich jede Hoffnung verloren.» Er hat jetzt erstmal ein
paar Tage Urlaub, sagt Schulz. Seine Chefin hat mal gesagt, dass sie
selbst auf dem Mond inzwischen wohl auf Panzer und Waffen angesprochen werde. «Genau da müsste ich jetzt hin», sagt Cord Schulz.
Er fährt dann an die Nordsee.

* * *

Die Szenen dieser Woche dürften Parlamentsgeschichte werden, doch
machen sie eines vergessen: Der Ukraine fehlen derweil weiter Waffen
und Munition. Nicht nur Hochwerttechnologie wie Taurus, sondern
vor allem auch Artilleriemunition. Sie fehlt sogar noch dringender,
das geht ein wenig unter in diesen Wochen in Berlin.

Putin hat seine Drohungen gegen die Ukraine unterdessen wiederholt. Während es in Deutschland immer noch viele gibt, die mit ihm
verhandeln wollen, sagt der russische Präsident unumwunden, dass
das Ziel weiter die «Entnazifizierung» und «Demilitarisierung» der
Ukraine sei. Es geht für ihn nicht um die Einnahme von Gebieten, sondern um die Zerstörung der Ukraine. In der Ostsee haben die Russen
eine lange unentdeckte Anlage platziert, die GPS-Signale von Schiffen
und Flugzeugen stört, auch von Ferienfliegern. Sogar eine Stadt an der
estnischen Küste werden die russischen Störsender bald vom Flugver-
kehr abschneiden. All das sind bereits Putins Nadelstiche gegen die
NATO, er testet seine Grenzen. Schon jetzt. Mal dringen Raketen
kurz in den polnischen Luftraum ein, dann schlägt eine russische
Drohne auf dem Staatsgebiet von Rumänien auf. Der Krieg kommt
auch Deutschland jetzt immer näher.

Horrorwoche mit Boris Pistorius

26. Februar 2024, Berlin
Amtszimmer des Oberbefehlshabers

Ein paar Treppen noch, einmal um die Ecke und durch die schwere Sicherheitstür, dann ist es geschafft. Am Ende des Flurs liegt es, das Ministerbüro, der letzte Ort, den man jetzt noch besuchen will, am Ende der ersten zwei Jahre deutscher *Zeitenwende*. Hier arbeitet der Zeitenwendemann des Kanzlers, er ist in diesen Tagen etwa ein Jahr im Amt und musste aufholen, was alles nicht vorangekommen war. Hat er das gepackt? Am Montagmorgen liegen auf dem Tisch vor seinem Büro aktuelle Ausgaben von *Bild* und *Spiegel*, beim kurzen Blättern bleibt man am Porträt «Der Scheinharte» hängen, in dem Pistorius Kritik entgegenschlägt. Da muss man gleich mal nachfragen. Er ist zu diesem Zeitpunkt Umfragen zufolge noch immer der beliebteste Politiker im Land, doch unkritisch geht die Presse jetzt nicht mehr mit ihm um.

So passiert Berlin die Wegmarke von 700 Tagen Krieg.

Unvermittelt steht der Zeitenwendeminister schließlich in der Tür seines Vorzimmers, Raum 107, und streckt seine Hand zur Begrüßung aus. Boris Pistorius bittet herein in sein lichtdurchflutetes Büro. In den nächsten Wochen und Monaten wird er noch viele Interviews geben, einige Dinge, um die es gleich geht, sagt er so aber hier zum ersten Mal. Eine Stunde nimmt sich der Minister Zeit, morgens hat er schon Sport gemacht, er hat Spaß am Rudern und am Joggen, wann immer es geht, besucht er seinen VfL Osnabrück, das schafft Pistorius aber inzwischen kaum noch.

Jetzt lässt er sich einen Cappuccino kommen, jetzt gestattet er einen Einblick in seine Arbeitswelt. Seit zwölf Monaten sitzt er nun als Verteidigungsminister im neuen Büro mit den weiß gegitterten Fenstern, hellen Gardinen und feinem Fischgräten-Parkett. Was hat er als Neuankömmling mitgebracht ins neue Amtszimmer? Pistorius erzählt: «Das kleine silberne Pferd dort rechts auf dem Schrank. Das ist der

Osnabrücker Friedensreiter. Es ist ein Geschenk der Stadt, aus der ich komme und in der ich Oberbürgermeister war, die Stadt des Westfälischen Friedens. Eine Espressomaschine hab ich noch mitgebracht, ein paar Bücher, die mir wichtig sind. Manche von ihnen habe ich schon seit zwanzig Jahren in meinen Büroregalen stehen. Viel mehr aber nicht.» Ein Büro ist kein Wohnzimmer, findet der Verteidigungsminister.

Vom Schreibtisch aus hat er hier alles im Blick. Wie genau arbeitet Pistorius? Wenn er nicht an geheimen Sitzungen teilnimmt, zum Beispiel im abhörsicheren Raum seines Gebäudetraktes, dem «U-Boot», trägt er immer noch die Smartwatch, die er schon bei seiner Vereidigung trug. Er sagt: «Ich erledige viel digital, am liebsten am Tablet des Ministeriums, da ich auch unterwegs arbeite. Ein bisschen was von Hans-Jochen Vogel hab ich auch in mir (lacht). Der frühere Vorsitzende meiner Partei war ja unter anderem berühmt dafür, dass er für jeden Vorgang, der nicht abgeschlossen war, eine Klarsichthülle hatte und die gefächert übereinander sortierte, vielleicht sogar noch nach Themen aufgereiht. Ganz so sortiert bin ich dann aber doch nicht. Wichtig ist, Vorgänge zu priorisieren und immer griffbereit zu haben.»

Ein bisschen Persönliches hat er dann aber doch mitgebracht – oder gehört der schwarz-goldene Boxhandschuh im Regal etwa zur Arbeitsausstattung? Das wäre neu, selbst für dieses Ministerium, in dem öfter mit harten Bandagen gekämpft wird. Für interne Machtkämpfe ist die Weltlage aber eigentlich zu heikel: Am Morgen haben Medien gemeldet, dass Russland in der Nacht wieder Raketen und Drohnen auf die Ukraine geschossen hat, an der Ostfront haben die Russen ein weiteres Dorf eingenommen. Gut für Europa ist das nicht. Boris Pistorius muss mit diesen Nachrichten nun umgehen. In Niedersachsen waren es noch andere Zeiten, alles war etwas kleiner. Jetzt ist die Aufgabe: Weltpolitik.

Der Minister behauptet, er schlafe gut. Aber nachdenklich ist er schon, er fragt sich oft, wie es weitergeht. Und er kennt auch ein gewisses Gedankenkreisen. Was ihm anfangs im neuen Amt hilft, ist, dass Pistorius die Bundeswehr kennt. Was ist eigentlich seine früheste

Erinnerung an die Bundeswehr? «Ich erinnere mich an den Sommer
1978. Ich hatte gerade mein Abitur gemacht und unterschrieb einen
Lehrvertrag zum Groß- und Außenhandelskaufmann. Zum gleichen
Zeitpunkt wollte mich auch die Bundeswehr einberufen. Gemustert
war ich schon. Ich wollte den Wehrdienst verschieben und erst die
Lehre absolvieren, die Einberufung kam dann zum 1. Oktober 1980.»
Ein Leben auf Soldatenstube also? «Genau, 15 Monate lang. Ich war
in einer Stube mit sechs Kameraden untergebracht. Darunter ein Dru-
cker, ein Landwirtssohn und ein Automechaniker. So war das damals
bei der Heeresflugabwehr. Und dann bin ich auch gleich Sprecher der
ersten Batterie geworden.»

Das heißt, er kennt den alten Gepard-Panzer, den Deutschland der
Ukraine geschickt hat, noch aus eigener Erfahrung? «Ich sollte sogar
Gepard-Fahrer werden. Das war der Plan, wie mir gesagt wurde. Kurz
vor Ende der Grundausbildung kam dann aber der Kompaniefeld-
webel auf mich zu und meinte: Planänderung – der Kommandeur
braucht einen neuen Fahrer. Die hatten sich die Personalakten der
Rekruten angeguckt und gesehen, dass ich einer der wenigen Abitu-
rienten war, der dann auch noch Russisch sprechen konnte. Der
Kommandeur hatte Russisch in der DDR gelernt und dachte offenbar,
dass uns dies verbinden würde. Wir haben dann wohl kaum mehr als
drei Wörter russisch miteinander gesprochen – sein Fahrer wurde ich
trotzdem.»

Heute sagt der Minister über sein Russisch, dass er einiges verstehe.
Sprechen sei schwieriger, sein Wortschatz nicht mehr groß. Wie erinnert er sich rückblickend an die ersten Tage im Amt? Wie war das, so
ins kalte Wasser geworfen zu werden? «Ich kenne die Sprünge ins
kalte Wasser gut, hab schon häufiger springen müssen. Und doch ist
dieses Amt natürlich etwas sehr Besonderes, mit einer ganz anderen
Flughöhe. Im Nachhinein kann ich sagen: Ich habe einfach angefangen und konnte mich auf meine Instinkte, Erfahrung und Menschen-
kenntnis verlassen. Und doch habe ich gelegentlich selbst erstaunt
zurückgeblickt, etwa auf meinen ersten Tag als Minister: Aus dem
Bundestag kommend, direkt nach der Vereidigung, das Telefonat mit
meinem Amtskollegen Sébastien Lecornu, um die deutsch-französi-

sche Freundschaft in Europa zu unterstreichen. Eine Stunde danach hatte ich Lloyd Austin zu Besuch, meinen US-Kollegen. Das war ambitioniert. Das Adrenalin ging hoch. Es hat alles Gott sei Dank gut geklappt, keine Patzer oder Ausrutscher.»

In den ersten 100 Amtstagen entstanden viele Fotos: Eines zeigt ihn bei seiner ersten Panzerfahrt als Oberbefehlshaber. Was dachte er damals? «Ich habe es genossen. Ich mag die Truppe, die Gemeinschaft. Mit dem Oberstabsfeldwebel, der den Panzer gefahren hat, habe ich mich lange unterhalten. Ich wollte aber auch mit anderen, die an der Übung beteiligt waren, in Ruhe sprechen, abseits der Kameras. Also stoppten wir mitten im Gelände, zwischen zwei Hügeln. Ich bin auf den anderen Panzer geklettert, und wir haben uns mit der gesamten Mannschaft unterhalten. Ich lerne in solchen Situationen dazu – von denen, die Panzer fahren, wie sie im Zug miteinander kommunizieren und üben, aber auch über die Technik, die sie nutzen, und die Probleme, die sie umtreiben.»

Manchmal redet Pistorius mit einfachen Soldaten lieber als mit Ranghöheren, deutet er an: Denn die Gefahr ist immer, dass einem Minister nur gesagt wird, was er hören will – man will ja noch was werden. Einer hat mal wieder einen Brandbrief geschrieben, Heereschef Alfons Mais nämlich, der bleibt unbequem. Seinen neuen Minister hat der General erinnert, dass auf keinen Fall weiter beim Heer gekürzt werden dürfe. Gleichzeitig wird das Sondervermögen inzwischen für alles Mögliche genutzt. Wie es gerade passt, scheint es manchmal, und je nachdem, welche immer neuen Pläne es im Ministerium gibt. Ideen häufen sich. Aber Ergebnisse?

Ob er bloß ein Ankündigungsminister sei? «Nein. Ich mache vieles, ohne es anzukündigen. Und gleichzeitig muss ich bestimmte Dinge ankündigen, um gewissermaßen den Weg frei zu machen. Und ja: Manchmal erlebe ich dann, dass die Zeit zwischen Ankündigung und Umsetzung länger ist, als ich mir vorgestellt habe. Journalistinnen und Journalisten sind ungeduldig. Das ist alles okay, damit kann ich umgehen. Aber ich weiß, dass ich bei dem Verantwortungsbereich, den mein Ministerium umfasst, die Dinge nicht innerhalb von einem Jahr verändern kann. Ich brauche einen langen Atem.»

Es gibt die Kritiker und es gibt jene, die das Gefühl haben, dass Pistorius ein Minister ist, der die Lage verstanden hat. Das ist die erste Überraschung hier in seinem Amtszimmer: Da sitzt ja gar kein Sprechautomat, sondern ein Mensch als Politiker. Pistorius gibt sich im persönlichen Gespräch genauso unkompliziert wie bei öffentlichen Terminen. Wahrscheinlich ist er einfach so. Im Grunde das kommunikative Gegenteil von Kanzler Olaf Scholz. Wenn es größere Allüren gäbe, wären sie im ersten Amtsjahr jedenfalls verborgen geblieben, in den Urlaub ging es mit Easyjet. Wenn man sich mit Pistorius unterhält, ist erstaunlich, wie unkompliziert und authentisch er wirkt, man kann sich aber genauso vorstellen, dass er härter kann. Er selbst hat einmal gesagt: «Ich versuche mir treu zu bleiben, mich nicht vom Amt prägen zu lassen, sondern das Amt nach meinen Vorstellungen zu prägen.» Anfang Februar 2023 war er rasch in Kyjiw und hat die Klitschkos getroffen, beide. Olaf Scholz hatte vier Monate gebraucht, um die Ukraine nach Kriegsbeginn zu besuchen, Pistorius bloß einen.

Was heißt *Zeitenwende* für ihn persönlich? «Die Zeitenwende ist mehr als ein Sondervermögen von 100 Milliarden Euro. Zeitenwende heißt: Wir erleben etwas, das die meisten von uns nicht erwartet haben. Nämlich, dass wir uns wieder mit einer militärischen Bedrohungssituation dieses Ausmaßes in Europa auseinandersetzen müssen. Viele Dinge sind jetzt schon und werden in Zukunft nicht mehr so sein, wie sie waren. Wenn wir mehr Geld für Verteidigung ausgeben, wenn Streitkräfte wieder eine andere Rolle spielen, wenn Abschreckung und Verteidigung in den Vordergrund rücken, dann werden wir das auch im Alltag spüren. Wir werden es hören und erleben. Das fängt an bei der Zunahme von Manövern und Truppenbewegungen in der Lüneburger Heide oder in Bayern.»

Und es stimmt: Noch im Dezember hat die Bundeswehr über Hannover den Luftkampf geübt und dafür erstmals von einem zivilen Flughafen Kampfjets der Luftwaffe aufsteigen lassen. Das Jahr 2024 ist für die NATO außerdem das Jahr der Großübung Quadriga, 12 000 deutsche Soldatinnen und Soldaten nehmen teil. Es ist das größte Manöver seit drei Jahrzehnten und es wird ganz konkret trainiert, wie das Bündnis im Kriegsfall mit allen Kräften an die Ostflanke

verlegen würde. Deutschland wäre die Drehscheibe dafür, bestätigt
der Verteidigungsminister. Kolonnen auf der Autobahn werden wieder häufiger, sagt Boris Pistorius. «Viele Autofahrer werden das wieder lernen müssen. Die Truppe wird mehr Übungen durchführen. Wir
werden wieder mehr Alliierte in Europa und in Deutschland sehen.
Und gleichzeitig bedeutet es, dass wir alle uns wieder daran gewöhnen
müssen, mit einer Bedrohung zu leben. Wichtig ist, dass wir Vorberei-
tungen für einen möglichen Katastrophenfall in unseren Alltag integ-
rieren. Dazu zählt, dass wir Probealarme von Sirenen oder auf digitalem Weg als etwas Normales begreifen, genauso wie etwa Wasser und
Nahrung vorrätig zu haben.»

Unerwartet denkt der Minister da ganz praktisch: Im Notfall gehen
auch kalte Ravioli runter, meint Pistorius. Vorräte anlegen sei schlau,
nicht verrückt. Was der Minister an diesem Vormittag in seinem Büro
noch nicht ahnt: Das Gespräch am Montagmorgen ist der Auftakt
einer wahren Höllenwoche.

Montag, 26. Februar

Während sie im Verteidigungsministerium die weitere Woche planen,
gerät in der Ukraine Außenministerin Annalena Baerbock in Gefahr.
Sie wollte dort ankündigen, humanitäre Hilfen weiter aufzustocken,
als in Mykolajiw, westlich von Odessa, plötzlich Drohnenalarm ausgelöst wird. Baerbock bricht den Besuch ab. Mittags macht Viktor
Orban, der ungarische Präsident, Schlagzeilen – er will dem geplanten
NATO-Beitritt Schwedens nun doch zustimmen. Boris Pistorius bekommt von all dem nur wenig mit, bei ihm reiht sich Besprechung an
Besprechung. Zeit, nochmal das Band abzuhören vom Gespräch am
Vormittag. War Pistorius eigentlich überrascht, dass ein Wort wie
«kriegstüchtig», das er öffentlich ins Spiel brachte, so kontrovers diskutiert werden würde? «Ich war nicht überrascht, ehrlich gesagt. Und
ich habe das Wort ja auch durchaus bewusst benutzt. Es ist wichtig,
die Dinge beim Namen zu nennen, weil es den klaren Blick auf die Herausforderung garantiert. Im Grundgesetz steht: Die Bundesrepublik

Deutschland stellt Streitkräfte zu ihrer Verteidigung auf. Aber was heißt das eigentlich? Es heißt, im Falle eines Angriffs einer anderen Armee, also ein kriegerischer Angriff, müssen wir in der Lage sein, Streitkräfte zu haben, die unsere Verteidigung sicherstellen. Also Streitkräfte, die einen Krieg führen können. Natürlich nur einen Verteidigungskrieg! Alles andere wäre grundgesetzwidrig. Und einen Krieg zu führen heißt: Man hat die Fähigkeit. Wir müssen uns fragen, wer dieses Land verteidigt, wenn es ernst wird. Viele haben sich daran gewöhnt, dass der Staat irgendwie alles regelt – bis hin zur Landesverteidigung. Aber es braucht Menschen, die unsere Sicherheit garantieren und bereit sind, sie und unsere Freiheit zu verteidigen.»

Erst am Nachmittag trifft man den Minister wieder, diesmal in einem anderen Gebäudetrakt des Ministeriums, wo er um 17 Uhr erwartet wird und die Fernsehteams langsam ihre Kameras aufbauen. Der Minister hatte Vertreter der Bundesländer zu sich eingeladen, um darüber zu beraten, wie all die neuen Infrastruktur-Projekte seiner Bundeswehr schneller gehen könnten. Denn was bringt eine militärische *Zeitenwende*, wenn die Bauämter nicht hinterherkommen? Wie kompliziert allein eine Bauwende bei der Bundeswehr wird, hat man Pistorius schon erklärt. Teile seiner Kasernen genießen Denkmalschutz. Bei Messungen fällt belastetes Wasser auf, was nicht überrascht bei so alten Leitungen. Oft wird das Wasser inzwischen abgestellt, weil es nicht mehr sauber ist.

Im Ministerium, draußen steht auch hier ein Baugerüst, tritt Boris Pistorius in seinem blauen Anzug und der karierten Krawatte jetzt in den Saal, alle warten schon. Ohne Pause legt der Minister los. Die Länderkonferenz sei «ein Novum» gewesen, freut er sich. Tatsächlich hat er sich noch von allen Teilnehmern persönlich verabschieden wollen, sein Sprecher musste ihn sanft rüber geleiten. Prompt notieren einige dort, er sei vielleicht doch zu nett – alles wird weiter beobachtet, analysiert, bewertet. Pistorius sagt jetzt, dass die Infrastruktur der *Zeitenwende* wohl 24 Milliarden Euro kosten werde. Für so viel Geld müsse man bauen, um einer modernen Bundeswehr gerecht zu werden. In der Realität kann aber nur eine Milliarde pro Jahr tatsächlich ausgegeben und verbaut werden, schneller ist das System nicht. Wenn das so weiterginge, bräuchte man 24 Jahre. «So lange können wir nicht warten», sagt der Minister.

Es wurde viel zu lange nichts investiert, jetzt ist der Berg an Vorhaben so groß, dass er auf dem normalen Dienstweg gar nicht zu schaffen ist. 33 000 Gebäude gibt es in der Bundeswehr. Wer die alten Kasernen antasten will, muss erstmal die Akten finden, die sind teilweise so alt, dass es die damaligen Landkreise gar nicht mehr gibt – kommunale Neuordnung. Für Neues braucht es dann Abbruchgenehmigungen und Entsorgungskonzepte. Ein Begriff, mit dem man bald wohl Pistorius' Staatssekretär jagen könnte: bauordnungsrechtliche Zuständigkeiten. Tatsächlich hat es erst eine Zeitenwende gebraucht, damit die Bundeswehr das schlüsselfertige Bauen für sich entdeckt und sich überlegt, dass die Zusammenarbeit mit zivilen Baufirmen vielleicht doch Sinn ergibt.

Ein Beispiel: Je nachdem, in welchem Bundesland eine Kaserne steht, variiert die Länge der Fluchtwege erheblich. Mal sind 25 Meter vorgeschrieben, anderswo 35 Meter. In der Summe verhinderten die Landesbauverwaltungen zuverlässig, dass über die Ländergrenzen hinweg einheitliche Serienbauten hochgezogen werden konnten. Jetzt soll das anders werden. Das Ziel sei die «Kriegstüchtigkeit», diesen Begriff wiederholt der Minister inzwischen fast täglich.

Der Investitionsbedarf bei der Truppe dürfte bei insgesamt fünfzig Milliarden Euro liegen, denn die energetische Sanierung der Bundeswehr wird irgendwann auch nochmal 25 Milliarden Euro kosten. Um das alles anzugehen, hat das Ministerium einen Aktionsplan geschrieben, den will man hier heute vorstellen. Doch irgendwie ist eine merkwürdige Stimmung im Raum, die Presseleute scheinen unruhig. Denn der Kanzler hat sich vorhin erneut zu Taurus geäußert. Niemand hört Pistorius jetzt noch wirklich zu. Doch Boris Pistorius weiß noch gar nicht, was überhaupt passiert ist, er saß schließlich in seiner Konferenz mit den Ländervertretern, anschließend ging es im Laufschritt zur Pressekonferenz.

Dort meldet sich jetzt eine Korrespondentin. «Ich weiß, Sie werden mich jetzt hassen …», sagt sie zu Pistorius. «Nein», meint er. Sie entgegnet nur ein Wort: «Taurus. Der Kanzler hat sich geäußert …» Ob er da mitgehe? Pistorius, der die Details der Äußerungen noch gar nicht kennt, sagt ohne zu zögern: «Natürlich.» Wieder ist aus diesem Zeitenwendetag also die ewige Taurus-Diskussion geworden. Pistorius versucht noch einmal, auf das eigentliche Thema hinzuweisen. «Ich freue mich auf Fragen zur Infrastruktur», sagt er und lacht seinem Sprecher zu. «Es ist immer dasselbe!» Dann muss er doch noch was zu Taurus sagen, drei Leute haben ihn jetzt gefragt. Pistorius spricht von einer «Vielstimmigkeit der Faktenfragen», es gebe außerdem «unterschiedliche Modelle von Taurus». Schließlich erbarmt sich jemand: «Ich hab' mal eine Frage zur Infrastruktur», sagt einer der Reporter.

Nebenbei bestätigt der Minister, was Heereschef Mais seit 2022 immer befürchtet hat: Bei der neuen F-35, dem Kampfjet, wird alles teurer. Am Ende können solche Mehrkosten dazu führen, dass im Heer eben nicht so viel in dringend benötigte, vermeintlich kleinere Anschaffungen investiert werden kann, wie Container oder Schmieröl. Der F-35-Flugplatz jedenfalls kostet nun mehr – bei den 2022 eilig geschlossenen Verträgen waren Schätzwerte zu niedrig. «Ich hab die Zahlen nicht im Kopf», sagt Pistorius. Der Grund für die Mehrkosten liege bei den Amerikanern. Weil fast alle im Raum nur mit Taurus beschäftigt sind, geht das fast unter, dabei ist das alles neu. Nach nur einer Viertelstunde ist Sprecher Michael Stempfle froh, den Termin beenden zu können. «Vielen Dank und einen schönen Abend allerseits!»

Natürlich geht die Taurus-Debatte vor dem Presseraum noch weiter, auch hier, auch heute. Denn jetzt ist Zeit gewesen, sich anzusehen, was der Kanzler denn wirklich gesagt hatte. Olaf Scholz war an diesem Montag bei der Deutschen Presse-Agentur zu Gast. Und dort wurde er auf sein Nein zur Lieferung von Taurus angesprochen. Scholz gab zu Protokoll: «Wir dürfen an keiner Stelle und an keinem Ort mit den Zielen, die dieses System erreicht, verknüpft sein.» Der Kanzler, im Anzug, steht an einem weißen Stehtisch und fummelt nervös am Mikrofon herum. Scholz sagt: «Ich wundere mich, dass es einige gar nicht bewegt, dass sie nicht einmal darüber nachdenken, ob es gewissermaßen zu einer Kriegsbeteiligung kommen kann durch das, was wir tun.» Auf dieses Argument für die Nicht-Lieferung läuft es also wieder hinaus. Scholz deutet auch an, dass es für den effektiven Einsatz von Taurus aus seiner Sicht deutsche Soldaten in der Ukraine benötige. «Das, was an Zielsteuerung und auch Begleitung der Zielsteuerung von den Briten und Franzosen gemacht wird, kann in Deutschland nicht gemacht werden.» Der Kanzler argumentiert letztlich damit, dass die Bundeswehr nicht einfach so in einem Kriegsgebiet präsent sein darf. Auch im Verteidigungsministerium wird dieser Punkt diskutiert. Der Kanzler und sein Verteidigungsminister begründen unterschiedlich, warum man Taurus nicht liefere, beide bleiben aber beim Nein. Sollte Pistorius in der Sache doch anderer Meinung sein, könnte er das dem Kanzler denn überhaupt klar sagen? «Unter vier Augen reden wir komplett offen, ja. Aber nur unter vier Augen. Das gehört sich auch so. Wir haben einen kurzen Draht: Wenn einer von uns beiden einen wichtigen Punkt zu diskutieren hat, dann führen wir ein Telefonat über eine sichere Leitung oder sprechen am Rande einer Kabinettssitzung. Wir reden ohne Umschweife, on point. Was besprochen ist, gilt.»

So wird es Abend in Berlin. Dieser Tag ist zwischendurch selbst für Boris Pistorius zu schnell gewesen, den Zeitenwendemann. Die letzte Manöverkritik für diesen Tag kommt von einer Kamerafrau, die bei Pistorius' Infrastrukturtermin gewesen war, den die meisten jetzt fast schon wieder vergessen haben. «Beim nächsten Mal mit Fernsehen bitte keine so klein-karierte Krawatte», sagt sie dem Sprecher des Ministers. Das vertrage die Kamera nicht so gut. «Sonst allet' schick!»

Dienstag, 27. Februar

Am Dienstag zeigt sich der Schaden, den der Bundeskanzler angerichtet hat mit seinem Auftritt am Montag. Die Briten sind außer sich, denn Scholz hat öffentlich bestätigt, dass britische und französische Soldaten der Ukraine im Kriegsgebiet aktiv helfen. Das war zwar in gut informierten Kreisen ein offenes Geheimnis, dennoch ist eine wörtliche Bestätigung eine neue Qualität. Die Briten werfen Scholz vor, Geheimdienstwissen ausgeplaudert zu haben. Ausgerechnet heute, am zweiten Jahrestag seiner Zeitenwenderede, steht Olaf Scholz in der Kritik wie lange nicht. Und wie ist es denn nun mit den zwei Prozent? Gilt das? In der Opposition heißt es: «Die haben intern die Anweisung, sagen sie uns auch, das alles so schick zu rechnen, dass der Kanzler bis 2025 gut dasteht. Das ist die Aufgabe, die sie gerade haben, und das ist alles Fake!» Vor Kurzem hat der CSU-Abgeordnete Florian Hahn den Kanzler im Bundestag zusammengestaucht: «Sie haben hier ein Versprechen abgegeben! Halten Sie sich gefälligst an dieses Versprechen!» Und selbst jemand aus der Regierung sagt: «Wenn wir im Bundestagswahlkampf 2025 nicht bei zwei Prozent stehen werden, kommt das Gejohle ...» Was sagt der SPD-Minister: Werden zwei Prozent wirklich regelmäßig ausgegeben – oder sind die Zahlen schöngerechnet? «Schöngerechnet ist es nicht. Wir gehen ähnlich vor wie unsere Verbündeten. Die NATO hat unsere deutsche Anmeldung akzeptiert.»

Pistorius weiß, dass in den Zahlen auch Versorgungsleistungen an frühere Soldaten der DDR eingerechnet sind, sogar die Zinsen des Gesamtbundeshaushalts – fast fünf Milliarden – und das Kindergeld in der Bundeswehr. Letzteres allein sind 47,2 Millionen Euro, verrät ein als Verschlusssache eingestuftes Papier. Das alles erhöht die Quote auf dem Papier, macht aber nicht verteidigungsfähiger. «Mit Zinsen können unsere Soldaten nicht kämpfen», sagt Tobias Waldhüter im Bundestag. Der Trick sei, dass die Regierung einfach selbst entscheide, was sie unter «Verteidigungsausgaben» versteht – und einberechnet. Boris Pistorius dagegen sagt, dass Deutschland eben das mache, was andere Länder auch machten. Frankreich rechnet sogar die Feuerwehr hinein und meldet das der NATO. Reichen aber selbst diese zwei Prozent künftig überhaupt noch aus? «Sie sind ein guter Maßstab, um zu vergleichen und damit eine gewisse Gerechtigkeit mit Blick auf die Solidarität innerhalb des Bündnisses zu erhalten. Wenn sich zwei Prozent aber auf ein gesunkenes BIP beziehen sollten, reichten sie definitiv nicht aus.» Was bedeutet: Die deutsche Wirtschaft muss brummen, um der sicherheitspolitischen Lage gerecht zu werden und Gestaltungsmöglichkeiten zu schaffen. Politisch hat der Kanzler die Lage weiter nicht im Griff: Denn zwar hat Olaf Scholz gestern die Nicht-

Lieferung von Taurus erstmals näher begründet, er bekommt aber auf die Debatte einfach keinen Deckel drauf.

Zu allem Überfluss hatte sich noch Emmanuel Macron zu Wort gemeldet, der französische Präsident. Er wollte plötzlich keine westlichen Bodentruppen in der Ukraine mehr ausschließen. Während der deutsche Kanzler ständig rote Linien für Putin zieht, will Frankreich genau das nicht tun, um sich nicht in die Karten schauen zu lassen: die Idee der strategischen Ambiguität. Langweilig wird es somit nicht und der Dienstag macht im gleichen Tempo weiter wie der Montag, Macron hat alle verrückt gemacht. Prompt dementiert seit dem Vormittag ein Staat nach dem anderen, Truppen entsenden zu wollen. Auch der deutsche Verteidigungsminister, der heute eine nicht-karierte Krawatte trägt, sagt: «Boots on the Ground ist keine Option.» Und Scholz stellt klar, dass es «keine Bodentruppen, keine Soldaten auf ukrainischem Boden geben wird, die von europäischen Staaten oder von NATO-Staaten dorthin geschickt werden».

Während Scholz mit sich und der Krise ringt, fliegt Pistorius nach Wien. In der Zwischenzeit hat der Kurznachrichtendienst «X», vormals Twitter, Scholz' Aussagen, warum man Taurus nicht liefern könne, mit einem Hinweis versehen, dass Olaf Scholz bei seiner Argumentation inhaltlich nicht bei den Fakten geblieben sei. Selbst ein Regierungsmitglied in Berlin sagt: «Alles ist lösbar und die Waffe in zehn Monaten lieferbar.»

In Österreich erwartet den deutschen Verteidigungsminister seine Amtskollegin Klaudia Tanner. Boris Pistorius kommt auf die Gefahr russischer Informationskampagnen zu sprechen, für ihn ein weiterer Versuch, die europäische Ordnung zu destabilisieren. Noch hat er keine Ahnung, dass Berlin nur Tage davon entfernt ist, von genau solch hybrider Kriegsführung getroffen zu werden. Für den Moment fasst er die Lage in der Ukraine so zusammen: «Der Krieg ist jetzt ins dritte Jahr gegangen», beginnt er, «heute vor zwei Jahren hat der Bundeskanzler in Berlin seine *Zeitenwende*-Rede gehalten und ich glaube, es tut gut, an einem solchen Tag uns noch einmal deutlich zu machen, was dort geschieht. Es ist ein völkerrechtswidriger, unprovozierter, imperialistischer Angriffskrieg, der gegen alles verstößt, das die regelbasierte internationale Ordnung ausmacht.» Danach bohren aber auch die österreichischen Reporter nach, sie wollen einen Kommentar von Pistorius zu Macron. Was denn dessen Motivation gewesen sei? «Ich weiß nicht, was der Antrieb war», sagt Pistorius. Und auch zu Taurus, natürlich, muss er wieder etwas sagen. «Dazu hat der Kanzler gestern alles gesagt. Ich habe dem nichts hinzuzufügen.» Dreimal muss der deutsche Minister es noch wiederholen. «Ich habe dazu jetzt wirklich nichts mehr zu sagen.»

Erst Wochen später wird ein SPD-Verteidigungspolitiker hinter den Kulissen einräumen, dass diese Debatte bloß Verlierer gehabt und die Öffentlichkeit nicht alles erfahren hat. «Es sind Gründe genannt worden, die nicht handlungsleitend waren.» Was genau er meint – es wird sich erst ganz am Schluss offenbaren.

Mittwoch, 28. Februar

Im Kriegsgebiet wird die Lage derweil immer brenzliger. Es geht für die Ukraine nur darum, die Front zu halten und parallel die Rüstungsindustrie aufzubauen, um mit neuen Waffen und neuer Munition irgendwann vielleicht wieder vorzurücken. Und jetzt muss Pistorius auch noch ins Rote Meer schauen, die Bundeswehr muss kurzfristig ausrücken, denn eine Miliz greift immer wieder europäische Handelsschiffe an. Es ist die neue Komplexität dieser Zeiten: Die Angriffe kommen von Huthi-Rebellen im Jemen, die Iran unterstützen. Die Huthi sehen sich als Teil der gegen Israel gerichteten «Achse des Widerstands» im Nahostkrieg. Die Miliz will mit dem Beschuss von Schiffen nun ein Ende der israelischen Militäroperation im Gazastreifen erzwingen, die nach dem beispiellosen Massaker der Hamas vom 7. Oktober begonnen hatte. Für Deutschland heißt das: Auch, wenn es wieder mehr um Landes- und Bündnisverteidigung gehen sollte, kommt jetzt wieder eine neue Auslandsmission hinzu. Aspides heißt sie.

An diesem Mittwoch will das Ministerium von Boris Pistorius zu Aspides direkt Erfolg melden: Die Fregatte Hessen hat erstmals zwei

Huthi-Drohnen abgeschossen. Es gibt nur ein Problem: Nun kommt raus, dass das Ministerium einen heiklen Zwischenfall verschwiegen hat, der schon am Montag passiert war. Denn da hatte die Hessen schon einmal gefeuert – nur alles andere als planmäßig. Zwei Lenkflugkörper hatte man auf eine Drohne geschossen, die sie nicht zuordnen konnten. Erst später stellt sich heraus: Sie gehörte den Amerikanern – friendly fire. Die Bundeswehr hätte beinahe den NATO-Partner USA attackiert, nur weil es ein Softwareproblem gab, wie es später heißt, ist der Abschuss glücklicherweise misslungen: Glück im Unglück. Dass dabei gleich zwei der wenigen Marine-Lenkflugkörper verloren gingen, kehrt man im Ministerium unter den Teppich. Dabei betragen die Kosten für eine Standard Missile 2 mehrere hunderttausend Dollar. Zwei Tage lang hat das Ministerium den Zwischenfall verschwiegen. Der Grünen-Abgeordnete Volker Beck twittert schließlich: «Nachrichtenlage heute Abend: Bei der Ampel brennt die Hütte in der Außen- und Sicherheitspolitik. Mein Unsicherheitsgefühl steigt stündlich, die Lage für die Ukraine wird immer schlechter, im Kreml fließt der Sekt in Strömen.»

Donnerstag, 29. Februar

Wladimir Putin droht wieder mit Atomschlägen, am heutigen Donnerstag redet er zur Lage der Nation – und dass man sich ein bisschen daran gewöhnt hat, ist wohl das Gefährliche. Auch der deutsche Verteidigungsminister war da im Gespräch Anfang der Woche sehr klar gewesen. Oder sind seine Warnungen übertrieben? Etwa drei bis acht Jahre, hat er mal gesagt, hätte Deutschland, um sich zu wappnen. «Die Frage ist: Wie antizipiert man das, was vor einem liegt? Oder versucht man es gar nicht erst? Ich jedenfalls werde aufmerksam, wenn die russische Duma, das Parlament, sechzig Prozent Aufwuchs der Verteidigungsausgaben beschließt und die Rüstungsindustrie Russlands hochgefahren und längst als Kriegswirtschaft betrieben wird – und nicht mehr nur mit Blick auf die Ukraine. Auch die unüberhörbaren Drohgebärden von Putin und Medwedew Richtung

Baltikum und anderer Länder müssen wir ernst nehmen. Und das gilt auch für Putins Reden über das alte Russland, das er wieder haben will, in den Grenzen der Sowjetunion. Wir kommen aus einer Phase von dreißig Jahren, in der wir alle von der Friedensdividende profitiert haben. Wir müssen uns auf eine neue Zukunft einstellen. Und dafür bleibt uns nicht viel Zeit.»

Präsident Selenskyj hat es zuletzt eindringlich gesagt: Die Ukraine habe seit 2014, seit der Annexion der Krim, Zeit gehabt, sich vorzubereiten auf das, was acht Jahre später mit Putins Angriff passierte. Darauf bezieht sich Pistorius: «Wir müssen jetzt die Zeit nutzen, um uns verteidigungsfähig zu machen. Ob es fünf oder acht Jahre sind, wissen wir nicht. Entscheidend ist, dass Russland unsere Botschaft versteht: Denkt nicht mal dran, uns anzugreifen. Wir werden kämpfen, wir werden uns verteidigen, wenn ihr uns angreift. Wir verteidigen jeden Meter NATO-Territorium!»

Wo ist eigentlich Olaf Scholz? Immer noch bei Taurus. Diesmal argumentiert er, die Marschflugkörper könnten von der Ukraine aus «konkrete Ziele in Moskau» erreichen. Das sagt Scholz am Donnerstagabend bei einem Bürgerforum in Dresden. Bei den Grünen heißt es längst, dass sie im Kanzleramt eine große Kiste mit Ausreden stehen hätten, um Taurus nicht zu liefern, und sie einfach reingriffen, wie es gerade passe. Bei der SPD heißt es: Wenn man alle Geheiminformationen kenne, dann passe das auch alles zusammen. Die Öffentlichkeit bleibt eher verunsichert zurück.

Freitag, 1. März

Eine Sorge gilt in dieser Lage auch der Frage, was in den USA als Nächstes passieren wird. Um die transatlantische Freundschaft steht es nicht immer so gut, wie es scheint. Wie stabil ist sie? Und teilen die Amerikaner alle wichtigen Informationen mit Berlin? Boris Pistorius sagt: «Wenn mir etwas vorenthalten werden würde, wüsste ich das ja nicht. Was ich sagen kann, ist: Mein Verhältnis zu meinem US-Amtskollegen Lloyd Austin war von Anfang an sehr vertrauensvoll und wertschätzend. Das erste Gespräch mag wegen der offenen ‹Leopard-Frage› inhaltlich durchaus angespannt gewesen sein, aber auf einer persönlichen Ebene sehr angenehm. Wir arbeiten seitdem sehr gut zusammen. Die Amerikaner registrieren, dass sich seit meinem Amtsantritt etwas verändert hat. Unser Verhältnis zu Washington hat sich auf jeden Fall verbessert, auch durch den guten Draht, den Kanzler Scholz zu Präsident Biden und Außenministerin Baerbock zu ihrem Kollegen Blinken hat. Gleichzeitig haben wir den US-Wahlkampf im Blick, schauen, wie der amerikanische Souverän entscheidet, und beschäftigen uns mit den unterschiedlichen Szenarien.» Die NATO feiert in diesem Jahr ihr 75-jähriges Bestehen. Donald Trump könnte in den USA bald wieder Präsident werden. Überlebt das Bündnis das? «Ja.» Manche vergleichen Trump wegen Aussagen, andere Länder müssten mehr tun, wenn sie seinen Schutz wollten, mit einem Schutzgelderpresser. Pistorius widerspricht nicht unbedingt. «Richtig ist, dass die Europäer mehr für ihre Verteidigung machen müssen. Auch nach 2014 und der Krim-Annexion hat sich in Europa nicht genug bewegt.»

Bis hierin ist es eine sicherheitspolitische Unglückswoche: Selten hat die Bundesregierung so fragil, zerstritten, glücklos gewirkt. «Noch so eine Woche und ich gründe eine Selbsthilfegruppe», schreibt die Sicherheitsexpertin Jana Puglierin. Doch es ist der Freitag, der allem die Krone aufsetzt. Der Tag beginnt mit traurigen Nachrichten aus Russland, wo Kreml-Kritiker Alexej Nawalny begraben wird. Er bleibt Putins größter Feind, auch im Tod. Ausgerechnet an einem solchen Tag publiziert die von der EU sanktionierte russische Propagandistin Margarita Simonjan heikles Audio-Material. Es betrifft Berlin. Es kommt aus dem Verteidigungsministerium. Eine handfeste Abhör-Affäre steht plötzlich im Raum.

Am Nachmittag war für den Minister noch alles in Ordnung, er besucht ein Bundeswehrkrankenhaus, nördlich von Bremen. Dann: das Leak. Schon schreibt der *Spiegel*: «Spionageverdacht», und *Bild*: «Unfassbare Bundeswehrpanne». Tatsächlich ist offenbar ein Gespräch ranghoher Luftwaffen-Offiziere abgehört worden, die Audio-Datei verbreitet sich. 38 Minuten und 17 Sekunden, die ausgerechnet den

Luftwaffenchef Gerhartz schlecht aussehen lassen. Denn er selbst ist auf dem echt wirkenden Mitschnitt zu hören.

Die Aufnahme, die sie alle in die Bredouille bringt, beginnt mit den profanen Worten: «Moin! Moin! Herr General.» Man schreibt den 19. Februar, und eine interne Videokonferenz im Webex-System der Bundeswehr ist angesetzt. «Sie treten nun der Konferenz bei», hört man in der Aufnahme die typische mechanische Stimme. Es piept, dann geht der Video-Call los. Teilnehmer: Brigadegeneral Frank Gräfe, mehrere Kameraden und der ranghöchste General der Luftwaffe selbst kommt ebenfalls hinzu. «Copy», sagt einer, ehe noch etwas Zeit für Smalltalk bleibt. «Ich bin ja gerade in Singapur. Hier ist es gerade 23 Uhr und 57», sagt der eine und schwärmt von dem Blick, den man von seinem Zimmer aus habe. Er schicke vielleicht später mal ein Foto. «Ja, ja, mach mal!», sagt sein Kamerad. Und er wieder: «Ja, das ist schon mega!» Er war gerade noch etwas trinken.

Auch dieser Zwischenfall hat mit Taurus zu tun, denn das abgehörte Gespräch war angesetzt worden, weil sich die Luftwaffenspitze zur Frage austauschen wollte, was genau mit den Marschflugkörpern erreicht werden könnte – und was nicht. Natürlich nur für den Fall, dass es eine politische Einsatzfreigabe geben sollte. Es ist der Job der Bundeswehr, Optionen aufzuzeigen. Entscheiden können die Luftwaffenoffiziere nicht. Das Videogespräch ist für General Gerhartz wichtig, bald soll man bei Pistorius antreten und ihn über alle Hintergründe ins Bild setzen. «Ja, guten Tag zusammen! Gerhartz hier.» Der Chef will sich abstimmen, Pistorius wolle mal wirklich tief in das Waffensystem einsteigen. Weil die Diskussion einfach nicht ende. Und, ergänzt Gerhartz wörtlich: «Weil keiner so richtig weiß: Warum blockt der Kanzler hier?» Wäre all das niedergeschrieben worden, es würde gewiss den Stempel GEHEIM tragen. Doch per Webex-Schalte reden die Männer nun ungeschützt weiter, Frank Gräfe sogar entspannt vom Hotel aus. Man betont sogar selbst, dass, was man hier bespricht, Wissen unter «German Eyes Only» betreffe – sensitiv.

Alternativen hätte es auf Regierungshandys ja gegeben: WireBund, SecuVoice oder SecurePIM zum Beispiel. Oder das gute alte rote Telefon. Man steckt rechts einen Sicherheitsschlüssel hinein, schaltet auf geheim und wählt aus, mit wem man denn reden will, zum Beispiel dem Bundespräsidenten. Der Hörer ist schwarz, der Rest des Apparats dunkelrot und unten rechts ist etwas abgeklebt – die Selbstzerstörungstaste, wie bei *Mission Impossible*.

Hier läuft das alles offener, die Runde diskutiert, ob oder wie man mit Taurus die wichtige Kertsch-Brücke auf der Krim zerstören könne. Man redet auch darüber, wie weit man die Ukraine beim Einsatz der deutschen Waffe unterstützen könne, ohne dass die Bundeswehr offiziell beteiligt wäre. Besprochen wird die Problematik, dass die Treffgenauigkeit von Taurus stark davon abhänge, welche Daten die Waffe aus Deutschland erhalten würde. All das ist in der abgehörten Aufnahme nun öffentlich zu hören. Es ist ein sicherheitspolitisches Desaster und eine große Blamage noch dazu. Würde Taurus irgendwann doch eingesetzt, erfährt die Welt so, würden die Deutschen zuvor ihre Hoheitszeichen von der Waffe abmontieren. Wer sich all das selbst anhört, merkt schnell: Dieses Gespräch ist eine kleine Bombe. Luftwaffenchef Gerhartz erwähnt in der ungeschützten Schalte sogar Stückzahlen, die man abgeben könnte – wohl nicht mehr als fünfzig.

Als das Gespräch im Laufe des Freitags durch Russland seinen Weg in die Öffentlichkeit findet, macht es sofort Schlagzeilen: «Bundeswehr-Offiziere planen Bombardierung der Krim-Brücke.» Man nutzt das Leak in Russland sofort für Propaganda: «Deutsche Offiziere wollen Krim bombardieren». Das gibt das Gespräch nicht her, passt aber in die russische Desinformationsmaschine. Deutschland sei wieder Feind Russlands, wie im Zweiten Weltkrieg, behauptet Medwedew. Man erinnert sich an den Satz von MAD-Vizepräsident Burkhard Even: «Desinformation ist ganz klar ein Kriegsmittel.»

Samstag, 2. März

Für Marie-Agnes Strack-Zimmermann war es eine kurze Nacht. Sie hat die Nachricht am späten Freitagabend in ihrem Hotel erhalten – durch die Medien. Sie versucht noch in der Nacht, herauszufinden, was wirklich passiert ist, denn sie weiß sofort, dass sie sich dazu wird

äußern müssen. Und so kommt es auch, minütlich erreichen sie neue
Presseanfragen. «Da habe ich gedacht: Das kann doch jetzt nicht
wahr sein!» So erinnert sich die Abgeordnete. «Da war ich auf Tour!»
Die EU-Wahl rückt näher und neben der *Zeitenwende* macht sie von
Freitagabend bis Sonntagabend nun auch noch Wahlkampf quer
durchs Land. Das ganze Wochenende wird sie Interviews zum Abhör-
skandal geben: n-tv, SWR 2, ZDF, *Welt*, BR, Pro 7 und die *Heilbron-
ner Stimme*. Zwischen jedem Interview liegt eine Wahlkampf-Etappe,
wo die Kandidatin performen muss, wie sie es nennt. In der Zwischenzeit fragt sich das Land nur noch, wie viel abgehört worden ist.
Der MAD ermittelt. Die russische Gefahr, vor der man seit Jahren in
Köln gewarnt hatte – jetzt materialisiert sie sich.

Der Vorfall ist peinlich für Deutschland gerade auch gegenüber den
NATO-Partnern, denn erneut werden sensitive Details über die Mili-
tärarbeit der Briten einfach ausgeplaudert über Webex. «Die haben
auch ein paar Leute vor Ort», erzählt Luftwaffenchef Gerhartz seinen
Leuten freimütig im Video. Auch die Anzahl von Kampfflugzeugen
der Ukrainer wird genannt. Außerdem spricht man ganz offen darüber, wie viele Taurus-Flugkörper man genau für welches Ziel wohl
brauchen würde und wie man eine Beteiligung von Taurus mithilfe
der Rüstungsindustrie vielleicht vertuschen könnte. Einige werden
später behaupten, die Besprechung sei weder brisant noch wirklich
geheim gewesen. Sogar Boris Pistorius und Marie-Agnes Strack-
Zimmermann. Beide werden wissen, dass das Unsinn ist. Wer regelmäßig mit Verschlusssachen der Bundeswehr zu tun hat, der weiß,
dass all diese Details höchst heikel sind. Der Vorfall soll kleingeredet
werden, dabei zeigt er, wie Putin seinen Desinformationskrieg in
Europa führt, längst auch in Deutschland.

Nach dem Leak bleibt bloß Schadensminimierung. Hinter den Kulissen muss der Minister herausfinden, wie er mit den beteiligten Offi-
zieren umgeht. Soll er sie rauswerfen? Es ist eine Führungsfrage: Was
hatte der Minister, nichtsahnend, noch am Montag zu seinem Führungsstil gesagt? «Ich berate mich hier im Haus und außerhalb mit
unterschiedlichen Experten. Das sind Menschen, von denen ich an-
nehme, dass sie mir zusätzliche Einblicke verschaffen, und zwar völlig

egal, ob sie einen hohen Dienstgrad in der Hierarchie haben oder nicht, und von denen ich erwarte, dass sie mir offen ihre Meinung sagen.» Wie trifft er Entscheidungen? «Wenn alle Fakten auf dem Tisch liegen, sehr schnell. Und wenn ich noch Informationsbedarf habe, ist mir eine breite Entscheidungsgrundlage wichtig. Jede Entscheidung ist nur so gut wie die Faktengrundlage, die zugrunde liegt.» Und was ist für ihn gute Führung? «Zuhören. Sich gut beraten zu lassen, auch zu zeigen, dass man etwas nicht weiß und deswegen ja seine Fachleute hat und braucht. Es gehört auch dazu, Rückendeckung zu geben: Wenn jemand einen Fehler gemacht hat, der nicht grob fahrlässig oder vorsätzlich war, dahinterzustehen und zu sagen: Fehler passieren. Daraus müssen wir lernen. Und natürlich gehören Mut und Entscheidungsfreude dazu – und dann auch zu seinen Entscheidungen zu stehen und später nicht zu sagen, man sei falsch beraten worden.»

Daran muss sich der Minister jetzt messen lassen und klären, was zu tun ist. Auch er selbst sieht alt aus nach dem Leak: Denn noch am Montag hatte Pistorius zur Kostensteigerung beim F-35-Jet gesagt, dass diese wegen der Amerikaner zustande gekommen sei. Jetzt erzählt der Luftwaffenchef in der Aufnahme, dass es ein Amt der Bundeswehr gewesen sei, das sich verschätzt habe. Gut für Pistorius nur, dass das untergeht im Russlandlärm. Schlecht ist: Die CDU hält die Summe nach – 600 bis 700 Millionen Euro. 550 Millionen waren für den Umbau des neuen F-35-Flugplatzes in Büchel vorgesehen, jetzt wird auch das wohl ein Milliardenprojekt. Oder wie Ingo Gerhartz im abgehörten Call sagt: «Mega-sau-ärgerlich!»

Sonntag, 3. März

Den Kanzler hat die ganze Bredouille ausgerechnet beim Papstbesuch ereilt, gestern Vormittag. Olaf Scholz war in den Vatikan gereist und hatte im Apostolischen Palast zum ersten Mal Zeit für eine längere Unterhaltung mit Franziskus. Für Scholz ist der Termin bedeutend, wie er später sagen wird. Das nun sind aber nicht die Bilder, die er in der aktuellen Lage gebrauchen kann. Scholz hat dem Papst Gastgeschenke mitgebracht, einen Adidas-Fußball und eine Porzellanfigur. Nun muss er sich ungeplant zur Abhöraffäre äußern. Er gibt zu Protokoll: «Das, was dort berichtet wird, ist eine sehr ernste Angelegenheit, und deshalb wird das jetzt sehr sorgfältig, sehr intensiv und sehr zügig aufgeklärt.» Heute, am Sonntag, wird klarer, dass der Vorgang Scholz gefährlich werden könnte. Denn in den mitgelauschten 38 Minuten wird klar, dass es insgesamt aus Sicht der Luftwaffe eher keine Showstopper für eine Lieferung gibt, wie man es nennt. Der Kanzler hatte reihenweise Gründe benannt, warum man Taurus auf keinen Fall abgeben könnte. Sein eigenes Militär sieht das offenbar anders. Die Union hat die Fährte aufgenommen. Roderich Kiesewetter ist auf dem Sprung zu einer Reise nach Finnland und Litauen. Vom Frankfurter Flughafen lässt der CDU-Politiker sich in die Tagesschau zuschalten und erhöht den Druck, offenbar habe sich hier schließlich ein russischer Teilnehmer eingewählt. Johann Wadephul, der einflussreiche Parteikollege, meldet sich per sicherem Chat: «Der Schaden ist hoch.» Alle fordern Aufklärung, CSU-Mann Alexander Dobrindt sogar einen Untersuchungsausschuss. Marie-Agnes Strack-Zimmermann ist alarmiert: «Es muss endlich Schluss sein mit unserer Naivität bei Cyberangriffen und Spionage!» Auch heute macht sie Wahlkampf und landet später ebenfalls in der Tagesschau, in dem Wagen sitzend, den die FDP ihr für den Wahlkampf zur Verfügung stellt. Sie hat unterwegs ein Video aufgenommen, dass nun in Deutschlands wichtigster Nachrichtensendung zu sehen ist. Wahlkampf und Weltpolitik, das passiert jetzt alles von Strack-Zimmermanns Rückbank aus. Gerade waren sie und ihr Fahrer irgendwo zwischen Darmstadt und Göppingen. Für sie ist klar: Wenn Russland ein solches Gespräch veröffentlicht und verrät, dass es einen Abhörkanal gab, dann soll bewusst Politik beeinflusst werden. Sie weiß auch, dass die Luftwaffenmänner leichtfertig waren. «Natürlich ist das echt dämlich.» Mindestens eine Sondersitzung des Verteidigungsausschusses steht im Raum.

Nachmittags zeigt sich: Die Aufnahme ist echt. Das Ministerium hat in der Tat einen handfesten Abhörfall. Bald laufen disziplinarische Vorermittlungen an: Durfte wirklich alles in dieser Leitung besprochen werden? Hat Gerhartz zu viel verraten? Boris Pistorius will sich alle Optionen offenhalten, scheint es. Er tritt erneut vor einen Pulk Kameras, jetzt sind es viel mehr als noch am Montag. Pistorius trägt auch heute wieder keine karierte Krawatte, da wird sich die Kamerafrau freuen. Er sagt: «In jedem Fall heißt das, dass wir uns auf jede Form des Krieges einstellen müssen.» Mutmaßungen brauche man nicht – Grüße an die CDU. Der Minister spricht von einem «individuellen Anwendungsfehler», der Datenabfluss sei in Singapur passiert. Es war demnach das Hotelzimmer von Frank Gräfe. Zu jener Zeit hatte vor Ort die Singapur Airshow stattgefunden – auf der sich gern Spione herumtreiben.

So enden sieben Tage, die in der jüngeren sicherheitspolitischen Geschichte Deutschlands ihresgleichen suchen. Staatssekretärin Siemtje Möller schleppt sich nur noch nach Hause. «Eine Woche zum Abgewöhnen!», sagt sie. Am Ende hat es diese Regierung mit ihrem Chaos bis zu CNN geschafft. Mit Blick auf die *Zeitenwende* zeigt die Höllenwoche des Ministers: Selbst in der Bundeswehrspitze sind sie – zwei Jahre nach Kriegsbeginn – noch nicht alarmiert genug. Oft gab es in den vergangenen 24 Monaten Unfähigkeit, Ignoranz und Behäbigkeit, jetzt kommt auch noch Leichtsinn hinzu. Die Offiziere haben die *Zeitenwende* nicht verinnerlicht und IT-Sicherheit gefährdet. Allerdings: Wen mag das verwundern, wenn die frühere Ministerin einfach per WhatsApp chattet oder selbst Sicherheitspolitiker im Regierungsviertel weiter ihre Apple Watch tragen. Beides, App und Gerät, sind im Zweifel ebenfalls Sicherheitsgefahren. Genauso die chinesische TikTok-App, die immer mehr auch im Bundestag nutzen, obwohl nicht ausgeschlossen werden kann, dass der chinesische Staat Einblick in sensible Nutzerdaten hat.

Russland? Das hat derweil offenbar keine Angst vor Gegenreaktionen aus Deutschland. Berlin stellt sich letztlich vor die Luftwaffe, Boris Pistorius rückt auch von Ingo Gerhartz nicht ab. Er will Putin nicht den Gefallen tun, einen seiner beliebtesten Generale zu feuern. Gerhartz stand bislang für den Top-Gun-Faktor in der Bundeswehr. Doch auch er hat einen schweren Fehler gemacht und sich über eine unsichere Leitung einwählen lassen, stellt sich im Bundestag bald heraus. Ausgerechnet Ingo Gerhartz, der Mann, der zwei Jahre lang peinlich genau auf jeden Schritt und jeden Presseauftritt geachtet hat, steht am Ende im vorerst größten Schlagzeilenknall dieser *Zeitenwende*. Gerhartz nennt in dem Gespräch seinen Minister «den guten Boris», er sei «cool» im Umgang, meint der Luftwaffenchef. «Nicht so wie die Modelle davor.» Gerhartz gesteht auch ein, dass das Kriegsverständnis der ukrainischen Armee moderner sei als die «der guten alten Luftwaffe». Am Ende erhält Gerhartz ein Bußgeld, weil auch er sich nicht sicher in den Call eingewählt hatte.

Dem Minister selbst, Boris Pistorius, bleibt kaum Zeit zum Luftholen, nächste Woche schon wird er Schweden, Norwegen und Finnland besuchen. Um kurz nach fünf am Sonntagabend versorgt das Presseteam die Medien mit letzten Informationen aus dieser Woche und verschickt per E-Mail ein Pressestatement des Ministers zur abgehörten Kommunikation. Es ist eine einzelne Datei, die man von einem sicheren Server herunterladen könne, schreibt das Team des Ministers. Das Passwort? 1 2 3 4.

ZWEIEINHALB JAHRE ZEITENWENDE

Eine Bilanz

Scheitern, das ist ein großes Wort. Ist die *Zeitenwende* von Olaf Scholz gescheitert? Mehr als zweieinhalb Jahre sind nach seiner Rede vergangen, das Land ist heute ein anderes. Soldatinnen und Soldaten in Uniform sind wieder sichtbarer in unserem Alltag. Aber reicht das? Gemessen an den hohen Erwartungen von jenem 27. Februar muss man wohl sagen: Es spricht mehr für ein sicherheitspolitisches Scheitern als dagegen. Die Langzeitreportage, die in diesem Buch steckt, lässt sich in einem kurzen Satz verdichten: zu wenig, zu langsam.

Beides trifft auf die ausgerufene *Zeitenwende* zu. Es ist ein Zurückbleiben hinter dem eigenen Anspruch, das Fehlen einer langfristig profunden Sicherheitsstrategie. Oft ging es einen Schritt vor und zwei zurück, häufiger war es wie bei Loriot. Ministerin Lambrecht hat die Hälfte der ersten zwei Jahre vertrödelt, Minister Pistorius holt auf, hat aber nicht mehr den historischen Spielraum wie seine Vorgängerin. Die zwei Prozent wurden kurzfristig nicht erreicht, und bis heute wird geschönt: Schaut man in die Details, sieht man, dass es für 2024 – mit Tricks – genau 2,1 Prozent der Wirtschaftsleistung für Verteidigung gewesen sind. Und grundsätzlich verstehen sich alle deutschen Quoten bislang so, dass immer auch das Sondervermögen eingerechnet ist. Eine echte Zeitenwende wäre es gewesen, die NATO-Quoten durch den regulären Haushalt sicherzustellen und mit dem Sondervermögen auch wirklich nur große Rüstungsvorhaben zu bezahlen, die ansonsten zu teuer oder komplex gewesen wären oder um auf neue Realitäten des Krieges in der Ukraine zu reagieren, wie etwa den dringenden Bedarf an Kampf- und Überwachungsdrohnen.

Luft nach oben gibt es also, zumal das neue Militärmaterial zur Landesverteidigung derartig spät bestellt worden ist. Später hat man sich darauf beschränkt, bloß das nachzukaufen, was auch an die Ukraine abgegeben worden war – nicht mehr. So kann es passieren, dass bei neuen Abgaben wieder nachbestellt werden muss und die deutsche Verteidigungsfähigkeit mittelfristig nicht stabil wird. Es gibt bis heute auch keine Initiative für Ersatzteile, und schon 10 000 an die Ukraine abgegebene Schuss Munition tun weh bei der Bundeswehr, es reicht der Ukraine gegen Russland aber gerade für zwei Tage an der Front.

Die deutsche Entschlossenheit ist für viele nicht groß genug, und das Zögern des Kanzlers wurde in der Welt so gedeutet, als käme die Hilfe für das schuldlos überfallene Land nicht aus vollem Herzen. Die Wahrnehmung der Bundesregierung hat das belastet. Forschungsgruppen und Think Tanks sind sich ebenfalls einig in ihrer Kritik. Der Politikwissenschaftler Carlo Masala schreibt von der «Zeitlupenwende». Claudia Major von der Stiftung Wissenschaft und Politik nennt es eine «Tragik der Zeitenwende». Thomas Jäger, Professor für Internationale Politik und Außenpolitik an der Universität Köln, sagt: «Scholz hätte ein transformativer Kanzler werden können, der die deutsche Außen- und Sicherheitspolitik neu ausrichtet. Er hat sich dagegen entschieden und hält Deutschland in einer gefährlichen Balance zwischen alten Selbsttäuschungen, neuen Ungewissheiten und mangelnden Fähigkeiten.» Und Christian Mölling, Experte beim Zentrum für Sicherheit und Verteidigung der Deutschen Gesellschaft für Auswärtige Politik, meint, er würde seinen Kanzler einfach gerne verstehen. «Olaf Scholz will Abschreckung, schreckt sich aber vor allem selbst ab», sagt Mölling mit Blick auf die roten Linien des Kanzlers.

Bis zum Sommer 2024 ist es mit der deutschen Rüstungshilfe so. Selenskyj sagt: Mehr Langstreckenwaffen, desto näher ist der Frieden. Scholz aber sagt: Mehr Langstreckenwaffen, desto näher ist der Krieg. Das ist der Unterschied zwischen der Realität in Kyjiw und in Berlin.

Für manche war alles schon genau einen Tag nach der *Zeitenwende*-Rede gelaufen: Damals kamen Abgeordnete zum Mittagessen im Verteidigungsministerium vorbei, wo die Frage aufkam, ob das Sondervermögen denn vorab europäisch abgestimmt war. Im Ministerium hieß es herumdrucksend, die Holländer hätten vormittags schon nervös angerufen und gefragt, was denn das nun alles bedeute. Die Episode zeigt, wie die neue Sicherheitsherausforderung bis heute ein großes europäisches Problem ist, dem nur gemeinsam begegnet werden kann. International hat sich die NATO ausgedehnt, Schweden und Finnland schützen jetzt die Ostsee. Bei der deutschen Marine fahren weiter anderthalb Crews sechs U-Boote.

Innenpolitisch wird wohl irgendwann untersucht werden, wie falsch die SPD-geführte Bundesregierung ab Frühjahr 2022 mit der Prognose zur Dauer des Krieges lag. Womöglich wurde die gesamte Zeitenwendepolitik der Frühphase unter die zentrale Annahme gestellt, dass der Krieg nicht lange dauern würde und es danach keinen Bedarf mehr für Aufrüstung gäbe. Jemand aus dem Verteidigungsministerium berichtet: «Jeder hier hat gedacht, dass es schnell geht und Putin die Ukraine überrollt. Dass das länger dauert, damit hat keiner in der Führung gerechnet.»

Recherchen dazu ergeben, dass auch die Leitung im damaligen Verteidigungsministerium noch im Sommer 2022 davon ausgegangen war, dass im Herbst alles vorbei sein könnte. Auch der heute wichtigste Außenberater des Kanzlers, Jens Plötner, soll im Frühjahr 2022 noch gesagt haben, alles werde wohl in sechs oder acht Monaten vorbei sein. Plötner kommentierte das auf Nachfrage nicht. Der grundsätzliche Tenor, den Abgeordnete in dieser Zeit im Umgang mit Kanzleramtsvertretern vernommen haben, klingt heute beunruhigend: Dass man damals die Russen im Grunde nur hätte einrücken lassen können, auch im Baltikum, um sie dann irgendwann wieder zurückzudrängen.

Noch Anfang Juli 2022 twitterte der CSU-Politiker und Bundestagsabgeordnete Thomas Erndl aus einer Sitzung des Auswärtigen Ausschusses. Viele drängten damals auf Waffenlieferungen, Scholz aber sagte laut Erndl in der Sitzung, dass die Lieferung des Marder «eine furchtbare Eskalation» wäre. Das war der Geist dieser Wochen im Kanzleramt, erst Boris Pistorius wies später an, Panzerstückzahlen bei der Bundeswehr einmal überhaupt genau zu zählen und sich einen Überblick zu verschaffen.

Heute sind Orte wie Idar-Oberstein und Putlos nicht mehr allein, seit Beginn der Waffenlieferungen sind 10 000 ukrainische Soldaten hierzulande ausgebildet worden. Unter anderem in Munster, Bergen,

Klietz, an der Küste und in den Bergen. Von dort ging es nach Bachmut oder Melitopol. Immer wieder gibt es auffällige Drohnenbewegungen über den Trainings-Stützpunkten.

Eine Gesamtbilanz sollte deshalb differenziert ausfallen, es gibt Licht und Schatten, Grautöne, natürlich. Was bei den Waffenlieferungen und der eigenen Kriegstüchtigkeit im Argen liegt, lief zumindest bei der finanziellen Hilfe für die angegriffene Ukraine tatkräftiger: Bis Mitte Juni 2024 hat die Bundesregierung nach eigenen Angaben knapp 34 Milliarden Euro bilaterale Unterstützungshilfe bereitgestellt. Gleichzeitig machten Kanzleramtsvertreter in vertraulichen Gesprächen immer wieder klar, dass sie der Ukraine nicht restlos vertrauen und sich auch nicht vorstellen könnten, jedes Jahr einen Milliardenbetrag dorthin abzugeben. Das ist die *Zeitenwende* nach außen.

Nach innen, bei der Bundeswehr, sieht es indessen weiter trist aus, nicht alles ist schlecht gelaufen, vieles jedoch schon. Anderes blieb unvollendet. Beim Material ist die Bundeswehr heute schlechter aufgestellt als am 24. 2. 2022.

Es sind inzwischen lange Porträts und Doku-Filme entstanden, in denen Boris Pistorius einiges, das er auch in seinem Amtszimmer erzählte, wiederholt hat. Im Mai ist der Minister nach Washington geflogen und erklärte den Amerikanern, warum man mitten in europäischen Kriegszeiten an einer Konstruktion namens Schuldenbremse festhalte und was eine Partei namens FDP dazu bewege – oder wenigstens versuchte Pistorius es zu erklären. Er sagte während der Reise außerdem, Deutschland sei «bereit die Führung zu übernehmen». Nicht wenige hörten dabei auch eine persönliche Ambition heraus. Doch auch unter dem Star-Minister ist Kritik zuhause wieder lauter geworden. Er hat einen «Osnabrücker Erlass» vorgelegt, für eine neu organisierte Bundeswehr, auch ein neues Strategiepapier («verteidigungspolitische Richtlinien»). Kritikern geht das nicht weit genug, sie zweifeln daran, dass die tatsächlichen Probleme erfasst sind. Was Pistorius selbst angeht, so dürfte es mittelfristig nicht reichen, einfach bloß nicht Christine Lambrecht zu sein und eine schnörkellose Sprache zu verwenden.

Seine Reform-Idee zu einer zukünftigen Wehrpflicht hat Pistorius abgeschwächt, nun ist es eher eine Wehrreform und seit Juni von einem sechsmonatigen «neuen Wehrdienst» die Rede, in dem man einen Ansatz sehe, heißt es im Bendlerblock.

Pistorius glaubt dabei, dass er über reine Freiwilligkeit künftig 5000 Menschen pro Jahr finden wird, um für den Schutz des Landes anzutreten; zu klären bleibt, ob Landesverteidigung im Kriegsfall allein weiter Männersache bleiben sollte.

Der Kanzler verblüffte trotz des akuten Personalmangels bei der Bundeswehr unterdessen mit der Analyse, dass dieses Problem «überschaubar» sei, wie Olaf Scholz es nannte. Obwohl die Truppe schrumpft. Eine Strukturreform seines Verteidigungsministers löst später einige Doppelstrukturen auf, ein neues Operatives Führungskommando gibt es nun. Die Umstrukturierung hat aber auch zu neuen Konflikten geführt, bei denen sich manche dagegen sträuben, für eine bessere Verteidigungsfähigkeit auf eigene Verantwortlichkeiten oder Dienstposten zu verzichten – die Frösche quaken also noch. Langfristig wird es nicht ausreichen, bloß Strukturen im Verteidigungsministerium anzufassen, wie es Pistorius nach Amtsübernahme tat. Es braucht einen Neuanfang im Gesamten für eine moderne Armee und noch weiter reformierte Streitkräfte, während mancher Soldat bloß noch leise vor sich hin sagt, man solle vielleicht einfach alles einmal auflösen – und noch mal neu anfangen.

Im Bundestag sind für neue Rüstungskäufe im dritten Kriegssommer einige Vorlagen in Richtung Umsetzung gewandert, Geld ist also verplant, doch vieles wird noch dauern. Für die Modernisierung der Bundeswehr, sagte Olaf Scholz bereits vor Monaten, müsse «Risikoscheu und Verzagtheit» ein Ende finden, geblieben sind sie aber in vielen Bereichen bis heute. In anderen hat sich eine Organisationsstruktur erhalten, die noch immer nicht für das neue Ziel – die schnelle und moderne Fähigkeit zur Landesverteidigung – passend gemacht worden ist. Verantwortlichkeiten lösen sich auf im deutschen Bürokratismus, auch das ist ein Befund nach fast drei Jahren Zeitenwende. Und kaum jemand dürfte je einem Angriffskrieg standgehalten haben, nur weil es vorher eine Strukturreform gegeben hatte.

Wie genau die Brigade Litauen funktionieren wird, auch das muss die Zeit zeigen. Es geht darum, ob Deutschland überhaupt dazu in der Lage ist, einen militärischen Großverband aufzustellen und tatsächlich mit Waffen und Panzern auszurüsten und zu verlegen. Ob das Projekt finanziell bereits vorgeplant ist, wie angekündigt, darf man gespannt verfolgen im Regierungsviertel. Das Gleiche gilt für die Aussage von Boris Pistorius bei der Münchner Sicherheitskonferenz Anfang 2024, dass zwei Prozent bei den NATO-Zielen «möglicherweise nicht ausreichen» werden. Wird es tatsächlich mehr Geld geben? Das wird es wohl in ganz Europa brauchen, denn Diktatoren machen keinen Urlaub, sagt auch der ukrainische Präsident Selenskyj. Und auch Boris Pistorius hat die Gefahr noch einmal wiederholt: «Man muss davon ausgehen, dass Russland 2029 in der Lage sein wird, einen NATO-Staat anzugreifen.»

Für den Moment fragt es sich daher viel zu oft: Wieso bewegt sich diese Bundesregierung nicht viel aktiver? Was wird denn nun aus der *Zeitenwende*? Es liegt nicht an der Bereitschaft der Bundeswehr oder ihren Zustimmungswerten, es liegt nicht am Verteidigungsminister, es liegt nicht daran, dass die Politik nicht laut genug debattiert und politisch gestritten hat, nein, es liegt am mangelnden politischen Willen. Und das ausgerechnet bei einem Projekt, nämlich dieser *Zeitenwende*, das von ganz oben angekündigt worden war: vom Kanzler.

Mitte 2024 ist die Lage schlicht so: noch drei Jahre bis zur ersten F-35. Noch fünf Jahre bis zur Auslieferung aller neuen Patriot-Raketenabwehrsysteme. Für den Moment hat Deutschland 25 Prozent seiner eigenen Luftverteidigung abgegeben. Sechs Jahre wären es derweil noch bis zum alleinigen Flugdienst der neuen Transporthubschrauber. Der neue Leopard 2 kommt ebenfalls später als erwartet, wohl erst 2027, bestätigt ein General. Oft gehörter Satz in der *Zeitenwende*: «Eigentlich sind wir im Plan.» Dabei kann – Stand heute – niemand verlässlich sagen, wann die Bundeswehr endlich tatsächlich vollausgestattet sein wird.

Was die Soldatinnen und Soldaten selbst angeht: An ihnen liegt es meist nicht, motiviert ist die Mehrheit. Viele sind jedoch auch wieder verunsichert: Eigentlich hatten sie gedacht, dass nach der Kanzlerrede es jetzt alle verstanden hätten und sich die Bundeswehr endlich allein auf ihren Kernauftrag, die Landesverteidigung, konzentrieren könnte. Rückschläge kamen rasch, schon gibt es wieder falsche Erwartungen an die Truppe. Beim Winterhochwasser 2023 wurde plötzlich wieder erwartet, dass die Bundeswehr einspringt. Solche Hilfe in der Not ist verdienstvoll – aber nicht Aufgabe einer Armee. Ausgerechnet das mit Millionen bedachte Technische Hilfswerk ist offenbar nicht in der Lage, Katastrophenschutz allein zu bewältigen.

Sogar Heavy Metal-Fans sollte die Truppe im Sommer 2023 aus dem Schlamm ziehen, als das Wacken-Festival im Dauerregen unterging. All das merkten sie sich bei der Truppe. Es lenkt ab, in einer Zeit, in der jede Kapazität gebraucht wird. Das Land muss zeigen, dass aus der Coronapandemie die richtigen Lehren gezogen werden: Damals hat die Bundeswehr unfassbare 19,2 Millionen Arbeitsstunden geleistet. In Kriegszeiten ist das kaum mehr möglich.

Die Finanzierung der *Zeitenwende* wird eine der großen Fragen der Bundespolitik bleiben. Während Norwegen längst drei Prozent bei der NATO-Quote als Ziel festgelegt hat oder Dänemark einen Feiertag strich, um Gelder in seine Verteidigung zu stecken, blockieren sich SPD, Grüne und FDP in Berlin gegenseitig. Wenn die Schuldenbremse auch für die *Zeitenwende* gilt, kann ihre Finanzierung letztlich am ehesten über Kürzungen an anderer Stelle gelingen. Viele sorgen sich: Muss ich länger arbeiten für meine Rente? Kriegen die Kinder weniger Bafög?

Politik hat die Aufgabe, sich vernünftig zu erklären. Boris Pistorius hat es sehr genau formuliert in seinem Amtszimmer: «Wir haben nach der Coronakrise, die hunderte von Milliarden gekostet hat, nicht so viel Geld wie gedacht. Auch die Energiesicherheit kostet uns Milliardenbeträge. Hinzu kommt der Krieg. Und wir glauben immer noch, wir könnten das alles ohne neue Schulden machen.» Am Ende wird das nur über klare Prioritätensetzung funktionieren. Gilt, was Olaf Scholz auf der Bundeswehrtagung 2023 versprochen hat, dann kommt Staatsverteidigung künftig zuerst. «Daran können Sie mich messen!», hat der Kanzler versprochen. «Wir werden dauerhaft diese zwei Prozent gewährleisten, die ganzen 20er-Jahre über, die 30er-Jahre. Diese Zusage gilt!»

Im Sommer 2024 ist der ernüchternde Stand: Die zwei geplanten neuen deutschen Großverbände, die Divisionen 2025 und 2027, werden später einsatzbereit sein als gedacht. Weil lange Zeit zwei schon bestehende deutsche Brigaden mit der Ausbildung ukrainischer Streitkräfte beschäftigt gewesen sind, werden sie künftig selbst nicht ausreichend trainiert sein. Auch die zur versprochenen «Führungsfähigkeit» dringend benötigten Digitalfunkgeräte werden nicht rechtzeitig vorhanden sein. Für die Division 2027 sind sie aktuell weder vorhanden noch bestellt. Insgesamt bleiben gewaltige Lücken bei Personal, Ausrüstung und Logistik offen. Und eine Studie vom Institut für Friedensforschung und Sicherheitspolitik (IFSH) kommt längst zu dem Ergebnis, dass die angestrebten Reformen bei der Bundeswehrbeschaffung «weitgehend gescheitert» sind, wie es darin wörtlich heißt.

Eines ist demnach aber sehr wohl mehr geworden: die «Interessenverflechtung» zwischen Rüstungsindustrie und Politik. Die Lobbyisten und Abkassierer sind also wohl noch mehr geworden im Land.

Im Frühjahr 2024 beginnt dann bereits die nächste Zeitenwendekrise aufzuziehen, der neue Bundeshaushalt. Der Streit um den aktuellen Etat ist gerade vorbei, da geht es schon munter weiter. Doch: Wo soll neues Geld herkommen? Die SPD will vor wichtigen Landtagswahlen und der Bundestagswahl 2025 keine Sozialeinschnitte machen, die Grünen nicht beim Klimaschutz und die FDP nicht bei ihrer Schuldenbremse. So kann es aber nicht vorangehen. Der *Zeitenwende* droht der Kollaps, scheint es schon im Frühjahr.

Im Juli kommt es schließlich genau wie von vielen befürchtet: Die Koalition in Berlin hat sich auf den Plan für einen neuen Bundeshaushalt geeinigt. Es ist knapp gewesen, beinahe wäre die Regierung zerbrochen. Über Monate stritten sie: 23 Mal traf man sich, bis in den Sommer, 80 Stunden lang rangen sie um den Staatsetat 2025 in der letzten Beratungssitzung dazu. Vizekanzler Robert Habeck sagte danach: «Dieser Haushalt ist wichtig für Deutschland, aber das Zentrum der Welt ist er nicht.»

Es gab Sondersitzungen der Fraktionen, zwischenzeitlich konnte man das Gefühl haben, man sei Neuwahlen näher als einem geeinten Haushalt. Der Kanzler kam weiter unter Druck. Es ist am Ende ein monatelanges Feilschen um Geld und Macht, bei dem es weniger um die Ukraine geht als um innenpolitische Prioritäten.

481 Milliarden sollen es insgesamt werden, finanziert werden Kindergeld, Arbeitsanreize, Steuererleichterungen. Der geplante Haushalt sieht ein Festhalten an der Schuldenbremse vor, auch höhere Verteidigungsausgaben – aber es ist nicht der benötigte Zeitenwendehaushalt. Wieder hat Verteidigungsminister Pistorius weniger bekommen als gefordert. Die eigenwillige Sicht des Kanzlers: Es sei ein «Gesamtkunstwerk». Nach der ersten Einigung folgt der nächste Streit, alles wird nochmal aufgeschnürt – und doch bleibt ein Milliardenloch. Es muss noch gefüllt werden.

Öffentlich sind alle bloß zufrieden, dass diese Regierung überhaupt noch irgendein Ergebnis zustande bekommen hat. Dass eine schwere Regierungskrise abgewendet scheint. Darüber schreiben die meisten Medien. Dass der Verteidigungshaushalt nicht groß genug wird, fällt unter den Tisch. Von rund 52 Milliarden Euro soll er um etwa 1,2 Milliarden wachsen. Im November muss alles stehen und in den Bundestag.

Scholz spricht wie ein Sieger in diesen Wochen, dabei sind die 13,9 Prozent, die seine Partei im Frühsommer bei der Europawahl geholt hat, so schwach wie nie. Der Protest gegen ihn wächst, auch intern. Die Forschungsgruppe Wahlen veröffentlicht Daten, nach denen 71 Prozent der Meinung sind, die Koalition mache ihre Arbeit schlecht. Im Juni 2024, kurz vor der Einigung, hatte ein SPD-Kollege noch am Telefon gesagt: «Wenn Olaf das in zwei Wochen nicht schafft mit dem Haushalt, dann ist er eine lebende Leiche.»

Im Sommer 2024 weiß man derweil schlicht nicht, wie teuer die *Zeitenwende* noch werden wird. Sicherheitsexperte Mölling schätzt, dass mindestens noch einmal 100 Milliarden Euro fällig werden, in welcher Form auch immer. «Es geht dabei um Kostensteigerungen für die nächsten zehn Jahre», schätzt er. Höchstens den Mindestpreis könne man eingrenzen. Es könne sein, dass Deutschland noch einmal 150 oder gar 175 Milliarden Euro fehlen, um dauerhaft auf eine stabile Zwei-Prozent-Quote bis 2030 zu kommen. Und darin sind noch nicht die schon wieder angepassten, neuen NATO-Forderungen einberechnet, die irgendwann auch bei drei Prozent anlangen könnten. Zu unsicher ist die Weltlage momentan.

Der Bundeswehrverband sagt zum geplanten Haushalt 2025 schnell: Die Bundeswehr sei darüber «verwundert, größtenteils schockiert». Der Kanzler hat in seiner Rede im Februar 2022 angekündigt, die zwei Prozent nun jährlich zu erreichen: 2022 und 2023 wurde das verpasst, 2024 wurde es eher mit kreativer Buchführung erreicht, heißt es im Haushaltsausschuss. Und 2025 bleibt der große Wurf auch eher aus. *Zeitenwende* sieht eigentlich anders aus.

Boris Pistorius wird nach Verkündung der Einigung erst einmal still bleiben. Nur einmal war es ihm in den vergangenen Monaten bei der Sparvorgabe herausgerutscht: «Ich muss das hier nicht machen.» Später wird klar, wie kritisch er die neue Haushaltslage sieht. Es reicht einfach nicht. 58 Milliarden hatte er gefordert, 53 Milliarden soll er erhalten. Zum zweiten Mal bekommt er vom Kanzler, mit dem Pistorius öffentlich immer wieder so gut zusammenarbeiten will, weniger, als er wollte. Danach hält er sich öffentlich erstmal zurück, obwohl Pistorius sonst selten um Worte verlegen ist. Die vom Kanzler verordnete Richtung für ihn und seine Bundeswehr lautet nun: Mehr tun – mit weniger Möglichkeiten. Im Sommer sagt Pistorius, «jetzt est recht weiter für die Zeitenwende kämpfen» zu wollen. Vorerst fährt die Bundeswehr wieder nur auf Sicht.

Das Loch im Patriot-Schutzschirm über wichtigen Orten der Republik bleibt und wird größer, der hybride Krieg ist noch näher gekommen und die deutschen Sicherheitsbehörden vermuten Saboteure im Land. Misstrauen wuchs, als in Berlin ein Großfeuer bei der Firma Diehl loderte, angeblich nur ein Kurzschluss.

Auch für SPD-Chefhaushälter Andreas Schwarz ist der neue Haushalt daher bitter. Er hatte zuvor gesagt, dass es ohne mehr Geld kaum Innovationen bei Bundeswehr und Zivilschutz geben werde («Zeitenwende gibt es nicht auf Raten!»). Das Ergebnis ist mehr als im vergangenen Jahr – reicht aber nicht für die hochgesteckten Ziele bei der *Zeitenwende*. Auch der frühere Wehrbeauftragte Hans-Peter Bartels meint: «Es ist eine Quasi-Deckelung der deutschen Verteidigungsausgaben, und das macht sehr große Probleme.»

Fest steht, dass sich am Ende alle Beteiligten in einer ganz entscheidenden Frage ehrlich machen müssen: Was kostet Frieden? Sollte dabei Krieg gegen Rente und Sicherheit gegen Soziales ausgespielt werden, hätte Putin sein Ziel erreicht, unsere Gesellschaft zu spalten, wo er kann. *Zeitenwende* ist eine Generationenaufgabe: Sie betrifft das sichere Aufwachsen unserer Kinder und bedingt, dass es eine Option nicht gibt – nämlich einfach nichts zu tun. Das Jahr 2025 wird das Jahr der Wahrheit, ausgerechnet wenn zur nächsten Bundestagswahl gerufen wird. Spätestens 2027 gibt es bei der Verteidigungsfähigkeit keine Ausreden mehr, bis dahin müssen sich Reformen messbar ablesen lassen, in Prozentzahlen zur Einsatzbereitschaft, bei gelieferten Rüstungsprojekten und materialisierter Ernsthaftigkeit. Für einen kurzen Moment hatte es 2022 so ausgesehen, als hätte die Regierung die Fähigkeit zur Selbstverteidigung wieder als essentielle Staatsaufgabe verstanden – heute ist das nicht mehr so sicher.

Trotz *Zeitenwende* ist die bittere Analyse zum Schluss: Die Bundesrepublik Deutschland hat vorerst weiter keine verteidigungsfähige Armee. Da hilft es auch nicht, dass im Regierungsviertel immer wieder beteuert wird, man habe ja inzwischen das Sondervermögen «verplant». Pläne schaffen keine Sicherheit, bloß Taten tun das. So wie die der USA – die ab 2026 wieder Mittelstreckenraketen in Deutschland stationieren wollen.

Wie weit der Weg ist, zeigt exemplarisch ein Projekt, das die Bundeswehr bald nach vorn bringen soll: die Panzerhaubitze auf Rad. Dahinter steht die Idee von schnell verlegbaren, mobilen Waffensystemen, unabhängig von der Schiene. Das Problem: Die Haubitze wiegt knapp 40 Tonnen. Über die Leverkusener Brücke geht es also schon mal nicht – da ist ab 3,5 Tonnen wegen des maroden Zustands Schluss. Ähnliches gilt für Brücken überall im Land. Auch das muss in einem neuen Operationsplan für die deutsche Sicherheit bedacht werden. Der Kanzler hat im dritten Jahr *Zeitenwende* nun einen neuen Satz, den er ständig wiederholt: «Ohne Sicherheit ist alles nichts.»
Olaf Scholz steht also wieder mal im Wort.

* * *

Wolfgang und die Welt

Zeitenwende, Tag 789, das Kanzleramt in Berlin.

Hier wären viele Antworten auf die ungelösten Fragen und Probleme zu finden – wenn der Kanzler nur reden würde. Eine neue Zeit hatte es werden sollen. Aber so? Für dieses Buch wollte Olaf Scholz über den Verlauf von zweieinhalb Jahren kein Gespräch führen. Im Mai ist er selbst nach Litauen geflogen und in Militärfahrzeugen gefahren. Augenrollend hörte Scholz zu, als er dort irrtümlich als «der Bundespräsident» vorgestellt wurde.

Zuhause will Scholz die Deutung der Zeitenwendegeschichte nicht ganz abgeben, irgendwann meldet sich sein Kanzleramtschef zurück. Wolfgang Schmidt, den viele in Berlin bloß «den Wolfgang» nennen. Schmidt ist bekannt dafür, großflächig zu duzen, auch ungefragt.

Sein Reich liegt weit oben im Kanzleramt, unten an der Pforte gibt es kurz Verwirrung um den einbestellten Gast, denn man muss wider Erwarten gar nicht durch die Sicherheitsschleuse, die Tasche wird nicht durchleuchtet. «Ist für den Chef BK», heißt es an der Pforte. «Na, wenn der das sagt», meint der freundliche Polizist, der heute Dienst hat, und geleitet einen ins Erdgeschoss des Bundeskanzleramts, diesen riesig-eckigen Bau direkt an der Spree.

Die Kanzlerwohnung liegt im achten Stock, der grüne Aufzug fährt aber nur hoch bis in den siebten, dort liegen die Büros von Olaf Scholz, weiße Sitzmöbel, direkter Blick herüber auf den Reichstag, und das von Wolfgang Schmidt. Auch er schaut von hier herab auf das Parlament gegenüber und grundsätzlich auf alles, was sich da unten tut. Schmidt, 54, ist der Chefstratege von Scholz und arbeitet seit mehr als zwanzig Jahren für den heutigen Kanzler. Größer wird's nicht mehr.

An diesem Tag ist der Kanzleramtschef leicht verspätet, man möge bitte noch etwas die Aussicht genießen, heißt es. Der Krieg wirkt hier weit weg, dabei hat noch heute Mittag die deutsche Luftwaffe wieder ein russisches Aufklärungsflugzeug über der Ostsee abgefangen. Und später, heute Nacht, wird Russland abermals die Ukraine bombardieren, natürlich. Zwischen beiden Ereignissen liegt dieser Besuch in der Machtzentrale. Scholz ist verreist, nach Darmstadt, wo der Grundstein für ein Pharma-Forschungszentrum zu legen ist. Grundsteine für neue Kasernen hat Scholz noch nicht gelegt, bloß den für eine Munitionsfabrik – zwei Monate danach fehlen noch immer Genehmigungen vom Gewerbeaufsichtsamt. Dann kommt Wolfgang Schmidt schnellen Schrittes und freundlich auf einen zu. «Ich habe gesehen, Sie haben nicht das Sprudelwasser genommen?» Schmidt führt in sein Büro, vereinbart ist ein Interview, und eine Mitarbeiterin wird alles handschriftlich mitschreiben, wobei nicht ganz klar wird, wofür dieses Protokoll sein soll.

Wolfgang Schmidt wirkt übernächtigt, er schaut auf seine Apple Watch – auch er trägt also eine, am linken Handgelenk. Sie tracke seinen Schlaf, sagt Schmidt. Viel kann es nicht sein, er gähnt mehrfach.

Schmidt ist ein mächtiger Mann, früher einmal Juso wie Olaf Scholz, thematisch immer Generalist geblieben, heute sagen nicht wenige über ihn, er sei der zweitwichtigste Mann in Berlin. Wen hatte man draußen auf dem Flur eben noch diskret in den Fahrstuhl huschen sehen? Das war tatsächlich Rheinmetall-Chef Armin Papperger. Und einer, der verdächtig nach Dirk Niebel aussah. Das Bundesfinanzministerium weigert sich seit Wochen, Auskunft über die Regierungskontakte der Panzermänner zu geben – jetzt laufen sie einfach hier im Kanzleramt herum. Auch sie mussten wohl nicht durch die Sicherheitsschleuse. Ob sie im Empfangsprotokoll stehen? Ein neues Investment vorstellen durften sie jedenfalls.

Im Vorzimmer des Ministers liegen auf einer Ablage gelbe Postmappen aus, «eilt» steht darauf. In Wolfgang Schmidts Büro steht ein riesiger Tisch, der mit Akten übersät ist, offene Papierstapel nebeneinander. Hinten noch ein Schreibtisch, im Regal der Adidas-Ball, den sie auch dem Papst geschenkt haben; auch Schmidt ist Fußballfan. Daneben eine Schirmmütze mit den Buchstaben BND und Gedrucktes von Ulrich Wickert bis zum James Bond Archiv, was passt: Welterklärerei bis Liebesgrüße nach Moskau – das ist genau Schmidts Spannweite.

Er ist ein Strippenzieher, und wenn er einen Punkt machen will, dann zwinkert er einem verschwörerisch zu. Scheitern? Wir? Hier? Auf keinen Fall! Es ist nicht weniger als Message Control, die von Schmidts Reich hier oben aus betrieben wird. Bis ins Kleinste lässt sie sich in Berlin beobachten, etwa wenn Schmidt mit Journalisten Tischkicker spielt oder gleich auf echtem Rasen in einer Fußballmannschaft mit Hauptstadtjournalisten mitkickt. Das Simulieren einer Nähe zur Macht – dieser Mann ist ein Großmeister darin.

Die Botschaft an diesem Nachmittag: Seid froh, dass ihr uns habt. Olaf regelt das schon. Erwachsener und ernsthafter könne kein Kanzler sein, lobt Schmidt. «Tiefe, tiefe Sachkenntnis.» Fünf Ledersessel stehen am Panoramafenster, viele wichtige Menschen saßen schon hier. Wladimir Klitschko etwa, nach Kriegsbeginn habe er per WhatsApp geschrieben: Vielleicht sehen wir uns nie wieder... So fängt sie an, Wolfgang Schmidts Erzählung vom Beginn der *Zeitenwende*. Er kennt natürlich alle Details: Als Chef BK ist er auch für Legendenbildung zuständig. Zur Entstehung der Rede hat er Medien bereits guten Stoff geliefert: wer alles beteiligt war und was die Spitze der Regierung angetrieben hatte. Der Kanzleramtschef macht einen gern zum Insider, viele haben das schon erlebt. Dass Wolfgang Schmidt ein Spin-Doktor ist, muss man also unbedingt im Hinterkopf behalten. Er erzählt es so: Das Wort «Zeitenwende» hatten sie schnell am besten gefunden, andere wurden aussortiert. Redenschreiber Christian Doktor nahm exakt dieses auf, es ist der Entstehungsmoment des Kerns der Rede: Am Samstag nimmt sie Gestalt an, fertig sein wird sie erst am Sonntagmorgen, an dem der Kanzler sie dann um elf Uhr auch schon vorträgt. Noch am Freitagabend hatte das Manuskript ganz anders ausgesehen, weniger historisch. Am Samstag stand laut Schmidt die Zeitenwendezahl.

Was bedeutet: Die 100 Milliarden – sie wurden in kaum 48 Stunden in Richtung Weltgeschichte gebracht. Schmidt sagt: «Scholz hatte sehr intensiv mit Lindner und Staatssekretär Gatzer diskutiert und dann gab es verschiedene Möglichkeiten und dann hat das Finanzministerium gesagt: Wir haben uns jetzt entschieden.» Das Instrument eines Sondervermögens haben demnach der Kanzler und Christian Lindner beschlossen. Und bis heute sind die genauen Entscheidungsfindungen dabei unter Verschluss. Wolfgang Schmidt erwähnt allerdings selbst kurz, wo sie schlummern könnten. Gibt es noch Entwürfe und Akten dazu? «Auf meinem Rechner finden sich Frühphasen», verrät der Kanzleramtsminister. Fertig sei die Rede erst am Sonntagmorgen gewesen.

Wolfgang Schmidt nennt sie «ein Kollektivwerk», viele Vertraute machten mit, sagt er, Finanzminister Christian Lindner, die Staatssekretäre Jörg Kukies und Werner Gatzer, Scholz' Büroleiterin Jeanette Schwamberger und Regierungssprecher Steffen Hebestreit, der am Ende alles Erdachte der Öffentlichkeit verkauft. Am Ende las sogar Britta Ernst vorab zu Hause, die Frau von Olaf Scholz also wirkte an diesem Teil deutscher Geschichte mit, ohne Amt – ein neues Detail. Dass Ernst mitwirkte, die keine offizielle Funktion hat, war so noch nicht bekannt. «Und immer wieder der Kanzler», ergänzt Schmidt in seiner Erzählung gleich. Scholz habe sich um alle möglichen Details selbst gekümmert, das habe er schon immer so gemacht. «Zackzackzack!» Am Samstag stand auch der Weg des Sondervermögens fest, die Idee sei aus dem Finanzministerium gekommen, Scholz habe mit Christian Lindner intensiv verhandelt. Schmidts Bewertung: «Relativ satisfying.» «Ich habe da ein sehr reines Gewissen», sagt er und hält die Regierungsarbeit – entgegen aller Kritik – für «sehr verlässlich». Er erinnere sich gut an das Risiko, das die Rede bedeutet hatte: «Man wusste ja nicht, wo das Land steht. Würde die Frage von Waffenlieferungen zu Massenprotesten führen? Oder würden die Leute es genau richtig finden? Ich hatte das Gefühl, dass die Rede Schockwellen auslösen wird.»

Im Plenarsaal saß er dann auf der Regierungsbank und beobachtete die Gesichter im Plenum genau. Da sah er seine Schockwellen, als die meisten klatschten oder gar aufsprangen, wusste der Kanzleramtschef: Das Land steht vorerst hinter ihm. Dann bringt er einen klassischen Schmidt und erzählt, dass ihm noch in der laufenden Sitzung «ein wichtiger CDU-Mensch» eine SMS geschickt habe und gratulierte. «Warts ab», behauptet Schmidt geschrieben zu haben, «es wird noch besser!» Das sei vor der Ankündigung der 100 Milliarden gewesen; nachprüfen kann man das natürlich nicht. Was eigentlich los gewesen wäre, wenn Oppositionsführer Merz ihre Idee zwar begrüßt hätte, aber noch fünfzig Milliarden mehr gefordert hätte – das ist eine andere Geschichte. Kurz spricht Schmidt über den Beginn der Zeitenwende und Christine Lambrecht. «Hinterher ist man immer schlauer. Die Helme waren ein Fehler. Und dann war sie auch nicht smart genug, sich mit der *Bild* zu arrangieren und hat eine Feindschaft gepflegt. Das ist halt ein bisschen doof.» Eine Frau für den Posten sei aber gesetzt gewesen. «Und Hubertus Heil passt halt nicht in einen Panzer.»

Was sie im Kanzleramt nicht erzählen: Es ist gar nicht Olaf Scholz' erste Zeitenwende. Das zeigt sich dem, der ein früheres Taschenbuch des heutigen Kanzlers liest: «Hoffnungsland», erstveröffentlicht vor inzwischen sieben Jahren. Schon auf der ersten Seite des damaligen Vorworts schreibt der Autor Olaf Scholz von einer «Zeitenwende» – nur meint er noch ganz andere Themen. Migration, Bildung, Sozialstaat, bezahlbaren Wohnraum und ganz allgemein die Wahrnehmung Deutschlands in der Welt. Die Worte «Bundeswehr» oder «Ukraine» tauchen auf den 223 Seiten kein einziges Mal wirklich tiefgehend auf. Wer sie durchblättert, merkt, dass Scholz sich im Grunde am 27. Februar 2022 selbst plagiiert hat. *Zeitenwende*, das war für ihn gar kein so neuer Begriff, nur hatte er es bislang nie mit militärischen Fragen verbunden. Dabei hatte es schon vor seiner Regierungszeit im Herbst 2021 ein Papier in der damaligen Bundesregierung gegeben, in dem von der «finanziellen Einrichtung eines Sondervermögen Bundeswehr» die Rede gewesen war. Wer das Buch des späteren Kanzlers liest, lernt: Im Grunde lebt Olaf Scholz seit 2017 in irgendeiner Zeitenwende; Scholz schrieb an einigen Stellen sogar über die Annexion der Krim, die «ein Vorgeschmack» sein könne auf das, was unter einem Putin noch drohen könnte. Sicherheitspolitische Schlüsse gezogen hatte Olaf Scholz zwischen 2017 und 2022 nicht, im Buch schreibt er arglos, dass es «viel Unklarheit» gebe, in welche Richtung Russland sich entwickeln würde. In Richtung Angriffskrieg, lernte man später. Auf die Ukraine selbst, ihre Menschen, darauf verwandte Scholz damals keine Buchseite.

Viel spricht dafür, dass Scholz seine *Zeitenwende* ausrief, ohne wirklich verstanden zu haben, was sie lostreten würde. Bei Wolfgang Schmidt passiert bei dem Thema Erstaunliches: Er nimmt sie im Grunde einfach zurück. «Was die *Zeitenwende* erstmal nicht war, ist ein politisches Programm», sagt Schmidt im Frühjahr 2024 in seinem Büro. Da müsse man aufpassen. «*Zeitenwende* war zunächst mal eine Beschreibung dessen, was passiert ist.» Schmidt holt noch erstaunlicher aus: „Was die Zeitenwende erstmal nicht war, ist ein politisches Programm mit A, B, C. Sondern aus der Zeitenwende ergab sich die Notwendigkeit A, B, C zu machen."

Kein umwälzendes Programm? Das überrascht schon, eigentlich haben alle die Rede genau so verstanden. Es stimmt zwar, Scholz sagte: «Wir erleben eine Zeitenwende.» Und nicht: «Wir machen jetzt die Zeitenwende.» Doch inhaltlich hat er in der Rede eben auch viel angekündigt, das nun anders zu machen wäre, man müsse sich ganz neu aufstellen im Land, so der Tenor damals. Sicherheitsexperte Christian Mölling meint: Der Kanzler rufe doch nicht einfach mal am Sonntag alle versammelt in den Bundestag, um nur etwas für den Moment festzustellen. Wenn es kein Programm war, sagt Mölling, sei die Frage, warum das bis heute nicht geändert worden sei. «Verantwortungslos wäre das.» Auch im Verteidigungsministerium widerspricht man dem Kanzler auf Nachfrage. Clever ist die Aussage von Wolfgang Schmidt aber natürlich schon: Wenn es offiziell kein Programm gewesen ist – dann kann später auch niemand kritisieren, dass so wenig umgesetzt wurde.

Nicht nur viele Grüne im Bundestag fordern nun einen echten Prozess ein, eine Gestaltungsidee. Wolfgang Schmidt, oben im siebten Stock des Kanzleramts, bleibt erstaunlich offen bei seiner Geschichte: «Ich glaube, es gab eine Fehlinterpretation, was die Rede des Kanzlers ausgemacht hat. Und natürlich kann man dreimal am Tag sagen, dass alles zu lange dauert, aber Klagelieder kann ich auch jederzeit klagen!»

Mehr als Kommunikationsfehler und eine anfangs zu zaghafte Politik will Schmidt übrigens nicht eingestehen. Spannend ist diese Deutung – vielleicht sogar Umdeutung – der eigenen Geschichte doch, strategisch gesehen nimmt das Druck vom Kanzler. Öffentlich wird das Zaudern des Olaf Scholz bis heute mehrheitlich kritisch gesehen, auch, wenn er selbst sich als Anpacker sieht, der besonnen vorgehe. Bei Scholz ist letztlich die Frage, wo Besonnenheit endet und Entscheidungsschwäche beginnt. Wovor hat der Kanzler Angst? Warum die roten Linien? Am Ende wird er das wohl bloß selbst wirklich wissen. Der Kanzleramtschef liefert mehrere Gründe. Man habe von Beginn an Sorge gehabt, die Welt in den Abgrund zu treiben, auch der Kanzler sei sich an jenem Wochenende nicht sicher gewesen, was zu tun sei. Wenn er Großes entscheiden müsse, ziehe sich der Kanzler nach allen Ratschlägen zurück. «Das macht er mit sich aus.» Wolfgang Schmidt sagt: «Alle, die ihn beraten, auch Minister, haben am Ende natürlich leicht reden, weil derjenige, der im Geschichtsbuch landet, ein anderer ist. Entweder als einer, der die Ukraine verrät, oder als einer, der vielleicht den Dritten Weltkrieg mit ausgelöst hat – diese Möglichkeiten sind ja da.» Zwischen diesen beiden Polen müsse man den sweet spot finden. «Und da gibt es keine Anleitung und auch keine Erfahrungswerte.» Auch er stehe manchmal vor der neuen Weltlage und denke: «Was für eine heilige Scheiße!»

Die Bundesregierung müsse bei all ihren Schritten aber stets das Risiko abwägen, dass gegen ihre Entscheidungen zum Beispiel verfassungsrechtlich geklagt werden könnte, etwa von der AfD, insbesondere mit dem Hebel der heiklen Frage, wie weit die Bundeswehr ohne Mandat im Ausland aktiv werden darf. In einem solchen Fall müsste man schlimmstenfalls die gesamte Regierungsstrategie gegen Putin offenlegen, sagt Schmidt. Auch Dinge, von denen noch kein Mensch wisse, deutet er an und sagt: «Mit der Gefahr, dass wir aufdecken müssten, was wir vor Putin nicht so gerne aufdecken würden.» Das könne keiner wollen, raunt er.

Genauer wird Schmidt da nicht, auch in einem Rechtsstreit zu strategischen Verteidigungsfragen ist es einer Bundesregierung aber wohl möglich, Geheimwissen auch nicht-öffentlich in einen möglichen Prozess einzubringen. Wie realistisch die Sorge von Schmidt hier ist – es bleibt eher im Ungefähren. Es ist aber die Angst, dass technische Spezifika oder Leistungsdaten des Taurus breiter bekannt würden, die das

Kanzleramt bei der Nicht-Lieferung stärker treibt als öffentlich bekannt. Auch das wird bei diesem Besuch klarer und Schmidt erwähnt das wortgleich auch in Hintergrundgesprächen in Berlin. Am Ende dieses Interviews wiederholt er, dass die Nicht-Lieferung etwa von Taurus an deutschem Geheimwissen liege. Es sind mehrere Gründe, der wahre muss nicht unbedingt nicht darunter sein. Das Kanzleramt treibt um, zeigt das Gespräch, dass Taurus deutsches Herrschaftswissen betrifft – und man die Waffe wohl auch daher nicht gern abgibt.

Bemerkenswert ist auch: Er spricht offen die Angst an, dass man der Ukraine eine Waffe wie Taurus liefere, der Krieg gegen Russland aber am Ende dennoch verloren gehe – und die Bundesrepublik gleichzeitig noch schutzloser wäre. Demnach ist es nicht nur die Angst vor der Kriegsbeteiligung, die gegen die Lieferung spricht. «Da haben wir die Frage: Wie viel brauchen wir eigentlich für uns selbst? Na klar kann man der Auffassung sein: All-in und jetzt hauen wir den Russen ordentlich auf den Sack, dann werden sie schon nicht in der Lage sein, zu kommen. Aber was wäre denn, wenn es schiefgeht? Und die Russen besiegen die Ukraine und dann wird, was alle sagen, wahr und der next step ist: Ich teste mal, ob Artikel 5 hält, und sie gehen auf NATO-Territorium. Und auf einmal bräuchten wir all das Zeug, haben es aber abgegeben. Und dann stehen wir da und haben nichts mehr.» «What if …», sagt der Kanzleramtsminister, wenn er jetzt in Putins Gedanken eintaucht und ein Worst-Case-Szenario ausmalt, das er sieht. Selbst ein Risiko von bloß fünf Prozent wäre Schmidt zu groß, sagt er. Und damit denkt dann wohl auch der Kanzler so. Einen Russlandfreund, wie Kritiker ihn nennen, sieht Schmidt in sich nicht. Er sagt: «Putin gehört für mich zu den größten Menschheitsverbrechern.» Auch Jens Plötner sei das nicht und schon gar nicht der Kanzler. Schmidt meint an einer Stelle dann wiederum offen: «Die Vorstellung, wir müssen Russland besiegen, ist jetzt nicht so wahnsinnig realistisch.»

Während der Kanzleramtschef in der 7. Etage redet, läuft unten am Empfang der Fernseher. Ein Sender überträgt die Sitzung im Bundestag drüben, gerade stellt die Wehrbeauftragte Eva Högl einen neuen Bericht vor. Über den Screen läuft fett: *ES FEHLT AN MUNITION, FAHRZEUGEN UND AUSRÜSTUNG.*

Wie lange es für eine einsatzbereite Bundeswehr denn brauche, kann man Wolfgang Schmidt fragen. Der sagt nur: «Keine Ahnung!» Das sei ein gradueller Prozess und gegen die Milliardenlücke zur Finanzierung einer modernen Truppe setze er auf die Rückkehr des Wirtschaftswachstums. Er redet von Chipfabriken und strategischer Ökonomie. Schmidt weiß, dass diese Rechnung aufgehen muss, eine Politikumkehr ist nicht in Sicht. Schmidt denkt insgesamt, dass US-Präsident Biden und Kanzler Scholz die beiden einzigen Erwachsenen im Raum sind, die in der neuen Weltunsicherheit Fassung behielten. «Weil wir uns auskennen.» Doch auch sein Problem ist, dass er vieles nicht erklären kann: Die eine Hälfte ist geheim – und die andere hält er für zu kompliziert, um sie seinen Bürgerinnen und Bürgern zuzumuten.

Niemand behauptet, die geopolitischen Abwägungen, die im Kanzleramt seit Kriegsbeginn getroffen werden müssen, seien leicht. Am Ende bleiben von Scholz' Ukraine-Politik nach zweieinhalb Jahren für die meisten aber mehr Rätsel als klar nachvollziehbare Antworten. Es bleibt zudem das Problem, dass Deutschland gerade beides gleichzeitig müsste: schnell selbst aufrüsten – und gleichzeitig Kriegsmaterial für die Ukraine bereitstellen. Dieser Spagat hat innenpolitisch die Fronten längst verhärten lassen, etwa auch zwischen Kanzleramt und sicherheitspolitischer Community, die Scholz und Schmidt mehrheitlich kritisiert. Man wirft dem Kanzleramt sogar «analytische Leere» vor. Schmidt gibt das zurück und nennt die einhellige Kommentierung einen Lobbyistendienst für die Ukraine. Olaf Scholz selbst vertraut offenbar darauf, dass die nächsten Wahlergebnisse seinen Kurs bestätigen. Doch was, wenn diese Rechnung nicht aufgeht?

Von WDR bis *New York Times* haben sich längst Scholz' miese Umfragewerte verbreitet. Gerade 19 Prozent sind im Januar 2024 zufrieden mit seiner Arbeit gewesen. Kommt Scholz in eine Halle, wird schon mal gepfiffen. Zu Beginn des dritten Zeitenwendejahres steht die SPD bei 13 bis 15 Prozent in den Umfragen – das ist keine Kanzlerpartei mehr.

Vizekanzler Robert Habeck platziert sich längst als Gegenpol: «Wenn Putin nicht gestoppt wird, hört er nicht auf.» Eine moderne

Armee in einer der größten Volkswirtschaften der Welt: «Das muss doch möglich sein!» Habeck fährt auch 2024 in die Ukraine, nachts muss er im Luftschutzbunker sitzen. Vielleicht redet Wolfgang Schmidt auch wegen solcher Aussagen nicht so positiv über Habeck, wie auch über Außenministerin Baerbock. In deren Ministerium heißt es über Schmidt, dass er persönlich ja nett sei, er nur ein wenig zu oft mit seinem iPad herumlaufe, in die Tastatur hacke und glaube, er könne Außenpolitik.

Aus der Bundeswehr kommt, der Kanzler solle mal eine SPD-Spargelfahrt sausen lassen und lieber eine Schießbahn besuchen. Er würde dann nämlich sehen, dass auch nach Beginn der *Zeitenwende* sich die Soldaten gegenseitig den Platz wegnehmen – nicht genug Raum für alle. Ob es genügt, in der neuen Lage, einmal auf einen Panzer zu klettern, durch eine Munitionsfabrik zu spazieren oder bei Airbus eine Fliegerjacke überzuziehen – diese Antwort wird die Geschichte liefern. Das ist ein Punkt, mit dem sich Olaf Scholz beschäftigt: Er will kein Kriegskanzler sein, lieber Friedenskanzler.

Nur ist Krieg in Europa gerade die bittere Realität.

Vielleicht wäre es gut, wenn Scholz vorerst einfach ein Zeitenwendekanzler werden würde. Wie das gehen könnte? Leichte Antworten gibt es keine, auch keine simplen Quick-Wins. Es gibt aktuell noch mehr Wasser als Inseln, aber Ansätze sehen Sicherheitsexperten schon. Vor allem, dass mehr getan werden muss, um sich strategisch die Machtmittel der Zukunft zu verschaffen. Stattdessen aber passiv im Friedensmodus zu verharren und sich zu weigern, von normalen Verfahren abzuweichen, ist wohl nicht der Weg. Im bürokratischen Normalbetrieb kann keine *Zeitenwende* gelingen.

Man muss zudem endlich ernsthaft über kritische Infrastruktur im Land diskutieren, im bayerischen Manching etwa steht ein wichtiges Versorgungszentrum für alle deutschen Eurofighter – es ist bislang völlig ungeschützt. Ein paar Raketen auf diese Hallen und ein großer Teil der deutschen Flotte stünde still. Oder Schlimmeres. Das zeigt: Es müsste bei einer schnelleren *Zeitenwende* ausnahmsweise das Ziel im Vordergrund stehen und nicht der Weg. Es müssten wohl auch, wenigstens zeitweise, ordoliberale Schranken fallen, so dass der Staat rüstungspolitisch eingreifen kann und die *Zeitenwende* nicht so stark von Investitionsentscheidungen privater Unternehmen abhängig wäre. LNG-Terminals konnten in Deutschland schnell gebaut werden, Munitionsfabriken für den eigenen Bedarf nicht.

Munition bleibt der Knackpunkt, insbesondere Artilleriemunition. Die hat die Bundeswehr bis 2024 kaum nachbestellt, zuletzt immerhin dann doch, für mehr als acht Milliarden Euro. Man hätte damit zwei Jahre früher anfangen müssen. Mindestens.

Auch eine endlich digitalisierte Bundeswehr wäre Pflicht. Sie fehlt fast noch ganz, zuletzt kamen neue Technikprobleme hinzu: Mit neuen Aufklärungssatelliten stimmte etwas nicht, zwei der drei Satelliten («SARah») konnten nicht wie geplant in Betrieb genommen werden. Wieder eine Hiobsbotschaft.

Es dürfte keine schlechte Idee sein, innerhalb von EU und NATO künftig gemeinsam Panzer zu kaufen oder wenigstens einheitliche Munition. Bis heute sind die niederländische und deutsche Panzerhaubitze nicht miteinander kompatibel, obwohl man eng zusammenarbeitet und im NATO-Verteidigungsfall nebeneinander kämpfen würde. Ablenken sollten solche Fragen allerdings nicht von der ganz eigenen sicherheitspolitischen Verantwortung in Berlin: Denn Deutschland muss unabhängiger von Frankreich und den USA werden, es geht nicht anders. Die Zeit, in der man sich hinter Washington oder Paris verstecken konnte, ist abgelaufen. Egal, welcher Präsident oder welche Präsidentin im White House regiert.

Dafür sind die wichtigen Sicherheitsfragen unserer Zeit auch einfach zu ernst: Was passiert denn genau im Land, wenn es in Litauen knallt? Wird die Wegmarke, bis 2029 kriegstüchtig zu sein, wirklich ernst genommen? Oder bleibt die *Zeitenwende* am Ende bloß ein Sondertopf von 100 Milliarden, der vor allem ein Konjunkturpaket für Rheinmetall gewesen ist? Insgesamt hat der Konzern 2023 Aufträge der Regierung in Höhe von mehr als zehn Milliarden Euro bekommen, 2024 plante man vorab sogar mit 15 Milliarden.

Wer in der *Zeitenwende* glaubwürdig führen will, der müsste vor allem den politischen Cut zu jenen machen, die für den alten, gefährlichen Russlandkurs stehen: Kanzlerberater Jens Plötner, Ministerpräsidentin Manuela Schwesig, Ralf Stegner, Kevin Kühnert und Rolf Mützenich – ausgerechnet in der Kanzlerpartei SPD sitzen viele, die für Russland auffällig viel Verständnis übrig hatten und haben. Wie mit ihnen Zeitenwende zu machen ist, kann man kaum erklären.

Und auch in der Bundeswehr mischt noch zu viel alte Garde mit, das zeigt sich pars pro toto in der Drohnen-Taskforce des Verteidigungsministers: Wird sie etwa von einem jungen Bundeswehr-Mann oder einer jungen, innovativen Soldatin geführt? Natürlich nicht, sondern vom alten Personal, das für alte Ideen steht. Die Ukraine hat längst eine moderne Drohnenarmee, in Deutschland bringen sich die Generale und Soldaten zum Drohnentest vor allem viele Kaffeekannen und leuchtend gelbe Sicherheitswesten mit. Mit diesem Mindset wird es nichts, da liegt auch eine Verantwortung von Boris Pistorius. Auch er muss noch unter Beweis stellen, dass er mehr tun kann, als einen neuen Kurs bloß anzumahnen.

So muss man am Ende der ersten zweieinhalb Jahre *Zeitenwende* festhalten, dass sich eigentlich niemand im Land ausruhen kann auf einer Rede, die vor bald drei Kriegsjahren gehalten worden ist.

Nicht unterschlagen werden sollte freilich auch: Es gibt erste konkrete Veränderungen, etwa dass die aufgelöste Heeresflugabwehr wieder eingerichtet wurde. Jetzt muss sich zeigen, ob die Bürgerinnen und Bürger es akzeptieren, wenn wieder Tiefflüge geübt werden und die Kraft der Helikopterrotoren Sonnenblumenfelder platt drückt. Und ob die deutschen Ämter es dem Kasernenchef bald ermöglichen, einen Marsch anzuordnen, ohne zuvor sechs Wochen mit der Bürokratie zu kämpfen. So ist es nämlich vor der *Zeitenwende* gewesen.

Zwar sind viele Debatten um Militärisches im Land – Kampfdrohnen, Wehrpflicht – näher an die Realität herangerückt. Umso frustrierender ist es aber, dass ausgerechnet das Kanzleramt bis heute im sicherheitspolitischen Soul Searching feststeckt. Irgendwann wird man die bis heute offenen großen Kriegsfragen beantworten müssten: Soll die Ukraine ihr gesamtes Staatsgebiet zurückerobern? Muss Putin sich der internationalen Strafgerichtsbarkeit stellen? Muss er die Krim wieder abtreten? Dazu in Berlin bis zum dritten Kriegssommer: dröhnendes Schweigen.

Der Begriff *Zeitenwende* ist nach der Kanzler-Rede weltweit zitiert worden. Er hat es bis zum Wort des Jahres 2022 gebracht. Für Olaf Scholz ist es fast so etwas wie «Wir schaffen das» von Merkel oder «Yes, we can» von Obama. Mehr als Symbolpolitik ist es bislang aber oft nicht gewesen, die Geschichte der deutschen *Zeitenwende* war bislang viel zu oft eine Geschichte großer Mutlosigkeit. Fakt ist: Es ist am Anfang viel zu wenig gemacht worden, und die Ukraine hat dafür einen hohen Preis bezahlt. Hätte Berlin mehr getan – vielleicht wäre man einem Frieden heute näher.

* * *

Warschau, Bahnhof Gdanska.
Frühjahr 2024

Meine eigene Reise in den Krieg beginnt an Gleis vier. Der Luftraum über der Ukraine ist gesperrt, der Zug wird uns hinbringen. Sechs Stunden sind es bis Przemyśl an der polnischen Grenze, dort erfolgt der Grenzübertritt und danach zwölf Stunden bis zur Hauptstadt. Gerade haben die Menschen dort ihren tausendsten Luftalarm erlebt. Viele wollen das Land verlassen und kommen uns entgegen. Um kurz nach sechs steigen Soldaten mit Kalaschnikows auf dem Rücken zu. Erneute Passkontrolle. Die Stimmung ist angespannt.

Nach zwei Jahren Zeitenwende möchte ich selbst mit Menschen in der Ukraine sprechen, über den Krieg, aber auch den deutschen Kanzler und wie seine Politik hier wahrgenommen wird.

Mit dabei ist ein schon bekanntes Gesicht, Matthias Lehna, der frühere Gebirgsjäger, den ich noch im Sommer im Innovation Hub der Bundeswehr getroffen hatte. Lehna hat herausgefunden, was er nach der Zeit bei der Truppe machen möchte – der Ukraine helfen. Dafür arbeitet er seit Kurzem für eine deutsche Drohnenfirma. Quantum Systems. Matthias Lehna macht jetzt seine eigene Zeitenwende. Als Soldat war er auf die große Überwachungsdrohne über seinem Kopf angewiesen, wenn es auf Patrouille in Mali ging. Jetzt ist er es, der Sicherheit per Überwachungsdrohne garantiert, den Ukrainern nämlich, wenigstens soweit das in diesem Krieg überhaupt geht. Das ist für sie nicht nur ein Geschäft, sondern stiftet Sinn. Lehna versteht nicht, wie man bei der Frage unentschlossen sein kann. «Es gibt hier nur ein Land, das systematisch vergewaltigt und Kinder entführt. Da gibt es einfach keine zwei Seiten.» Den Ukrainern stellen sie nicht einfach ihre deutschen Drohnen auf den Hof, kassieren ab und verschwinden wieder, sondern entwickeln alles zusammen und arbeiten eng mit den Drohnenpiloten der Armee zusammen. «Nur so geht's», sagen sie bei Quantum. Lehna hat für die Reise in den Krieg zwei Handys dabei und seine Ledertasche über die Schulter geworfen, er hat sich einen Kollegen geschnappt und eine kleine schwarze Box aus der Firma. Es ist einer ihrer Drohnenkoffer, hochmodern und leicht. Genau das, was Soldaten brauchen. Auch gegen geblockte GPS-Signale kommt ihre Drohne an, Vector heißt sie.

Der Name für ihr neues Projekt: *Kaltstart*. Sie haben mehrere Millionen vorfinanziert und tragen das Risiko ihrer Arbeit in der Ukraine selbst – von der Bundesregierung kommen keine Sicherheiten. Sie wissen: Dieser Konflikt ist inzwischen nicht bloß eine Materialschlacht wie im Ersten Weltkrieg, sondern ein moderner Drohnenkrieg. Noch gefährlicher, noch tödlicher. An der Front im Osten schauen Soldaten eigentlich nur noch nach oben in den Himmel, immer in der Angst, dass eine der billigen russischen Kamikaze-Drohnen sie als Ziel ausgemacht hat, auf sie zusteuert und bei Körperkontakt explodiert. Weglaufen ist da meist zwecklos.

Das Start-Up, dem sich Matthias Lehna angeschlossen hat, liefert sensible Aufklärungsdrohnen, die das Leben an der Front wieder sicherer machen sollen. Geplant ist, dass sie der Armee ihr Upgrade vorführen. In Deutschland zieht sich die Erprobung und Testung hin. «Die Ukraine hat nur zwei Fragen», sagt Lehna: «Wann und wie viele können wir liefern?» Das Beschaffungsamt zuhause schlägt sich eher selbst: Ist dort eine Zertifizierung erteilt, hat Quantum schon längst weiterentwickelt. Dann müsste eigentlich nochmal eine neue Zertifizierung her, hören sie vom Amt. Auch wegen so was hat Matthias Lehna die Bundeswehr verlassen. 2016 ging er als junger Zugführer mit 26 Jahren nach Estland, dort hätten sich die Menschen über die Präsenz der Bundeswehr gefreut, schon damals fürchteten auch sie Russland. «Zuhause musste ich mich auf WG-Partys immer dafür rechtfertigen, beim Bund zu sein. Und die Menschen dort jubelten jetzt richtig. Die haben richtig Angst vorm Krieg gehabt!»

Wir erreichen Kyjiw an einem Sonntagmorgen, nach dreißig Stunden steigen wir aus dem Zug. Die Menschen hier fallen sich noch herzlicher in den Arm als in Friedenszeiten, alle haben frische Blumen mitgebracht, besonders Tulpen. Die Stadt scheint keine Angst zu haben, Kinder fahren auf ihren Kinderkoffern durch die Wartehalle, es gibt Strom, draußen in den Restaurants sind die Vorräte gefüllt. Man könnte auch in Budapest sein. Doch am dritten Tag der Reise heult der Raketenalarm, mitten in der Nacht, um 3.23 Uhr, geht es in den Luftschutzbunker. Angriff! Auch Lehna und seine Kollegen suchen Schutz, morgen präsentieren sie der Ukraine ihre neue Drohnenversion.

Während Quantum morgens auf einen geheimen Flugplatz fährt, schaue ich mir die Schäden der Nacht an. Denn es hat Einschläge gegeben, in der Nahirna Straße, Nummer 8/32, einem einfachen Wohnviertel. Ich steige vorsichtig durch den Schutt eines der völlig zerstörten Häuser, überall liegen Asche und Scherben herum, es riecht nach Feuer und heute Nacht haben einige Menschen ihre Existenz verloren. Mittags haben sie erschreckend routiniert damit begonnen aufzuräumen: Im Hof werden Holzplatten zurechtgeschnitten, so dass sie ihre Fenster schließen können. Mehrere Blocks weit sind alle Scheiben zersprungen durch den Einschlag am frühen Morgen. Niemand ist gestorben, auch Oleksandr hat Glück gehabt. Ihn treffe ich im fünften Stock eines der Häuser. Er hörte nachts Geräusche, sagt er, stand auf, ehe der Einschlag schon ihre Wohnung verwüstete. Der Kronleuchter hängt schief von der Decke herab, Glassplitter stecken in den Holzschränken, sie haben ihn nur leicht an der Hand verletzt. In der Küche nebenan wollten sie eigentlich heute frühstücken, jetzt hat seine Mutter dort einen Teil der Rakete auf den Tisch gelegt. «Meine Kristallgläser sind alle kaputt», sagt sie. Kaputt, dieses deutsche Wort kennt sie.

Oben, bei Nachbarin Oksana, ist gar nichts mehr zu machen. Ihre Wohnung ist komplett ausgebrannt, das hier war ihr ganzes Leben – vernichtet in nur einer Nacht. Dabei hatten sie es sich im Haus so schön gemacht, überall im Flur grüne Pflanzen, oben ein Poster des Films *Once Upon a Time in Hollywood*. Jetzt irrt Oksana nur noch durch die verkohlten Überreste ihrer Existenz. So sieht der Krieg aus. Und das selbst in einer Stadt, die von der westlichen Luftverteidigung bislang gut geschützt werden konnte. Doch in dieser Nacht hat Putin 31 Raketen geschickt, auch Drohnen. Wird etwas über Kyjiw abgeschossen, ist es dennoch eine Lotterie, ob jemand von den Trümmern verletzt wird oder Raketenteile dennoch explodieren, wie in der Nahirna Straße. Sie wird beschützt auch von deutschen Waffen, den Gepard-Panzern, die von geheimen Standorten aus den Luftraum über Kyjiw bewachen, so gut es irgend geht. Sie machen einen Unterschied, aber gegen Putins Drohnen- und Raketenschwärme ist es nicht genug. Die Bewohner sind dankbar für die Hilfe aus Ländern wie Deutschland, aber sie erhoffen sich so viel mehr. Vom Einfrieren des Krieges will hier niemand etwas wissen und auch eine Debatte über Taurus-Marschflugkörper nennen sie kaum «lächerlich». Heute Nacht haben sie in der Nahirna Straße ihren Alptraum erlebt und zusehen müssen, wie ihnen dieser Krieg unverschuldet das Verderben bringt – immer noch. Olaf Scholz und Rolf Mützenich sind nie hier gewesen. Auch in Butscha, Irpin oder Borodyanka war Mützenich nicht – alles Namen, die traurige Berühmtheit erlangt haben. Hier wüteten die russischen Besatzer am grausamsten, trieben Zivilisten zusammen, banden ihnen die Hände auf den Rücken und erschossen sie. Spricht man ukrainische Freiwillige auf die deutschen Namen an, werden sie Dinge sagen, die man hier lieber nicht zitiert – es wäre eine Straftat. Über Scholz, den sie «Olaf» nennen, sagen sie: «Kein Mensch will hier verhandeln, schon gar nicht in Butscha oder Irpin.» Deutschland danken die höflichen Ukrainer, doch den Kanzler verstehen sie nicht immer.

Und warum auch? «Warum sollen wir hier weggehen?», fragen junge Freiwillige, die sich an der Front engagieren und Verbandsmaterial oder neue Drohnen dorthin bringen, die sie per Crowdfunding im Internet finanzieren. «Es ist unser Land», sagt Hlib Fishchenko, 25, der mir bei meinen Recherchen hilft und einiges übersetzt. Sie haben hier nicht Unrecht, es ist ihr Land. Und sie haben diesen Krieg nicht begonnen. Ein Krieg, der nicht erst 2024 ausbrach, wie viele in Deutschland bis heute meinen, sondern schon 2014. «Wir sind mit dem Krieg aufgewachsen», sagt auch Bohdan Semeniuk, auch er ist kaum 21 Jahre.

Wie sieht unsere Welt morgen aus? Und wie wollen wir in Europa leben? Um nicht weniger als das wird in der Ukraine gerade gekämpft. Ich frage mich auf meiner Reise, wohin das alles noch führen soll. Die Entmenschlichung dieses Krieges, der Zivilisationsbruch, den er darstellt. Die Russen arbeiten gerade an drei Tonnen schweren Gleitbomben, sie sind Plünderer, Barbaren, marodierende Tschetschenen, die Frauen entführen. Folter und sexualisierte Gewalt werden systematisch als Kriegsmittel verwendet. Russland nutzt auch Chemiewaffen gegen die Ukraine, ein Land, in dem es Menschen gibt, deren Haare weiß geworden sind nach all dem, was sie seit Februar 2022 gesehen haben.

Viele Bewohner in Butscha sagen zum Beispiel, dass sie nicht gehen wollen, es sei doch ihre Heimat und sie hätten nur diese eine. Würden alle fortziehen, bekäme Putin, was er wollte. Und doch kämpft man gerade hier mit der Vergangenheit, die kleine Stadt ist wegen der Gräueltaten weltbekannt geworden, hinter der Kirche haben sie ein Massengrab angelegt, 116 Menschen lagen darin, auch Kinder. Was Krieg bedeutet, versteht man wirklich erst hier vor Ort.

Als Erstes hatten die Russen der friedlichen Kleinstadt das Wasser gekappt. Danach den Strom, irgendwann zogen sie von Haus zu Haus, auf der Suche nach angeblichen Verschwörern. Und schon das war nicht gewaltfrei, einem jungen Mann schnitten sie die Nase ab. Am Ende waren mehr als 400 Menschen in dem Städtchen nördlich von Kyjiw tot. Was während der knapp 30 Tage russischer Besatzung geschah, ist nach der Befreiung von Butscha bis zum 1. April 2022 um die Welt gegangen. Bilder, die sich ins kollektive Gedächtnis einbrannten. Tod und Terror, das ist die unheilvolle Vergangenheit.

Seit die ukrainische Armee die Russen zurückgedrängt hat, ist hier viel passiert. Sogar den geplünderten und ausgebrannten McDonald's haben sie wieder aufgebaut, gleich als erstes.

Bloß: Kann hier je wieder unbeschwertes Leben herrschen?

Nach der Befreiung kamen Staatsoberhäupter aus aller Welt, um sich solidarisch zu zeigen. Hanna Petrivna, 88, hat sie alle kommen und gehen sehen. Sie war dabei beim Überfall im Februar 2022, sie hat das Grauen selbst gesehen und überlebt. «Sie gingen von Haus zu Haus und haben viele umgebracht», erzählt sie heute, «trotzdem haben viele es versucht, hier rauszukommen. Als sie dann tot waren, haben die uns verboten, die Bekannten oder Verwandten auf der Straße anzufassen oder zu beerdigen.» Petrivna erinnert sich genau an den Grund. «Um uns Angst zu machen.» Sie hat bis heute den Schlüssel zur Kirche von Butscha behalten, sie hat früher hier gearbeitet, heute ist außen nur noch ein einziges Einschussloch zu sehen, ansonsten haben sie alles repariert.

Drinnen ist es hell, noch immer stehen die Bilder der Toten auf Staffeleien ausgestellt, die Welt und auch Besucher sollen nicht vergessen, was war. Hanna Petrivna allerdings will endlich ihre alte Kirche zurück, sagt sie. Sie möchte, dass die bösen Bilder verschwinden, jeden Tag kommt sie her. Es ist hübsch geworden, doch Petrivna sitzt etwas verloren auf einer Kirchenbank, hier, inmitten ihres weiß überpinselten Alptraums.

Sie hat den Horror überlebt. Für sie, die fast Neunzigjährige, war es nicht der erste Krieg. Auch den Zweiten Weltkrieg hat sie erlebt.

Putin, weiß sie, hat seine Kriegsverbrecher in Russland später sogar befördert. Als Petrivna das hörte, machte ihr Herz nicht mehr mit. Auch das hat sie überlebt. «Ich zittere nur etwas», sagt sie.

Wer zwei Jahre nach Beginn der Invasion selbst durch das Land reist, versteht, dass alles längst keine theoretische Übung mehr ist. Die Sicherheit auf dem Kontinent ist bedroht, auch unsere. Wenn in Butscha irgendwann einmal das letzte Haus repariert ist und das letzte neue Dach, ginge dort erst der wahre Neubeginn los. Mehr als 500 Milliarden Euro wird der Wiederaufbau der Ukraine wohl kosten, ob sie überlebt, ist längt nicht sicher. 31000 Soldaten sind im Frühjahr 2024 laut offiziellen Zahlen gefallen, wahrscheinlich sind es deutlich mehr. Für heute steht Hanna Petrivna auf, nimmt den großen goldenen Kirchenschlüssel in ihre zittrige Hand, steckt ihn in das schwere Schloss und schließt mit etwas Mühe zu. Gleich wird sie nach Hause stapfen, doch jetzt muss sie erstmal weinen. Die Erinnerung hat sie aufgewühlt. Noch einmal dreht sie sich freundlich um zu mir und sagt: Gott schütze dich!

«Möge Putin niemals in dein Land kommen.»

DANK

Mein Dank gilt zu allererst den zahlreichen Hinweisgebenden, denen ich im Laufe meiner Recherchen strikte Vertraulichkeit zugesichert habe und die sich mir anvertrauten. Sie alle wissen, wer Sie sind – und ohne Ihr Vertrauen und Ihren Mut ist investigativer Journalismus nichts.

Danken möchte ich auch allen, die sich für dieses Buch haben begleiten lassen, sich Kritik stellten und im Laufe der Recherchen Einblick zugelassen haben, insbesondere bei der Bundeswehr – lassen Sie sich nicht unterkriegen!

Alexander Simon und seiner literarischen Agentur in Berlin sowie Sebastian Ullrich und dem Verlag C.H.Beck danke ich allen voran: Ohne sie würde es dieses Buch nicht geben und sie haben von Beginn an die Idee einer Langzeitbetrachtung gesehen und ermöglicht. Auch ohne den Fotograf und Reporter Meinrad Heck würde es diese Zeilen nicht geben, nicht zuletzt wegen seiner Erfahrungen aus dem Balkankrieg war er mir ein wichtiger Ratgeber. Wolfgang Büscher und Manuel Bewarder haben mir vor vielen Jahren in Berlin die Möglichkeit gegeben, investigative Recherche und erzählte Langstrecke zu verbinden – dafür, und für so vieles, bin ich bis heute verbunden.

Die Rüstungsindustrie beobachte ich inzwischen seit 2016 und die Bundeswehr seit 2019 regelmäßig: Über die Jahre geholfen haben mir so einige, die den Job noch länger machen und dennoch hilfsbereit waren. Das ist keine Selbstverständlichkeit und dafür danke ich Thorsten Jungholt, Matthias Gebauer, Carsten Hoffmann und Mike Szymanski. Genauso Ibrahim Naber, meinem guten Kollegen und guten Freund, der in der Ukraine so unermüdlich und nah dran berichtet wie kaum jemand, den ich kenne. Sarah Beham und Jonas Reif waren mehr als einmal für mich da, besonders wenn die deutsche *Zeitenwende* mal wieder im Bahnstreik feststeckte.

Insgesamt waren es viele, die für dieses Buch mitgefiebert haben oder Wissen und Unterstützung teilten. Ich danke daher ganz unterschiedlich:

Hans-Peter Bartels, Dirk Banse, Arne Bänsch, Lennart Bedford-Strohm, Rasmus Buchsteiner, Hlib Fishchenko, Florian Flade, Ernst Fricke, Christian Fuchs, Rainer Geritz, Friedrich Haas, Felix Krasel, Karolina Kiripolska, Polina Kravchuk, Martin Lutz, Uwe Müller, Annelie Naumann, Bohdan Semeniuk, Mykhailyna Skoryk-Shkarivska, Nina Tröster, Lars Winkelsdorf, Jörn Zahlmann

Auch in meiner Familie fragen die Kleinsten plötzlich aus heiterem Himmel selbst danach, ab wann man eigentlich in den Krieg ziehen müsse in Deutschland. Das allein zeigt, wie sehr sich unsere Realität verändert hat. Wir haben womöglich den Hang dazu, es inzwischen wieder mehr zu theoretisieren nach dem Kriegsausbruch – vernünftig ist das nicht.

Ich glaube auch deshalb, dass es unerlässlich ist, über die Ukraine und unsere Sicherheit in Europa zu sprechen, und gleichzeitig gibt es gewiss auch in einer *Zeitenwende* ein Limit am Tag, an dem es ratsam ist, über Berlin-Mitte und Kampfpanzer zu sprechen. Das habe ich in den vergangenen Jahren während dieser Langzeitbeobachtung manches Mal ausgereizt oder war nicht da, wenn ich hätte da sein sollen. Wer das Wohlwollen nicht verlor und Nachsicht mit mir zeigte, dem sei es nicht vergessen. Dankeschön!

QUELLENHINWEISE
UND NACHBEMERKUNG

Mit diesem Buch versuche ich die kritische Langzeitbetrachtung deutscher Verteidigungspolitik. Gleichzeitig bin auch ich nicht frei von Fehlern. Wem etwas auffällt oder wer neue Recherchetipps und Hinweise liefern möchte, erreicht mich unter:

zeitenwende@protonmail.com

Diese Reportage schildert Schlüsselszenen, wichtige Momente und Ereignisse in all den Monaten der *Zeitenwende*. Sie trägt hoffentlich zum besseren Verständnis der neuen Politik bei, kann aber gleichzeitig natürlich bloß ein Ausschnitt sein. Bei der Reportage geht es darum, nah dran an Geschehnissen zu sein, mit eigenen Augen, Ohren und auch sonst allen Sinnen. Das gilt auch für die Entstehung dieses Buches. War ich einmal nicht selbst dabei oder rekonstruierte Szenen, Erinnerungen oder Ereignisse aus der Ferne, so habe ich dies im Text deutlich gemacht.

Auf den Internetseiten des Verlags gibt es eine Datei, in der einige zentrale Fundstellen aufgelistet sind, die in unterschiedlicher Weise den Kapiteln dieses Buches zugrunde liegen, in ihnen erwähnt werden oder die weiterführende Informationen erhalten, welche ich empfehlen kann. Da es sich um Fundstellen handelt, die auch online archiviert sind, darunter vor allem Primärquellen, ist eine Datei, aus der heraus diese Seiten direkt aufgerufen werden können, sinnvoller als ein Abdruck im Buch. Man findet diese Datei unter: *www.chbeck.de/ Zeiten-ohne-Wende*.

199 Seiten mit 8 Graphiken und 2 Karten | Klappenbroschur | 978-3-406-79325-7

Seit der Niederlage in Afghanistan und Putins Krieg gegen die
Ukraine stehen die Grundlagen westlicher Außen- und Sicherheitspolitik auf dem Prüfstand. Was muss sich ändern, damit wir in der
neuen Weltunordnung bestehen können?

«Mit provokanten Thesen zur ‹Weltunordnung› hat Carlo Masala
den Finger in eine offene Wunde gelegt.»
Conrad Lay, Deutschlandfunk

«Er ist der Mann, der uns den Krieg erklärt.»
Jagoda Marinic, Freiheit Deluxe, Hessischer Rundfunk

C.H.BECK
WWW.CHBECK.DE